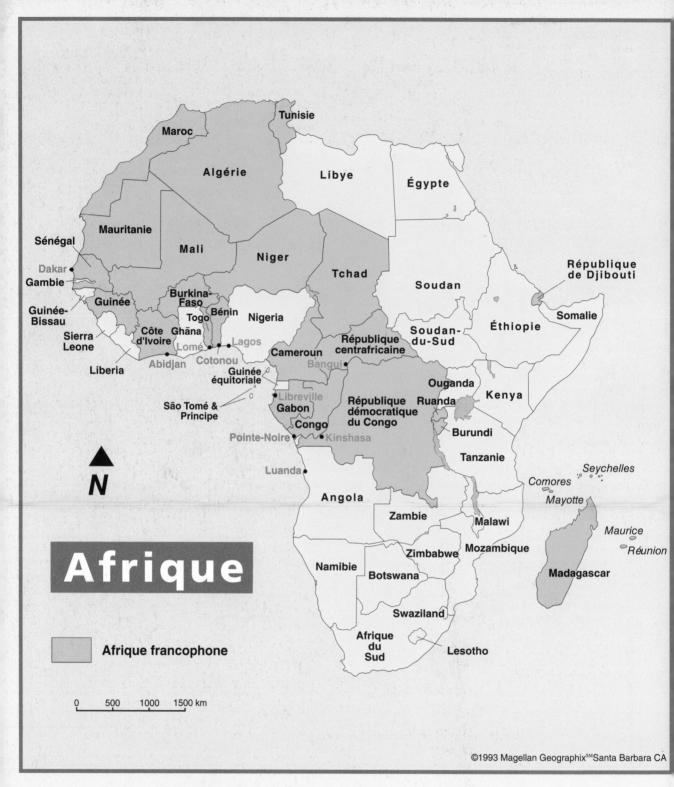

N

Afrique

Afrique francophone

0   500   1000   1500 km

Maroc

Tunisie

Algérie

Libye

Égypte

Mauritanie

Sénégal

Dakar

Gambie

Guinée-
Bissau

Guinée

Mali

Niger

Tchad

Soudan

République
de Djibouti

Burkina-
Faso

Sierra
Leone

Côte
d'Ivoire

Togo

Ghana

Bénin

Nigeria

Lagos

Soudan-
du-Sud

Éthiopie

Somalie

Liberia

Lomé

Cotonou

Cameroun

République
centrafricaine

Bangui

Abidjan

Guinée
équitoriale

São Tomé &
Principe

Libreville

Gabon

Congo

Pointe-Noire

Kinshasa

République
démocratique
du Congo

Ouganda

Ruanda

Burundi

Kenya

Tanzanie

Seychelles

Comores

Mayotte

Luanda

Angola

Zambie

Malawi

Mozambique

Maurice

Réunion

Namibie

Zimbabwe

Botswana

Madagascar

Swaziland

Afrique
du
Sud

Lesotho

©1993 Magellan Geographix℠Santa Barbara CA

iLrn™ HEINLE LEARNING CENTER

Table of Contents

Getting Started

Congratulations on working with a Heinle book. *iLrn: Heinle Learning Center* gives you access to a wealth of data about your performance, thereby allowing you to learn more effectively. Moreover, you'll enjoy *iLrn: Heinle Learning Center* because it is fun to use and gives you instant feedback when you complete an exercise. *iLrn: Heinle Learning Center* simply requires you to set up your account with your book key and then to log in each time you use it.

Registration

Creating an Account

To set up your account, follow these steps:

Step 1: Go to *http://ilrn.heinle.com*

Step 2: Click the *Login* button.

Step 3: Click *Create account*.

Step 4: Enter your user information and click *Submit*.

Step 5: You will be prompted to enter your book key printed inside the sleeve that came bundled with your book. Click *Go.* (You can also purchase an access code online from cengagebrain.com)

Step 6: Your book also requires an instructor's course code. You must get the course code from your instructor to gain access to your course. If you already have it, enter it when prompted. Otherwise, you can enter it the next time you login.

Figure 1: Student Workstation: Before entering course code

Login Instructions

To access your book after you have added it to your account, follow these steps:

Step 1: Go to *http://ilrn.heinle.com*

Step 2: Click the *Login* button.

Step 3: Enter your username and password. You are taken to the Student Workstation.

Step 4: Click on the book cover to open the *iLrn: Heinle Learning Center*.

If you experience any problems with setting up your account, ask Quia for help. You can submit a request at http://hlc.quia.com/support.html, email Quia at bookhelp@quia.com or call them at 1-877-282-4400.

Updating Your Profile

When you create your iLrn: *Heinle Learning Center* account, the information you enter, such as your name and email address, is saved in your profile.

To update your profile:

1. Login to the *Student Workstation*.

2. Click *Profile* in the upper right corner of your screen.

3. Update the information and press *Save changes*.

Make sure your email address is current in your profile, as Quia uses this email address to respond to technical support questions and provide forgotten username/password information.

Student Workstation

Once you have entered your book and course keys, the Student Workstation will appear like the screen below each time you login.

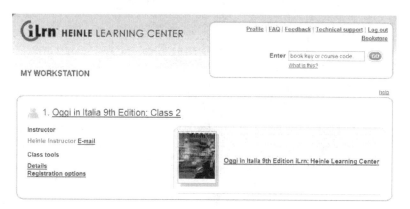

Figure 2: Student Workstation: After entering course code

In this view, you can choose one of the five options:

1) Click on book cover to access resources

Click on the book title or cover. This brings you to the *Welcome page* for *iLrn: Heinle Learning Center*, where you have access to all the resources available for your course.

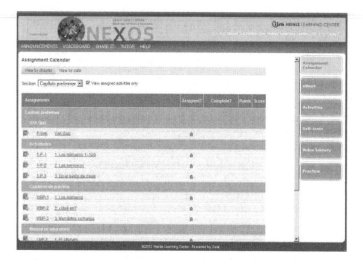

Figure 3: Student Workstation: Assignment Calendar Welcome Screen

From the Welcome page, you have access to these tabs:

▸ *Assignment calendar*— Provides one place for you to go to access all of your assigments (Text and SAM Activities). Here you can locate all assignments by due date or by chapter.

▸ *eBook*—This page-for-page reproduction of the printed book features embedded audio, video, as well as note-taking and text highlighting capabilities. You can complete textbook activities directly from the eBook interface. You can also see whether it is assigned, completed or graded. Just look for the 🔵 icon to see what is assigned and when it is due. Hover the mouse over the 🔵 icon to see your grade for a completed assignment. The page view can be magnified and the content searched via the index, table of contents, or search functions. Within the ebook, your instructor can also write and post notes for the whole class to view. Beginning with 2013 copyright titles and going forward, all ebooks with be iPad compatible.

▸ *Activities*— Textbook and Student Activity Manual activity tabs have been consolidated into one tab where you can locate all assignments. You can select a chapter and view all of the Textbook and SAM exercises for each chapter. Click on the title to open an activity. Links to the exercises are available here, the Assignment Calendar and directly from the eBook.

▸ *Self-Tests*— You may take an online self-test before or after working through a textbook chapter to get an initial assessment of what you know and what you still need to master. Your results are graded automatically and displayed according to learning outcomes.

A Personalized Study Plan, based on the automatically graded test, directs you to additional study aids that focus your efforts and study time on the areas where you need the most help. Please see the *Selft-Tests and Personalized Learning* section for more information.

▸ *Video Library*— For every chapter, you can access accompanying video segments. You can can also turn closed captioning on and off as an aid to understanding. Video segments may be accompanied by pre and post-viewing exercises.

▸ *Practice*—Depending on the title, practice activities might include any or all of the following additional activities: vocabulary flashcards; grammar and pronunciation tutorials; additional self-graded quizzing; access to Heinle iRadio's MP3-ready cultural exploration activities; and access to Student Multimedia CD-ROM activities.

▸ *Online exams* - Your instructor may choose to make exams available online. If you are in a distance course, this may be the sole method of taking exams in your course. To access your exam, click the book cover from your Student Workstation. On the left-hand navigation bar, click on the ⊞ to expand a chapter. Click on the *Exam* for that chapter. Your instructor can assign times when the exams are available. If the exam is not yet available, you will not be able to access it. If it is available, just click *Start* to begin.

2) Class details

In your Student Workstation you will find the details related to your course including:

- ▸ Course Information: Name (the title and section), Instructor (with a button to click for easy contact, Code (course number), School, Duration (dates of course)

- ▸ Book Information: Book title, Publisher, Book duration.

3) My results

Here you will see information about your performance, with a clear presentation of several categories viewable by book and chapter. The Book drop-down menu allows you to view your results for Student Activities Manual and Textbook activities or both.

Figure 4: My Results Screen

- ▸ My scores (for Graded Activities)
- ▸ Statistics (broken down by chapter)
- ▸ Performance Summary (Exercise #, Due Date, Submitted, Time Completed, Time Elapsed, Points, Score)

You can also see your scores in the Assignment Calendar tab, under the full list of assignments or the calendar.

Please see the **Calendar** section for another way to view results by week.

Grading Status Indicators

Many of the exercises in your *iLrn: Heinle Learning Center* book are completely computer graded. As soon as you complete an exercise, *iLrn: Heinle Learning Center's* software immediately corrects your work, reports a score, and stores your results. Open-ended questions, like those requiring written paragraphs or essays, still require instructor review.

*Please note that for yellow and red activities, your results will display 0% until your instructor grades the assignment.

4) Announcements

You can consult this to see if the instructor has created any announcements.

5) Registration options

You can drop a course, transfer to a different class, or transfer to a different course or instructor.

To drop a course:

1. Login to the Student Workstation.

2. Click the *Registration options* button in the course you wish to drop.

3. Click *Drop course* to drop your enrollment in this course. Your instructor will be notified. After dropping this course, you will still be able to view your scores; however, you will no longer be able to access the books in this course.

To transfer to a different course or instructor:

1. Login to the Student Workstation.

2. Click the *Registration options* button in the course you wish to transfer from.

3. Click *Change course/instructor*.

4. Enter the new course code and click *Submit*.

To transfer to a different class:

1. Login to the Student Workstation.

2. Click the *Registration options* button in the course you wish to transfer from.

3. Click *Change class*.

4. Select the class you want to enroll in and click **Submit**.

Assignment Calendar

To access all of your assignments by date:

1. Login to the Student Workstation. Click on the book title or cover.

2. Click on the **Assignment Calendar** tab on the right-hand side. Then click on "View by Date" in the blue toolbar.

Figure 5: Calendar

3. You will see all Textbook and Student Activities Manual assignments that are due. This icon [icon] indicates a Textbook Activity and this icon [icon] indicates a SAM Activity.
Click an activity to complete it.

4. You can also check your grades on completed assignments. If you see the ● icon, your assignment needs to be graded by your instructor.

5. To see assignments for previous or future weeks, select a date from the calendar during the week you wish to view.

To access all of your assignments by chapter:

Alternatively, you can view the assignments for each chapter.

1. From the Welcome page, click **Assignment Calendar** tab on the right-hand side.

Then click on "View by Chapter" in the blue toolbar.

2. Select a chapter from list to see all assignments for that chapter. A due date will appear under the Due Date column for all assigned activities. If an assignment has been completed, the date will be indicated.

3. Select an activity from the list to open and complete.

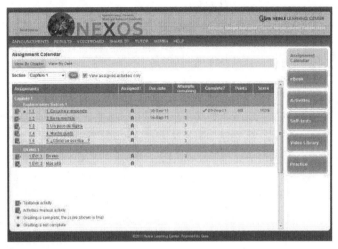

Figure 6: Assignment List

Review & Practice Activities

With enhanced feedback, student are given additional support. At the end of each chapter students will find additional auto-grade grammar activities with specific explanations to their answers. This way students are given direct support and guidance while practicing.

Your response:
mochilas
Points earned: 1 out of 1

Feedback: To form the plural of a noun that ends in a vowel, add -s.

Figure 7: Enhanced Feedback

The new **Review It!** button appears with grammar and vocabulary activities and links to relevant resources in the Textbook and Student Activities Manual. Located in the accent toolbar, when a you click the button for an accompanying activity you'll see links to ebook pages covering relevant lessons, flashcards for vocab terms in the activity, podcasts and tutorials that review grammar lessons in the activity, and other resources found in the iLrn for that topic all in one place. This gives will help you learn how to self-correct.

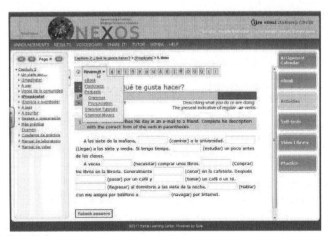

Figure 8: Review it! Button links

Voice-enabled Activities

Voice-enabled activities can be completed alone, with a partner, or with a group. You can talk to your partner or team and write instant messages to work together on the activity, then record a conversation that your instructor will grade.

Tips for setting up your computer

It is important that your computer is configured correctly to capture the voice-enabled activities. Here are some tips for ensuring you have the proper setup:

▸ *Microphone* — The latest browser versions and Adobe Flash works best with USB (Universal Serial Bus) connected microphones. Internal microphones, WebCam microphones and the older stereo-jack (male connection) microphones can be problematic.

▸ **Adobe Flash** — You should have the latest version of Adobe Flash installed. Also make sure your Flash settings are configured on your web browser for the program to recognize the microphone being used for Voiceboard. To this follow this steps:

1. Open a voiceboard exercise and right-click on the **Record** button. Select **Settings**.

2. At the bottom of the menu, click the second tab from the left (it looks like a monitor with an eye on it).Make sure the **Allow** option and the **Remember** check box are selected.

3. Click the fourth tab (the one with a microphone on it). Make sure the record volume is up all the way and the correct microphone is selected from the drop-down list.

▸ *"Lab" environment*— In a "Lab" environment, your IT department needs to make sure that the network port "1935" is enabled for voice. If this port is disabled from the school's network voice will not transmit.

Find a partner/team

1. Click on **Voiceboard** at the top of your student Welcome page screen.

2. From the **Voice activities**, select the activity you want to complete.

3. If you need a partner, click the **Find a partner** link at the top of the **Partner Record and Chat box**. This will take you to the partner switchboard where you can invite someone online to partner with you.

Figure 9: Partner Switchboard

4. If you are working with one partner, his or her name will appear at the top of the **Partner Record and Chat box**.

5. If the assignment requires you to work in teams, you will either need to join an existing team, or invite others to join you. To join an existing team, check the Partnership/Team column and find the name of a person whose team you would like to join. Click his/her name and send him/her a private chat to request an invitation.

6. To form your own team, find an available partner from the Partnership/Team column, click his/her name and the **Invite to partner** link. To add more team members, click their names and the **Invite to team** link. Note that if you have four teammates, you cannot invite more – teams are restricted to five members.

Complete a voice-enabled activity

1. To send text messages to your partner or team, type in the text box and press Send or press the **Enter** key.

2. To talk to your partner or team before recording, press the **Talk to your partner** button. Make sure that you and your partner have microphones and a headset or speakers, and that the volume is turned on. Note: Your partner cannot speak to you or hear what you say until he or she presses **Talk to your partner** as well. Your conversation will not be recorded unless you click the **Record** button.

3. Coordinate with your partner or team on what you'd like to say. When you're ready to record the conversation, press the **Record** your conversation button. The computer will start to record your conversation ONLY after all partners or teammates have clicked the **Record** button. You will know it is recording because a message in red appears saying "recording..." until either one of the partners presses **Stop recording**.

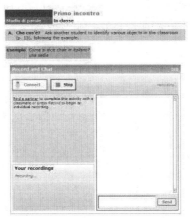

Figure 10: Activity in recording mode

4. Press *Stop* when you want to stop recording. You can still talk with your partner or team when the recording stops.

5. To listen to your recording, press *Play*. You can pause the recording at any time by pressing *Pause*. If you are not satisfied with your recording, you may record again. Each recording is saved and you can choose which recording (from a drop-down list) you want to submit.

6. When you are satisfied with your recording, press *Submit answers* to send your recording to your instructor. Note: All partners and teammates must press *Submit* in order for the recording to be counted in all of your grades.

7. If you can't find a partner or team, you can record answers on your own; just press *Record* to record your voice, then stop the recording and submit it when you're done. Check with your instructor to see if an individual recording is acceptable, since these activities are designed to be done with a partner.

Share it!

The new Share it! feature allows you to upload a file, image or video to the Share it! tab where your classmates can comment and rate your file. You can make comments on your classmates files as well.

Your instructor may assign Share it! activities. These will be prompts asking you to upload a file to complete the assignment. When you submit the activity, it will go to the gradebook for your instructor to assign a grade. It will also publish directly the the Share it! tab.

Self-Tests and Personalized Learning

You may take an online self-test before or after working through a text chapter to get an initial assessment of what you know and what you still need to master. Your results are graded automatically and displayed according to learning outcomes. A Personalized Study Plan, based on the automatically graded test, directs you to additional study aids available in *iLrn: Heinle Learning Center*, including Student Activities Manual activities and pages in the eBook, that focus your efforts and study time on the areas where you need the most help.

> ▸ Step 1 …Pre-Test (or What Do I Know?) provides an evaluation of what you already know.

> ▸ Step 2 … Personalized Study Plan (or What Do I Need to Learn?) provides a focus for your work. Chapter sections and additional study materials are chosen to cover concepts that you had problems with in the pre-test.

> ▸ Step 3 … Post-Test (or What Have I Learned?) provides an evaluation of what you have learned after working through the personalized study plan.

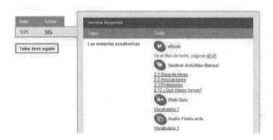

Figure 11: Personalized Study Plan

Using Personal Tutor

What is Personal Tutor?

▸ Personal Tutor provides tutors exclusively from among experienced and qualified instructors. Tutors have achieved high grades in their degrees (many have a Master's degree and higher) and have real classroom teaching experience. All of Personal Tutor's tutors are located in Tampa, FL, and are monitored on-site by a director, who also holds a Ph.D.

How does Personal Tutor work?

▸ Personal Tutor provides whiteboard technology for synchronous tutoring (Q&A sessions) that also includes video and audio capabilities (for those students who want these extra features).

How many hours of tutoring do students get on Personal Tutor?

▸ Personal Tutor provides students with 5 hours of tutoring time.

▸ Students have 3-semesters to use the 5 hours of tutoring

▸ Students have the option of purchasing additional tutoring directly from Personal Tutor if their hours/paper submissions are used up before the end of a semester. The cost is significantly less at $29.99 for an entire month of tutoring versus paying $35 per hour from other services.

When will tutoring be available?

▸ Tutors are available for online tutoring seven days a week, and offline questions and papers can be submitted at any time, 24 hours a day. Online tutoring is available for languages at the times below. Responses to offline questions can take 24 to 48 hours to be returned, however, they are usually returned within one day.

	Spanish	French	Italian	German
MONDAY	9AM-1PM 9PM-12AM			
TUESDAY	9AM-1PM	4-8PM		8PM-Midnight
WEDNESDAY	9AM-1PM 9PM-12AM		6PM-10PM	
THURSDAY	9AM-1PM	4-8PM	8PM-12PM	
FRIDAY	9AM-1PM 5PM-9PM	4-8PM		
SATURDAY	12PM-4PM	4-8PM		
SUNDAY			3PM-7PM	7PM-11PM

Technical Support

- Visit *http://hlc.quia.com/support.html*

- View FAQs at *http://hlc.quia.com/help/books/faq.html* for immediate answers to common problems.

- Send an e-mail to *bookhelp@quia.com*

- Call Toll-free 1-877-282-4400

System Requirements

Microsoft® Windows 98, NT, 2000, ME, XP, VISTA, 7
Browsers: Internet Explorer 7.x or higher, or Firefox version 3.x or higher

Macintosh OS X
Browsers: Firefox version 3.x or higher, or Safari 3.x or higher.

Additional Requirements
- A high-speed connection with throughput of 256 Kbps or more is recommended to use audio and video components.

- Screen resolution: 1024 x 768 or higher

- CPU: 233MHz

- RAM: 128MB

- Flash Player 10 or higher

- You will need speakers or a headset to listen to audio and video components, and a microphone is necessary for recording activities.

Entre Amis

An Interactive Approach

Michael D. Oates | Larbi Oukada

CENGAGE
Learning·

Australia • Brazil • Japan • Korea • Mexico • Singapore • Spain • United Kingdom • United States

Entre Amis: An Interactive Approach

Entre Amis: An Interactive Approach
Michael D. Oates | Larbi Oukada

Executive Editors:
  Maureen Staudt
  Michael Stranz

Senior Project Development Manager:
  Linda deStefano

Marketing Specialist:
  Courtney Sheldon

Senior Production/Manufacturing Manager:
  Donna M. Brown

Production Editorial Manager:
  Kim Fry

Sr. Rights Acquisition Account Manager:
  Todd Osborne

For product information and technology assistance, contact us at
Cengage Learning Customer & Sales Support, 1-800-354-9706

For permission to use material from this text or product,
submit all requests online at **cengage.com/permissions**
Further permissions questions can be emailed to
permissionrequest@cengage.com

This book contains select works from existing Cengage Learning resources and was produced by Cengage Learning Custom Solutions for collegiate use. As such, those adopting and/or contributing to this work are responsible for editorial content accuracy, continuity and completeness.

Compilation © 2012 Cengage Learning
ISBN-13: 978-1-285-13184-9

ISBN-10: 1-285-13184-3

Cengage Learning
5191 Natorp Boulevard
Mason, Ohio 45040
USA

Cengage Learning is a leading provider of customized learning solutions with office locations around the globe, including Singapore, the United Kingdom, Australia, Mexico, Brazil, and Japan. Locate your local office at:
international.cengage.com/region.
Cengage Learning products are represented in Canada by Nelson Education, Ltd.
For your lifelong learning solutions, visit **www.cengage.com/custom.**
Visit our corporate website at **www.cengage.com.**

Printed in the United States of America

Table des matières

CHAPITRE 15 QU'EST-CE QUE JE DEVRAIS FAIRE? 431

RÉFÉRENCES 459

To the Student

Entre amis is a first-year college French program centered around the needs of a language learner like you. Among these needs is the ability to communicate in French and to develop insights into French culture and language. You will have many opportunities to hear French spoken and to interact with your instructor and classmates. Your ability to read and write French will improve with practice. The functions and exercises are designed to enable you to share information about your life—your interests, your family, your tastes, your plans.

HELPFUL HINTS

While you will want to experiment with different ways of studying the material you will learn that a few hints, taken from successful language learners, are in order:

En français, s'il vous plaît! Try to use what you are learning with anyone who is able to converse in French. Greet fellow students in French and see how far you can go in conversing with each other.

Enjoy it. Be willing to take off the "wise-adult" mask and even appear silly to keep the communication going. Everybody makes mistakes. Try out new words; use new gestures, and paraphrase, if it helps. Laugh at yourself; it helps.

Bring as many senses into play as possible. Study out loud, listen to the recorded materials, and test your recall of the expressions you are studying. Anticipate conversations you will have and prepare a few French sentences in advance. Then try to work them into your conversations.

Nothing ventured, nothing gained. One must go through lower-level stages before reaching a confident mastery of the language. Study and practice, including attentive listening, combined with meaningful interaction with others will result in an ability to use French to communicate.

Where there's a will, there's a way. Be resourceful in your attempt to communicate. Seek alternative ways of expressing the same idea. For instance, if you are stuck in trying to say, *«Comment vous appelez-vous»* ("What is your name?"), don't give up your attempt and end the conversation. Look for other ways of finding out that person's name. You may want to say, *«Je m'appelle John/Jane Doe. Et vous?»* or *«John/Jane Doe»* (pointing to yourself). *«Et vous?»* (pointing to the other person). There are often numerous possibilities!

Use your imagination. Some of the exercises will encourage you to play a new role. Add imaginary details to these situations, to your life story, etc., to enliven the activities.

ORGANIZATION OF THE TEXT

The text is divided into fifteen chapters, plus a brief preliminary chapter. Each chapter is organized around a set of useful communicative tasks with three major divisions: *Coup d'envoi, Buts communicatifs,* and *Intégration.*

All presentation material—the *Prise de contact* and the *Conversation* or *E-mail* in the *Coup d'envoi,* plus the introduction to each *But communicatif*—are recorded and can be found on the Premium Website. Listen to these to prepare for your French class or to review by yourself afterwards.

Coup d'envoi

Coup d'envoi = *Kickoff.* **Prise de contact** = *Initial Contact. See pp. 8, 30, etc.* **Buts communicatifs** = *Communicative goals. See pp. 13, 36, etc.*

This section starts the cycle of listening, practicing, and personalizing which will make your learning both rewarding and enjoyable. You will often be asked to reflect and to compare French culture to your own culture.

Prise de contact is a short illustrated presentation of key phrases. In this section you are encouraged to participate and to respond to simple questions about your family, your life, or your recent activities.

Conversation (or E-mail) typically shows a language learner in France adapting to French culture. You will often find this person in situations with which you can identify: introducing him- or herself or asking for directions, for example. Then you will be asked what you would do or say in a similar situation.

The *Zoom sur …* section describes particular aspects of French culture closely tied to the *Conversation* or *E-mail.* These cultural magazine will help you understand why, for example, the French do not usually say "thank you" when responding to a compliment or how meals are structured in France.

The *Il y a un geste* section is a special feature of **Entre amis** and an integral part of most chapters. It consists of photos and descriptions of common French gestures. The primary purpose of the gestures is to reinforce the meaning of the expressions associated with them that you will learn and use throughout the year.

The *À vous* and *Entre amis* activities in the *Coup d'envoi* provide initial opportunities for personalized practice with another student.

The *Prononciation* section helps you to imitate correctly general features of French pronunciation as well as specific sounds. It is important that your speech be readily understandable so that you can communicate more easily with people in French. The In-Text Audio on the Premium Website also practices the pronunciation lesson for each chapter.

Buts communicatifs

As is the case in the *Coup d'envoi* section, each of the *Buts communicatifs* sections begins with a presentation that includes key phrases that you will use to interact with your instructor and classmates. Material from the *Coup d'envoi* is recycled in the *Buts communicatifs.* The section is divided according to specific tasks, such as asking for directions, describing your weekend activities, or finding out where things are sold. Within this context, there are grammar explanations, exercises, vocabulary, and role-play activities. The vocabulary is taught in groups of words directly related to each of the functions you are learning. All of these words are then listed at the end of each chapter in the *Vocabulaire actif* section.

Each section of the *Buts communicatifs* ends with an *Entre amis* activity that encourages you to put to use what you have just learned. These *Entre amis* activities involve

negotiating a real-life situation (ordering a meal, discussing your schedule, finding out what your partner did) and practicing it until you are comfortable with your performance. Your spoken French will improve by preparing for and participating in this type of interaction.

Intégration

This final section provides an opportunity to review vocabulary and grammar studied in the chapter. One activity, called *À l'écoute,* gives you a chance to practice your listening skills (the audio can be found on the Premium Website). Another, called *Négociations,* is an "Information Gap" activity which encourages you to exchange information with other students in order to complete a task. This is followed by one or more reading selections *(Lectures),* taken from authentic printed materials, such as excerpts from newspapers, magazines, literary texts, or poems. (The poems are recorded and can be found on the Premium Website). Reading strategies and activities are provided both before and after each selection to help you relate the material to your own experience and to facilitate comprehension. The final activity, *Rédaction,* provides an opportunity to practice your writing skills by taking you through each step of the writing process and by giving you tools to become a more proficient writer in French. A list of all the active vocabulary of the chapter *(Vocabulaire actif)* is included at the end of this section.

Réalités culturelles

Throughout the text, an effort has been made to provide you with an appreciation of French culture and the extent and diversity of the French-speaking world in the twenty-first century. In English during the first part of the text, the *Réalités culturelles* will increase your cultural literacy with respect to the places where French is spoken, the achievements of French-speaking people, and why French is relevant to your daily life.

Appendices

The reference section contains verb conjugations, an appendix of phonetic symbols, a list of professions, a glossary of grammatical terms, the "Student B" information for the *Négociations* activities, French-English and English-French glossaries, and an index.

ANCILLARIES

Student Activities Manual (SAM, Cahier d'activités)

The Student Activities Manual includes a combined Workbook/Lab Manual and Video Worksheets.

The Workbook/Lab Manual activities provide you with additional practice to build communicative competence, with *Rédaction,* a culminating activity to develop writing skills. The audio activities in the Workbook/Lab manual help you practice listening and speaking skills, the recordings of which can all be found on the Premium Website. A section that concludes the chapter, *À vous,* allows you to personalize the information learned in the chapter and to check your readiness for tests.

The Video Worksheets help you to understand the segments in the **Entre amis** Video Program (see below) and provide simple activities that reinforce the links between the video and what you learned in your textbook as well as a list of new words used in the video and their meanings *(Vocabulaire à reconnaître).*

iLrn Heinle Learning Center

Everything you need to master the skills and concepts of the course is built right in to the dynamic audio- and video-enhanced learning environment. iLrn includes an interactive diagnostic study tool, an audio-enhanced eBook, the complete video program, interactive VoiceBoard, and over thirty grammar tutorial videos. The new Share It! Feature enables sharing and uploading files, such as videos, for assignments and projects. Share It! also allows you to comment and rate their classmates' uploaded material.

🌐 *Entre amis* Premium Website

The text's new Premium Website is a one-stop portal to an online suite of digital resources. You have complimentary access to the complete in-text audio program, auto-graded vocabulary and grammar quizzes, cultural Web search activities, Google Earth coordinates, iTunes playlist, and Web links. Premium password-protected content is also conveniently posted to the *Entre amis* Website. Resources include the complete SAM audio program, the complete video program, audio-enhanced flashcards, vocabulary and grammar podcasts and over thirty grammar tutorial videos. You can access the premium assets via a printed access card when packaged with new copies of the text.

ACKNOWLEDGMENTS

We, the authors, are indebted to the editorial staff of Heinle Cengage for giving us the opportunity to produce the text; in particular Beth Kramer, Nicole Morinon, Kimberly Meurillon, Timothy Deer and Daphne Allanore. Their encouragement and guidance made *Entre amis,* Sixth Edition possible. We are especially grateful for the guidance and friendship of our developmental editor, Mayanne Wright, and our native reader, Cécile Hoene. Larbi Oukada also wishes to express his gratitude to the following individuals: Didier Bertrand, Rosalie Vermette, and Liz Barnard.

Heinle, Cengage Learning would also like to acknowledge Michael Oates for his dedication to past editions of the *Entre amis* program. His contributions to the field of French Language Learning were truly remarkable and he has, most certainly, left his mark on the discipline.

We would also like to express our sincere appreciation to the following people for their thoughtful reviews of *Entre amis*: Fred Adams *University of Louisiana–Monroe;* Myriam Alami *Rutgers University;* Evelyne Berman *El Camino College;* Ahmed Bouabdellah *Community College of Rhode Island;* Douglas Boudreau *Mercyhurst College;* Ruth Caldwell *Luther College;* Marilyn Carter *College of San Mateo;* Brenda Cavanaugh *Middlesex County College;* Michelle Connolly *Community College of Rhode Island;* Megan Conway *Louisiana State University–Shreveport;* Anne Cummings *El Camino College;* Dominick De Filippis *Wheeling Jesuit University;* Janice Duncan *Ouachita Baptist University;* Andrzej Dziedzic *University of Wisconsin–Oshkosh;* Cindy Evans *Skidmore College;* Cheryl Hansen *Weber State University;* Becky Iacopetti *Waubonsee Community College;* Tamara Lindner *University of Louisiana–Lafayette;* Marni Manning *Baldwin-Wallace College;* Stuart McClintock *Midwestern State University;* Christine Moritz *University of Northern Colorado;* Markus Muller *California State University–Long Beach;* Honora Ni Aodagain *Umpqua Community College;* Sandra Reynolds *Raritan Valley Community College;* Dori Seider *Mercer County Community College;* Rosalie Vermette *Indiana University–Purdue University Fort Wayne;* Nancy Virtue *Indiana University–Purdue University Fort Wayne;* and Elizabeth Werner *Clearwater Christian College.*

ENTRE
AMIS

CHAPITRE PRÉLIMINAIRE

Au départ

Nikada/iStockphoto.com

John Elk III/Alamy

Vlad Ghiea/Shutterstock.com

BUTS COMMUNICATIFS
- Understanding basic classroom commands
- Understanding numbers
- Understanding basic expressions of time
- Understanding basic weather expressions

CULTURE

Il y a un geste
- Frapper à la porte
- Compter avec les doigts
- Comment? Pardon?

RESOURCES

 Audio   Premium Website   Pair Work

Buts communicatifs

Grasping the meaning of spoken French is fundamental to learning to communicate in French. Developing this skill will require patience and perseverance, but your success will be enhanced if you associate a mental image (e.g., of a picture, an object, a gesture, an action, the written word) with the expressions you hear. This preliminary chapter will focus on establishing the association of sound and symbol in a few basic contexts: classroom expressions, numbers, time, and weather.

This material is recorded and available on the Premium Website. Practice with the recording as part of your homework.

I. UNDERSTANDING BASIC CLASSROOM COMMANDS

Dans la salle de classe

Track 1-1

► Listen carefully and watch the physical response of your teacher to each command. Once you have learned to associate the actions with the French sentences, take turns with a partner practicing them and responding appropriately.

—Levez-vous.
—Allez à la porte.
—Ouvrez la porte.
—Sortez.
—Frappez à la porte.
—Entrez.
—Fermez la porte.

—Allez au tableau.
—Prenez la craie.
—Écrivez votre nom.
—Mettez la craie sur la table.
—Donnez la craie à …
—Donnez-moi la craie.
—Asseyez-vous!

le tableau

la craie

la porte

la table

© Cengage Learning

Il y a un geste

Frapper à la porte. When knocking on a door (**toc, toc, toc**), the French often use the back of the index finger.

2. UNDERSTANDING NUMBERS

0 1 2 3 4 5 6 7 8 9

Track 1-2

Les nombres

0	zéro	16	seize
1	un	17	dix-sept
2	deux	18	dix-huit
3	trois	19	dix-neuf
4	quatre	20	vingt
5	cinq	21	vingt et un
6	six	22	vingt-deux
7	sept	23	vingt-trois
8	huit	24	vingt-quatre
9	neuf	25	vingt-cinq
10	dix	26	vingt-six
11	onze	27	vingt-sept
12	douze	28	vingt-huit
13	treize	29	vingt-neuf
14	quatorze	30	trente
15	quinze		

© Cengage Learning

Il y a un geste

Compter avec les doigts. When counting, the French normally begin with the thumb, then the index finger, etc. For instance, the thumb, index, and middle fingers are held up to indicate the number three, as a child might indicate when asked his/her age.

3. UNDERSTANDING BASIC EXPRESSIONS OF TIME

Track 1-3

Quelle heure est-il?

Il est une heure.

Il est une heure dix.

Il est une heure quinze.

Il est une heure trente.

Il est deux heures moins vingt.

Il est deux heures moins dix.

Il est deux heures.

Il est trois heures.

PRONONCIATION

 MASCULIN OU FÉMININ?

Track 1-4

► Nouns do not have gender in English, but they do in French. You will learn to identify nouns and adjectives as masculine or feminine.

Often, the feminine form ends in a consonant sound while the masculine form ends in a vowel sound.

Listen and repeat:

Féminins

Françoise   Louise
Jeanne   Martine
Laurence   Simone
chaude   froide
française   intelligente
anglaise   petite

Masculins

François   Louis
Jean   Martin
Laurent   Simon
chaud   froid
français   intelligent
anglais   petit

L'alphabet français					
prononciation					
A	Ah	J	ji	S	esse
B	bé	K	ka	T	té
C	cé	L	elle	U	u
D	dé	M	emme	V	vé
E	euh	N	enne	W	double vé
F	effe	O	oh	X	iks
G	jé	P	pé	Y	i grec
H	ashe	Q	ku	Z	zed
I	i	R	erre		

Comment est-ce qu'on écrit **merci**?
Merci s'écrit M-E-R-C-I.

How do you spell "merci"?
"Merci" is spelled M-E-R-C-I.

À vous. Work with a partner to practice the French alphabet with the expressions you have learned so far. Spell an expression out loud from your book. Your partner will write it down.

Thierry Montford/Bios/Photolibrary

Guyane is one of France's overseas **départements**.

4. UNDERSTANDING BASIC WEATHER EXPRESSIONS

🔊 **Quel temps fait-il?**

Il fait beau.
Il fait du soleil.

Il fait du vent.

Il fait froid.

Il fait chaud.

Il pleut.

Il neige.

Réalités culturelles

Le français: la langue de toutes les saisons

 Cultural Activities

WHEN WE THINK OF where the French language is spoken, we often think of France. But actually, France's territory extends beyond **l'Hexagone** (the hexagon-shaped mainland of France). In the forthcoming chapters, we will examine many French-speaking countries, but for now, here are some selected French-speaking regions from around the world, representing various climate zones during the month of October.

À Tahiti (en Polynésie française), il pleut.
À Bruxelles (en Belgique), il fait du vent.
En Antarctique, il neige.
En Guyane (en Amérique du Sud), il fait du soleil.
À Québec (au Canada), il fait froid.
À Port-au-Prince (en Haïti), il fait beau.
À Dakar (au Sénégal), il fait chaud.

Source: www.meteo.fr

Jennifer Waddell Photography

Il y a un geste

Comment? Pardon? An open hand, cupped behind the ear, indicates that the message has not been heard and should be repeated.

Vocabulaire

Quelques expressions pour la salle de classe

Pardon?	*Pardon?*
Comment?	*What (did you say)?*
Répétez, s'il vous plaît.	*Please repeat.*
Encore.	*Again.*
En français.	*In French.*
Ensemble.	*Together.*
Tout le monde.	*Everybody, everyone.*
Fermez le livre.	*Close the book.*
Écoutez.	*Listen.*
Répondez.	*Answer.*
Comment dit-on «the teacher»?	*How do you say "the teacher"?*
On dit «le professeur».	*You say "le professeur."*
Que veut dire «le tableau»?	*What does "le tableau" mean?*
Ça veut dire «the chalkboard».	*It means "the chalkboard."*
Je ne sais pas.	*I don't know.*
Je ne comprends pas.	*I don't understand.*

Réalités culturelles

Cultural Activities

La France

"EVERY MAN HAS TWO COUNTRIES: his own and France." (Thomas Jefferson)

Official name	**République française**
Capital	**Paris**
Area (continental France)	**551,500 square kilometers**
Area (with overseas regions)	**643,427 square kilometers**
Population (January, 2010)	**64,700,000**
Monetary unit	**Euro**
Official religion	**None**
National holiday	**July 14**
Motto	**Liberté, Égalité, Fraternité**

Imapress/N'Diaye/The Image Works

CHAPITRE I

Bonjour

BUTS COMMUNICATIFS
- Exchanging personal information
- Identifying nationality
- Describing physical appearance

STRUCTURES UTILES
- Les pronoms sujets
- Le verbe **être**
- L'accord des adjectifs
- La négation
- L'accord des adjectifs (suite)

CULTURE

Zoom sur la politesse
- **Vidéo buzz:** Monsieur, Madame et Mademoiselle
- **Vu sur le web:** Les formules de politesse
- **Repères:** Les mots magiques
- **Insolite:** Les salutations dans le monde francophone
- **Article:** Le premier contact

Il y a un geste
- Le contact physique
- Faire la bise
- Assez

Lecture
- Profils d'un réseau social

RESOURCES

 Audio

 iLrn Heinle Learning Center

 Premium Website

Pair Work

Group Work

 Entre amis Video Program

Owen Franke/Stock Boston

Coup d'envoi

Mademoiselle Becker

Je m'appelle° Lori Becker.
J'habite à° Boston.
Je suis° américaine.
Je suis célibataire°.

Monsieur Davidson

Je m'appelle James Davidson.
J'habite à San Francisco.
Je suis américain.
Je suis célibataire.

My name is
I live in
I am
single

Review the Helpful Hints found in the To the Student section in the front of your text.

Be sure to learn the vocabulary in Prise de contact and Conversation.

Madame Martin

Je m'appelle Anne Martin.
J'habite à Angers.
Je suis française.
Je suis mariée°.

Monsieur Martin

Je m'appelle Pierre Martin.
J'habite à Angers.
Je suis français.
Je suis marié.

married

🅟 **Et vous?** Qui êtes-vous?°

And you? Who are you?

Deux hommes sont au restaurant de l'hôtel Ibis à Paris.

Pierre Martin:	Bonjour°, Monsieur! Excusez-moi de vous déranger.°	*Hello* *Excuse me for bothering you.*
James Davidson:	Bonjour. Pas de problème.°	*No problem.*
Pierre Martin:	Vous permettez?° *(He touches the empty chair.)*	*May I?*
James Davidson:	Certainement. Asseyez-vous là°.	*there; here*
Pierre Martin:	Vous êtes anglais?°	*Are you English?*
James Davidson:	Non, je suis américain. Permettez-moi de me présenter.° Je m'appelle James Davidson. *(They stand up and shake hands.)*	*Let me introduce myself.*
Pierre Martin:	Martin, Pierre Martin. *(A cell phone rings. James Davidson answers the call.)*	
James Davidson:	Excusez-moi, s'il vous plaît, Monsieur.	
Pierre Martin:	Oui, certainement. Au revoir, Monsieur. *(They shake hands again.)*	
James Davidson:	Bonne journée°, Monsieur.	*Have a good day*
Pierre Martin:	Merci°, vous aussi°.	*Thank you / also; too*

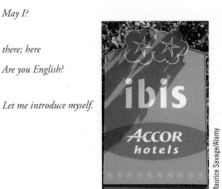

Maurice Savage/Alamy

👥 ⓒ **Jouez ces rôles.** Role-play the conversation with a partner. Use your own identities.

Zoom sur la politesse

 Premium Website

PETIT TEST

Why does Pierre Martin say *Bonjour, Monsieur* instead of just *Bonjour*?

  a. He likes variety; either expression will do.

  b. **Bonjour** alone is a bit less formal than **Bonjour, Monsieur**.

  c. He is trying to impress James Davidson.

(Only one answer is culturally accurate. Read the note and watch the clips referenced in *Vidéo buzz* to find out which one.)

Le premier contact (*Breaking the ice*)

THE FRENCH ARE USUALLY more reticent to "break the ice" than are Americans or Canadians. The fact that Pierre Martin introduces himself to a stranger and asks if he can take a seat is unusual. He most likely is used to working with foreign businessmen.

The French usually give their last name first in formal or professional situations and continue to use last names until told to do otherwise. Americans and French Canadians are much quicker to use first names. A good rule of thumb is to wait until invited to use a French speaker's first name, regardless of his or her nationality.

VIDÉO BUZZ

Monsieur, Madame et Mademoiselle

IN BUSINESS and many social settings, a certain amount of formality is in order when initial contact is made with French speakers. It is more polite to add **Monsieur, Madame,** or **Mademoiselle** when addressing someone than simply to say **Bonjour.** James Davidson catches on toward the end of the conversation when he remembers to say **Bonne journée, Monsieur.** Among university students, however, or young professionals who meet outside of business, French speakers often simply say **Bonjour** or **Salut.** Watch video clips about greetings to find out more on the *Premium Website*.

REPÈRES

Les mots[1] magiques...

- Bonjour
- Au revoir
- S'il vous plaît
- Merci

...sont des mots souvent oubliés[2]; faisons[3] l'effort de les utiliser!

[1] *words*, [2] *all too often forgotten*, [3] *let's make*

INSOLITE

Les salutations dans le monde francophone

GREETINGS PLAY an essential role in all forms of social interaction in French-speaking cultures. At social gatherings or business meetings in France and in the province of Quebec, you should greet and say goodbye to each person individually. It is also very important to say **Bonjour** before asking for something in a store or restaurant, and sometimes even when you simply enter a place where people are gathered, such as a waiting room or fitness club locker room.

In North and West Africa, every conversation begins with a greeting, and it is considered rude not to do so. Greetings also take a considerable amount of time because speakers not only ask about each other's well-being, but that of family members and friends. To not greet someone in some countries, such as Senegal, can be seen as an expression of anger.

Beryl Goldberg

VU SUR LE WEB

Les formules de politesse

ACCORDING TO Polly Plat (1927–2008), an American writer who published several books about French culture, the five most important words in French are **Excusez-moi de vous déranger.** This is a polite way to interrupt someone in France and a valuable formula for students and tourists who need to ask for directions or get permission to do something. Remaining polite, even in the face of adversity, is an important survival technique. Learn more **formules de politesse** (*polite expressions*) in *Vocabulaire* and by clicking on the links on the *Premium Website.*

Vocabulaire

La politesse

Au revoir, Monsieur.	*Goodbye, sir.*
Bonjour, Madame.	*Hello, madam.*
Bonne journée, Mademoiselle.	*Have a good day, miss.*
Enchanté(e).	*Delighted (to meet you).*
Excusez-moi.	*Excuse me.*
Excusez-moi de vous déranger.	*Excuse me for bothering you.*
Je vous demande pardon ...	*I beg your pardon ...*
Merci. De même.	*Thanks. Same to you.*
Merci. Vous aussi.	*Thanks. You too.*
Pardon.	*Pardon me.*
Permettez-moi de me présenter ...	*Please allow me to introduce myself ...*
S'il vous plaît.	*Please.*
Vous permettez?	*May I?*

À vous. How would you respond to the following?

1. Je m'appelle Alissa. Et vous?
2. Vous êtes français(e)?
3. J'habite à Paris. Et vous?
4. Excusez-moi, s'il vous plaît.
5. Bonne journée.

Il y a un geste

Entre amis
Video Program

Le contact physique. James Davidson and Pierre Martin shake hands during their conversation, a normal gesture for both North Americans and the French when meeting someone. However, the French and people from other Francophone countries would normally shake hands with friends, colleagues, and their neighbors each time they meet and, if they chat for a while, at the end of their conversation as well. Physical contact plays a very important role in Francophone cultures and forgetting to shake hands with a friend would be rude.

jennifer waddell photography

Faire la bise. Among friends and family members, the French will exchange kisses on the cheek to greet and say goodbye to each other. Depending on the region, people will exchange two, three, or four **bises.**

photos © Cengage Learning

ENTRE AMIS **Permettez-moi de me présenter.**

1. Greet your partner.
2. Find out if s/he is French.
3. Give your name and tell where you live.
4. Can you say anything else? (Be sure to shake hands when you say goodbye.)

PRONONCIATION

🔊 L'ACCENT ET LE RYTHME

Track 1-8

► There is an enormous number of related words in English and French. We inherited most of these after the Norman Conquest, but many are recent borrowings. With respect to pronunciation, these are the words that tend to reveal an English accent the most quickly.

🎧 Compare:

Anglais	*Français*	*Anglais*	*Français*
CER-tain	cer-TAIN	MAR-tin	Mar-TIN
CER-tain-ly	cer-taine-MENT	A-MER-i-can	A-mé-ri-CAIN

► Even more important than mastering any particular sound is the development of correct habits in three areas of French intonation.

1. *Rhythm:* French words are spoken in groups, and each syllable but the last is said very evenly.
2. *Accent:* In each group of words, the last syllable is lengthened, thus making it the only accented syllable in the group.
3. *Syllable formation:* Spoken French syllables end in a vowel sound much more often than English ones do.

 Counting is an excellent way to develop proper French rhythm and accent. Repeat after your instructor:

un *DEUX*	un *deux* **TROIS**	un *deux* *trois* **QUATRE**
mon-SIEUR	s'il vous PLAÎT	le té-lé-PHONE
mer-CI	cer-taine-MENT	A-sse-yez-VOUS
fran-ÇAIS	té-lé-PHONE	Mon-sieur Mar-TIN

LES CONSONNES FINALES

► A final (written) consonant is normally not pronounced in French.

Françoi*s*	permette*z*	s'il vou*s* plaî*t*
George*s*	françai*s*	troi*s*
Il fai*t* froi*d*	américai*n*	deu*x*

► There are some words whose final consonant is always pronounced (many words ending in **c, f, l,** or **r,** for instance).

Frédéri**c**	neu**f**	Miche**l**	bonjou**r**

► When a consonant is followed by **-e** within the same word, the consonant is always pronounced. A single **-s-** followed by **-e** is pronounced as [z]. Two **-ss-** followed by **-e** are pronounced [s].

França**i**se	Su**i**sse	améric**ai**ne	j'hab**i**te	je m'app**e**lle

> These are the same as the consonants in the English word *CaReFuL*

► When a final silent consonant is followed by a word beginning with a vowel, it is often pronounced with the next word. This is called **liaison.**

vou*s* *(silent)*   vou*s* [z]êtes
deu*x* *(silent)*   deu*x* [z]hommes

Buts communicatifs

1. EXCHANGING PERSONAL INFORMATION

Track 1-9

Comment vous appelez-vous?°
    Je m'appelle Nathalie Lachance.

Où habitez-vous?°
    J'habite à Laval. J'habite près de° Montréal.

Êtes-vous célibataire?
    Non, je suis mariée.

What is your name?

Where do you live?

near

> Learn all the words in each **But communicatif.**

> Pronounce **appelle** [apɛl] and **appelez** [aple].

Buts communicatifs *treize* **13**

Et vous, Monsieur (Madame, Mademoiselle)?

REMARQUE

1. **Je m'appelle** and **Comment vous appelez-vous?** should be memorized for now. Note that in **Comment vous appelez-vous?** there is only one **l**, while in **Je m'appelle,** there are two.

2. Use **J'habite à** to identify the city in which you live.

3. Use **J'habite près de** to identify the city you live *near*.

4. **M., Mme,** and **Mlle** are the abbreviations for **Monsieur, Madame,** and **Mademoiselle.**

 ❶ **Les inscriptions (Registrations).** You are working at a conference in Geneva. Greet the following people and find out their names and the city where they live. Your partner will provide the answers.

MODÈLE: M. Robert Perrin (Lyon)

—**Bonjour, Monsieur. Comment vous appelez-vous?**

—**Je m'appelle Perrin, Robert Perrin.**

—**Où habitez-vous?**

—**J'habite à Lyon.**

1. Mlle Marie Dupont (Metz)
2. Mme Anne Vermette (Montréal)
3. M. Joseph Guy (Lausanne)
4. Mlle Jeanne Delon (Paris)
5. le professeur de français
6. le président français
7. le président américain
8. le premier ministre canadien

A. Les pronoms sujets

See App. C, Glossary of Grammatical Terms, *for an explanation of any terms with which you are not familiar.*

▶ The subject pronouns in French are:

Singular forms		Plural forms	
je (j')	*I*	**nous**	*we*
tu	*you*		
vous	*you*	**vous**	*you*
il	*he; it*	**ils**	*they*
elle	*she; it*	**elles**	*they*
on	*one; someone; people; we*		

▶ Before a vowel sound at the beginning of the next word, **je** becomes **j'**. This happens with words that begin with a vowel, but also with most words that begin with **h-**, which is silent.

J'adore Québec, mais **j'**habite à New York.

▶ **Tu** is informal. It is used to address one person with whom you have a close relationship. **Vous** is the singular form used in other cases. To address more than one person, one always uses **vous.**

Tu es à Paris, Michel?

Vous êtes à Lyon, Monsieur?

Marie! Paul! **Vous** êtes à Bordeaux?

 NOTE ► Whether **vous** is singular or plural, the verb form is always plural.

► There are two genders in French: masculine and feminine. All nouns have gender, whether they designate people or things. **Il** stands for a masculine person or thing, **elle** for a feminine person or thing. The plural **ils** stands for a group of masculine persons or things, and **elles** stands for a group of feminine persons or things.

le tableau = **il**   les téléphones = **ils**
la porte = **elle**   les tables = **elles**

► For a group that includes both masculine and feminine nouns (**Nathalie, Karine, Paul et Marie**), **ils** is used, even if only one of the nouns is masculine.

Karine et Éric? **Ils** sont à Marseille.

► **On** is a subject pronoun used to express generalities or unknowns, much as do the English forms *one, someone, you, people*. In informal situations, **on** is often used to mean *we*.

On est à San Francisco.   *We are in San Francisco.*
On est riche en Amérique?   *Are people in America rich?*

B. *Le verbe être*

Grammar Tutorial

Il est à Québec.
Je suis à Strasbourg.
Nous sommes à Besançon.

 *j'ai été = passé composé*

► The most frequently used verb in French is **être** *(to be)*.

je	**suis**	*I am*	nous	**sommes**	*we are*
tu	**es**	*you are*	vous	**êtes**	*you are*
il	**est**	*he is; it is*	ils	**sont**	*they are (m. or m. + f.)*
elle	**est**	*she is; it is*	elles	**sont**	*they are (f.)*
on	**est**	*one is; people are; we are*			

Review the use of **liaison** *on p. 13.*

► Before a vowel sound at the beginning of the next word, the silent final consonant of many words (but not all!) is pronounced and is spoken with the next word. This is called **liaison. Liaison** is necessary between a pronoun and a verb.

Vous [z]êtes à Montréal.   On [n]est où?

► Liaison is possible after all forms of **être,** but is common *only* with **est** and **sont.**

Il est [t]à Paris.   Elles sont [t]à Marseille.

Review p. 4.

Buts comm

2 **Où sont-ils?** *(Where are they?)* Identify the cities where the following people are. Use a subject pronoun in your answer.

MODÈLES: tu (Los Angeles) **Tu es à Los Angeles.**
vous (Québec) **Vous êtes à Québec.**

1. Lori (Boston)
2. Lise et Elsa (Bruxelles)
3. Thierry (Monte Carlo)
4. je (...)

5. Pierre et Anne (Angers)
6. nous (...)
7. Sylvie (Paris)

Réalités culturelles

Cultural Activities

Paris

PARIS, the "city of lights," has long been a crossroads of ideas, trade, and scientific discovery. France's capital is also one of the world's most popular tourist destinations, home to well over 100 museums, including the world-renowned art museums of the **Louvre,** the **Musée d'Orsay,** and the **Centre Georges-Pompidou,** as well as famous monuments and churches like the **Tour Eiffel** and **Notre-Dame.**

Mikhail Zahranichny/Shutterstock.com

Paris offers an amazing array of things to see and do. There are large public squares, such as the **Place Beaubourg,** where singers, jugglers, dancers, and mimes entertain audiences; large avenues, such as the **Champs-Élysées** and the **Boulevard Saint Michel,** where shops, theaters, and cafés keep people strolling through the night; open-air markets, where Parisians buy flowers, fresh vegetables, meat, and cheese; and extensively landscaped parks, such as the **Jardin du Luxembourg,** where people of all ages can escape from the hectic pace of city life or surf the Internet using the free wifi access available in many of Paris's parks. To get around, visitors need only access the city's efficient public transportation system, consisting of city buses, the **métro** (the second oldest subway system in the world, inaugurated in 1900), tramway, and bicycles. The latter is part of a commitment to make Paris a "greener" city. The **Vélib'** program offers thousands of bicycles for short-term rental in stations across the city.

C. L'accord des adjectifs

Grammar Tutorial

Prononciation,

▶ Most adjectives have two pronunciations: one when they refer to a feminine noun and one when they refer to a masculine noun. From an oral point of view, it is usually better to learn the feminine form first. The masculine pronunciation can often be found by dropping the last consonant *sound* of the feminine.

Barbara est **américaine.**   Bob est **américain** aussi.
Christine est **française.**   David est **français** aussi.

► Almost all adjectives change their spelling depending on whether the nouns they refer to are masculine or feminine, singular or plural. These spelling changes may or may not affect pronunciation.

Il est américain. Elle est américaine.
Ils sont américains. Elles sont américaines.

Il est marié. Elle est mariée.
Ils sont mariés. Elles sont mariées.

► The feminine adjective often ends in a written **-e.** A number of masculine adjectives end in **-e** also. In this case, masculine and feminine forms are identical in pronunciation and spelling.

célibataire   fantastique   optimiste

► The plural is usually formed by adding a written **-s** to the singular. However, since the final **-s** of the plural is silent, the singular and the plural are pronounced in the same way.

américain   américains
américaine   américaines

NOTE If the masculine singular ends in **-s,** the masculine plural is identical.

un homme français   deux hommes français

► Adjectives that describe a group of both masculine and feminine nouns take the masculine plural form.

Bill et Judy sont **mariés.**

Vocabulaire

L'état civil (marital status)

Femmes	Hommes	Women/men
célibataire(s)	célibataire(s)	single
mariée(s)	marié(s)	married
fiancée(s)	fiancé(s)	engaged
divorcée(s)	divorcé(s)	divorced
veuve(s)	veuf(s)	widowed

With the exception of **veuve(s) [vœv]** and **veuf(s) [vœf],** the spelling changes in the adjectives listed in **Vocabulaire** do not affect pronunciation.

❸ Quelle coïncidence! (What a coincidence!) State that the marital status of the second person or group is the same as that of the first.

MODÈLES: Léa est fiancée. Et Marc?   Pierre est marié. Et Zoé et Max?
          Il est fiancé aussi.   **Ils sont mariés aussi.**

1. Élise et Paul sont fiancés. Et Marie?
2. Nous sommes mariés. Et Monique?
3. Nicolas est divorcé. Et Sophie et Thérèse?
4. Je suis célibataire. Et Georges et Sylvie?
5. Madame Beaufort est veuve. Et Monsieur Dupont?

4 **Qui est-ce?** *(Who is it?)* Answer the following questions. Try to identify real people or famous fictional characters. Can you name more than one person? Make sure that the verbs and adjectives agree with the subjects.

MODÈLE: Qui est fiancé?
Olive Oyl est fiancée.   ou
Olive Oyl et Popeye sont fiancés.

1. Qui est célibataire?
2. Qui est fiancé?
3. Qui est marié?
4. Qui est divorcé?
5. Qui est veuf?
6. Qui est français?
7. Qui est américain?

5 **Carte de débarquement** *(Arrival form).* When you travel overseas you are sometimes given an arrival form to fill out. Identify yourself by providing the information requested in the form below in French.

Carte de débarquement

Nom de famille: _____

Prénom(s): _____

Sexe: ❑ M   ❑ F

Âge: _____ ans

Nationalité: _____

État civil: _____

Adresse: _____

_____

_____

Code postal: _____

Numéro de passeport: _____

Motif du voyage: ❑ touristique   ❑ professionnel
 ❑ transit   ❑ visite privée

ENTRE AMIS   **Dans un avion** *(In an airplane)*

Complete the following interaction with as many members of the class as possible.

1. Greet your neighbor in a culturally appropriate way.
2. Find out if s/he is French.
3. Find out each other's name.
4. Find out the city in which s/he lives.
5. What else can you say?

2. IDENTIFYING NATIONALITY

Track 1-10

Quelle est votre nationalité?°   *What is your nationality?*
    Moi, je suis canadienne.

Et vous? Vous êtes chinois(e)?°   *Chinese*
        Pas du tout!° Je suis ...   *Not at all!*

Remember to learn all the words in each **But communicatif.**

	Féminin	**Masculin**	
GB	anglaise	anglais	*English*
F	française	français	*French*
J	japonaise	japonais	*Japanese*
SN	sénégalaise	sénégalais	*Senegalese*
USA	américaine	américain	*American*
MA	marocaine	marocain	*Moroccan*
MEX	mexicaine	mexicain	*Mexican*
CDN	canadienne	canadien	*Canadian*
I	italienne	italien	*Italian*
S	suédoise	suédois	*Swedish*
D	allemande	allemand	*German*
E	espagnole	espagnol	*Spanish*
B	belge	belge	*Belgian*
CH	suisse	suisse	*Swiss*
RUS	russe	russe	*Russian*

Remember to pronounce the final consonant in the feminine (see p. 4).

© David R. Frazier Photolibrary, Inc./Alamy

Ces amis habitent à Paris. Rachida est marocaine, Pierre est français et Amadou est sénégalais.

REMARQUE

In written French, some feminine adjectives are distinguishable from their masculine form not only by a final **-e,** but also by a doubled final consonant.

un homme canadien   *a Canadian man*
une femme canadie**nne**   *a Canadian woman*

6 Quelle est votre nationalité? A duty-free store at the airport is surveying customers to find out their nationalities. With a partner, take turns playing the role of the surveyor and the customers interviewed.

MODÈLES: Madame Jones et Mademoiselle Jones (GB)
      —Quelle est votre nationalité?   **—Nous sommes anglaises.**

      Maria Gomez (MEX)
      —Quelle est votre nationalité?   **—Je suis mexicaine.**

1. Jean-François (CDN)
2. Monsieur et Madame Smith (USA)
3. Mademoiselle Nakasone (J)
4. Madame et Mademoiselle Colon (E)
5. Mademoiselle Balke (D)
6. Bruno (SN)
7. Madame Volaro (I)
8. Marie-Christine (F)

7 Qui êtes-vous? (Who are you?) Assume the identity of each person below. Give your name, nationality, and the city you are from.

MODÈLE: Mademoiselle Brigitte Lapointe/Paris (F)
Je m'appelle Brigitte et je suis française. J'habite à Paris.

1. Monsieur Pierre La Vigne/Québec (CDN)
2. Madame Margaret Jones/Manchester (GB)
3. Madame Anne Martin/Angers (F)
4. Monsieur Yasuhiro Saya/Tokyo (J)
5. Madame Mary O'Leary/Boston (USA)
6. Monsieur Ahmed Zoubir/Casablanca (MA)
7. vous

Réalités culturelles

L'Organisation internationale de la francophonie

Cultural Activities

FRENCH is spoken by over 220 million people around the globe. In 1970, several French-speaking countries created the **Agence de la francophonie** *(Agency for French-speaking communities)*, now called **L'Organisation internationale de la francophonie (OIT)**. The word **francophonie** was coined in 1880 by geographer Onésime Reclus to describe the areas of the world where French is spoken by much of the population. The **OIT's** chief purpose is to use the French language in the service of peace and to promote cultural and economic cooperation among French-speaking countries. Today, the **OIT**, which consists of 75 states and governments, focuses on promoting the French language and cultural diversity; promoting peace, democracy, and human rights; supporting education, training, and research; and fostering sustainable development. It sponsors a French-language television station, **TV5,** and has created a French-speaking university, **l'université Senghor,** in Alexandria, Egypt. To find out more about **L'Organisation internationale de la francophonie** and its members, visit www.francophonie.org.

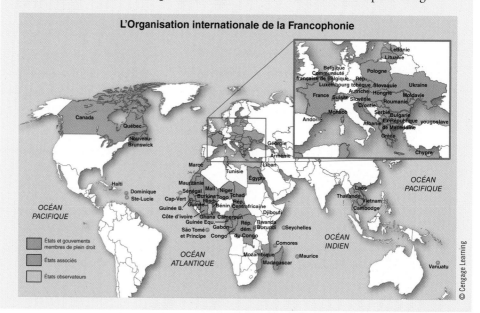

L'Organisation internationale de la Francophonie

Grammar Tutorial

James Davidson **n'**est **pas** français. Il est américain. Il **n'**habite **pas** à Paris. Il habite à San Francisco.

► Two words, **ne** and **pas,** are used to make a sentence negative: **ne** precedes the conjugated verb and **pas** follows it.

Guy et Zoé **ne** sont **pas** mariés. *Guy and Zoé aren't married.*
Il **ne** fait **pas** très beau. *It's not very nice out.*

► Remember that both **ne** and **pas** are necessary in standard French to make a sentence negative.

ne + conjugated verb + **pas**

► **Ne** becomes **n'** before a vowel sound.

Je **n'**habite **pas** à Paris. *I don't live in Paris.*
Nathalie **n'**est **pas** française. *Nathalie is not French.*

 8 Ils sont français? Ask your partner whether the following people are French. Choose the correct form of **être** and make sure that the adjective agrees. Your partner will first respond with a negative, and then state the correct information.

MODÈLE: —**Elles sont françaises?**
  —**Non, elles ne sont pas françaises.**
   Elles sont anglaises.

1.  2.   3.  4.

5.  6.  7.  8.

  ENTRE AMIS **Je ne suis pas suisse.**

Pick a nationality from the list on page 19, but don't tell your partner which one you have chosen.

1. Your partner will try to guess your new nationality by asking you: **Vous êtes ... [+ a nationality]?**
2. Respond **"Pas du tout! Je ne suis pas ..."** if the guess is incorrect.
3. Continue until your partner has guessed your nationality, then switch roles.

◀)) 3. DESCRIBING PHYSICAL APPEARANCE

Track 1-11

*Try to use **assez** and, in the case of a negative, **pas très** to avoid being overly categorical when describing people.*

Voilà° Christine.
Elle est jeune°.
Elle est assez grande°.
Elle n'est pas grosse°.
Elle est assez jolie°.

Voilà le Père Noël.
Il est assez° vieux°.
Il est assez petit°.
Il n'est pas très° mince°.

There is; Here is
young / rather / old
tall / short; small
fat / very / thin
pretty

💬 **Et vous?** Vous êtes …

jeune	*ou*	vieux (vieille)?
petit(e)	*ou*	grand(e)?
gros(se)	*ou*	mince?
beau (belle)	*ou*	laid(e)?°

Décrivez votre meilleur(e) ami(e).°

attractive or ugly?
Describe your best friend.

Il y a un geste

Assez *(sort of, rather; enough).* The gesture for **assez** is an open hand rotated back and forth (palm down).

© Cengage Learning

E. L'accord des adjectifs (suite)

Grammar Tutorial

▶ The masculine forms of some adjectives are not like their feminine forms in either pronunciation or spelling, and so they must be memorized.

belle **beau** vieille **vieux**

▶ The masculine plural of some adjectives is formed by adding **-x**. Pronunciation of the plural form remains the same as the singular.

Robert et Paul sont très **beaux.**

Some nouns form the plural in the same way: **le tableau, les tableaux.**

▶ Masculine singular adjectives that end in **-s** or **-x** keep the same form (and pronunciation) for the masculine plural.

Bill est **gros.** Roseanne et John sont **gros** aussi.
Je suis **vieux.** Georges et Robert sont très **vieux.**

Synthèse: l'accord des adjectifs

FÉMININ		MASCULIN	
SINGULIER	PLURIEL	SINGULIER	PLURIEL
petite	petites	petit	petits
grande	grandes	grand	grands
jolie	jolies	joli	jolis
belle	belles	beau	beaux
laide	laides	laid	laids
jeune	jeunes	jeune	jeunes
vieille	vieilles	vieux	vieux
mince	minces	mince	minces
grosse	grosses	gros	gros

9 **Oui, il n'est pas très grand.** The French often tone down what they wish to say by using the opposite adjective and the word **très** in a negative sentence Use the opposite in a negative sentence to agree with the following descriptions.

MODÈLE: Tom Cruise est petit.
Oui, il n'est pas très grand.

1. Abraham et Sarah sont vieux.
2. Marie-Christine est mince.
3. Frankenstein est laid.
4. Alissa est petite.
5. Dumbo l'éléphant est gros.
6. L'oncle Sam est vieux.
7. James et Lori sont jeunes.
8. Karine et Alix sont jolies.

10 **Décrivez ...** Describe the following people. If you don't know what they look like, guess. Pay close attention to adjective agreement.

MODÈLE: Décrivez James Davidson.   **Il est grand, jeune et assez beau.**

1. Décrivez votre meilleur(e) ami(e).
2. Décrivez votre professeur de français.
3. Décrivez une actrice.
4. Décrivez un acteur.
5. Décrivez Minnie Mouse et Daisy Duck.
6. Décrivez le (la) président(e) des États-Unis.
7. Décrivez-vous.

ENTRE AMIS   Une personne célèbre

1. Choose a famous person and describe him/her.
2. If your partner agrees with each description s/he will say so.
3. If your partner disagrees, s/he will correct you.

iLrn
Self Test

Intégration

RÉVISION

A **Il y a plus d'une façon** *(There's more than one way).*

1. Give two ways to break the ice in French.
2. Give two ways to find out someone's name.
3. Give two ways to find out where someone lives.
4. Give two ways to find out someone's nationality.

B **L'inspecteur Clouseau.** A bumbling inspector is asking all the wrong questions. Correct him, using subject pronouns. Invent the correct answer if you wish.

MODÈLES: Vous êtes Madame Perrin?

Non, pas du tout, je ne suis pas Madame Perrin. Je suis Mademoiselle Smith.

Madame Perrin est française?

Non, pas du tout, elle n'est pas française. Elle est canadienne.

*Notice that #1 & 2 are plural. Use **nous** in your answer.*

1. Vous êtes Monsieur et Madame Martin?
2. Vous *(pl.)* êtes belges?
3. Madame Martin est veuve?
4. Monsieur et Madame Martin sont divorcés?
5. James et Lori sont mariés?
6. Lori est italienne?
7. James est français?

🔊 **C** **À l'écoute.** Choose the image that corresponds to each of the following introductions you hear.

Track 1-12

a. 　b. 　c. 　d.

D **À vous.** How would you respond to the following?

1. Bonjour, Monsieur (Madame, Mademoiselle).
2. Excusez-moi de vous déranger.
3. Vous êtes Monsieur (Madame, Mademoiselle) Dupont?
4. Comment vous appelez-vous?
5. Vous n'êtes pas français(e)?
6. Quelle est votre nationalité?
7. Vous habitez près d'Angers?
8. Où habitez-vous?
9. Vous êtes marié(e)?
10. Bonne journée!

Communication and Communities. To learn more about the culture presented in this chapter, go to the Premium Website and click on the Web Search Activities.

NÉGOCIATIONS

Identifications. Work with your partner to prepare a new identity. First, decide with your partner whether you are describing a man or a woman. Then, complete the first half of the following form; your partner will complete the second half, using the form in Appendix D. Each of you will ask questions in French to complete the form.

MODÈLE: **Comment vous appelez-vous? Quel est votre nom de famille? Êtes-vous français(e)? Êtes-vous jeune?**

A
Nom de famille: _____
Prénom: _____
Nationalité: _____

B
État civil: _____
Description 1: _____
_____
Description 2: _____
_____

LECTURE

LA MÉTHODO The reading below consists of two profile pages from a social networking website. It is not vital that you understand every word in order to grasp the general meaning of what you read. The context and cognates, words in French and English with similar meanings that have the same or nearly identical spelling, will help you guess the meaning.

A Le contexte. You can often predict the information a text will contain if you know what you are about to read before you begin. Making these predictions will improve your comprehension. List all the types of information you expect to find in an individual's profile on a social networking site.

B Trouvez les mots apparentés (cognates). Scan the two profiles that follow and find at least fifteen cognates.

PROFILS D'UN RÉSEAU SOCIAL

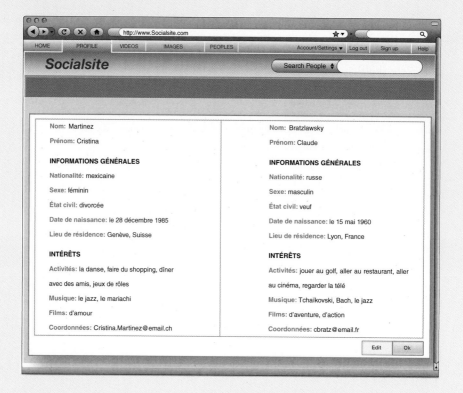

C **Les profils.** Read the above **profils** and answer the following questions.

1. What is the name and gender of each person?
2. Where are these two people from?
3. Where do they live now?
4. Who is older?
5. What is their marital status?
6. Do they share any common interests? If so, what?

D **Dans ces contextes (In these contexts).** Study context and cognates in the profiles above to help you guess the meaning of the following expressions.

1. date de naissance
2. lieu
3. faire du shopping
4. coordonnées

5. jouer
6. aller
7. regarder la télé
8. jeux de rôles

E **À vous.** With a partner, role-play a conversation between the two people from the reading in which you "break the ice" and find out a little bit about each other.

RÉDACTION

DES PORTRAITS

Write two brief descriptions: one of your best friend and one of a famous actor or actress. Include the following in each of your descriptions:

- who the person is (full name, profession or relationship)
- physical description
- marital status
- nationality

MODÈLE: **James Davidson est mon meilleur ami. Il est grand, jeune et assez beau. Il est aussi célibataire. Il est américain.**

A **Avant d'écrire.** Take a look at the list of **Vocabulaire actif** at the end of this chapter. Note the words and expressions that will be useful in writing descriptions. Next, go back and review the structures that will help you form sentences (subject pronouns, the verb **être**, and adjective agreement).

B **Écrire.** Review your notes from Activity A. Stick with these words and structures as you write.

C **Correction.** Exchange papers with a partner for proofreading. Check carefully for errors in spelling and agreement. Revise your descriptions based on your partner's feedback.

Vocabulaire Actif

Practice some of this vocabulary with the flashcards on **iLrn**.

Pour identifier les personnes *Noms*

un acteur / une actrice *actor / actress*
un(e) étudiant(e) *student*
une femme *woman*
un homme *man*
un(e) meilleur(e) ami(e) *best friend*
le Père Noël *Santa Claus*
une personne *person (male or female)*
un professeur *teacher (male or female)*
la nationalité *nationality*
un nom *name*
un nom de famille *family name*
un prénom *first name*

Description physique

beau (belle) *handsome (beautiful)*
grand(e) *big; tall*
gros(se) *fat; large*
jeune *young*
joli(e) *pretty*
laid(e) *ugly*
mince *thin*
petit(e) *small; short*
vieux (vieille) *old*

D'autres noms

un hôtel *hotel*
une porte *door*
un restaurant *restaurant*
une table *table*
un tableau *chalkboard*
un téléphone *telephone*
une université *university*

Prépositions

à *at; in; to*
de *from; of*
en *in*
près de *near*

Adjectifs de nationalité

allemand(e) *German*
américain(e) *American*
anglais(e) *English*
belge *Belgian*
canadien(ne) *Canadian*
chinois(e) *Chinese*
espagnol(e) *Spanish*
français(e) *French*
italien(ne) *Italian*
japonais(e) *Japanese*
marocain(e) *Moroccan*
mexicain(e) *Mexican*
russe *Russian*
sénégalais(e) *Senegalese*
suédois(e) *Swedish*
suisse *Swiss*

Pronoms sujets

je *I*
tu *you*
il *he, it*
elle *she, it*
on *one, people, we, they*
nous *we*
vous *you*
ils *they*
elles *they*

État civil

célibataire *single*
divorcé(e) *divorced*
fiancé(e) *engaged*
marié(e) *married*
veuf (veuve) *widowed*

Nombres

un *one*
deux *two*
trois *three*
quatre *four*

À propos de l'identité

Comment vous appelez-vous? *What is your name?*
Je m'appelle … *My name is …*
Madame (Mme) *Mrs.*
Mademoiselle (Mlle) *Miss*
Monsieur (M.) *Mr.; sir*
Permettez-moi de me présenter. *Allow me to introduce myself.*
Quelle est votre nationalité? *What is your nationality?*
Vous habitez … *You live, you reside …*
Où habitez-vous? *Where do you live?*
J'habite … *I live, I reside …*

La politesse

Au revoir. *Goodbye.*
Bonjour. *Hello.*
Bonne journée. *Have a good day.*
Enchanté(e). *Delighted (to meet you).*
Excusez-moi. *Excuse me.*
Excusez-moi de vous déranger. *Excuse me for bothering you.*
Je vous demande pardon … *I beg your pardon …*
Merci. Vous aussi. *Thanks. You too.*
Merci. De même. *Thanks. You too.*
Pardon. *Pardon me.*
Salut! *Hi!; Bye!*
S'il vous plaît. *Please.*
Vous permettez? *May I?*

Verbe

être *to be*

Adverbes

assez *sort of, rather; enough*
aussi *also, too*
certainement *surely, of course*
là *there; here*
ne … pas *not*
où *where*
très *very*

D'autres expressions utiles

Asseyez-vous. *Sit down.*
C'est … *It is …; This is …*
entre amis *between friends*
Et moi? *And me?*
Oui ou non? *Yes or no?*
Pas du tout! *Not at all!*
qui *who*
Voilà … *There is (are) …; Here is (are) …*

CHAPITRE 2

Qu'est-ce que vous aimez?

BUTS COMMUNICATIFS

- Asking and responding to "How are you?"
- Giving and responding to compliments
- Offering, accepting, and refusing
- Expressing likes and dislikes

STRUCTURES UTILES

- Le verbe **aller**
- Les verbes en **-er**
- L'article défini: **le, la, l'** et **les**
- Les questions avec réponse **oui** ou **non**

CULTURE

Zoom sur les rencontres

- **Vidéo buzz:** Les rencontres entre amis et collègues
- **Vu sur le web:** Le kir
- **Repères:** Les rencontres amicales sur Internet
- **Insolite:** Dire *merci*
- **Article:** Les compliments

Il y a un geste

- À votre santé
- Non, merci
- Ça va

Lecture

- Votre signe du zodiaque et votre personnalité

© David W. Hamilton/Alamy

RESOURCES

 Audio

 iLrn Heinle Learning Center

🌐 Premium Website

👥👥 Pair Work

👥👥 Group Work

▶ *Entre amis* Video Program

Coup d'envoi

🔊 **PRISE DE CONTACT: QUELQUE CHOSE À BOIRE?**

Track 1-13

le café?

le coca?

le vin?

le thé?

Est-ce que *is often placed at the start of a sentence to make it a question.*

Est-ce que vous aimez ...°	*Do you like ...*
J'aime° le coca.	*I like (love)*
J'aime beaucoup° le thé.	*very much; a lot*
Je n'aime pas le café.	
Voulez-vous boire quelque chose?°	*Do you want something to drink?*
Non, merci.	*No thanks*
Oui, je veux bien.°	*Gladly; Yes, thanks.*
Je voudrais ...°	*I'd like ...*
une tasse de° café.	*a cup of*
une tasse de thé.	
un verre de° coca.	*a glass of*
un verre de vin.	

🌀 **Et vous?** Voulez-vous boire quelque chose?
                Qu'est-ce que vous voulez?°   *What do you want?*

CONVERSATION: UNE SOIRÉE À TOULOUSE

James Davidson étudie le français à Toulouse. Mais il vient de° San Francisco. Au cours d'une soirée°, il aperçoit° Karine Aspel, qui est assistante au laboratoire de langues.

he comes from / During a party / notices

James:	Bonsoir°. Quelle° bonne surprise! Comment allez-vous?°
Karine:	Ça va bien°, merci. Et vous-même?°
James:	Très bien ... Votre prénom, c'est Karine, n'est-ce pas?°
Karine:	Oui, je m'appelle Karine Aspel.
James:	Et moi, James Davidson.
Karine:	Est-ce que vous êtes américain? Votre français est excellent.
James:	Merci beaucoup.
Karine:	Mais c'est vrai!° Vous êtes d'où?°
James:	Je viens de° San Francisco. Au fait°, voulez-vous boire quelque chose? Un coca?
Karine:	Non, merci, je n'aime pas beaucoup le coca.
James:	Alors°, un kir, peut-être°?
Karine:	Je veux bien. Un petit kir, pourquoi pas°? *(James hands a glass of kir to Karine.)*
James:	À votre santé°, Karine.
Karine:	À la vôtre°. Et merci, James.

Good evening. / What a / How are you?

Fine / And yourself?

isn't it?

But it's true! / Where are you from? / I come from / By the way

Then / perhaps

why not

To your health

To yours

Listen carefully to your instructor and/or the Audio while the conversation is presented. As soon as the presentation has ended, try to recall as many words as you can.

Jouez ces rôles. Role-play the above conversation with a partner. Use your own identities. Choose something else to drink.

Jennifer Waddell Photography

© Cengage Learning

Il y a un geste

À votre santé. The glass is raised when saying *To your health.* Among friends, the glasses are lightly touched and they look into each other's eyes.

Non, merci. The French often raise the index finger and move it from side to side to indicate *no.* They also may indicate *no* by raising a hand, palm outward, or by shaking their heads as do English speakers. In France, however, the lips are usually well rounded and often are pursed when making these gestures.

Zoom sur les rencontres

Premium
Website

Why does Karine say *Mais c'est vrai !* when James says *Merci beaucoup?*

a. She misunderstood what he said.

b. She doesn't mean what she said.

c. She feels that James doesn't really believe her when she tells him his French is good.

Read *Les compliments* to find out why.

Les compliments

THE FRENCH, like anyone else, enjoy receiving compliments. However, they may respond by playing it down, which could encourage more of the same. While Americans are taught from an early age to accept and say *thank you* to compliments, **merci,** when used in response to a compliment, is often perceived by the French as saying "you don't mean it." It is for this reason that Karine Aspel responds **Mais c'est vrai!,** insisting that her compliment was true. It is culturally more accurate, therefore, and linguistically enjoyable, to develop a few rejoinders such as **Oh, vraiment?** *(Really?)*, **C'est gentil** *(That's kind)*, or **Vous trouvez?** *(Do you think so?)*, which one can employ in similar situations. In this case, a really French response on James's part might be **Mais non! Je ne parle pas vraiment bien. Mon accent n'est pas très bon.** *(Oh, no! I don't speak really well. My accent's not very good.)*

VU SUR LE WEB

Le kir

KIR is an **apéritif** *(before-dinner drink)* people often drink when they get together in France. Taking its name from **le Chanoine Kir,** a French priest and former mayor of Dijon, **kir** is made from four parts white wine and one part black currant liqueur. Two popular variations of **kir** are **kir royal,** made with champagne or sparkling wine, and **kir breton,** made with hard cider, a specialty of the Brittany region. To find out more about popular **apéritifs** in France and how to make them, click on the links found on the *Premium Website.*

© Owen Franken/Corbis

Les rencontres entre amis et collègues

A FAVORITE social activity among the French is to get together with friends at someone's home. Having people over or going to someone's house for dinner, an evening of board games, or to watch a movie is a weekly event for some people. More formal gatherings, such as **un cocktail** (*a cocktail party*) or **une soirée** (*a party*), provide opportunities to gather with work colleagues or other people in the extended community where one lives. Go to the *Premium Website* to watch videos showing how people interact with one another at these types of social gatherings.

© Xavier Arnau/iStockphoto.com

INSOLITE

Dire *merci*

THE WORD **merci** is, of course, one of the best ways of conveying politeness, and its use is, by all means, to be encouraged. Its usage, however, differs from that of English in at least one important way: when one is offered something to eat, to drink, etc., the response **merci** is somewhat ambiguous and is often a way of saying *no, thank you*. One would generally say **je veux bien** or **s'il vous plaît** to convey the meaning *yes, thanks*. **Merci** is, however, the proper polite response once the food, the drink, etc., has actually been served.

REPÈRES

Les rencontres amicales sur Internet

More and more people are turning to the Internet to meet people, as evidenced by the Parisian website "Just2meet". Read the following introduction to their website.

Faire une rencontre à Paris, une rencontre amicale[1], amoureuse[2] ou business avec **Just2meet.**

Just2meet: *[le] site de toutes les rencontres propose des lieux[3] exclusifs sur le net pour chatter et se rencontrer à Paris. Si vous êtes prêt[4] à rencontrer l'âme sœur[5], partager[6] des passions, élargir[7] votre cercle amical ou votre réseau[8] business à Paris, alors 'sortez sur le net' sur* **Just2meet**, *dans nos lieux de chat pour des rencontres à Paris 'made in Paris'.*

[1]*for friendship;* [2]*for love;* [3]*places;* [4]*ready;* [5]*soulmate;* [6]*to share;* [7]*enlarge;* [8]*network*

© Just2Meet: la cité des rencontres. Used with permission.

À vous. How would you respond to the following questions?

1. Comment allez-vous?
2. Est-ce que vous êtes français(e)?
3. Votre prénom, c'est ... ?
4. Vous êtes d'où?
5. Voulez-vous boire quelque chose?

ENTRE AMIS À une soirée *(At a party)*

Role-play the following conversation with a partner.

1. Greet another "invited guest."
2. Find out his/her name.
3. Find out his/her nationality.
4. Find out where s/he comes from.
5. What else can you say?

PRONONCIATION

🔊 L'ALPHABET FRANÇAIS (SUITE)

Track 1-15

▶ English and French share the same 26-letter Latin alphabet and, although this is useful, it is also potentially troublesome.

▶ First, French and English cognates may not be spelled the same. French spellings must, therefore, be memorized.

adresse   personne   appartement

▶ Second, because the alphabet is the same, it is tempting to pronounce French words as if they were English. Be very careful, especially when pronouncing cognates, not to transfer English pronunciation to the French words.

téléphone   conversation   professeur

▶ Knowing how to say the French alphabet is not only important in spelling out loud, it is also essential when saying the many acronyms used in the French language.

le TGV   les USA   la SNCF

ⓒ **Quelques sigles.** Read out loud the letters that make up the following acronyms.

1. **SVP**   S'il vous plaît
2. **RSVP**   Répondez, s'il vous plaît.
3. **La SNCF**   La Société nationale des chemins de fer français *(French railroad system)*
4. **La RATP**   La Régie autonome des transports parisiens *(Paris subway and bus system)*
5. **Les BD**   Les bandes dessinées *(comic strips)*
6. **Les USA**   Les United States of America (= Les États-Unis)
7. **La BNP**   La Banque nationale de Paris
8. **La CGT**   La Confédération générale du travail *(a French labor union)*
9. **BCBG**   Bon chic bon genre *(preppy)*
10. **Le RER**   Le Réseau Express Régional *(a train to the suburbs)*

LES ACCENTS

▶ French accents are part of spelling and must be learned. They can serve:

1. to indicate how a word is pronounced

ç → [s]: français

é → [e]: marié

è → [ε]: très

ê → [ε]: être

ë → [ε]: Noël

2. or to distinguish between meanings

ou *or*   la *the (feminine)*

où *where*   là *there*

French names	Examples
´ **accent aigu**	américain; téléphone
` **accent grave**	à; très; où
^ **accent circonflexe**	âge; êtes; s'il vous plaît; hôtel; sûr
¨ **tréma**	Noël; coïncidence
₍ **cédille**	français
- **trait d'union**	Jean-Luc
' **apostrophe**	J'aime

Crème s'écrit C-R-E accent grave-M-E.

 ℗ **Comment est-ce qu'on écrit ...?** Your partner will ask you to spell the words below. Give the correct spelling.

MODÈLE: être

      VOTRE PARTENAIRE: **Comment est-ce qu'on écrit «être»?**

              VOUS: **«Être» s'écrit E accent circonflexe-T-R-E.**

1. français
2. monsieur
3. belge
4. mademoiselle
5. professeur
6. vieux
7. hôtel
8. très
9. téléphone
10. j'habite
11. canadienne
12. asseyez-vous

Réalités culturelles

TOULOUSE, LOCATED at the heart of southern France, is the capital of the country's largest region, the Midi-Pyrénées. Founded over 2,000 years ago by the Celts, Toulouse has long stood at a crossroads for European trade. It straddles the Garonne River and three canals come together there linking the Atlantic with the Mediterranean. The Canal du Midi, constructed in the seventeenth century, is the oldest canal still in operation in Europe. Today **La Ville Rose,** so-called because of the Roman brick from which many of its buildings are constructed, is home to some 89,000 students (making Toulouse France's third largest university town) and the country's aeronautical industry. Begun shortly after World War I with the establishment of the **Aéropostale** airmail service, it was built up by such important aviators as Antoine de Saint-Exupéry, who penned *Le Petit Prince.* It is in Toulouse that the first Concorde, Airbus, and giant A380 airplanes were produced.

Mikhail Pilchard/iStockphoto.com

To learn more about Toulouse, consult http://www.toulouse-tourisme.com.

Buts communicatifs

I. ASKING AND RESPONDING TO "HOW ARE YOU?"

Track 1-16

Learn all the words in each But communicatif.

	Salutations et questions	
more formal	Bonjour, Madame (Monsieur, Mademoiselle). Comment allez-vous? Vous allez bien?	
first-name basis	Salut, Lori (James, etc.). Comment ça va?° Ça va?	*How's it going?*

Réponses

Je vais très bien°, merci.	*Very well, thanks.*
Ça va bien.	*I'm fine*
Pas mal.°	*Not bad.*
Oh! Comme ci, comme ça.°	*So-so.*
Oh! Pas trop bien.°	*Not too great.*
Je suis assez fatigué(e).°	*I'm rather tired.*
Je suis un peu malade.°	*I'm a little sick.*

Et vous? Comment allez-vous?

1. It is very important to try to tailor your language to fit the situation. For example, with a friend or another student, you would normally ask **Ça va?** or **Comment ça va?** For someone whom you address as **Monsieur, Madame,** or **Mademoiselle,** you would normally say **Comment allez-vous?**

2. **Bonjour** and **bonsoir** are used for both formal (**Monsieur, Madame,** etc.) and first name relationships.

3. The family name (**le nom de famille**) is not used in a greeting. For example, when saying hello to Madame Martin, one says **Bonjour, Madame.**

4. **Salut** is used only in first-name relationships.

© Cengage Learning

Il y a un geste

Ça va. This gesture implies "so-so" and is very similar to **assez.** Open one or both hands, palms down, and slightly rotate them. This is often accompanied by a slight shrug, and the lips are pursed. One may also say **comme ci, comme ça.**

Vocabulaire

À quel moment de la journée? (At what time of day?)

à ... heure(s)	*at... o'clock*	l'après-midi	*afternoon, in the afternoon*
le jour	*day, daytime*	le soir	*evening, in the evening*
le matin	*morning, in the morning*	la nuit	*night, at night*

Ⅰ Attention au style. Greet the following people at the indicated time of day and find out how they are. Adapt your choice of words to fit the time and the person being greeted. Be careful not to be overly familiar. If there is more than one response possible, give both.

MODÈLES: Monsieur Talbot (le matin à 8 h)
Bonjour, Monsieur. Comment allez-vous?

Anne (le soir à 7 h)
Salut, Anne. Comment ça va? *ou* **Bonsoir, Anne. Comment ça va?**

1. Paul (le soir à 7 h)
2. Mademoiselle Monot (le matin à 9 h 30)
3. Monsieur Talbot (l'après-midi à 4 h)
4. le professeur de français (le matin à 11 h)
5. votre meilleur(e) ami(e) (le soir à 10 h)
6. le (la) président(e) de votre université (l'après-midi à 1 h)

2 **Vous allez bien?** Ask the following people how they are doing. Be careful to choose between the familiar and the formal questions. Your partner will provide the other person's answer.

MODÈLE: Marie (a little sick)

   VOUS: **Comment ça va, Marie?**

   MARIE: **Oh! je suis un peu malade.**

1. Madame Philippe (tired)
2. Paul (not too great)
3. Monsieur Dupont (sick)
4. Mademoiselle Bernard (very well)
5. Anne (so-so)

6. votre professeur de français (...)
7. votre meilleur(e) ami(e) (...)
8. le (la) président(e) de l'université (...)

A. *Le verbe aller*

Grammar Tutorial

► One of the uses of the verb **aller** *(to go)* is to talk about one's health.

Nous **allons** bien.   *We are fine.*
Comment **vont** vos parents?   *How are your parents?*

aller *(to go)*			
je	**vais**	nous	**allons**
tu	**vas**	vous	**allez**
il/elle/on	**va**	ils/elles	**vont**

See Appendix C, Glossary of Grammatical Terms, for an explanation of any terms with which you are not familiar.

► You will study the verb **aller** again in Chapter 5. It is used, for example, with the infinitive to express the future.

Je **vais boire** une tasse de café.   *I am going to drink a cup of coffee.*

3 **À vous.** Answer the following questions.

MODÈLE: Comment vont vos parents?

Ils vont bien.   ou

Ils ne vont pas trop bien.

1. Comment va votre professeur?
2. Comment vont les étudiants?
3. Comment allez-vous?
4. Comment va votre meilleur(e) ami(e)?

ENTRE AMIS   Au café

Imagine you are in a sidewalk café at one o'clock in the afternoon and role-play the following conversation with as many members of the class as possible.

1. Greet your partner in a culturally appropriate manner.
2. Inquire how s/he is doing.
3. Offer him/her something to drink.
4. What else can you say?

Track 1-17

2. GIVING AND RESPONDING TO COMPLIMENTS

Quelques° compliments   *A few*

Vous parlez très bien français.°   *You speak French very well.*
Vous dansez très bien.
Vous chantez° bien.   *sing*
Vous skiez vraiment° bien.   *really*
Vous nagez comme un poisson.°   *You swim like a fish.*

Quelques réponses

Vous trouvez?°   *Do you think so?*
Pas encore.°   *Not yet.*
Oh! Pas vraiment.°   *Not really*
Oh! Je ne sais pas.°   *I don't know.*
C'est gentil mais vous exagérez.°   *That's nice but you're exaggerating.*
Je commence seulement.°   *I'm only beginning.*
Je n'ai pas beaucoup d'expérience.°   *I don't have a lot of experience.*

REMARQUE

> There are several ways to express an idea. For instance, there are at least three
> ways to compliment someone's French:
>
> Votre français est excellent.   *Your French is excellent.*
> Vous parlez bien français.   *You speak French well.*
> Vous êtes bon (bonne) en français.   *You are good in French.*

 4 Un compliment. Give a compliment to each of the people pictured
below. Your partner will play the role of the person in the drawing and provide a culturally appropriate response. Then, switch roles.

MODÈLE: —**Vous parlez bien français.**
—**Vous trouvez? Oh! je ne sais pas.**

1.   2.   3.   4.

Grammar Tutorial

▶ All verb infinitives are made up of a **stem** and an **ending.** To use verbs in the present tense, one removes the ending from the infinitive and adds new endings to the resulting stem. Verbs that use the same endings are often classified according to the last two letters of their infinitive. By far the most common class of verbs is the group ending in **-er.**

parler (to speak)	STEM	ENDING
je	parl	e
tu	parl	es
il/elle/on	parl	e
nous	parl	ons
vous	parl	ez
ils/elles	parl	ent

tomber (to fall)	STEM	ENDING
je	tomb	e
tu	tomb	es
il/elle/on	tomb	e
nous	tomb	ons
vous	tomb	ez
ils/elles	tomb	ent

▶ Whether you are talking to a friend (**tu**), or about yourself (**je**), or about one or more other persons (**il, elle, ils, elles**), the verb is pronounced the same because the endings are silent.

Est-ce que tu **patines** bien?	*Do you skate well?*
Non, je ne **patine** pas du tout.	*No, I don't skate at all.*
Anne et Pierre **patinent** bien, n'est-ce pas?	*Anne and Pierre skate well, don't they?*
Elle **patine** bien.	*She skates well.*
Pierre **patine** souvent.	*Pierre skates often.*

▶ If you are using the **nous** or **vous** form, the verb is pronounced differently. The **-ez** ending is pronounced [e] and the **-ons** ending is pronounced [ɔ̃].

Vous **dansez** avec Marc?	*Do you dance with Marc?*
Nous ne **dansons** pas très souvent.	*We don't dance very often.*

▶ Remember that the present tense has only *one* form in French, while it has several forms in English.

je **danse**	*I dance, I do dance, I am dancing*
j'**habite**	*I live, I do live, I am living*

Remember to change **je** *to* **j'** *before a vowel sound. See p. 14.*

▶ Before a vowel sound, the final **-n** of **on** and the final **-s** of **nous, vous, ils,** and **elles** are pronounced and linked to the next word.

On [n]écoute la radio?	*Is someone listening to the radio?*
Nous [z]étudions le français.	*We are studying French.*
Vous [z]habitez ici?	*Do you live here?*

Vocabulaire

Activités

chanter (une chanson)	*to sing (a song)*
chercher (mes amis)	*to look for (my friends)*
danser (avec mes amis)	*to dance (with my friends)*
écouter (la radio)	*to listen to (the radio)*
enseigner (le français)	*to teach (French)*
étudier (le français)	*to study (French)*
jouer (au tennis)	*to play tennis*
manger	*to eat*
nager	*to swim*
parler français	*to speak (French)*
patiner	*to skate*
pleurer	*to cry*
regarder (la télé)	*to watch, to look at (TV)*
tomber (quelquefois)	*to fall (sometimes)*
travailler (beaucoup)	*to work (hard)*
voyager (souvent)	*to travel (often)*

 NOTE — Verbs ending in **-ger** add an **-e-** before the ending in the form used with **nous: nous mangeons, nous nageons, nous voyageons.**

5 Comparaisons. Tell what the following people do and then compare yourself to them. Use **Et moi aussi, …** or **Mais moi, …** to tell whether or not the statement is also true for you.

MODÈLE: Pierre et Anne/habiter à Angers
Ils habitent à Angers. Mais moi, je n'habite pas à Angers.

1. vous/nager comme un poisson
2. James/parler bien français
3. Monsieur et Madame Dupont/danser très bien
4. tu/étudier le français
5. vous/chanter vraiment bien
6. tu/regarder souvent la télévision
7. le professeur/enseigner le français
8. Karine et James/travailler beaucoup
9. Sébastien/patiner/mais/il/tomber souvent

6 Non, pas du tout. Respond to each question in the negative, and then use the words in parentheses to follow up with an affirmative statement. Supply your own statements for items 5 and 6.

MODÈLES: Je danse *mal,* n'est-ce pas? (bien)
Non, pas du tout. Vous ne dansez pas mal. Vous dansez bien.

Vous *écoutez la radio?* (regarder la télé)
Non, pas du tout. Je n'écoute pas la radio. Je regarde la télé.

1. Vous *enseignez* le français? (étudier)
2. Le professeur *voyage* beaucoup? (travailler)
3. Est-ce que je chante *très mal?* (assez bien)
4. Vous *chantez* avec le professeur? (parler français)
5. Vous habitez *à Paris?* (...)
6. Est-ce que nous étudions *l'espagnol?* (...)

Vocabulaire

Des gens que je connais bien *(People that I know well)*

mon ami	*my (male) friend*
mon amie	*my (female) friend*
mes amis	*my friends*
ma mère	*my mother*
mon père	*my father*
le professeur	*the (male or female) teacher*
les étudiants	*the students*
ma colocataire	*my (female) roommate*
mon colocataire	*my (male) roommate*
ma petite amie	*my girlfriend*
mon petit ami	*my boyfriend*

7 Mes connaissances. Tell about your family and your acquaintances by choosing an item from each column to create as many factual sentences as you can. You may make any of them negative.

MODÈLES: **Nous ne dansons pas mal.**
Mon amie Mary n'étudie pas le français.

	chanter bien
les étudiants	travailler beaucoup
le professeur	écouter souvent la radio
je	étudier le français
nous	skier bien
ma mère	danser mal
mon père	patiner beaucoup
mes amis	habiter en France
mon ami(e)	parler français
mon petit ami	nager comme un poisson
ma petite amie	voyager souvent
	pleurer souvent
	regarder souvent la télévision

8 Tu parles bien français! Pay compliments to the following friends.
Use **tu** for each individual; use **vous** for more than one person.

MODÈLES: Éric skie bien.
Tu skies bien!

Yann et Sophie dansent bien.
Vous dansez bien!

1. Alissa est très jolie.
2. Christophe parle très bien l'espagnol.
3. David est bon en français.
4. François et Michel parlent bien anglais.
5. Ils travaillent beaucoup aussi.
6. Anne et Marie sont vraiment bonnes en maths.
7. Elles chantent bien aussi.
8. Olivier est vraiment très beau.
9. Luc skie comme un champion olympique.

9 Identification. Answer the following questions as factually as possible.

MODÈLE: Qui parle bien français?
Le professeur parle bien français.
Mes amis parlent bien français.

1. Qui étudie le français?
2. Qui enseigne le français?
3. Qui ne skie pas du tout?
4. Qui chante très bien?
5. Qui joue mal au tennis?
6. Qui regarde souvent la télévision?
7. Qui écoute souvent la radio?

ENTRE AMIS Avec un(e) ami(e)

Role-play the following situation with as many members of
the class as possible.

1. Pay your partner a compliment.
2. Your partner will give a culturally appropriate response to
   the compliment and then pay you a compliment in return.
3. Give an appropriate response.

3. OFFERING, ACCEPTING, AND REFUSING

Track 1-18

Pour offrir une boisson° *To offer a drink*

Voulez-vous boire quelque chose?

Voulez-vous un verre d'orangina°? *orange soda*

Voulez-vous un verre de (d') ...

    bière°? *beer*

    eau°? *water*

    jus d'orange°? *orange juice*

    lait°? *milk*

Voulez-vous une tasse de ...

    café?

    chocolat chaud°? *hot chocolate*

Qu'est-ce que° vous voulez? *What*

Pour accepter ou refuser quelque chose° *To accept or refuse something*

Je veux bien.

Volontiers.° *Gladly.*

S'il vous plaît.

Oui, avec plaisir.° *Yes, with pleasure.*

Oui, c'est gentil à vous.° *Yes, that's nice of you.*

Merci.

Non, merci.

Et vous? Est-ce que vous voulez boire quelque chose?

10 Voulez-vous boire quelque chose? Use the list of words below to create a dialogue in which one person offers a glass or a cup of something to drink and the other responds appropriately.

MODÈLES: Coca-Cola

    —Voulez-vous un verre de coca?

    —Volontiers.

    coffee

    —Voulez-vous une tasse de café?

    —Non, merci.

1. water
2. tea
3. orange soda
4. wine
5. milk
6. orange juice
7. hot chocolate
8. beer

Note culturelle

Les jeunes Américains aiment beaucoup le lait. Mais, en général, les jeunes Français n'aiment pas le lait.

Réalités culturelles
Le café

A TIME-HONORED TRADITION in France is the outdoor café, a place with small tables on the sidewalk (**la terrasse**) where friends spend time talking and having drinks. Others come to the café to read their newspaper, work on their laptops using the free wi-fi services available in many cafés, or just watch people passing by. The French cafés are

Robert Harding Picture Library Ltd./Alamy

When ordering in a café, you should use the expression **Je voudrais** (I would like).

like mini-restaurants. You can order a drink, a sandwich or snack, or a simple meal during lunch and dinner hours. The cafés are open from early morning to very late in the evening. Smoking is not permitted inside, but still possible on the **terrasse,** except when closed in with glass partitions during the winter.

For the French, especially Parisians, the cultural tradition of meeting others at the café is most likely due to the cramped nature of urban living in Paris, where apartments are usually small, as well as to the privacy the French reserve for their homes.

Two Parisian cafés popular with tourists are **Café de Flore** and **Les Deux Magots,** gathering spots in the early twentieth century for intellectuals and poets. Famous **habitués** included Pablo Picasso, Ernest Hemingway, Jacques Prévert, Jean-Paul Sartre, and Simone de Beauvoir. To find out more about these two cafés, visit their websites at: http://www.lesdeuxmagots.fr and http://www.cafedeflore.fr

11 Qu'est-ce que vous voulez?
Examine the drink menu of **La Bague d'or** *(The Golden Ring)* and order something.

MODÈLES: **Je voudrais une tasse de thé.**
Je voudrais un verre de coca-cola, s'il vous plaît.

La Bague d'or
BRASSERIE ALSACIENNE

Boissons

Vin rouge
Riesling (Vin d'Alsace)
Jus de fruits
Bière (pression)
Café
Thé
Chocolat chaud
Coca-cola
Orangina
Eau minérale (Perrier)

C. *L'article défini:* le, la, l' et les

Grammar
Tutorial

You have already learned that all nouns in French have gender—that is, they are classified grammatically as either masculine or feminine. You also know that you need to remember the gender for each noun you learn. One of the functions of French articles is to mark the gender (masculine or feminine) and the number (singular or plural) of a noun.

FORMS OF THE DEFINITE ARTICLE	WHEN TO USE	EXAMPLES
le (l')	before a masculine singular noun	**le** thé, l'alcool
la (l')	before a feminine singular noun	**la** bière, l'eau
les	before all plural nouns, masculine or feminine	**les** boisson

▶ **Le** and **la** become **l'** when followed by a word that begins with a vowel sound. This includes many words that begin with the letter **h.**

le professeur
　　but **l'**étudiant, **l'**ami, **l'**homme
la femme
　　but **l'**étudiante, **l'**amie

▶ When they are used to refer to specific things or persons known to the speaker and the listener, **le, la, l',** and **les** all correspond to the English definite article *the.*

Le professeur écoute **les** étudiants. 　　*The teacher listens to the students.*
L'université de Paris est excellente. 　　*The University of Paris is excellent.*

Review nationalities,
p. 19.

▶ **Le, la, l',** and **les** are also used before nouns that have a generic meaning, even when in English the word *the* would not be used.

Je n'aime pas **le** chocolat chaud. 　　*I don't like hot chocolate.*
Elle regarde souvent **la** télé. 　　*She often watches TV.*
J'étudie **le** chinois. 　　*I'm studying Chinese.*

▶ All languages are masculine. Many are derived from the adjective of nationality. All verbs except **parler** require **le** before the name of a language.

Ils **étudient le** russe. 　　*They are studying Russian.*
Ma mère **parle bien** français. 　　*My mother speaks French well.*

⑫ Parlez-vous bien français? For each language, describe how well you and a friend of yours (**mon ami(e)___**) speak it.

MODÈLE: l'allemand

Je ne parle pas du tout l'allemand mais mon ami Hans parle très bien l'allemand.

1. le russe   2. l'espagnol   3. l'anglais   4. le français

⑬ À vous. Take turns asking and answering the following questions with a partner.

1. Qu'est-ce que vous étudiez?
2. Étudiez-vous le français le matin, l'après-midi ou le soir?
3. Étudiez-vous aussi l'anglais?
4. Parlez-vous souvent avec le professeur de français?
5. Est-ce que le professeur chante avec la classe?
6. Est-ce que le professeur de français parle anglais?
7. Parlez-vous bien français?
8. Parlez-vous un peu espagnol?

> *Remember that* **Est-ce que...?** *just signals a question;* **Qu'est-ce que ...?** *means* What ...?

ENTRE AMIS   Une réception

Imagine you are at a reception for exchange students at a French university and role-play the following conversation with a partner.

1. Greet your partner and inquire how s/he is.
2. Offer him/her something to drink.
3. S/he will accept appropriately.
4. Toast each other.
5. Compliment each other on your ability in French.
6. Respond appropriately to the compliment.

🔊 4. EXPRESSING LIKES AND DISLIKES

Qu'est-ce que tu aimes, Sophie?   Et qu'est-ce que tu n'aimes pas?

white wine   J'aime beaucoup le vin blanc°.   Je n'aime pas le vin rosé.

J'adore voyager.   Je déteste le coca.

J'aime bien danser.   Je n'aime pas chanter.

Me too   Moi aussi°, j'aime voyager et danser.   Je n'aime pas beaucoup travailler.

Moi non plus°, je n'aime pas travailler.   *Me neither*

📲 Et vous?   Qu'est-ce que vous aimez?

Qu'est-ce que vous n'aimez pas?

REMARQUES

1. When there are two verbs in succession, the second is not conjugated. It remains in the infinitive form.

   Mon ami **déteste nager** dans l'eau froide.   *My friend hates to swim in cold water.*

   Les étudiants **aiment parler** français.   *The students like to speak French.*

   Francis **désire danser.**   *Francis wants to dance.*

2. The use of **le, la, l',** and **les** to express a generality occurs particularly after verbs expressing preferences.

   Marie adore **le** chocolat chaud.   *Marie loves hot chocolate.*

   Elle aime **les** boissons chaudes.   *She likes hot drinks.*

   Mais elle déteste **la** bière.   *But she hates beer.*

   Et elle n'aime pas **l'**eau minérale.   *And she doesn't like mineral water.*

3. Be careful to distinguish between **j'aime** and **je voudrais.** Use **je voudrais** *(I would like)* when choosing something. Use **j'aime** or **je n'aime pas** to express whether or not you like it.

   Je **voudrais** une tasse de thé.   *I'd like a cup of tea.*

   Je n'**aime** pas le café.   *I don't like coffee.*

© Yadid Levy/Alamy

Ils aiment danser.

⑭ Qu'est-ce qu'ils aiment? Tell, as truthfully as possible, what the following people like and don't like by combining items from each of the three columns. Guess, if you don't know for certain. How many sentences can you create?

MODÈLES: **Mes amis détestent le lait.**

            Je n'aime pas du tout skier.

		skier
		travailler
		la bière
		le français
	adorer	la télévision
mes amis	aimer beaucoup	chanter
le professeur	ne pas aimer vraiment	patiner
je	ne pas aimer du tout	danser
nous	détester	le lait
		l'université
		voyager
		nager
		enseigner

15 Vous aimez danser?

Vous aimez danser? Use the words below to interview the person sitting next to you. Find out if s/he likes to dance, to swim, etc. Use **aimer** in every question.

MODÈLE: dance

VOUS: **Vous aimez danser?**

VOTRE PARTENAIRE: **Oui, j'aime (beaucoup) danser.** ou

Non, je n'aime pas (beaucoup) danser.

1. sing	6. study French
2. swim	7. work
3. watch television	8. travel
4. ski	9. play tennis
5. study	10. speak French

Vocabulaire

Quelques boissons populaires

le café	*coffee*	l'eau minérale *f.*	*mineral water*
le café au lait	*coffee with milk*	la limonade	*lemon-lime soda*
le (café) crème	*coffee with cream*	l'orangina *m.*	*orangina (an orange soda)*
le chocolat chaud	*hot chocolate*		
le thé	*tea*	la bière	*beer*
le citron pressé	*lemonade*	le kir	*kir*
le coca	*cola*	le vin (rouge, blanc, rosé)	*wine (red, white, rosé)*

La limonade française ressemble beaucoup à la boisson **7-Up.** La boisson américaine **lemonade** est **le citron pressé** en France.

Le café au lait est moitié **(half)** café, moitié lait chaud.

16 Vous aimez le café?

Vous aimez le café? Use the preceding list of **boissons populaires** to order something, and take an (imaginary) sip. Your partner will ask if you like it. Respond.

MODÈLE: le café

VOUS: **Je voudrais une tasse de café.**

VOTRE PARTENAIRE: **Est-ce que vous aimez le café?**

VOUS: **Oui, j'aime le café.** ou

Non, je n'aime pas le café.

Remember to distinguish between **un verre** and **une tasse.**

Vocabulaire

D'autres choses que les gens aiment ou n'aiment pas

le chocolat	*chocolate*	la politique	*politics*
le jogging	*jogging*	la radio	*the radio*
la pizza	*pizza*	les sports	*sports*

17 **En général, les étudiants ...** Decide whether you agree (**C'est vrai**) or disagree (**C'est faux**) with the following statements. If you disagree, correct the statement.

MODÈLE: En général, les étudiants détestent voyager.

C'est faux. En général, ils aiment beaucoup voyager.

1. En général, les étudiants n'aiment pas du tout danser.
2. En général, les étudiants détestent la pizza.
3. En général, les étudiants aiment beaucoup étudier.
4. En général, les étudiants n'aiment pas beaucoup regarder la télévision.
5. En général, les étudiants aiment nager.
6. En général, les étudiants aiment skier.
7. En général, les étudiants aiment beaucoup patiner.
8. En général, les étudiants détestent chanter.
9. En général, les étudiants aiment parler français avec le professeur.
10. En général, les étudiants désirent habiter à New York.

 18 **Comment trouvez-vous le café français?** *(What do you think of French coffee?)* Your partner will ask you to give your opinion about something you have tasted. Use **aimer, adorer,** or **détester** in an answer that reflects your own opinion. Or make up an imaginary opinion. You might also say **Je ne sais pas, mais ...** and offer an opinion about something else that is related, instead.

MODÈLE: les tamalis mexicains

VOTRE PARTENAIRE: **Comment trouvez-vous les tamalis mexicains?**
VOUS: **J'aime beaucoup les tamalis mexicains.** ou
Je ne sais pas, mais j'adore les enchiladas.

1. le thé anglais
2. le chocolat suisse
3. la pizza italienne
4. l'eau minérale française
5. le jus d'orange de Floride
6. le café de Colombie
7. la limonade française
8. la bière allemande
9. le vin français

D. Les questions avec réponse oui ou non

Grammar Tutorial

▶ In spoken French, by far the most frequently used way of asking a question that can be answered *yes* or *no* is by simply raising the voice at the end of the sentence.

Vous parlez français?   *Do you speak French?*

Hélène danse bien?   *Does Hélène dance well?*

▶ **Est-ce que** is often placed at the beginning of a sentence to form a question. It becomes **Est-ce qu'** before a vowel sound.

Est-ce que vous parlez français?   *Do you speak French?*

Est-ce qu'Hélène danse bien?   *Does Hélène dance well?*

▶ The phrase **n'est-ce pas?** *(right?, aren't you?, doesn't he?,* etc.*)*, added at the end of a sentence, expects an affirmative answer.

Vous parlez français, **n'est-ce pas**?   *You speak French, don't you?*

Hélène danse bien, **n'est-ce pas**?   *Hélène dances well, doesn't she?*

▶ Another question form, which is used more often in written French than in speech and which is characteristic of a more formal speech style, is inversion of the verb and its pronoun subject. When inversion is used, there is a hyphen between the verb and the pronoun.

Parlez-vous français?   *Do you speak French?*

Aimez-vous chanter?   *Do you like to sing?*

NOTE

If the third person (**il, elle, on, ils, elles**) is used in inversion, there is always a [**t**] sound between the verb and the subject pronoun. If the verb ends in a vowel, a written **-t-** is added between the final vowel of the verb and the initial vowel of the pronoun. If the verb ends in **-t**, no extra **-t-** is necessary.

    Enseigne-**t**-il le français?   *Does he teach French?*

    Aime-**t**-elle voyager?   *Does she like to travel?*

But: Aiment-**ils** voyager?   *Do they like to travel?*

    Est-**elle** française?   *Is she French?*

    Sont-**ils** américains?   *Are they American?*

For recognition only

> If the subject is a noun, the inversion form can be produced by adding the pronoun of the same number and gender after the verb.
>
>
>
> **noun + verb + pronoun**
>
>
>
> **Karen est-elle** américaine?   *Is Karen American?*
>
> **Thierry aime-t-il** la bière?   *Does Thierry like beer?*
>
> **Nathalie et Stéphane aiment-ils**   *Do Nathalie and Stéphane like*
> danser?   *to dance?*

 ⑲ Comment? *(What did you say?)* We often need to repeat a question when someone doesn't hear or understand us. For each question with inversion, ask a question beginning with **Est-ce que** and a question ending with **n'est-ce pas.**

iLrn
Self Test

MODÈLES: James habite-t-il à San Francisco?

        VOTRE PARTENAIRE: **Comment?**

                  VOUS: **Est-ce que James habite à San Francisco?**

        VOTRE PARTENAIRE: **Comment?**

                  VOUS: **James habite à San Francisco, n'est-ce pas?**

1. James est-il américain?   4. Aime-t-il Karine Aspel?

2. Étudie-t-il le français?   5. Karine est-elle française?

3. Parle-t-il bien le français?   6. Allez-vous bien?

20 Une enquête entre amis (A survey among friends). Use the following list to determine the likes and dislikes of two classmates. Be prepared to report back the results of your "survey" to the class. Are there any items on which all the students agree completely?

MODÈLES: skier   **—Est-ce que tu aimes skier?**
                 —Oui, j'adore skier.

le jogging   **—Est-ce que tu aimes le jogging?**
                 —Non, je n'aime pas le jogging.   ou
                 Non, je déteste le jogging. Je n'aime pas le sport.

1. parler français
2. parler avec le professeur de français
3. voyager
4. regarder la télévision
5. chanter en français

6. la politique
7. l'université
8. étudier le français
9. nager
10. travailler beaucoup

 21 Les Dupont.* Here are a few facts about the Dupont family. Interview a classmate to find out if this information is also true for him/her.

MODÈLES: Les Dupont habitent à Marseille.

VOUS: **Habites-tu à Marseille aussi?**
VOTRE PARTENAIRE: **Non, je n'habite pas à Marseille.**

Gérard et Martine sont mariés.
VOUS: **Es-tu marié(e) aussi?**
VOTRE PARTENAIRE: **Non, je ne suis pas marié(e).**   ou
                       Oui, je suis marié(e) aussi.

*Review the verb **être**, p. 15, and **-er** verbs, p. 40.*

1. Martine adore voyager.
2. Gérard Dupont aime la limonade.
3. Les Dupont sont malades.
4. Martine Dupont parle espagnol.
5. Monsieur et Madame Dupont aiment beaucoup danser.
6. Les Dupont voyagent beaucoup.

ENTRE AMIS   À une soirée

Role-play the following conversation with as many members of the class as possible. You are at a dance and are meeting people for the first time. Use **vous.**

1. Say good evening and introduce yourself.
2. Find out if your partner likes to dance.
3. Ask your partner if s/he wants to dance. (S/he does.)
4. Tell your partner that s/he dances well.
5. Offer your partner something to drink.
6. Toast each other.
7. Compliment each other on your ability in French.
8. Respond appropriately to the compliment.

An -s is not added to family names in French; the article **les indicates the plural.*

Intégration

RÉVISION

 A **Trouvez quelqu'un qui ...** *(Find someone who ...).*
Interview your classmates in French to find someone who ...

MODÈLE: speaks French **Est-ce que tu parles français?**

1. likes coffee
2. swims often
3. doesn't like beer
4. sings poorly
5. studies a lot
6. doesn't ski
7. is tired
8. hates to work
9. likes to travel
10. skates

B **À l'écoute.** Listen to each of the following exchanges and decide whether it involves **a)** asking and responding to "How are you?", **b)** giving and receiving a compliment, **c)** offering, accepting, and refusing, or **d)** expressing likes and dislikes.

Track 1-20

C **À vous.** How would you respond to the following questions and comments?

1. Parlez-vous français?
2. Comment allez-vous?
3. Où habitez-vous?
4. Voulez-vous boire quelque chose?
5. Qu'est-ce que vous désirez boire?
6. Vous parlez très bien français!
7. Vous étudiez l'espagnol, n'est-ce pas?
8. Aimez-vous voyager?
9. Est-ce que vous aimez danser?
10. Qu'est-ce que vous n'aimez pas?

NÉGOCIATIONS

Les activités. Use the expressions below to interview as many students as possible. Other students will use a form from Appendix D. Try to find people who answer the questions affirmatively then write their initials next to the appropriate expression. No student's initials should be used more than twice.

MODÈLE: —**Est-ce que tu détestes les hot-dogs?**
—**Oui, je déteste les hot-dogs.** (*Write the person's initials and move to the next question.*)

or

Non, je ne déteste pas les hot-dogs. J'aime les hot-dogs. (*Ask the next person.*)

A

écouter la radio le matin	jouer au tennis	parler espagnol
chanter une chanson française	aimer patiner	étudier l'anglais
tomber quelquefois	détester les hot-dogs	être célibataire
adorer skier	pleurer quelquefois	aimer étudier le français

Communication and Communities. To learn more about the culture presented in this chapter, go to the *Premium Website* and click on the Web Search Activities.

LECTURE

The following reading selection describes people's personality according to their astrological sign. It is not vital that you understand every word.

> **LA MÉTHODO** In Chapter 1, you learned to use cognates (words with similar meanings and spellings in two different languages) to help you understand a text. There are also words in French that look like cognates, but are really **faux amis** *(false friends, false cognates)*, since they mean something different from the English word they resemble. Study the following sentences and match the **faux ami**, in bold print, with its meaning in English: *head, strong, business*.
>
> Il est **fort**; il a beaucoup de muscles.
> Pierre est le père; il est **chef** de famille.
> La politique est une **affaire** sérieuse.

A **Les mots apparentés et les faux amis.** Skim the reading and list all the cognates you find. Then read the text a second time more carefully. Are any of the cognates you found really **des faux amis**?

B **Familles de mots *(Word families)*.** You can use word families to help you understand what you read. Can you guess the meanings of the following words? One member of each word family is found in the reading.

1. comprendre, compréhensif, compréhensive, la compréhension
2. séducteur, séduire, séduisant, séduction
3. richesse, riche
4. lire, un lecteur, une lectrice, la lecture

Votre signe du zodiaque et votre personnalité

Capricorne: Flexibles et élégants. Ils aiment les compliments, mais s'attendent toujours à de mauvaises[1] surprises.

Verseau: Charmants, mais pas très beaux. Ils adorent parler.

Poisson: Très féminins (même les hommes!) Sincères. Ils n'aiment pas les conflits.

Bélier: Pas très beaux. Actifs. Esprit d'indépendance. Ils aiment rester seuls[2].

Taureau: Forts. Dominants. Musclés. Chefs de la famille. Le travail est leur raison d'être.

Gémeaux: Élégants. Esprit d'économie. Ils adorent la bonne cuisine.

Cancer: Physiquement, rien[3] de remarquable. Compréhensifs. Ils aiment le cercle familial et lire des romans[4] historiques.

Lion: Grands et minces. Charmants et autoritaires. Esprit d'indépendance. Ils n'aiment pas travailler en équipe[5].

Vierge: Traits fins et réguliers. Bonnes en relations publiques. Elles aiment parler des affaires sérieuses.

Balance: Très belles. Séductrices. Elles aiment la beauté dans la musique et les arts.

Scorpion: Minces. Sensibles aux compliments et aux critiques. Ils aiment collectionner les diplômes et les euros.

Sagittaire: Ni beaux, ni laids. Ils aiment la richesse et veulent toujours[6] arriver premier.

---

[1]*bad* / [2]*alone* / [3]*nothing* / [4]*novels* / [5]*team* / [6]*always want*

C **Votre signe du zodiaque.** Does the description given for your zodiac sign fit you? Why or why not? Describe *yourself* using five of the adjectives from the reading.

RÉDACTION

FORUM D'AMITIÉS ET DE CORRESPONDANCE: MESSAGE

Imagine you have just logged on to **Forum d'amitiés et de correspondance** to find someone in a Francophone country with whom to practice your written French. Write a message in which you:

- greet forum users and introduce yourself
- say where you live
- briefly describe yourself
- tell two things you like and two things you don't like
- tell a few things you do with friends and how often you do them
- say goodbye

MODÈLE:

Votre nom:	**Beth Garner**
Votre adresse e-mail:	**bgarner@freemail.com**
Sujet:	**recherche amis et correspondants dans le monde francophone**

Message:

> **Bonjour!**
> **Je m'appelle Beth Garner.**
> **J'habite à Irvine, en Californie.**
> **Je suis jeune, petite et mince. J'adore le français…**

A **Avant d'écrire.** Make a list in French of the information you will include in your message.

B **Écrire.** Write a draft of your message.

C **Correction.** Exchange papers with a partner for proofreading. Check carefully for errors in spelling and agreement. Look for places where sentences would be more effective if combined with a conjunction. Then revise your message based on your partner's feedback.

Practice some of this vocabulary with the flashcards on **iLrn**.

Quelque chose à boire

la bière *beer*
une boisson *drink*
le café (au lait) *coffee (with milk)*
le (café) crème *coffee with cream*
le chocolat chaud *hot chocolate*
le citron pressé *lemonade*
le coca *cola*
l'eau f. (minérale) *(mineral) water*
le jus d'orange *orange juice*
le kir *kir*
le lait *milk*
la limonade *lemon-lime soda*
l'orangina m. *orangina (an orange soda)*
le thé *tea*
le vin (rouge, blanc, rosé) *(red, white, rosé) wine*

Des gens que je connais bien

les étudiants *the students*
ma (mon) colocataire *my roommate*
ma mère *my mother*
ma petite amie *my girlfriend*
mes amis *my friends*
mon ami(e) *my friend*
mon père *my father*
mon petit ami *my boyfriend*

D'autres noms et pronoms

une chanson *song*
le chocolat *chocolate*
le jogging *jogging*
la pizza *pizza*
un poisson *fish*
la politique *politics*
quelque chose *something*
quelqu'un *someone*
la radio *radio*
une soirée *an evening party*
le sport *sport*
une tasse *cup*
la télévision (la télé) *television (TV)*
l'université f. *university*
un verre *glass*

Adjectifs

bon (bonne) *good*
chaud(e) *hot*
cher (chère) *dear*
excellent(e) *excellent*
fatigué(e) *tired*
faux (fausse) *false; wrong*
froid(e) *cold*
malade *sick*
vrai(e) *true*

Répondre à un compliment

Vous trouvez? *Do you think so?*
Pas encore. *Not yet.*
Oh! Pas vraiment. *Not really.*
Je ne sais pas. *I don't know.*
C'est gentil mais vous exagérez.
    That's nice but you're exaggerating.
Je commence seulement. *I'm only beginning.*
Je n'ai pas beaucoup d'expérience. *I don't have a lot of experience.*

Articles définis

le, la, l', les *the*

Verbes

aller *to go; to be + adverb (health)*
chanter *to sing*
chercher *to look for*
danser *to dance*
désirer *to want*
écouter *to listen to*
enseigner *to teach*
étudier *to study*
habiter *to live; to reside*
jouer (au tennis) *to play (tennis)*
manger *to eat*
nager *to swim*
parler *to speak*
patiner *to skate*
pleurer *to cry*
regarder *to watch; to look at*
skier *to ski*
tomber *to fall*
travailler *to work*
trouver *to find; to be of the opinion*
voyager *to travel*

Mots invariables

alors *then, therefore, so*
avec *with*
beaucoup *a lot*
bien *well; fine*
comme *like*
en général *in general*
ensemble *together*
mais *but*
mal *poorly; badly*
peut-être *maybe; perhaps*
pour *for; in order to*
pourquoi *why*
quelquefois *sometimes*
seulement *only*
souvent *often*
un peu *a little bit*
vraiment *really*

À quel moment?

à ... heure(s) *at ... o'clock*
le jour *day, daytime*
le matin *morning, in the morning*
l'après-midi *afternoon, in the afternoon*
le soir *evening, in the evening*
la nuit *night, at night*

Demander comment on va

Comment allez-vous? *How are you?*
Vous allez bien? *Are you well?*
(Comment) ça va? *How is it going?*
Je vais très bien. *Very well.*
Ça va bien. *(I'm) fine.*
Comme ci, comme ça. *So-so.*
Assez bien. *Fairly well.*
Je suis fatigué(e). *I am tired.*
Je suis un peu malade. *I am a little sick.*
Pas trop bien. *Not too well.*
Pas mal. *Not bad.*

Offrir, accepter et refuser

Voulez-vous boire quelque chose? *Do you want to drink something?*
Je veux bien. *Gladly. Yes, thanks.*
Volontiers. *Gladly.*
S'il vous plaît. *Please.*
Oui, avec plaisir. *Yes, with pleasure.*
Oui, c'est gentil à vous. *Yes, that's nice of you.*
Merci. *No, thank you.*
(Non,) merci. *(No,) thank you.*
Pourquoi pas? *Why not?*
Je voudrais ... *I would like ...*

Verbes de préférence

adorer *to adore; to love*
aimer *to like; to love*
détester *to hate; to detest*

D'autres expressions utiles

Bonsoir. *Good evening.*
Comment? *What (did you say)?*
Est-ce que ... ? *(question marker)*
n'est-ce pas? *right? are you? don't they?*
Comment est-ce qu'on écrit ... ? *How do you spell ... ?*
Qu'est-ce que ... ? *What ...?*
Vous êtes d'où? *Where are you from?*
Quelle bonne surprise! *What a good surprise!*
À votre santé! *(Here's) to your health!*
À la vôtre! *(Here's) to yours!*
Au fait ... *By the way ...*
Je ne sais pas. *I don't know.*
Je viens de ... *I come from ...*
même(s) *-self (-selves)*
moi aussi (...non plus) *me too (neither)*

Chez nous

BUTS COMMUNICATIFS
- Identifying family and friends
- Sharing numerical information
- Talking about your home

STRUCTURES UTILES
- L'article indéfini: **un, une** et **des**
- Le verbe **avoir**
- Les nombres (suite)
- Les expressions **il y a** et **voilà**
- Les adjectifs possessifs **mon, ton, notre** et **votre**
- La négation **+ un (une, des)**
- La possession avec **de**
- Les adjectifs possessifs **son** et **leur**

CULTURE

Zoom sur la famille
- **Vidéo buzz:** Pour gagner du temps
- **Vu sur le web:** L'importance de la famille
- **Repères:** La composition des familles françaises
- **Insolite:** La langue et la culture
- **Article:** Les pronoms **tu** et **vous**

Il y a un geste
- Voilà

Lectures
- Maisons à vendre
- Charlotte Gainsbourg continue la tradition de sa famille

RESOURCES

Audio   iLrn Heinle Learning Center   Premium Website

Pair Work   Group Work   *Entre amis* Video Program

PhotoAlto/John Dowland/Getty Images

Coup d'envoi

Christophe

Monique

Ahmed

Marie

Marie:	Avez-vous des frères ou des sœurs?°
Christophe:	J'ai° un frère et une sœur.
Monique:	J'ai une sœur, mais je n'ai pas de° frère.
Ahmed:	Moi, je n'ai pas de frère ou de sœur.
Marie:	Dans° ma famille il y a° cinq personnes. Il y a trois enfants°, deux filles° et un garçon°. Ma sœur s'appelle° Chantal et mon frère s'appelle Robert. Mes parents s'appellent Bernard et Sophie.

Do you have any brothers or sisters? / I have

I don't have any

In / there are
children / girls
boy / My sister's name is

🌀 **Et vous?** Avez-vous des frères ou des sœurs?
Avez-vous une photo de votre famille?
Qui est sur la photo?°

Who is in the picture?

CONVERSATION: L'ARRIVÉE À LA GARE

Lori Becker est une étudiante américaine qui vient° en France pour passer un an° dans une famille française. Elle descend du train à la gare° Saint-Laud à Angers. Anne Martin et sa fille°, Émilie, attendent° son arrivée.

who is coming
year
railroad station
daughter / are waiting for

Mme Martin:	Mademoiselle Becker?
Lori:	Oui. Bonjour, Madame. Vous êtes bien Madame Martin?°

You're Madame Martin, aren't you?

Mme Martin:	Oui. Bonjour et bienvenue°, Mademoiselle. Vous êtes très fatiguée, sans doute°?

welcome

probably

Lori:	Pas trop°. J'ai dormi° un peu dans le train.

too much / I slept

Mme Martin:	Mademoiselle Becker, voilà ma fille.
Lori:	Bonjour, tu t'appelles comment?
La petite fille:	Émilie.
Lori:	Et tu as quel âge?°

And how old are you?

(*The child holds up her thumb and two fingers.*)

Mme Martin:	Elle a trois ans.
Lori:	Elle est charmante.° Et vous avez un fils°?

She's charming / son

Mme Martin:	Nous avons° six enfants°. Cinq sont à l'école° et Émilie est encore à la maison°. Voilà°.

have / children
school / still at home
There you have it.

Lori:	Comment? Combien d'enfants dites-vous?°

How many children do you say?

Mme Martin:	Six.
Lori:	Oh là là! Vraiment?°

Wow! Really?

Mme Martin:	Pourquoi? Qu'est-ce qu'il y a?°

What's the matter?

Lori:	Euh ... rien°. J'ai mal compris°. J'aime beaucoup les enfants.

nothing / I misunderstood

🎧 **Jouez ces rôles.** Role-play the conversation exactly as if you were Lori Becker and Mme Martin. Once you have practiced it several times, role-play the conversation using one partner's identity in place of Lori's.

© Cengage Learning

Il y a un geste

Voilà. The open hand is extended, palm up, to emphasize that some fact is evident. **Voilà** is also used to conclude something that has been said or to express that's how things are.

Zoom sur la famille

Premium Website

PETIT TEST

Why does Lori use *tu* with Émilie Martin?

a. They have met before and are good friends.

b. She is speaking to a child.

c. Lori considers Émilie an inferior.

Read the side-bar article to find out the answer.

Les pronoms *tu et vous*

FRENCH HAS TWO WAYS of saying *you.* The choice reflects the nature of the relationship, including degree of formality and respect. **Tu** is typically used when speaking to one's family and relatives as well as to close friends, fellow students, and children. **Vous** is normally used when speaking to someone who does not meet the above criteria (e.g., employers, teachers, or business acquaintances). It expresses a more formal relationship, respect, or a greater social distance than **tu.** In addition, **vous** is always used to refer to more than one person.

Visitors to French-speaking countries would be well advised to use **vous** even if first names are being used, unless they are invited to use the **tu** form. In the ***Conversation,*** Lori correctly uses **vous** with Madame Martin and **tu** with Émilie.

INSOLITE

La langue et la culture

EACH LANGUAGE has its own unique way of expressing reality. The fact that French uses the verb **avoir** *(to have)* when expressing age, whereas English uses the verb *to be,* is only one of many examples that prove that languages are not copies of each other. In addition, one language may have separate expressions to convey two concepts, while another language uses the same expression for both.

English	French
parents/relatives	parents
girl/daughter	fille
there are	voilà/il y a

Photodisc Blue/Getty Images

VU SUR LE WEB

L'importance de la famille

DESPITE SIGNIFICANT changes in the size and composition of households, the family continues to play an important role in the lives of the French and other French-speaking peoples, such as the **Québécois.** Branches of government exist to aid and support families in both France and Canada, and people place great importance on nurturing their relationships with friends and family, devoting much of their leisure time to social gatherings, such as reunions, picnics, and Sunday meals. They are often equally attached to the region in which they live. It is common to find homes in both France and Quebec that have been lived in by successive generations of the same family. To learn more about the importance of family in Quebec and France, explore the links provided on the *Premium Website*.

REPÈRES

The make-up of French families continues to change just as it has in the United States. Look at the chart below to see some of these changes.

La composition des familles françaises

EN MILLIERS

	1999	en %	2007	en %
Couples avec enfant(s)	8.061,5	48,8	7.773,5	44,4
Familles monoparentales	2.113,6	12,8	2.427,1	13,9
Femmes seules avec enfant(s)	1.806,5	10,9	2.050,4	11,7
Hommes seuls avec enfant(s)	307,1	1,9	376,7	2,2
Couples sans enfant	6.338,9	38,4	7.299,9	41,7
Ensemble des familles	16.514,1	100,0	17.500,6	100,0

Champ: France Source: Insee, RP1999 et RP2007 exploitations complémentaires, *Tableaux de l'Economie Française, 2010*

À vous. How would you respond to the following?

1. Comment s'appellent vos parents?
2. Vous avez des frères ou des sœurs?
3. (Si oui) Comment s'appellent-ils (elles)?
4. Où habitent-ils (elles)?

VIDÉO BUZZ

Pour gagner du temps *(To stall for time)*

A HELPFUL STRATEGY for the language learner is to acquire and use certain expressions and gestures that allow him or her to "buy time" to think without destroying the conversational flow or without resorting to English. Like the cup of coffee we sip during a conversation to give us a chance to organize our thoughts, there are a number of useful expressions for "buying time" in French. The number one gap-filler is **euh,** which is the French equivalent of the English *uh* or *umm*. Some useful expressions follow. To see them used in context, explore the links on the *Premium Website*. After watching the videos, decide which expressions can be used in any situation and which you should use only among family and friends.

Vocabulaire

Pour gagner du temps *(To stall for time)*

alors	*then; therefore, so*	euh	*uh; umm*
ben	*well*	mais …	*but*
bon	*good*	oui …	*yes*
eh bien	*well then*	Tiens!	*Well, well!*
et …	*and*	voyons	*let's see*

Euh *rhymes with* **deux. Ben [be]** *is derived from* **bien.**

ENTRE AMIS Des frères ou des sœurs?

Role-play the following conversation with a partner.

1. Introduce and tell what you can about yourself.
2. Find out what you can about your partner.
3. Find out if your partner has brothers or sisters.
4. If so, find out their names.

PRONONCIATION

 L'ACCENT ET LE RYTHME (SUITE)

Track 1-23

► Remember: When pronouncing French sentences, it is good practice to pay particular attention to the facts that: (1) French rhythm is even (just like counting), (2) syllables normally end in a vowel sound, and (3) the final syllable of a group of words is lengthened.

Review the Prononciation section of Ch. 1.

Count before repeating each of the following expressions.

un, deux, trois, quatre, cinq, SIX
Je suis a-mé-ri-CAIN.
Elle est cé-li-ba-TAIRE.
Vous tra-va-illez beau-COUP?

un, deux, trois, quatre, cinq, six, SEPT
Je m'a-ppelle Ka-rine As-PEL.
Vous ha-bi-tez à Pa-RIS?
Je n'aime pas beau-coup le VIN.

LES SONS [e], [ɛ], [ə], [a] et [wa]

► The following words contain some important and very common vowel sounds.

Practice saying these words after your instructor, paying particular attention to the highlighted vowel sound.

[e]   • **é**crivez, z**é**ro, r**é**p**é**tez, **é**coutez, nationalit**é**, t**é**l**é**phone, divorc**é**
      • ouvr**ez**, entr**ez**, ferm**ez**, ass**ez**, assey**ez**-vous, excus**ez**-moi
      • présent**er**, habit**er**, écout**er**, arrêt**er**, commenc**er**, continu**er**
      • **et**

[ɛ]   • p**er**sonne, prof**e**sseur, hôt**e**l, univ**e**rsité, **e**spagnol, **e**lle, canadi**e**nne
      • cr**è**me, fr**è**re, ch**è**re, discr**è**te
      • **ê**tre, **ê**tes
      • angl**ai**se, fran**ç****ai**se, célibat**ai**re, l**ai**de, cert**ai**nement

[ə]   • l**e**, l**e**vez-vous, pr**e**nez, r**e**gardez, qu**e**, d**e**, j**e**, n**e**, votr**e** santé, m**e**

encor¢, heur¢, femm¢, homm¢, un¢, ami¢, famill¢, entr¢ amis

[a] • **la, a**llez, **a**mie, **a**méricain, **a**ssez, **ma**tin, **ca**na**di**en, quatre, **sa**lut, d'accord, **à,** voilà

[wa] • Fran**çoi**s, m**oi,** tr**oi**s, v**oi**là, Madem**oi**selle, au rev**oi**r, bons**oi**r, v**oy**age

 Now go back and look at how these sounds are spelled and in what kinds of letter combinations they appear. What patterns do you notice?

 It is always particularly important to pronounce **la** [la] and **le** [lə] correctly since each marks a different gender, and the meaning of a word may depend on which is used. Listen and repeat:

la tour=*tower*
la tour Eiffel

le tour=*tour, turn*
le Tour de France

Buts communicatifs

🔊 I. IDENTIFYING FAMILY AND FRIENDS

Track 1-24

—Je vous présente° mon amie, Anne Martin. Elle a° une sœur qui habite près d'ici.　　*I introduce to you / has*
—Votre sœur, comment s'appelle-t-elle?
—Elle s'appelle Catherine.
—Et vous êtes d'où?
—Je suis de Nantes.
—Tiens! J'ai des cousins à Nantes.
—Comment s'appellent-ils?
—Ils s'appellent Dubois.

Et vous? Présentez un(e) ami(e).

When you use **qui,** the verb that follows agrees with the person(s) to whom **qui** refers.

Elle a des cousins **qui habitent** à Nantes.

Arbre généalogique d'une famille française

  Jean et Monique Martin

  Marie et Georges Duhamel

  Éric Bernard et Chantal   Michel   Pierre et Anne   Catherine et Alain Dubois

Christophe   Céline   David   Sylvie   Amélie   Benoît   Émilie   Nathalie   Stéphane

Vocabulaire

Une famille française

des parents	parents; relatives	un oncle et une tante	an uncle and an aunt
un mari et une femme	a husband and a wife	un neveu et une nièce	a nephew and a niece
un père et une mère	a father and a mother	un(e) cousin(e)	a cousin (male or female)
un(e) enfant	a child (male or female)	des beaux-parents	stepparents (or in-laws)
un fils et une fille	a son and a daughter	un beau-père	a stepfather (or father-in-law)
un frère et une sœur	a brother and a sister	une belle-mère	a stepmother (or mother-in-law)
des grands-parents	grandparents	un beau-frère	a brother-in-law
un grand-père	a grandfather	une belle-sœur	a sister-in-law
une grand-mère	a grandmother	un demi-frère	a stepbrother
des petits-enfants	grandchildren	une demi-sœur	a stepsister
un petit-fils et une petite-fille	a grandson and a granddaughter		

NOTES

1. Most plurals of nouns are formed by adding **-s.** In compound words for family members, an **-s** is added to both parts of the term: **des grands-pères, des belles-mères.**

2. The words **neveu** and **beau** form their plurals with an **-x: des neveux, des beaux-frères.**

3. The word **fils** is invariable in the plural: **des fils, des petits-fils.**

4. **C'est** (He/She/It is) and **Ce sont** (They are/These are) are often used with a noun phrase to identify someone or something.

   C'est la grand-mère d'Amélie.   It's (She's) Amélie's grandmother.
   Ce sont les grands-parents de Stéphane.   They're Stéphane's grandparents.

Add **arrière** before **petit** or **grand** to convey the meaning great: **un arrière-petit-fils; une arrière-grand-mère.**

❶ Ce sont les parents de Pierre. Study the genealogical chart on p. 64 and then use **C'est** and **Ce sont** to explain how the following people are related to Pierre.

MODÈLE: David?
C'est le fils de Pierre.

1. Anne?
2. Jean et Monique Martin?
3. Christophe?
4. Céline et Sylvie?
5. Marie et Georges Duhamel?

A. L'article indéfini: un, une et des

Grammar Tutorials

► The French equivalent of the English article *a (an)* is **un** for masculine nouns and **une** for feminine nouns.

un frère	**un** train	**un** orangina
une sœur	**une** table	**une** limonade

► The final **-n** of **un** is normally silent. **Liaison** is required when **un** precedes a vowel sound.

un [n]étudiant

► The consonant **-n-** is always pronounced in the word **une**. If it precedes a vowel sound, it is linked to that vowel.

	une femme	[yn fam]
But:	une étudiante	[y ne ty djãt]

► The plural of **un** and **une** is **des**.

singulier:	un frère	une sœur
pluriel:	**des** frères	**des** sœurs

► **Des** corresponds to the English *some* or *any*. However, these words are often omitted in English. **Des** is not omitted in French.

J'ai **des** amis à Paris.   I have (some) friends in Paris.

► Liaison is required when an article precedes a vowel sound.

un [n]enfant	un [n]étudiant	un [n]homme
des [z]enfants	des [z]étudiants	des [z]hommes

► In a series, the article *must* be repeated before each noun.

un homme et **une** femme	*a man and (a) woman*
une mère et **des** enfants	*a mother and (some) children*

2 Présentations. Introduce the following people and tell where someone in their family lives.

MODÈLE: Mademoiselle Blondel / frère à New York
Je vous présente Mademoiselle Blondel.
Elle a un frère qui habite à New York.

1. Madame Brooks / sœur à Toronto
2. Mademoiselle Jones / parents près de Chicago
3. Monsieur Callahan / frère à Milwaukee
4. Monsieur Lefont / fils près d'ici
5. Madame Perez / petits-enfants près d'El Paso
6. Mademoiselle Keita / cousins à New York
7. un ami
8. une amie
9. votre père ou votre mère

3 Quelque chose à boire? Use an indefinite article to order each of the following items.

Review the list of boissons on p. 49.

MODÈLE: citron pressé
Je voudrais un citron pressé, s'il vous plaît.

1. thé
2. café
3. bière
4. verre d'eau
5. jus d'orange
6. chocolat
7. coca
8. limonade
9. orangina
10. café crème

B. *Le verbe* avoir

Grammar Tutorials

Je m'appelle Soléane. **J'ai** une grande famille. Nous habitons à Paris, mais **nous avons** des parents qui habitent en Guadeloupe. Et toi, **tu as** une grande famille?

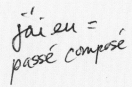
j'ai eu = passé composé

avoir *(to have)*	
j'**ai**	nous **avons**
tu **as**	vous **avez**
il/elle/on **a**	ils/elles **ont**

michaeljung/Shutterstock.com

▶ Liaison is required in **on a, nous avons, vous avez, ils ont**, and **elles ont**.

on [n]a   nous [z]avons

▶ Do not confuse **ils ont** and **ils sont**. In liaison, the **-s** in **ils** is pronounced [z] and is linked to the following verb.

	Ils [z]ont des enfants.	*They **have** children.*
But:	**Ils** **sont** charmants.	*They **are** charming.*

▶ Use Je **n'ai pas de (d')** ... to say *I don't have a* ... or *I don't have any* ...

Je n'ai pas de père.   *I don't have a father.*
Je n'ai pas de frère.   *I don't have any brothers.*
Je n'ai pas d'enfants.   *I don't have any children.*

4 Un recensement (*A census*). A census taker is interviewing these people. Work with a partner to complete each interview, following the model.

MODÈLE: Mademoiselle Messin / 2 sœurs, 0 frère / Jeanne et Perrine
(frères ou sœurs?)

> LE RECENSEUR: **Avez-vous des frères ou des sœurs, Mademoiselle?**
>
> MLLE MESSIN: **J'ai deux sœurs mais je n'ai pas de frère.**
>
> LE RECENSEUR: **Comment s'appellent-elles?**
>
> MLLE MESSIN: **Elles s'appellent Jeanne et Perrine.**

1. Monsieur Dubois / 2 frères, 0 sœur / Henri et Luc
   (frères ou sœurs?)
2. Madame Bernard / 1 enfant: 1 fils, 0 fille / Christophe (enfants?)
3. Monsieur Marot / 2 enfants: 1 fils, 1 fille / Pascal et Hélène
   (enfants?)
4. vos parents (enfants?)
5. votre meilleur(e) ami(e) (frères ou sœurs?)
6. vos grands-parents (petits-enfants?)
7. vous (?)

5 La famille de David. Use the genealogical chart on page 64 to create sentences describing David's family ties.

MODÈLE: **David a des parents qui s'appellent Pierre et Anne.**

ENTRE AMIS Votre famille

Follow the steps below to interview your partner.

1. Find out if your partner has brothers or sisters.
2. If so, find out their names.
3. Find out where they live.
4. Find out if your partner has children and, if so, what their names are.
5. Introduce your partner to another person and share the information you have just found out.

2. SHARING NUMERICAL INFORMATION

Track 1-25

Combien de personnes y a-t-il dans ta famille, Christelle?

Il y a quatre personnes:
  mes parents, ma sœur et moi.

Quel âge ont tes parents?

Ils ont 50 ans et 47 ans.

Quel âge a ta sœur?

Elle a 18 ans.

Quel âge as-tu?

J'ai 20 ans.

En quelle année es-tu née°?

Je suis née°
  en mille neuf cent
  quatre-vingt-six.

were you born / I was born

Et vous? Combien de personnes y a-t-il dans votre famille? Quel âge ont les membres de votre famille? Quel âge avez-vous?

REMARQUES

1. The verb **avoir** is used when asking or giving someone's age.

   Quel âge **a** ta camarade de chambre?   *How old is your roommate?*

   Quel âge **a** ton petit ami?   *How old is your boyfriend?*

2. In inversion, remember to insert a **-t-** before the singular forms **il, elle,** and **on.**

   Quel âge ont-elles?   *How old are they?*

   But: Quel âge a-**t**-elle?   *How old is she?*

3. The word **an(s)** must be used when giving someone's age.

   J'ai vingt et un **ans.**   *I am twenty-one.*

C. Les nombres (suite)

Review the numbers 0–29 on p. 3.

30	trente	
31	trente et un	
32	trente-deux	
33	trente-trois	
	etc.	
40	quarante	
41	quarante et un	
42	quarante-deux	
43	quarante-trois	
	etc.	
50	cinquante	
51	cinquante et un	
52	cinquante-deux	
53	cinquante-trois	
	etc.	
60	soixante	
61	soixante et un	
62	soixante-deux	
63	soixante-trois	
	etc.	
70	soixante-dix	
71	soixante et onze	
72	soixante-douze	
73	soixante-treize	
74	soixante-quatorze	

Numbers from 70 to 99 show a different pattern: 70 = 60 + 10; 80 = 4 X 20; 90 = 80 + 10.

75	soixante-quinze
76	soixante-seize
77	soixante-dix-sept
78	soixante-dix-huit
79	soixante-dix-neuf
80	quatre-vingts
81	quatre-vingt-un
82	quatre-vingt-deux
83	quatre-vingt-trois
	etc.
90	quatre-vingt-dix
91	quatre-vingt-onze
92	quatre-vingt-douze
	etc.
100	cent
101	cent un
200	deux cents
100	mille
1.999	mille neuf cent quatre-vingt-dix-neuf
2.000	deux mille
2.006	deux mille six
100.000	cent mille
1.000.000	un million
1.000.000.000	un milliard

Numbers above 100 repeat the same pattern: **cent vingt et un, cent quatre-vingt-un, deux cent vingt et un,** *etc.*

▶ All numbers are invariable except **un.** Remember to replace the number **un** with **une** before a feminine noun, even in a compound number.

un oncle	trois oncles	vingt et un cousins
une tante	trois tantes	**vingt et une** cousines

► When numbers from 1 to 10 stand alone, the final consonants of **un, deux,** and **trois** are silent, but all others are pronounced. The **-x** at the end of **six** and **dix** is pronounced [s].

	un	deux	trois				
But:	quatre	cin**q**	six	sept	hui**t**	neu**f**	dix

► Certain numbers have a different pronunciation when they precede a noun:

- The final consonant of **six, huit,** and **dix** is not pronounced before a consonant.

  si~~x~~ personnes   hui~~t~~ jours   di~~x~~ verres

- When the following noun begins with a vowel sound, the final consonant is always pronounced and linked to the noun. Note that with **quatre,** both final consonants are linked and the final **-e** is not pronounced.

un [n]homme	cinq [k]hommes	huit [t]hommes
deux [z]hommes	six [z]hommes	neuf [f]hommes
trois [z]hommes	sept [t]hommes	dix [z]hommes
quatre [tr]hommes	vingt [t]hommes	

- The **-f** in **neuf** is pronounced as [v] only before the words **ans** *(years)* and **heures** *(hours).*

	neuf [v]ans	neuf [v]heures
But:	neuf [f]enfants	neuf [f]hommes

- The final **-t** in **vingt** is silent when the number stands alone, but is pronounced in the compound numbers built on it.

vin~~gt~~	[vɛ̃]
vin~~gt~~ et un	[vɛ̃ te ɛ̃]
vin~~gt~~-deux	[vɛ̃ dø]

► For numbers ending in 1, from 21 to 71, **et** is used. From 81 to 101 **et** is not used.

vingt **et** un   *But:* quatre-vingt-un

► **Vingt** and **cent** do not add an **-s** if they are *followed* by a number.

quatre-vingt**s** personnes   *But:* quatre-vingt-un
trois cent**s** personnes   *But:* trois cent cinq

► **Mille** never adds an **-s.**

mille personnes   deux **mille** personnes

► The words **million** and **milliard** are nouns and take an **s** in the plural. If they are followed by another noun, **de** is inserted between the nouns.

deux millions d'euros

> **NOTE**
>
> In France, commas and periods used with numbers are the reverse of the system used in North America. Even more frequently, a space is used in the place of a period.
>
> L'État a besoin de **2.000.000,00** d'euros. (deux millions)
>
> *ou* L'État a besoin de **2 000 000,00** d'euros.

► There are five pairs of numbers in a French telephone number: **02.42.83.21.14.** The first pair indicates the general area of France.

6 **Les numéros de téléphone.** Read aloud the following phone numbers.

MODÈLE: 02.81.88.40.01

zéro deux / quatre-vingt-un / quatre-vingt-huit / quarante / zéro un

1. 02.41.93.21.80
2. 04.77.63.06.97
3. 04.42.08.98.89
4. 02.31.86.15.96
5. 04.71.83.61.91
6. 04.67.85.76.90
7. 05.61.10.99.02
8. 02.51.81.95.12
9. 03.88.19.82.43
10. 04.78.87.03.92

7 **Parlez-moi de votre famille** (*Tell me about your family*).
Describe the people listed below. Use the model as a guide. If you don't have a brother, etc., say so.

MODÈLE: un frère

J'ai un frère qui s'appelle Bill. Il habite à Boston. Il est grand et assez beau. Il a vingt-trois ans.

1. une sœur
2. un frère
3. un oncle
4. une tante
5. des cousins
6. une cousine
7. un grand-père ou une grand-mère
8. des parents

Réalités culturelles
La France d'outre-mer

Cultural Activities 🌐

Find the places mentioned in this section on the map on the inside front cover.

FRANCE IS DIVIDED into 101 **départements**. **Départements** are administrative units created by the revolutionary government in 1790 to replace the old provinces. Among these are five overseas: **la Guadeloupe** and **la Martinique** (both in the Caribbean), **la Guyane** (in South America), and **la Réunion** and **Mayotte** (both in the Indian Ocean). These **départements d'outre-mer**, or **DOM** for short, have the same legal status as the continental departments, and their inhabitants enjoy the same rights of French citizenship.

France also has a number of overseas possessions, **les territoires,** which do not have the same legal status as the departments. Their residents are, however, French citizens. These territories are **la Nouvelle-Calédonie** and its dependencies, **Wallis-et-Futuna,** and **la Polynésie française** (all in the Pacific Ocean), **Saint-Pierre-et-Miquelon** (off the coast of Canada), and **les Terres australes et antarctiques françaises** (French Antarctica). **Mayotte** and **Saint-Pierre-et-Miquelon** have a special status that is close to that of a department.

vladoskan/Shutterstock.com

Note culturelle

En France il y a un **code départemental** pour indiquer où on habite. Le code pour Angers dans le Maine-et-Loire, par exemple, est 49, et pour Paris le code est 75. Le numéro forme les deux premiers chiffres (*numbers*) du **code postal**.

8 Codes postaux. The map above shows major cities and the first two numbers of the zip code for several French **départements.** Give the general zip code for the following cities by adding three zeros to the two numbers.

MODÈLE: Nantes

Le code postal pour Nantes est quarante-quatre mille (44000).

1. Dijon
2. Amiens
3. Tours
4. Besançon
5. Angers
6. Le Mans
7. Orléans
8. Grenoble
9. Paris
10. Brest
11. Rouen
12. Strasbourg

D. Les expressions il y a et voilà

Voilà la famille Laplante.

Il y a combien de personnes dans la famille Laplante?
Il y a quatre personnes.

Il y a combien de garçons et **combien de** filles?
Il y a deux filles mais **il n'y a pas de** garçon.

▶ **Voilà** can mean either *there is (are)* or *here is (are)*. **Il y a** means *there is (are)*. While **voilà** and **il y a** are both translated *there is* or *there are* in English, they are used quite differently.

▶ **Voilà** and **voici** *(here is, here are)* point something out. They bring it to another person's attention. There is usually an accompanying physical movement—a nod of the head, a gesture of the hand toward the person or object, or a pointing of the finger to identify a specific object.

Voici mon fils et ma fille.	*Here are my son and daughter.*
Voilà ma voiture.	*There's my car.*

▶ **Il y a** simply states that something exists or tells how many there are.

Il y a un livre sur la table.	*There is a book on the table.*
Il y a quatre filles et deux garçons dans la famille Martin.	*There are four girls and two boys in the Martin family.*

▶ The negative of **il y a un (une, des)** is **il n'y a pas de.**

Il n'y a pas de voitures ici.	*There aren't any cars here.*

ATTENTION

Do not use **de** if **il n'y a pas** is followed by a number.

Il n'y a pas trois voitures dans le garage; il y a quatre voitures.	*There aren't three cars in the garage; there are four cars.*

▶ There are several ways to use **il y a** in a question.

Il y a un livre sur la table?	
Est-ce qu'il **y a** un livre sur la table?	*Is there a book on the table?*
Y a-t-il un livre sur la table?	

▶ **Il y a** is often used with **combien de.**

Il y a combien de garçons?
Combien de garçons **est-ce qu'il y a?**
Combien de garçons **y a-t-il?**

9 **Lori parle avec Anne Martin.** Complete the following sentences using either **il y a** or **voilà**.

MODÈLE: **Voilà** ma fille Émilie.

1. _____ deux enfants dans votre famille?
2. Non, Mademoiselle, _____ six enfants.
3. _____ une photo de ma famille.
4. _____ ma mère. Elle est jolie, n'est-ce pas?
5. _____ combien de filles dans votre famille?
6. Où sont-elles? Ah! _____ vos filles!

10 **À vous.** Answer the following questions as factually as possible.

1. Quel âge avez-vous?
2. Combien de personnes y a-t-il dans votre famille?
3. Quel âge ont les membres de votre famille?
4. Combien d'étudiants y a-t-il dans votre classe de français? Combien d'hommes et combien de femmes y a-t-il?
5. Quel âge a votre professeur de français? (Imaginez!)
6. Combien d'oncles et combien de tantes avez-vous? Quel âge ont-ils?

E. Les adjectifs possessifs mon, ton, notre, votre

Grammar
Tutorials

—Comment s'appellent **tes** parents?
—**Mes** parents s'appellent Jean et Stéphanie.
—Combien d'enfants y a-t-il dans **ta** famille?
—Il y a trois enfants dans **ma** famille: deux garçons et une fille.
—Quel âge a **ton** frère? Quel âge a **ta** sœur?
—**Mon** frère a 18 ans et **ma** sœur a 12 ans.
—Où habitent **vos** grands-parents?
—**Nos** grands-parents habitent à Saumur.

adjectifs possessifs

EN ANGLAIS	MASCULIN		FÉMININ		PLURIEL (M. ET F.)	
my	mon		ma		mes	
your	ton	père	ta	mère	tes	parents
our	notre		notre		nos	
your	votre		votre		vos	

▶ Possessive adjectives agree in gender and number with the nouns they modify (the "possessions"). **Notre** and **votre** are used for both masculine and feminine singular nouns.

Denise, **ton** père est gentil.	*Denise, your father is nice.*
Alain, **ta** mère est gentille aussi.	*Alain, your mother is nice also.*
Nathalie, **tes** parents sont très gentils.	*Nathalie, your parents are very nice.*

▶ In the singular, **ma** and **ta** become **mon** and **ton** when used directly before a feminine word beginning with a vowel sound.

> **ma** meilleure amie

But: **mon** amie

> **ta** tante

But: **ton** autre tante

▶ Liaison occurs if the word following **mon, ton, mes, tes, nos,** or **vos** begins with a vowel sound.

> moɲ petit ami   voɲ bons amis

But: mon [n]ami   vos [z]amis

▶ As with **quatre,** the final **-e** of **notre** and **votre** is not pronounced before a vowel sound, but the final consonants are linked to the next word.

> notrɇ [tR]ami

⓫ Qui? Try to identify people from among your friends and relatives who "fit" the following questions. Use possessive adjectives in each response. Be sure that verbs agree with subjects, and that adjectives agree with nouns.

MODÈLE: Qui chante bien?

> **Mes parents chantent bien.** ou **Notre ami chante bien.**

1. Qui est grand?
2. Qui parle français?
3. Qui ne skie pas?
4. Qui adore le sport?
5. Qui n'aime pas beaucoup la bière?
6. Qui aime être étudiant?

⓬ À vous. Show a real (or imaginary) picture of your family and point out parents, brothers, sisters, cousins, uncles, and aunts. Give each person's age as well.

MODÈLE: **Voilà ma sœur, Kristen. Elle a 16 ans.**

ENTRE AMIS   Dans ta famille

Follow the steps below to interview your partner about his or her family. Use possessive adjectives whenever possible.

1. Ask your partner how many people there are in his/her family.
2. Find out the names of his/her brother, sister, etc.
3. Find out how old they are.
4. Find out where they live.
5. Ask if his/her brother, sister, etc. speaks French or studies French.
6. What else can you find out about his/her family members?

🔊 3. TALKING ABOUT YOUR HOME

Track 1-26

—Habitez-vous dans une maison° ou dans un   *house*
appartement°, Lori?   *apartment*
    —*Nous habitons dans une maison.*

—Et combien de pièces° y a-t-il dans votre maison?   *rooms*
    —*Il y a sept pièces.*

—Et qu'est-ce qu'il y a chez vous°?   *at your house*
    —*Chez moi° il y a …*   *at my house*

… dans ma salle de séjour

… dans ma chambre.

> **Bureau** *can mean either* **desk** *or* **office**. *The teacher's office =* **le bureau du professeur. Chambre** *implies* bedroom, *not* room *in general.*

… dans ma cuisine.

… dans mon garage.

🕐 **Et vous?** Qu'est-ce qu'il y a chez vous?

⓭ Les renseignements (*Information*). Olivier is giving some information about people in his neighborhood. Complete his sentences, using the verb **avoir** and a number. Where no number is indicated, use **un, une,** or **des** as appropriate.

MODÈLE: Les Dufoix / deux enfants / chat
               Les Dufoix ont deux enfants et un chat.

1. Charles / radio antique
2. Je / enfants extraordinaires
3. Les Dubois / trois télévisions / stéréo / ordinateur
4. Madame Martin / mari / six enfants
5. Nous / petit appartement / voiture
6. Mes grands-parents / grande maison / quatre chambres
7. Les Martin / chat / chien / deux réfrigérateurs / cuisinière à gaz / lave-vaisselle
8. Madame Davis / voiture japonaise / vélo français

F. La négation + un (une, des)

Review the negative of **il y a**, *p. 72.*

▶ After a negation, indefinite articles (**un, une, des**) usually become **de (d')**.

Vous avez **un** ordinateur?	Non, je n'ai pas **d'**ordinateur.
Vous avez **une** voiture?	Non, je n'ai pas **de** voiture.
Vous avez **des** frères ou **des** sœurs?	Non, je n'ai pas **de** frère ou **de** sœur.
Y a-t-il **un** lave-vaisselle?	Non, il n'y a pas **de** lave-vaisselle.

This rule does not apply after **être**.

Christophe n'est pas **un** enfant.	*Christophe isn't a child.*
La voiture n'est pas **une** Ford.	*The car is not a Ford.*
Ce ne sont pas **des** amis.	*They're not friends.*

▶ Also, definite articles (**le, la, l', les**) and possessive adjectives (**mon, ma, mes,** etc.) do not change after a negation.

Je n'aime pas **le** thé.	Mon frère n'aime pas **notre** chien.

▶ When contradicting a negative statement or question, use **si** instead of **oui**.

Il n'y a pas de sandwichs ici.	**Si**, il y a des sandwichs.
Vous n'avez pas d'ordinateur?	**Si**, j'ai un ordinateur.
Vous n'aimez pas le café?	**Si**, j'aime le café.

14 **Un riche et un pauvre.** Guy has everything, but Philippe has practically nothing. Tell what Guy has and Philippe doesn't have.

MODÈLE: voiture

Guy a une voiture, mais Philippe n'a pas de voiture.

1. appartement
2. lave-linge
3. petite amie
4. ordinateur
5. amis
6. chien

15 **Bavardages (Gossip).** Someone has made up gossip about you and your neighbors. Correct these falsehoods by making each statement negative.

MODÈLE: Monsieur Dupont a des filles.

Mais non! Il n'a pas de fille.

1. Marie a un petit ami.
2. Il y a une moto dans votre garage.
3. Vous détestez le café.
4. Jean-Yves a des enfants.
5. Christophe et Alice ont un chien.
6. Votre voiture est une Renault.

⑯ As-tu ... ? Your partner will interview you according to the model. If you have the item in question, say so. If not, give a negative answer and then name something that you do have.

MODÈLE: une voiture

  VOTRE PARTENAIRE: **As-tu une voiture?**

  VOUS: **Non, je n'ai pas de voiture mais j'ai une moto.**

  1. une maison
  2. un chien
  3. un cousin à Lyon
  4. un ordinateur
  5. des amis qui habitent à Paris
  6. un frère ou une sœur qui parle français

⑰ Une voyante. A fortune teller has made the following statements about you. Affirm or deny them. Remember to use **si** if you wish to contradict a negative statement.

MODÈLE: Vous n'avez pas de frère.

  Si, j'ai un frère (des frères).

  Oui, c'est vrai, je n'ai pas de frère.

  1. Vous n'avez pas de sœur.
  2. Vous n'habitez pas dans un appartement.
  3. Vous n'avez pas de stéréo.
  4. Vous n'étudiez pas beaucoup.
  5. Le professeur n'est pas gentil.
  6. Vous n'aimez pas étudier le français.

Vocabulaire

Les pièces d'une maison

un bureau	office	les toilettes	restroom
une chambre	bedroom	un salon	living room
une cuisine	kitchen	une salle de séjour	den; living room
une salle à manger	dining room	un sous-sol	basement
une salle de bain	bathroom	une véranda	porch

⑱ À vous. Answer the following questions.

  1. Où habitez-vous?
  2. Combien de pièces y a-t-il chez vous?
  3. Quelles pièces est-ce qu'il y a?
  4. Y a-t-il un fauteuil dans votre chambre?
  5. Combien de chaises y a-t-il dans votre chambre?
  6. Y a-t-il un chien ou un chat dans votre maison?
  7. Qu'est-ce qu'il y a dans votre chambre?
  8. Qu'est-ce qu'il y a dans le garage du professeur? (Imaginez!)

G. La possession avec de

C'est le mari **de** Mme Martin.   *It's Mme Martin's husband.*
Ce n'est pas la maison **de** René.   *It's not René's house.*
C'est la maison **des** parents **de** René.   *It's René's parents' house.*

▶ The preposition **de (d')** is used to indicate possession or relationship. French has no possessive *-'s* ending: *Marie's sister* has to be expressed in French as *the sister of Marie.*

la sœur **de** Marie   *Marie's sister*
la voiture **d'**Alain   *Alain's car*

▶ If the "owner" is indicated with a proper name, **de (d')** is used without an article or possessive adjective. When the word referring to the "owner" is not a proper name, an article or a possessive adjective precedes it: *The grandmother's room* has to be expressed as *the room of the grandmother.*

la chambre de **la** grand-mère   *the grandmother's room*
la moto de **mon** ami   *my friend's motorcycle*

possession + **de** +	{ article possessive adjective }	+ "owner"

▶ The preposition **de** contracts with the articles **le** and **les,** but there is no contraction with the articles **la** and **l'.**

de + le	→	**du**	du professeur
de + les	→	**des**	des étudiants
de + la	→	**de la**	de la femme
de + l'	→	**de l'**	de l'enfant

*Remember that **de l'** could be masculine or feminine.*

C'est une photo **du** professeur.   *It's a picture of the teacher.*
C'est la maison **des** parents d'Éric.   *It's Éric's parents' house.*
C'est le chat **de la** mère de Céline.   *It's Céline's mother's cat.*
C'est la voiture **de l'**oncle de Pascal.   *It's Pascal's uncle's car.*

19 J'ai trouvé une radio (*I found a radio*).
A number of objects have been found. Ask a question to try to identify the owners. Your partner will answer negatively and will decide who *is* the owner.

MODÈLE: J'ai trouvé une radio. (Jeanne)

VOUS: **J'ai trouvé une radio. C'est la radio de Jeanne?**

VOTRE PARTENAIRE: **Non, ce n'est pas la radio de Jeanne. C'est la radio de Kévin.**

> *Remember to use only* **de (d')** *with a proper name.*

1. J'ai trouvé une voiture. (Madame Dufour)
2. J'ai trouvé une radio. (professeur)
3. J'ai trouvé un chat. (Karine)
4. J'ai trouvé une moto. (l'ami de Michèle)
5. J'ai trouvé un chien. (les parents de Denis)
6. J'ai trouvé une calculatrice. (Frédérique)
7. J'ai trouvé un vélo. (la sœur de Sophie)

20 Nos possessions.
Complete the following sentences with **du, de la, de l'**, and/or **des.**

1. Le vélo _____ Laurence est dans le garage.
2. La voiture _____ père _____ Anne est bleue.
3. La photo _____ oncle et _____ tante _____ Guy est sur le bureau _____ grands-parents _____ Guy.
4. Le chat _____ frère _____ Chantal est sur le lit _____ parents _____ Chantal.
5. Où est la calculatrice _____ sœur _____ Sandrine?
6. C'est la stéréo _____ enfants _____ professeur.
7. La moto _____ mon frère est dans notre garage.

21 Où est-ce?
Patrick's family has a number of possessions. Ask where each item is.

MODÈLE: La sœur de Patrick a un vélo.

Où est le vélo de la sœur de Patrick?

1. Les sœurs de Patrick ont une télévision.
2. Le frère de Patrick a une voiture.
3. L'oncle de Patrick a un chien.
4. Les cousins de Patrick ont une stéréo.
5. Les enfants de Patrick ont un ordinateur.
6. La cousine de Patrick a un appartement.
7. Les parents de Patrick ont une voiture allemande.
8. Le père de Patrick a un bureau.
9. La tante de Patrick a un petit chat.
10. Les parents de Patrick ont une belle maison.

Grammar
Tutorials

As-tu une photo de la famille de Léa?　　Voilà une photo de **sa** famille.
Où est le père de Léa?　　　　　　　　Voilà **son** père.
Où est la mère de Léa?　　　　　　　　Voilà **sa** mère.
Où sont les grands-parents de Léa?　　　Voilà **ses** grands-parents.
Où est la fille de M. et Mme Dupont?　　Voilà **leur** fille. C'est Léa!
Où sont les cousins des Dupont?　　　　Voilà **leurs** cousins.

▶ **Son, sa,** and **ses** can mean either *his* or *her.* As with **mon, ma,** and **mes,** the choice of form depends on whether the "possession" is masculine or feminine, singular or plural. It makes no difference what the gender of the "owner" is.

son lit	*his bed or her bed*
sa chambre	*his room or her room*
ses chaises	*his chairs or her chairs*

▶ **Leur** and **leurs** mean *their* and are used when there is more than one "owner." Both forms are used for either masculine or feminine "possessions."

leur lit	**leur** chambre
leurs lits	**leurs** chambres

NOTE

Be sure not to use **ses** when you mean **leurs.**

ses parents	*his parents* or *her parents*
leurs parents	*their parents*

▶ In the singular, **sa** becomes **son** when used directly before a feminine word beginning with a vowel sound.

　　　　sa meilleure amie
But:　　**son** amie

▶ Liaison occurs if the word following **son, ses,** or **leurs** begins with a vowel sound.

　　　　son petit ami　　　ses bons amis　　　leurs parents
But:　　son [n]ami　　　ses [z]amis　　　leurs [z]amis

▶ Sometimes the identity of the "owner" would be unclear if a possessive adjective were used. In such cases, it is better to use the possessive construction with **de.**

Robert et Marie habitent avec　　　　*(Robert's mother? Marie's mother?)*
　　sa mère.

Robert et Marie habitent avec　　　　*(clearly Marie's mother)*
　　la mère **de Marie.**

Synthèse: les adjectifs possessifs

PRONOM	MASCULIN	FÉMININ	PLURIEL (M. ET F.)	
je	**mon**	**ma**	**mes**	*my*
tu	**ton**	**ta**	**tes**	*your*
il/elle/on	**son**	**sa**	**ses**	*his/her*
nous	**notre**	**notre**	**nos**	*our*
vous	**votre**	**votre**	**vos**	*your*
ils/elles	**leur**	**leur**	**leurs**	*their*

22 La chambre de qui? Clarify the identity of the "owner" in each of the following phrases by completing the following expressions with the appropriate form of **de** + the definite article.

MODÈLE: sa chambre. La chambre de qui?   La chambre **du** frère de Marc.

1. leur photo. La photo de qui?   La photo _____ enfants de ma tante.
2. son nom. Le nom de qui?   Le nom _____ jeune fille.
3. sa moto. La moto de qui?   La moto _____ mari d'Anne.
4. leurs livres. Les livres de qui?   Les livres _____ étudiants.
5. son chien. Le chien de qui?   Le chien _____ oncle d'Isabelle.
6. sa maison. La maison de qui?   La maison _____ ami de Laurent.
7. ses amies. Les amies de qui?   Les amies _____ sœur de Denis.
8. son chat. Le chat de qui?   Le chat _____ petite amie de Jean-Luc.
9. son bureau. Le bureau de qui?   Le bureau _____ professeur.

23 Comment s'appellent-ils? Ask the names of the following people, using a possessive adjective in each question. Your partner will supply the answer.

> Be careful to distinguish between **son/sa/ses** and **leur(s)** when asking these questions.

MODÈLES: le cousin de Nathalie? (Stéphane)

VOUS: **Comment s'appelle son cousin?**

VOTRE PARTENAIRE: **Il s'appelle Stéphane.**

les cousines de Nathalie? (Christelle et Sandrine)

VOUS: **Comment s'appellent ses cousines?**

VOTRE PARTENAIRE: **Elles s'appellent Christelle et Sandrine.**

1. le père de Nathalie? (Michel)
2. la sœur d'Éric? (Isabelle)
3. la mère d'Éric et d'Isabelle? (Monique)
4. les frères de Nathalie? (Christophe et Sébastien)
5. les sœurs de Nathalie? (Sylvie et Céline)
6. le chien de Nathalie? (Fidèle)
7. les grands-parents de Nathalie? (Marie et Pierre Coifard; Louis et Jeanne Dupuis)
8. les parents de votre meilleur(e) ami(e)?
9. les amis de vos parents?

Self Test

24 À vous. Interview your partner using the following questions. Use possessive adjectives in your answers.

MODÈLE: Où est la maison de votre ami(e)?
Sa maison est à Denver.

1. Comment s'appelle votre meilleur(e) ami(e)?
2. Quel âge a votre ami(e)?
3. Combien de personnes y a-t-il dans la famille de votre ami(e)?
4. Comment s'appellent les parents de votre ami(e)?
5. Où habitent les parents de votre ami(e)?
6. Qu'est-ce qu'il y a dans la maison des parents de votre ami(e)?

ENTRE AMIS Dans ta chambre

Follow the steps below and use **tu** to interview your partner.

1. Find out where your partner lives.
2. Find out if your partner has a TV in his/her room.
3. Find out two other items that s/he has in his/her room.
4. Find out two other items that s/he does not have.
5. Find out if your partner has a roommate.
6. If so, find out his/her name and two items of information about the roommate.
7. Turn to another person and share what you found out.

Comment s'appellent leurs filles?

© Owen Franken/Corbis

Intégration

RÉVISION

A Chez mon professeur. Imagine the home, garage, etc. of your French teacher. Make up five different sentences to state what s/he has or does not have.

MODÈLE: **Il y a une moto dans son garage.**

 B Trouvez quelqu'un qui ... Interview your classmates in French to find someone who ...

MODÈLE: speaks French

Est-ce que tu parles français?

1. has a computer
2. has no brothers or sisters
3. has a dog or a cat or a fish
4. likes children a lot
5. is 21 or older

6. has a sister named Nicole
7. has a brother named Christopher
8. lives in an apartment
9. has grandparents who live in another state or province

C À l'écoute. Anne Martin is explaining who the people are in a family photo. Listen and complete each description to say how each person is related to Anne.

Track 1-27

MODÈLE: YOU HEAR: **Monique Martin est la mère de mon mari.**

YOU WRITE: **Monique Martin est _sa belle-mère_.**

1. Émilie est _____ et Benoît est
_____.

2. Nathalie est _____.

3. Marie Duhamel est _____.

4. Alain est _____ et Georges
Duhamel est _____.

D À vous. Answer the following questions.

1. Combien de personnes y a-t-il dans votre famille?
2. Comment s'appellent deux de vos ami(e)s?
3. Où habitent-ils/elles? Quel âge ont-ils/elles?
4. Sont-ils/elles étudiant(e)s? Si oui, ont-ils/elles une chambre à l'université? Étudient-ils/elles le français ou une autre langue?
5. Avez-vous des ami(e)s qui ont un appartement? Si oui, qu'est-ce qu'il y a dans leur appartement?
6. Avez-vous un ami qui est marié? Si oui, comment s'appelle sa femme? Quel âge a-t-elle?
7. Avez-vous une amie qui est mariée? Si oui, comment s'appelle son mari? Quel âge a-t-il?
8. Avez-vous des amis qui ont des enfants? Si oui, combien d'enfants ont-ils? Comment s'appellent leurs enfants? Quel âge ont-ils?

Communication and Communities. To learn more about the culture presented in this chapter, go to the Premium Website and click on the Web Search Activities.

NÉGOCIATIONS

C'est à qui? Each of the items below belong to one of David's relatives. Ask your partner questions to match each item with its correct owner. Complete the form with the missing information. Your partner's form is in Appendix D.

MODÈLE: **C'est la voiture du frère de David?**
Non, ce n'est pas la voiture de David. C'est la voiture de son père.

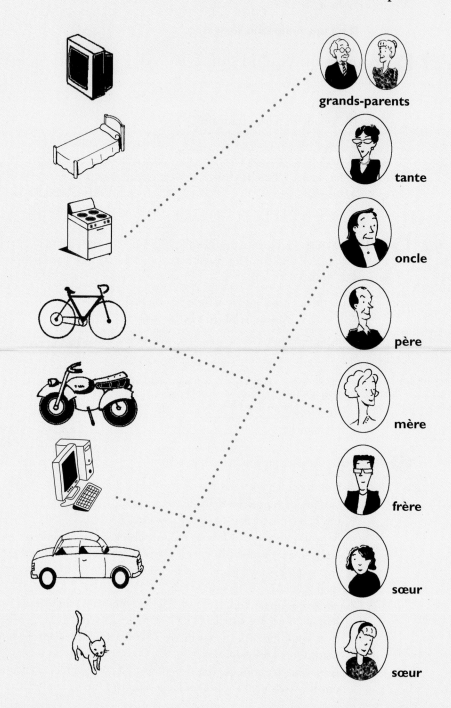

LECTURE I

A **Ma maison idéale.** To review the vocabulary you have learned for housing, draw a sketch of a home that would be ideal for you. Then label each of the rooms in French.

B **Étude du vocabulaire.** Study the following sentences and choose the English words that correspond to the French words in bold print: *square meters, fireplace, planted with trees, in new condition, winter, landscaped lot, approximately, stone, in good taste, on one level, roof, country, house, set up/ready-to-use.*

1. Le **pavillon** est situé à la **campagne** à **environ** 30 kilomètres de Montréal.
2. Près de la maison il y a un jardin **arboré** et un beau **terrain paysager** de 300 **mètres carrés.**
3. En **hiver,** s'il fait froid, il y a une belle **cheminée** en **pierre** dans la salle de séjour.
4. La cuisine est **aménagée** et équipée **avec goût.**
5. La **toiture** de la maison est **à l'état neuf.**
6. Les personnes handicapées n'ont pas de problème avec une maison de **plain-pied.**

C **Les pièces.** Read the four ads for houses in Québec in order to:

1. identify the number of rooms in each home, and
2. make a list of the rooms that are mentioned.

MAISONS À VENDRE

CADRE EXCEPTIONNEL Belle maison récente, agréable séjour-salle à manger en L 45 m² environ, cuisine aménagée et équipée, 3 chambres, belle salle de bain, garage et jardin, mérite visite!

ELLE VOUS SÉDUIRA Aux portes de Chicoutimi, agréable pavillon indépendant sur 500 m² de terrain, cuisine aménagée et équipée, beau séjour-salle à manger avec cheminée, 3 chambres, garage 2 voitures et jardin aménagé avec goût.

DE TOUTE BEAUTÉ Le charme de la campagne à 10 mn de Chicoutimi, belle cuisine aménagée et équipée, vaste pièce de réception 90 m² avec superbe cheminée en pierre, jardin d'hiver parfaitement exposé, 4 chambres, 2 sdb, bureau, grand garage, 1 700 m² de terrain paysager, aménagement de goût et de qualité!

EXCEPTIONNELLE Plain-pied indépendant, séjour-salle à manger, 2 chambres, toiture état neuf, garage, jardin arboré. Affaire à saisir!

Quelques abréviations: *m² (mètres carrés); mn (minutes); sdb (salle de bain)*

1. the newest home
2. the biggest home
3. the largest lot
4. the home that has been remodeled
5. the name of the closest Canadian city
6. the home you would choose and why

E **À discuter.** Aimez-vous ces maisons? Pourquoi ou pourquoi pas?

F **Comparaisons culturelles.** What similarities or differences between **Québécois** homes and those of your country can you infer from what you have read?

Réalités culturelles
Le Québec

QUEBEC IS THE LARGEST of the ten Canadian provinces. The vast majority of people in **la belle province,** as the **Québécois** refer to it, speak French, while the majority language in the other provinces is English. However, sizable French-speaking minorities exist in Ontario and New Brunswick, and smaller French-speaking populations can be found in the other provinces. The history of Quebec goes back to the sixteenth century, when Jacques Cartier established a French colonial empire in North

Reuters/Jim Young

America called New France. In 1608, Samuel de Champlain founded the city of Quebec. (In 2008 the city celebrated its 400th birthday, and Canada as a nation celebrated its begining.) In 1763, at the end of the Seven Years' War, England was granted possession of the whole province. Quebec's French-speaking population now faced the challenge of maintaining its distinct language and cultural heritage under British rule. Over the course of the next two centuries, the **Québécois'** tenacity has resulted in a vibrant French-speaking culture. By the beginning of the 1960s, French Canadians considered themselves not so much a *minority* in the Canadian Confederation as the Francophone *majority* in the province of Quebec. This situation culminated in the passage of the Charter of the French Language in 1977, known as **Loi 101,** which established French as the sole official language in the province of Quebec. Its goal was to "ensure the quality and influence of the French language" in North American civilization. Although many amendments have been added to **la Loi 101** since its inception, the major provisions of the law remain intact. To find out more, see http://www.oqlf.gouv.qc.ca/english/charter/index.html.

LECTURE II

A **Faire des prédictions.** The following text is a short biography of French actress-singer Charlotte Gainsbourg, who has followed in the footsteps of her famous parents. What kind of information would you expect to find in this kind of text? What vocabulary from the chapter might you find?

B **Étude du vocabulaire.** Study the following sentences and choose the English words that correspond to the French words in bold print: *makes, among, as well as, won, since, known.*

1. Charlotte grandit **parmi** des artistes.
2. Charlotte Gainsbourg est **connue** en France et aux États-Unis pour ses films et sa musique.
3. Elle commence sa carrière très jeune; elle **tourne** dans des films **depuis** les années 80.
4. Elle joue dans des films dramatiques **ainsi que** des comédies.
5. L'actrice **a remporté** plusieurs prix de cinéma.

C **Parcourez la lecture** *(Skim the reading).* Skim the following reading to identify:

1. the names of Charlotte's family members and their professions.
2. the names of the films Charlotte has acted in and the names of her albums.
3. how she has followed in the footsteps of her famous parents.

The Premium Website includes a link with information about Charlotte Gainsbourg.

Charlotte Gainsbourg
continue la tradition de sa famille

Robert Pitts/Landov

Charlotte Gainsbourg est une actrice et chanteuse française. Elle est la fille de deux grands artistes: Serge Gainsbourg, auteur-compositeur-chanteur français, et Jane Birkin, actrice-chanteuse britannique. Les passions de Charlotte et les langues qu'elle parle reflètent le talent et les cultures variées de ses parents célèbres. Aux États-Unis Charlotte est connue pour ces rôles dans *21 Grammes, The Science of Sleep, I'm Not There* et *Antichrist*. En France, elle est connue depuis les années 80 pour ses rôles dans des films dramatiques ainsi que des comédies. Elle a remporté trois César (l'équivalent d'un Oscar).

page suivante

Née à Londres en 1971, Charlotte grandit parmi des artistes. Elle étudie le piano et la peinture[1], tout comme son père. Mais sa jeunesse n'est pas toujours facile. Les enfants à l'école se moquent d'elle parce qu'elle est la fille de Serge Gainsbourg, une figure assez controversée. (La chanson que ses parents, Serge Gainsbourg et Jane Birkin, ont chantée en 1969, «*Je t'aime… moi non plus*»[2], a fait scandale.) En 1984, le grand public découvre[3] Charlotte quand elle chante «*Lemon Incest*» avec son père. Elle continue cette collaboration dans *Charlotte for Ever*. En même temps[4], sa mère l'encourage à devenir[5] actrice et elle débute dans le film *Paroles et musique* en 1984. Puis à l'âge de 15 ans, elle gagne le César du Meilleur espoir féminin pour son travail dans le film *L'Éffrontée*. Elle joue le rôle d'une adolescente tourmentée et révoltée.

En 1991, Charlotte rencontre Yvan Attal qui devient son compagnon et avec qui elle tourne des films plus légers[6] que ceux de son adolescence. Elle change son image complètement avec les rôles qu'elle interprète dans les films d'Yvan Attal, tels que *Ma femme est une actrice* et *La Bûche*. Le couple, qui continue à collaborer sur des projets cinématographiques, a un fils né en 1997 qui s'appelle Ben et une fille née en 2002 qui s'appelle Alice Jane.

Bien que[7] Charlotte continue à tourner des films, en 2006 elle retourne à la musique et sort l'album *5:55*. En 2010 elle sort un deuxième album, *IRM*, collaborant avec Beck. Presque[8] toutes les chansons cette fois-ci sont en anglais. Elle dit[9] qu'elle aime bien le mélange[10]—une Française qui chante en anglais, un mélange qui continue la tradition bi-culturelle établie par ses parents.

---

1. *painting* / 2. *"I love you… me neither"* / 3. *discovers* / 4. *At the same time* / 5. *to become*
6. *lighter* / 7. *Although* / 8. *Almost* / 9. *says* / 10. *mixture*

The *Premium Website* includes a link with information about Charlotte Gainsbourg.

D Questions. Answer the following questions in French.

1. Comment s'appellent les parents de Charlotte?
2. Comment s'appelle son compagnon?
3. Comment s'appellent son fils et sa fille?
4. Où est-ce que Charlotte est née?
5. À quel âge est-ce que Charlotte chante avec son père?
6. À quel âge est-ce qu'elle rencontre Yvan, son compagnon?
7. Quel âge ses enfants ont-ils aujourd'hui?

E Inférence. Reread the passage to determine the following. Be ready to quote the reading to justify your answers.

1. how Charlotte's parents influenced her life
2. how Charlotte is a bicultural person

RÉDACTION

MA FAMILLE

Your new key-pal would like to know about your family. Write him or her an e-mail in which you:

- greet and ask how s/he is doing
- tell how you're doing
- tell how many people there are in your immediate family, what their names are, how old they are, and their relationship to you
- tell where your parents and siblings live
- describe one of their homes
- ask about your key-pal's family
- close the e-mail

MODÈLE:

> **Bonjour Christine,**
> **Comment ça va? Je vais bien ici à Chicago.**
> **Alors, il y a cinq personnes dans ma famille: mes parents, mon frère, ma sœur et moi. Mes parents s'appellent…**

A **Avant d'écrire.** Read the instructions above, then ask yourself: What are the main topics I will address? What vocabulary do I need? What grammar concepts will I use? Create a list of topics and decide how you will order them in your e-mail. Then, create a list of French vocabulary to accompany each topic.

B **Écrire.** Use your lists to draft your e-mail.

C **Correction.** Read over your draft and check the content against your lists. Did you include everything you had intended to write about? Read your draft a second time, checking for any errors in agreement, spelling, or sentence structure. Make any corrections and revise your draft.

Vocabulaire Actif

Practice this vocabulary with the flashcards on **iLrn**.

Possessions

un bureau *desk*
une calculatrice *calculator*
une chaise *chair*
un chat *cat*
un chien *dog*
une cuisinière *stove*
un fauteuil *armchair*
un lave-linge *washing machine*
un lave-vaisselle *dishwasher*
un lit *bed*
un livre *book*
une moto *motorcycle*
un ordinateur *computer*
un réfrigérateur *refrigerator*
un scooter *scooter*
un sofa *sofa*
une stéréo *stereo*
un vélo *bicycle*
une voiture *car*

La maison ou l'appartement

un appartement *apartment*
un bureau *office*
une chambre *bedroom*
une cuisine *kitchen*
un garage *garage*
une maison *house*
une pièce *room*
un salon *living room*
une salle à manger *dining room*
une salle de bain *bathroom*
une salle de séjour *living room*
un sous-sol *basement*
les toilettes *(f.pl.) restroom*
une véranda *porch*

La famille

un beau-père *stepfather; father-in-law*
des beaux-parents (m.pl.) *stepparents; in-laws*
une belle-mère *stepmother; mother-in-law*
une belle-sœur *sister-in-law*
un(e) cousin(e) *cousin*
un(e) enfant *child*
une famille *family*
une femme *wife*
une fille *daughter*
un fils *son*
un frère *brother*
un demi-frère *stepbrother*
une (arrière-) grand-mère *(great) grandmother*
un (arrière-) grand-père *(great) grandfather*

des grands-parents (m. pl.) *grandparents*
un mari *husband*
une mère *mother*
un neveu *nephew*
une nièce *niece*
un oncle *uncle*
des parents (m. pl.) *parents; relatives*
un père *father*
une petite-fille *granddaughter*
un petit-fils *grandson*
des petits-enfants (m. pl.) *grandchildren*
une sœur *sister*
une demi-sœur *stepsister*
une tante *aunt*

D'autres noms

l'âge (m.) *age*
un an *year*
l'arrivée (f.) *arrival*
l'école (f.) *school*
un(e) étudiant(e) *student*
une fille *girl*
un garçon *boy*
la gare *(train) station*
un membre *member*
une photo *photograph*
un train *train*

Nombres

trente *thirty*
quarante *forty*
cinquante *fifty*
soixante *sixty*
soixante-dix *seventy*
soixante et onze *seventy-one*
soixante-douze *seventy-two*
quatre-vingts *eighty*
quatre-vingt-un *eighty-one*
quatre-vingt-dix *ninety*
quatre-vingt-onze *ninety-one*
cent *one hundred*
mille *one thousand*
un million *one million*
un milliard *one billion*

Adjectifs possessifs

mon, ma, mes *my*
ton, ta, tes *your*
son, sa, ses *his; her*
notre, nos *our*
votre, vos *your*
leur, leurs *their*

D'autres adjectifs

autre *other*

charmant(e) *charming*
gentil(le) *nice*

Verbes

avoir *to have*
passer (un an) *to spend (a year)*

Prépositions

chez *at the home of*
dans *in*
près *close*
sur *on*

Conjonction

si *if*

Articles indéfinis

un/une *a, an*
des *some; any*

Adverbes

combien (de) *how many; how much*
comment *how; what*
encore *still; again; more*
trop (de) *too much; too many*

Expressions utiles

Bienvenue! *Welcome!*
C'est *He/she/it is*
Ce sont *They are/There are*
chez moi *at my house*
chez nous *at our house; back home*
chez vous *at your house*
Comment s'appelle-t-il (elle)? *What's his (her) name?*
Comment s'appellent-ils (elles)? *What are their names?*
Il (elle) s'appelle ... *His (her) name is ...*
Ils (elles) s'appellent ... *Their names are ...*
il y a *there is (are)*
J'ai mal compris. *I didn't understand correctly.*
En quelle année es-tu né(e)? *What year were you born?*
Je suis né(e) *I was born*
Je vous présente ... *Let me introduce you to ...*
Qu'est-ce qu'il y a ... ? *What is there ... ?*
Qu'est-ce qu'il y a? *What's the matter?*
Quel âge avez-vous? (a-t-il?, etc.) *How old are you? (is he?, etc.)*
sans doute *probably*
Si! *Yes!*
sur la photo *in the picture*
voici *here is; here are*
voilà tout *that's all*
vous dites *you say*

L'identité

Mike Watson Images/Jupiter Images

BUTS COMMUNICATIFS
- Describing personal attributes
- Describing clothing
- Describing people and things
- Describing what you do at home
- Identifying someone's profession

STRUCTURES UTILES
- Quelques groupes d'adjectifs
- **Ne ... jamais**
- Les adjectifs de couleur
- L'adjectif démonstratif
- La place de l'adjectif
- Le verbe **faire**
- Les mots interrogatifs **qui, que** et **quel**

CULTURE
Zoom sur l'Internet
- **Vidéo buzz:** Être au pair
- **Vu sur le web:** L'e-commerce
- **Repères:** La netiquette
- **Insolite:** Le franglais
- **Article:** L'internet: un moyen de perfectionner votre français
- **Petit lexique de l'Internet**

Il y a un geste
- Paresseux
- Ennuyeux
- C'est cher!

Lectures
- Offres d'emploi
- «Familiale»

RESSOURCES

 Audio

 iLrn Heinle Learning Center

 Premium Website

 Pair Work

Group Work

 Entre amis Video Program

CHAPITRE 4

Coup d'envoi

🔊 PRISE DE CONTACT: **LES VÊTEMENTS°**

Track 1-28

Qu'est-ce que vous portez en cours?

Je porte …

clothes

What clothes do you wear to class?

un chemisier
un pull (- over)
une robe
une jupe
une veste
un blouson
un manteau
un pantalon
un sweat-shirt
une chemise
un tee-shirt
un short
un jean

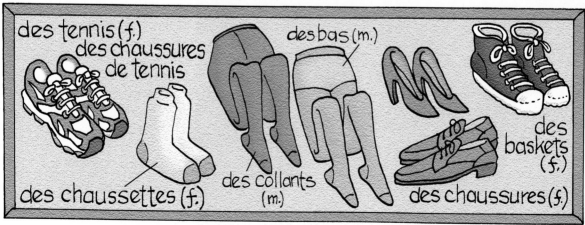

des tennis (f.)
des chaussures de tennis
des bas (m.)
des baskets (f.)
des chaussettes (f.)
des collants (m.)
des chaussures (f.)

Ⓒ **Et vous?** Qu'est-ce que vous portez aujourd'hui°?

Moi, je porte …

today

Lori Becker envoie° un e-mail à son professeur de français aux États-Unis.　　　*sends*

Cher Professeur,　　　　　　　　　　　　　　　　*Angers, le 2 octobre*

Me voilà au pair chez les Martin. J'aime bien cette[1] famille! Je garde[2] deux des enfants et je fais quelquefois le ménage.[3] Ça me donne[4] beaucoup de travail mais c'est Mme Martin qui fait la cuisine.[5] Et puis[6] les enfants font la vaisselle[7] le soir.

Quelle belle ville[8]! Et les gens[9] sont vraiment charmants! Comme chez nous, beaucoup d'étudiants portent un jean et un tee-shirt ici[10] pour aller en cours. Je suis heureuse[11] d'être en France, mais il faut[12] beaucoup étudier! Chaleureusement[13],

Lori

PS: Ci-joint[14] une photo de moi avec les enfants.

---

1. this 2. look after 3. do housework sometimes 4. That gives me 5. who does the cooking 6. then
7. do the dishes 8. city 9. people 10. here 11. happy 12. it is necessary; I have to 13. Warmly
14. Attached

Compréhension. Taking turns, read the following statements with your partner. Decide whether they are true (**C'est vrai**) or false (**C'est faux**). If a sentence is false, correct it.

1. Lori Becker habite à Angers.
2. Elle habite chez ses parents.
3. Elle travaille pour les Martin.
4. Elle fait la cuisine et la vaisselle.
5. Elle est contente d'être en France.
6. Les vêtements des jeunes Français sont très différents des vêtements des jeunes Américains.

À vous Describe to your partner what your classmates are wearing.

MODÈLE:　**VOTRE PARTENAIRE: Qu'est-ce que Sean porte aujourd'hui?**
　　　　　　　VOUS: Il porte ...

Zoom sur l'Internet

PETIT TEST

Pourquoi est-ce que Lori fait le ménage et garde les enfants de Madame Martin?

a. Elle est masochiste.

b. Elle est très gentille et désire aider *(help)* la famille Martin.

c. Il y a souvent des jeunes filles qui habitent avec une famille française et qui travaillent pour payer leur chambre et leurs repas *(meals)*.

Read *Vidéo buzz* to find out the answer.

Comment est-ce que Lori va rester en contact avec sa famille et ses amis?

a. Elle va téléphoner tous les week-ends.

b. Elle va utiliser des moyens de communication électronique.

c. Elle va écrire des lettres et des cartes postales.

Read *L'Internet: Un moyen de perfectionner votre français* to find out the answer.

VIDÉO BUZZ

Être au pair

MANY YOUNG WOMEN from foreign countries work as **jeunes filles au pair** *(nannies)* in France. They are able to spend a year abroad by agreeing to work in a French home, in exchange for room and board and a token salary. They do some light housework and help to take care of the children. Lori is **au pair chez les Martin.** To learn more about the **au pair** experience, go to the *Premium Website* and click on the links.

Olive Images/Jupiter Images

INSOLITE

Le franglais

BORROWING INEVITABLY takes place when languages come into contact. The Norman Conquest in 1066 introduced thousands of French words into English and many English words found their way into the French language. French words borrowed from English are particularly common in certain fields, such as technology, business, and fashion. They may be nouns, verbs, or expressions **(le chewing-gum, un tee-shirt, l'e-mail, le business, formater, "Allez go!").** Borrowed words that have similar forms and similar meanings are called *cognates*. Words that have smilar forms but different meanings are called **faux amis** or *false friends*. An example is **un smoking**, which means a *tuxedo* in French. Official measures have been adopted in France to try to stem the flow of English expressions into the French language. Currently, for example, the terms **le logiciel espion** and **diffuser** are being encouraged rather than the borrowed words **le spyware** and **podcaster.**

VU SUR LE WEB

L'e-commerce

E-COMMERCE is on the rise in France. According to **FEVAD (la Fédération du e-commerce et de la vente à distance),** over 80% of Internet users consult web sites before making a purchase. The products most often bought on line include electronic merchandise, cultural products (books, music, DVDs), and clothing. Around 45% of Internet users in France buy clothing and accessories on line.

Among the top ten sites are **La Redoute, Les 3 Suisses,** and **Carrefour.** To find out what types of products these three companies offer, browse the links on the *Premium Website*.

Source: http://www.fevad.com

REPÈRES

La netiquette

The Internet is perhaps the most important communication tool of our times. To promote courteous behavior on the Internet, the **Association des Fournisseurs d'Accès et de Services Internet** (The Association of Internet Access Suppliers) *suggests that all* internautes (users of cyberspace) *adhere to a set of rules called* **la netiquette.**

La netiquette est un guide de bonne conduite[1] pour les gens qui communiquent avec d'autres personnes sur l'Internet. Voici une "petite" liste des règles.

- Répondez rapidement aux messages, dans les 24 heures.
- Soyez[2] toujours poli.
- N'utilisez pas de termes extrêmes.
- À l'exception de la première lettre d'une phrase et pour les noms propres[3], n'écrivez jamais de texte en majuscules[4].
- Évitez le spamming.

D'après le site web: www.afa-france.com.

---

[1]conduct; [2]Be; [3]proper nouns; [4]capital letters

L'Internet: Un moyen de perfectionner votre français

ALTHOUGH LORI BECKER is far from home, she has several technological tools she can use to stay in touch with her friends. The two she would most likely use every day are a social networking site, such as Facebook (available in French as well as many other of the world's languages) and Skype, a software application that allows users to make voice and video phone calls over the Internet. Skype also allows users to text each other, send photos, and have conference calls. These and other electronic tools provide a wonderful way to build French vocabulary. Simply switch the "language" function of your Facebook page, your Skype account, or your cellphone menu from English into French!

Vocabulaire

Petit lexique de l'Internet

cliquer sur	*to click on*
le courrier électronique	*e-mail*
l'e-mail (le courriel [Canada])	*e-mail*
envoyer	*to send*
le mot de passe	*password*
naviguer sur Internet	*to surf the Internet*
le portable	*laptop; cell phone*
le réseau social	*social network*
le site web	*website*
télécharger	*to download*

ENTRE AMIS **J'aime beaucoup vos chaussures. Elles sont très belles.**

Role-play the following conversation with a partner.

1. Compliment your partner on some article of clothing s/he is wearing.
2. S/he should respond in a culturally appropriate manner.
3. Ask your partner what s/he usually wears to class.
4. S/he should respond and ask the same of you.

PRONONCIATION

🔊 LES VOYELLES NASALES: [ɛ̃], [ɑ̃] ET [ɔ̃]

Track 1-30

► Note the pronunciation of the following words:

[ɛ̃]
- **im**possible, **im**probable, **in**telligent, c**in**quante, v**in**, v**in**gt, m**in**ce
- **sym**pathique, **sym**phonie, **syn**thèse
- **faim**, améric**ain**, maroc**ain**, mexic**ain**, tr**ain**
- h**ein**
- canad**ien**, ital**ien**, b**ien**, je v**iens**, ch**ien**, comb**ien**, t**iens**

[ɑ̃]
- ch**am**bre, **an**, fr**an**çais, ch**an**ter, m**an**ger, gr**an**d, pend**ant**, étudi**an**te, t**an**te, dem**an**dent
- **en**sem**ble**, m**em**bre, par ex**em**ple, **en**, **en**core, comm**ent**, souv**ent**

EXCEPTION

> exam**en** [ɛgzamɛ̃]

[ɔ̃]
- t**om**ber, c**om**bien, n**om**, prén**om**, **on**, **on**t, c**on**versati**on**, n**on**, **on**cle, **on**ze

► Now go back and look at how these sounds are spelled and in what kinds of letter combinations they appear. What patterns do you notice?

 When **-m-** or **-n-** is followed by a consonant or is at the end of a word, it is usually not pronounced. It serves instead to indicate that the preceding vowel is nasal.

   cinquante   **en**sem**ble**   **com**bien   **im**possible

 When **-m-** or **-n-** is followed by a written vowel (pronounced or not pronounced), the preceding vowel is not nasal.

   ca**na**dien   crè**me**   télépho**ne**
   bru**ne**   i**né**vitable   i**ma**ginaire

NOTE

> The vowel preceding a written **-mm-** or **-nn-** is also not nasal.
>
>   i**nn**ocent   i**mm**obile   co**mme**   pers**onne**

► Practice saying the following words after your instructor, paying particular attention to the highlighted vowel sound. In these words, the highlighted vowel sound is *not* nasal.

a**mé**ricain	**mê**me	li**mo**nade	co**mme**	u**ne**
Ma**dame**	ai**me**	cou**sine**	co**mment**	lu**nettes**
exa**men**	a**mé**ricaine	i**na**ctif	pers**onne**	fu**me**

► In each of the following pairs of words, one of the words contains a nasal vowel and one does not. Pronounce each word correctly.

1. impossible / immobile
2. minuit / mince
3. faim / aime
4. marocain / marocaine
5. canadienne / canadien
6. une / un
7. ambulance / ami
8. anglaise / année
9. crème / membre
10. dentiste / Denise
11. combien / comment
12. bonne / bon

Buts communicatifs

🔊 I. DESCRIBING PERSONAL ATTRIBUTES

Track 1-31

Comment est votre meilleur(e) ami(e)? Est-il (elle) ...

calme	ou	nerveux (nerveuse)?	
charmant(e)	ou	désagréable?	
compréhensif (compréhensive)°	ou	intolérant(e)°?	*understanding / intolerant*
discret (discrète)	ou	bavard(e)°?	*talkative*
généreux (généreuse)	ou	avare°?	*stingy*
gentil(le)	ou	méchant(e)°?	*mean*
heureux (heureuse)	ou	triste°?	*sad*
intelligent(e)	ou	stupide?	
intéressant(e)	ou	ennuyeux (ennuyeuse)°?	*boring*
optimiste	ou	pessimiste?	
patient(e)	ou	impatient(e)?	
travailleur (travailleuse)°	ou	paresseux (paresseuse)°?	*hard-working / lazy*

Et vous? Comment êtes-vous? Comment sont vos professeurs?

Il y a un geste

Paresseux. The thumb and index finger of one hand "caress" an imaginary hair in the palm of the other hand. This gesture signifies that someone is so lazy that a hair could grow in his/her palm.

© Cengage Learning

Ennuyeux. The gesture for **ennuyeux** is made by rubbing the knuckles back and forth on the side of the jaw. This rubbing of the "beard" is used to indicate that something is so boring that one could grow a beard while it is happening.

© Cengage Learning

I **La famille de Sandrine.** Correct the following false impressions. Begin with **Mais pas du tout!** and use the opposite adjective. Make sure each adjective agrees with the noun it modifies.

MODÈLE: Le frère de Sandrine est désagréable.
Mais pas du tout! Il est charmant.

1. Sandrine est paresseuse.
2. Ses parents sont ennuyeux.
3. Leurs enfants sont très stupides.
4. La mère de Sandrine est triste et pessimiste.
5. Ses frères sont désagréables.
6. La sœur de Sandrine est méchante.
7. Son père est impatient.
8. Sa famille est bavarde.

A. Quelques groupes d'adjectifs

Grammar
Tutorials

FÉMININ	MASCULIN
active(s)	actif(s)
compréhensive(s)	compréhensif(s)
discrète(s)	discret(s)
ennuyeuse(s)	ennuyeux
généreuse(s)	généreux
gentille(s)	gentil(s)
heureuse(s)	heureux
intellectuelle(s)	intellectuel(s)
naïve(s)	naïf(s)
nerveuse(s)	nerveux
paresseuse(s)	paresseux
sportive(s)	sportif(s)
travailleuse(s)	travailleur(s)
veuve(s)	veuf(s)

▶ The **-l** in the masculine form **gentil** is not pronounced. The final consonant sound of the feminine form **gentille** is [j], like the English **y** in *yes*.

gentil　　[ʒɑ̃ti]　　gentille　　[ʒɑ̃tij]

▶ Many feminine adjectives in written French follow the pattern **-è-** + consonant + **-e**. Their masculine forms omit the final **-e** and the accent on the initial **e**. This may or may not affect pronunciation.

ch**è**re　　cher *(no change in pronunciation)*
discr**è**te　　discret *(pronunciation varies)*

▶ Some French adjectives are invariable. There is no change to indicate gender or number.

deux femmes **snob**　　des chaussures **chic**

2 **Qui est comme ça?** Answer the following questions. Make sure each adjective agrees with the subject.

MODÈLE: Qui est patient dans votre famille?
Ma mère est patiente.
Mes sœurs sont patientes aussi.

1. Qui est travailleur dans votre famille?
2. Qui est bavard dans votre cours de français?
3. Qui est quelquefois triste?
4. Qui est généreux et optimiste?
5. Qui est sportif?
6. Qui est discret?
7. Qui est snob?
8. Comment sont vos parents?
9. Avez-vous des amis qui sont naïfs?
10. Et vous? Comment êtes-vous?

B. Ne ... jamais

Mon amie **n'**est **jamais** méchante.	*My friend is never mean.*
Mon petit ami **ne** porte **jamais** de chaussettes.	*My boyfriend never wears socks.*

Review the formation of the negative in Ch. 1, p. 21.

▶ **Ne ... jamais** *(never)* is placed around the conjugated verb just like **ne ... pas.** It is one of the possible answers to the question **Quand?** *(When?)*.

Quand est-ce que tu étudies?	*When do you study?*
Je **n'**étudie **jamais!**	*I never study.*

NOTE

Jamais can be used alone to answer a question.

Quand est-ce que tu pleures?	*When do you cry?*
Jamais!	*Never!*

Vocabulaire

Quand? *(Adverbes de fréquence)*

toujours	*always*	quelquefois	*sometimes*
d'habitude	*usually*	rarement	*rarely*
généralement	*generally*	(ne ...) jamais	*never*
souvent	*often*		

—Quand est-ce que vous regardez la télévision?
—D'habitude, je regarde la télévision le soir.

3 Comment sont-ils? Describe the following people with as many true sentences as you can create. Use an item from each list below (or their opposites). Make all necessary changes, paying special attention to adjective agreement.

MODÈLE: **Mes parents ne sont jamais impatients.**
Ils sont toujours patients.

		intolérant
mes parents		méchant
je	ne ... jamais	triste
mon petit ami	rarement	paresseux
ma petite amie	quelquefois	bavard
mes amis	souvent	impatient
mon professeur	d'habitude	pessimiste
nous (les étudiants)	toujours	ennuyeux
le (la) président(e)		désagréable
de l'université		avare

④ Un test de personnalité. Complete the questionnaire by answering **oui** or **non.** Then read the analysis that follows and write a paragraph to describe yourself.

	oui	non
1. Vous parlez beaucoup avec certaines personnes, mais vous refusez de parler avec tout le monde.	_____	_____
2. Vous aimez beaucoup le sport, mais vous détestez étudier et travailler.	_____	_____
3. Vous détestez jouer, danser ou chanter avec les autres, mais vous aimez bien étudier.	_____	_____
4. Vous avez beaucoup d'argent *(money),* mais vous donnez rarement de l'argent à vos amis.	_____	_____
5. Vous n'avez pas d'argent, mais vous n'êtes jamais triste.	_____	_____
6. Votre conversation est toujours agréable et vous parlez avec tout le monde.	_____	_____
7. Vous étudiez beaucoup, vous aimez parler français et vous êtes certain(e) que votre professeur de français est charmant.	_____	_____

Une analyse de vos réponses

1. Si vous répondez **oui** au numéro 1, vous êtes extraverti(e) et bavard(e), mais vous êtes aussi un peu snob.
2. Si vous répondez **oui** au numéro 2, vous êtes sportif (sportive), mais aussi paresseux (paresseuse). Vous n'avez probablement pas de bonnes notes *(good grades).*
3. Un **oui** au numéro 3, et vous êtes introverti(e), mais aussi travailleur (travailleuse). Vous avez probablement des notes excellentes.
4. Un **oui** au numéro 4, et vous êtes avare et pessimiste. Vous n'avez probablement pas beaucoup d'amis.
5. Si vous répondez **oui** au numéro 5, vous êtes d'habitude optimiste et heureux (heureuse), mais peut-être aussi un peu naïf (naïve).
6. Si vous répondez **oui** au numéro 6, vous n'êtes pas du tout ennuyeux (ennuyeuse). Vos amis sont contents d'être avec vous.
7. Enfin *(finally),* si votre réponse est **oui** au numéro 7, vous êtes certainement très intelligent(e), charmant(e) et intéressant(e). Les professeurs de français adorent les étudiant(e)s comme vous.

⑤ Cinq personnes que j'aime. Write a description of five people you like. How much can you tell about each one?

MODÈLE: **Charles Thomas est mon ami.**
Charles est petit et un peu gros.
Il est très gentil et intelligent.
Mais il est aussi un peu paresseux.
Voilà pourquoi il n'est pas du tout sportif.

Qui est la personne sur la photo?

Follow the steps below to describe someone to your partner.

1. Show your partner a picture (real or imaginary) of someone.
2. Identify that person (name, age, where s/he lives).
3. Describe his/her personality.
4. Give a physical description as well.
5. Your partner will try to recall what you have shared.

🔊 2. DESCRIBING CLOTHING
Track 1-32

des lunettes (f. pl.) — un chapeau

une cravate — une chemise — un foulard

une montre

une ceinture — des gants (m.)

un complet — un imperméable

des chaussettes (f.)

des chaussures (f.) — des bottes (f.)

The plural of **chapeau** *is* **chapeaux.**

Voilà Jean-Pierre.

Qu'est-ce qu'il porte?

Il porte un costume, une chemise, une cravate, une montre, une ceinture, des chaussettes et des chaussures.

Voilà Marie-Claire.

Qu'est-ce qu'elle porte?

Elle porte un chapeau, un foulard, un imperméable, des gants et des bottes. Elle porte aussi des lunettes.

ⓔ **Et vous?** Qu'est-ce que vous portez aujourd'hui?

6 **Qu'est-ce que c'est?** (*What is it?*) Identify the following items.

MODÈLES:

—**Qu'est-ce que c'est?**
—**C'est une ceinture.**

—**Qu'est-ce que c'est?**
—**Ce sont des chaussures.**

1.

2.

3.

4.

5.

6.

7.

8.

9.

7 **Qu'est-ce qu'ils portent?** Describe the clothing tastes of several people you know. What items of clothing do they wear often, rarely, never?

MODÈLES: **Mon professeur de français ne porte jamais de jean.**
Je porte souvent un tee-shirt, mais je porte rarement un chapeau.

1. mon professeur de français
2. les étudiants de mon cours de français
3. un acteur/une actrice de Hollywood
4. mon/ma meilleur(e) ami(e)
5. les musiciens d'un groupe rock
6. les membres de ma famille
7. moi

Réalités culturelles
Les vêtements traditionnels au Sénégal

Horizon International Images Limited/Alamy

PEOPLE IN ALL SOCIETIES use fashion and dress to express their identity. This is certainly true in Senegal where one sees both traditional and western clothing worn, reflecting the country's blending the old with the new. The traditional garments of the Wolof, the primary ethnic group in Senegal, have even become associated with the country's national identity due to the inspiration they've provided to internationally known Senegalese fashion designers, such as Oumou Sy. Traditional garments for men include **boubous,** loose robes with long sleeves worn over baggy trousers, and **pagnes,** a length of cloth wrapped around the hips and waist like a skirt and worn with a shirt. Younger women in Senegal may also wear a **pagne** or skirt, accompanied by a close-fitting tunic, and headscarf while older women often wear a type of **boubou.** The fabrics used for traditional attire range from brightly colored cottons, batiks, and tie-dyed cloth to heavily embroidered brocades.

C. Les adjectifs de couleur

De quelle couleur est le pantalon de Jean-Pierre?
Il est **gris.** C'est un pantalon **gris.**

De quelle couleur est sa chemise?
Elle est **bleue.** C'est une chemise **bleue.**

De quelle couleur sont ses chaussures?
Elles sont **noires.** Ce sont des chaussures **noires.**

◔ **Et vous?** De quelle couleur sont vos vêtements?

Vocabulaire

Quelques couleurs

	Féminin	Masculin		Féminin	Masculin
	blanche	blanc		marron	marron
	grise	gris		jaune	jaune
	verte	vert		orange	orange
	violette	violet		rose	rose
	bleue	bleu		rouge	rouge
	noire	noir		beige	beige

NOTE Plurals of colors are formed by adding **-s.** Exceptions in this list are **gris,** (which already ends in **-s**) and **marron** and **orange,** which are invariable: **des cheveux *marron*, des chaussettes *orange*.**

 8 De quelle couleur sont leurs vêtements? Ask your partner about the color of the following articles of clothing.

MODÈLES: les chaussures de Jérôme (noir)

> VOUS: **De quelle couleur sont ses chaussures?**
> VOTRE PARTENAIRE: **Elles sont noires. Ce sont des chaussures noires.**

le pull de Martine (bleu)

> VOUS: **De quelle couleur est son pull?**
> VOTRE PARTENAIRE: **Il est bleu. C'est un pull bleu.**

1. la cravate de Denis (jaune et bleu)
2. la robe de Françoise (vert)
3. la veste de Jean (gris)
4. l'imperméable d'Annette (blanc)
5. les chaussettes d'un(e) autre étudiant(e)
6. la chemise d'une autre personne
7. les chaussures de votre partenaire
8. les vêtements du professeur
9. les collants ou les bas d'une autre étudiante

Vocabulaire

Pour décrire (to describe) les vêtements

bon marché	*inexpensive*	ou	cher (chère)	*expensive*
chic	*stylish*	ou	confortable	*comfortable*
élégant(e)	*elegant*	ou	ordinaire	*ordinary, everyday*
propre	*clean*	ou	sale	*dirty*

Il y a un geste

C'est cher! Similar to its English equivalent, the gesture for **C'est cher!** is made by rubbing the thumb, index, and middle fingers together.

© Cengage Learning

NOTE **Chic** and **bon marché** are invariable. They do not change in the feminine or in the plural: **Ce sont des chaussures *chic*, mais elles sont *bon marché*.**

> **Confortable** is not used to describe how a person feels. It is used to describe a thing: **une chemise confortable, une vie confortable.**

Synthèse: les adjectifs invariables
bon marché   chic   marron   orange   snob

9 Au contraire! Your partner will make a series of statements. Disagree with your partner and state that the opposite is true. Follow the model.

MODÈLE: la robe de Simone (cher)

> VOTRE PARTENAIRE: **La robe de Simone est chère.**
>
> VOUS: **Non, elle n'est pas chère. C'est une robe bon marché.**

1. la veste de Martin (élégant)
2. le sweat-shirt de Monsieur Dupont (propre)
3. la robe de Pascale (chic)
4. les chaussettes du professeur (?)
5. les chaussures d'un(e) autre étudiant(e) (?)
6. les vêtements de deux autres étudiants (?)

Supply the adjectives for #4–6.

10 À vous. Answer the following questions.

1. Qu'est-ce que vous portez aujourd'hui?
2. De quelle couleur sont vos vêtements?
3. Décrivez les vêtements que vous portez.
4. Décrivez les vêtements d'un(e) autre étudiant(e).
5. Qu'est-ce que le professeur porte d'habitude?
6. De quelle couleur sont ses vêtements?
7. Qui ne porte jamais de jean dans votre classe de français?
8. Qui porte rarement des chaussures bon marché?
9. Qu'est-ce qu'on porte quand il fait froid?

D. L'adjectif démonstratif

Grammar
Tutorials

Cette femme est très intelligente.	*That (this) woman is very intelligent.*
Ce vin est excellent!	*This (that) wine is excellent!*
Vous aimez **cet** appartement?	*Do you like this (that) apartment?*
Qui sont **ces** deux personnes?	*Who are those (these) two people?*

	SINGULIER	PLURIEL
masculin:	**ce (cet)**	**ces**
féminin:	**cette**	**ces**

▶ The demonstrative adjectives are the equivalent of the English adjectives *this (that)* and *these (those)*.

ce garçon	*this boy*	or	*that boy*
cet ami	*this (male) friend*	or	*that (male) friend*
cette amie	*this (female) friend*	or	*that (female) friend*
ces amis	*these friends*	or	*those friends*
ces amies	*these (female) friends*	or	*those (female) friends*

► **Cet** is used before masculine singular words that begin with a vowel sound. It is pronounced exactly like **cette**.

cet homme	*this man*	or	*that man*
cet autre professeur	*this other teacher*	or	*that other teacher*

► If the context does not distinguish between the meanings *this* and *that* or *these* and *those*, it is possible to make the distinction by adding **-ci** (for *this/these*) or **-là** (for *that/those*) to the noun.

J'aime beaucoup cette chemise-**ci**.	*I like this shirt a lot.*
Ces femmes-**là** sont françaises.	*Those women are French.*

⓫ Au grand magasin (At the department store). While shopping, you overhear a number of comments but are unable to make out all the words. Try to complete the following sentences using one of the demonstrative adjectives **ce, cet, cette,** or **ces,** as appropriate.

1. Vous aimez _____ chaussures? Oui, mais je déteste _____ chemise.
2. _____ pantalon est beau. Mais _____ jupes sont très chères.
3. _____ jean est trop petit pour _____ homme-là.
4. Je ne sais pas comment s'appelle _____ vêtement-là.
5. _____ robes sont jolies, mais _____ sweat-shirt est laid.
6. J'aime beaucoup _____ pull-là, mais je trouve _____ veste trop longue.

⓬ Non, je n'aime pas ça. Your shopping has made you tired and grouchy. Respond to your friend's questions or comments by saying that you dislike the item(s) in question. Use a demonstrative adjective in each response and invent a reason for your disapproval.

MODÈLE: Voilà une robe rouge.
Je n'aime pas beaucoup cette robe; elle est bizarre.

1. Voilà une belle cravate.
2. Voilà un ordinateur!
3. Oh! la petite calculatrice!
4. C'est un beau chapeau!
5. Tu aimes les chaussures vertes?
6. Voilà des chaussettes blanches intéressantes.
7. J'adore le chemisier bleu.
8. Tu aimes la veste de ce monsieur?

⓭ Qui est-ce? Describe as completely as possible the clothing of a fellow classmate.

MODÈLE: **Cette personne porte un pull jaune et un pantalon vert. Elle porte des chaussures marron. Elle ne porte pas de chaussettes. Ses vêtements ne sont pas très élégants mais ils sont confortables.**

ENTRE AMIS   Au téléphone

You are meeting a friend for dinner in twenty minutes. Role-play the following situation.

1. Call to find out what s/he is wearing.
2. Find out the colors of his/her clothing.
3. Describe what you are wearing as completely as possible.

🔊 3. DESCRIBING PEOPLE AND THINGS

Track 1-33

De quelle couleur sont les yeux° et les cheveux° de Michèle?   *eyes / hair*

Elle a les yeux bleus.

Elle a les cheveux blonds.

De quelle couleur sont les yeux et les cheveux de Thierry?

Il a les yeux verts et les cheveux roux°.   *red*

De quelle couleur sont les yeux et les cheveux de Monsieur Monot?

Il a les yeux noirs, mais il n'a pas de cheveux.

Il est chauve°.   *bald*

🌐 **Et vous?** De quelle couleur sont vos yeux et vos cheveux?

1. Use the definite article **les** with the verb **avoir** to describe the color of a person's hair and eyes.

   Thierry **a les** yeux verts et **les** cheveux roux.

2. The word **cheveu** is almost always used in the plural, which is formed by adding **-x.**

   Michèle a **les cheveux** blonds.

3. Note that the adjective used to describe red hair is **roux** (**rousse**), never **rouge.**

   Il a les cheveux **roux.**

   Notre petite-fille est **rousse.**

4. Use the adjective **brun**(**e**) to describe brown hair, never **marron.**

   Alissa a les cheveux **bruns.**

   Elle est **brune.**

> Remember that the masculine plural adjective is used with the words **yeux** and **cheveux: les yeux bleus, les cheveux noirs.**

14 Leurs yeux et leurs cheveux. Complete the following sentences with a form of the verb **être** or **avoir,** as appropriate.

1. Mon père _____ les yeux bleus. Il _____ chauve.
2. Brigitte et Virginie _____ les cheveux roux.
3. Vous _____ les yeux noirs.
4. De quelle couleur _____ les yeux de votre mère?
5. Elle _____ les yeux verts.
6. Mes oncles _____ les cheveux blonds, mais ils _____ aussi un peu chauves.

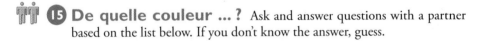 **15 De quelle couleur … ?** Ask and answer questions with a partner based on the list below. If you don't know the answer, guess.

MODÈLES: vos yeux

> VOUS: **De quelle couleur sont vos yeux?**
> VOTRE PARTENAIRE: **J'ai les yeux verts.**

les cheveux de votre oncle

> VOUS: **De quelle couleur sont ses cheveux?**
> VOTRE PARTENAIRE: **Il n'a pas de cheveux. Il est chauve.**

1. vos yeux
2. vos cheveux
3. les yeux de votre meilleur(e) ami(e)
4. les cheveux de votre meilleur(e) ami(e)
5. les yeux et les cheveux d'un(e) autre étudiant(e)
6. les cheveux de vos grands-parents
7. les yeux et les cheveux de vos frères et sœurs (ou de vos amis)

E. La place de l'adjectif

Grammar
Tutorials

un livre **intéressant**	*an interesting book*
une femme **charmante**	*a charming woman*
un **bon** livre	*a good book*
l'**autre** professeur	*the other teacher*

▶ Most adjectives (including colors and nationalities) follow the noun they modify.

un homme **charmant**	un garçon **bavard**
une femme **intelligente**	une fille **sportive**
une robe **bleue**	une voiture **française**

▶ Certain very common adjectives, however, normally precede the noun.

1. Some that you already know are:

autre	grand	joli
beau	gros	petit
bon	jeune	vieux

2. Two others that usually precede the noun are:

MASCULIN SINGULIER	FÉMININ SINGULIER	MASCULIN PLURIEL	FÉMININ PLURIEL	ÉQUIVALENT ANGLAIS
mauvais	mauvaise	mauvais	mauvaises	*bad*
nouveau	nouvelle	nouveaux	nouvelles	*new*

Remember that **nouveau,** *like* **beau** *and* **chapeau,** *forms the plural by adding* **-x.**

3. **Beau, vieux,** and **nouveau** each have a special masculine singular form (**bel, vieil, nouvel**) for use when they precede a noun beginning with a vowel sound. These special forms are pronounced exactly like the feminine forms.

   un **bel** homme   un **vieil** ami   un **nouvel** appartement

4. Adjectives ending in a silent consonant are linked by liaison to words beginning with a vowel sound. When linked, a final **-s** or **-x** is pronounced [z] and a final **-d** is pronounced [t].

   un mauvais [z]hôtel   deux vieux [z]amis   un grand [t]hôtel

5. A few adjectives can be used either before or after the noun. Their position determines the exact meaning of the adjective.

un **ancien** professeur	*a former teacher*
un château **ancien**	*an ancient castle*
le **pauvre** garçon	*the unfortunate boy*
le garçon **pauvre**	*the boy who has no money*

> In formal spoken and written French, **des** is replaced by **de** if a plural adjective comes *before* the noun:
>
> | | | |
> |---|---|---|
> | | **des** professeurs intelligents | **des** voitures françaises |
> | *Mais:* | **de** bons professeurs intelligents | **d'**autres voitures françaises |

16 C'est vrai. Restate the following sentences by describing what Monsieur Masselot has. Follow the model.

MODÈLES: Les chaussures de Monsieur Masselot sont sales.
C'est vrai. Il a des chaussures sales.

L'appartement de Monsieur Masselot est vieux.
C'est vrai. Il a un vieil appartement.

1. L'appartement de Monsieur Masselot est beau.
2. Les enfants de Monsieur Masselot sont jeunes.
3. La femme de Monsieur Masselot est intelligente.
4. Les parents de Monsieur Masselot sont charmants.
5. Le chat de Monsieur Masselot est gros.
6. Le chien de Monsieur Masselot est méchant.
7. La voiture de Monsieur Masselot est mauvaise.
8. L'ordinateur de Monsieur Masselot est nouveau.
9. L'appartement de Monsieur Masselot est grand.
10. Le réfrigérateur de Monsieur Masselot est petit.
11. La cravate de Monsieur Masselot est bleue.
12. Les chaussettes de Monsieur Masselot sont bizarres.

17 Quelques compliments. Select items from each of the lists to pay a few compliments. How many compliments can you give? Make all necessary changes.

MODÈLES: **C'est une jolie robe.**
Tu as des chaussures chic.

		robe	joli
		maison	élégant
		appartement	bon
tu as	un	vêtements	magnifique
c'est	une	chemise	intéressant
ce sont	des	chemisier	superbe
		chaussettes	beau
		chaussures	chic
		jean	

18 Une identité secrète. Choose the name of someone famous that everyone will recognize. The other students will attempt to guess the identity of this person by asking questions. Answer only **oui** or **non.**

Review adjectives from this chapter and Ch. 1.

MODÈLE: **C'est une femme?**
Est-ce qu'elle est belle?
A-t-elle les cheveux roux?
Est-ce qu'elle porte souvent des vêtements élégants? etc.

ENTRE AMIS   Mon ami(e)

Follow these steps to interview your partner.

1. Find out the name and age of your partner's best friend.
2. Find out the friend's hair and eye color.
3. Inquire about the clothing the friend usually wears.
4. What else can you find out about that friend?
5. Repeat the information you obtained in order to verify it.

4. DESCRIBING WHAT YOU DO AT HOME

Track 1-34

Que fais°-tu chez toi°, Catherine?	*do / at home*
Je regarde la télé ou j'écoute la radio.	
J'étudie et je fais mes devoirs°.	*homework*
Je fais souvent la cuisine°.	*the cooking*
Je parle avec mes parents.	
Je fais quelquefois la vaisselle°.	*the dishes*
Je fais rarement le ménage°.	*housework*

Et vous? Que faites-vous chez vous?

Vocabulaire

Des choses (*things*) qu'on fait

les courses	*errands; shopping*	une promenade	*walk; ride*
la cuisine	*cooking; food*	les provisions	*groceries*
les devoirs	*homework*	la sieste	*nap*
la lessive	*wash; laundry*	la vaisselle	*dishes*

F. Le verbe faire

Grammar
Tutorials

Je déteste **faire** les courses, mais j'aime **faire** la liste.	*I hate doing the shopping, but I like making the list.*
Ma mère **fait** les provisions pour le pique-nique.	*My mother is doing the grocery shopping for the picnic.*
Mes sœurs **font** la cuisine.	*My sisters do the cooking.*
Et c'est moi qui **fais** la vaisselle.	*And I'm the one who does the dishes.*
Nous **faisons** tous la lessive.	*We all do the wash.*

faire (to do; to make)			
je	**fais**	nous	**faisons**
tu	**fais**	vous	**faites**
il/elle/on	**fait**	ils/elles	**font**

▶ The **-ai-** in **nous faisons** is pronounced [ə] as in **le, de,** etc.

▶ The plural **les devoirs** means *homework.* The singular **la vaisselle** means *the dishes.* The plural **les courses** means *the shopping.*

Je fais **mes devoirs.**	*I do my homework.*
Qui aime faire **la vaisselle?**	*Who likes to do the dishes?*
Nous faisons **nos courses** ensemble.	*We do our shopping together.*

▶ There are a number of idiomatic uses of the verb **faire.**

Je ne **fais** jamais **la sieste.**	*I never take a nap.*
Veux-tu **faire une promenade?**	*Would you like to take a walk?*
Quel temps fait-il?	*What is the weather like?*
Il fait chaud.	*It's hot out.*
Faites attention!	*Pay attention!* or *Watch out!*

▶ A question using **faire** does not necessarily require the verb **faire** in the response.

Que **faites**-vous?
Je *patine,* je *chante,* je *regarde* la télé, j' *écoute* la radio, etc.

19 **Nous faisons beaucoup de choses.** Use the list below to create as many factual sentences as you can.

MODÈLES: **Mon petit ami ne fait jamais de promenade.**
Ma mère ne fait jamais la sieste.
Nous faisons souvent les courses.

mes amis		la lessive
mon petit ami	toujours	la vaisselle
ma petite amie	d'habitude	la sieste
ma mère	faire souvent	les courses
mon père	quelquefois	la cuisine
nous (ma famille)	rarement	une promenade
je	ne ... jamais	le ménage
		des provisions
		attention

20 **À vous.** Answer the following questions.

1. Faites-vous toujours vos devoirs?
2. Faites-vous la sieste l'après-midi?
3. Faites-vous souvent des promenades?
4. Faites-vous quelquefois la cuisine pour vos amis?
5. Est-ce que vous aimez la cuisine italienne?
6. Qui fait le ménage d'habitude dans votre famille?
7. Qui fait généralement la lessive?

ENTRE AMIS **Chez toi**

Interview your partner.

1. Find out where your partner lives.
2. Find out who does the grocery shopping and who does the cooking at his/her house.
3. How much can you find out about what your partner does or does not do at home?

En France, on aime faire ses courses au marché.

Kevin Galvin European Stock Photography

Track 1-35

5. IDENTIFYING SOMEONE'S PROFESSION

—Chantal, qu'est-ce que tu veux faire dans la vie?°   *what do you want to do in life?*
—Je voudrais être journaliste. Et toi?
—Je ne sais pas encore.°   *I don't know yet.*

> A more extensive list of professions can be found in App. B at the end of this book.

Et vous? Qu'est-ce que vous voulez faire dans la vie?

Vocabulaire

Quelques professions

agriculteur (agricultrice)	*farmer*	interprète	
architecte		journaliste	
artiste		*médecin	*doctor*
assistant(e) social(e)	*social worker*	*militaire	*serviceman (-woman)*
athlète		pharmacien(ne)	
avocat(e)	*lawyer*	*professeur	
comptable	*accountant*	informaticien (informaticienne)	*programmer*
cuisinier (cuisinière)	*cook*	secrétaire	
*écrivain	*writer*	vendeur (vendeuse)	*salesperson*
femme au foyer	*housewife*		
fonctionnaire	*civil servant*	**Quelques statuts dans le monde du travail**	
homme (femme) d'affaires	*businessman (-woman)*	*cadre	*executive*
homme (femme) politique	*politician*	employé(e)	*empolyee*
infirmier (infirmière)	*nurse*	ouvrier (ouvrière)	*laborer*
*ingénieur	*engineer*	patron(ne)	*boss*

*Certain professions are used only with masculine articles and adjectives (**un, mon, ce**) for a woman, as well as a man:* **Elle est médecin. C'est un médecin.**

---

1. There are two ways to identify someone's profession:
   - One can use a name or a subject pronoun **+ être +** profession/position, without any article.

> Nouns of profession, nationality, and religion all act like adjectives when used this way.

Céline **est artiste.**	*Céline is an artist.*
Je **suis pharmacienne.**	*I am a pharmacist.*
Il **est ouvrier.**	*He is a factory worker.*

   - For *he, she,* and *they,* one can also say **c'est (ce sont) +** indefinite article **+** profession.

REMARQUES

C'est un professeur.	*He (she) is a teacher.*
Ce n'est pas un employé; c'est le patron.	*He isn't an employee; he's the boss.*
Ce sont des fonctionnaires.	*They are civil servants.*

2. To give more detail, one can use a possessive adjective or an article with an adjective. **C'est (ce sont),** not **il/elle est (ils/elles sont),** is used.

C'est ton secrétaire?	*Is he your secretary?*
Monique est une athlète **excellente.**	*Monique is an excellent athlete.*
Ce sont des cuisiniers **français.**	*They are French cooks.*

21 **Que voulez-vous faire?** Use the vocabulary list above to select professions that you would like and professions that you would not like.

MODÈLE: **Je voudrais être journaliste, mais je ne voudrais pas être écrivain.**

22 **Qu'est-ce qu'il faut faire?** *(What do you have to do?)*
The following sentences tell what preparation is needed for different careers. Complete the sentences with the name of the appropriate career(s).

MODÈLE: Il faut étudier la biologie pour être **médecin, dentiste** ou **infirmier.**

1. Il faut étudier la pédagogie pour être ...
2. Il faut étudier la comptabilité pour être ...
3. Il faut étudier le commerce pour être ...
4. Il faut étudier le journalisme pour être ...
5. Il faut étudier l'agriculture pour être ...
6. Il faut parler deux ou trois langues pour être ...
7. Il faut désirer aider les autres pour être ...
8. Il faut avoir une personnalité agréable pour être ...
9. Il faut faire très bien la cuisine pour être ...

Réalités culturelles
L'économie française et la population active

FRANCE HAS the fifth largest economy in the world. The country has a strong industrial base, is the second-largest agricultural producer (after the United States), and has a highly skilled labor force, nearly half of it made up of women. Most of the labor force works in the service sector, with three out of four workers holding a job in such areas as trade, finance, real estate, transportation, service, education, administration, and health and human services. Even in times of economic difficulty, this sector of the economy continues to grow. Perhaps the most coveted jobs by the French, however, are those held by **les fonctionnaires** (*civil servants*). Many young people aspire to such jobs, which are perceived as providing good income and a certain degree of economic stability.

Sources: http://www.state.gov/r/pa/ei/bgn/3842.htm,
Francoscopie 2010

Qui fait la cuisine dans votre famille?	*Who does the cooking in your family?*
Que faites-vous après le dîner?	*What do you do after dinner?*
À **quelle** heure dînez-vous?	*At what time do you eat dinner?*

▶ **Qui** *(who, whom)* is a pronoun. Use it in questions as the subject of a verb or as the object of a verb or preposition.

Qui est-ce?	*Who is it?*
Qui regardez-vous?	*At whom are you looking?*
Avec **qui** parlez-vous?	*With whom are you talking?*

▶ **Que** *(what)* is also a pronoun. Use it in questions as the object of a verb. It will be followed either by inversion of the verb and subject or by **est-ce que.** There are therefore two forms of this question: **Que ... ?** and **Qu'est-ce que ... ?**

Que font-ils?	*What do they do?*
Qu est-ce qu'ils font?	

▶ Don't confuse **Est-ce que ... ?** (simple question) and **Qu'est-ce que ... ?** *(What?).*

Est-ce que vous voulez danser?	*Do you want to dance?*
Qu'est-ce que vous voulez faire?	*What do you want to do?*
Qu'est-ce qu'il y a?	*What is it? What's the matter?*

▶ **Quel** *(which, what)* is an adjective. It is always used with a noun and agrees with the noun.

Quel temps fait-il?	*What is the weather like?*
Quelles actrices aimez-vous?	*Which actresses do you like?*

	singulier	pluriel
masculine	quel	quels
féminin	quelle	quelles

NOTE

The noun may either follow **quel** or be separated from it by the verb **être.**

Quels vêtements portez-vous?	*Which clothes are you wearing?*
Quelle est votre **adresse**?	*What is your address?*

23 Quelles questions! Ask questions using the appropriate form of **quel** with the words provided below.

MODÈLE: votre profession
Quelle est votre profession?

1. heure/il est
2. à/heure/vous mangez
3. temps/il fait
4. votre nationalité
5. âge/vous avez
6. vêtements/vous portez/quand il fait chaud
7. votre numéro *(m.)* de téléphone
8. de/couleur/vos yeux

24 *Qui, que ou quel?* Complete the following sentences.

1. _____ fait le ménage chez toi?
2. _____ font tes parents?
3. _____ âge ont tes amis?
4. De _____ couleur sont les cheveux du professeur?
5. Avec _____ parles-tu français?
6. À _____ heure dînes-tu d'habitude?
7. _____ désires-tu faire dans la vie?
8. _____ fais-tu après le dîner?

25 À vous. Answer the following questions.

1. Avez-vous des frères ou des sœurs? Si oui, que font-ils à la maison? Qu'est-ce qu'ils désirent faire dans la vie?
2. Que voulez-vous faire dans la vie?
3. Qu'est-ce que vous étudiez ce semestre?
4. Qu'est-ce que votre meilleur(e) ami(e) désire faire dans la vie?
5. Qui fait la cuisine chez vous?
6. À quelle heure faites-vous vos devoirs d'habitude?
7. Que font vos amis après le dîner?
8. Qui ne fait jamais la vaisselle?

Self Test

ENTRE AMIS   Sondage *(Survey)*

Imagine you are conducting a survey regarding people's professions. Follow the steps below to conduct your interview.

1. Greet your partner.
2. Find out his/her name and address.
3. Find out what s/he does.
4. What can you find out about his/her family?
5. Find out what the family members do.

Intégration

RÉVISION

A **Portraits personnels.** Provide the information requested below.

1. Décrivez les membres de votre famille.
2. Décrivez votre meilleur(e) ami(e).
3. Décrivez une personne dans la salle de classe. Demandez à votre partenaire de deviner *(guess)* l'identité de cette personne.

B **Trouvez quelqu'un qui ...** Interview your classmates in French to find someone who ...

MODÈLE: wants to be a doctor
Est-ce que tu désires être médecin?

1. likes to wear jeans and a sweatshirt
2. is wearing white socks
3. never wears a hat
4. has green eyes
5. likes to cook
6. likes French food
7. hates to do housework
8. wants to be a teacher
9. takes a nap in the afternoon

C **À l'écoute.** Listen to the following descriptions of different people and decide whether they are **a) logique** or **b) illogique**.

Track 1-36

D **À vous.** Answer the following questions.

1. De quelle couleur sont les vêtements que vous portez aujourd'hui?
2. Qu'est-ce que vos amis portent en cours d'habitude?
3. Quels vêtements aimez-vous porter quand il fait chaud? De quelle couleur sont les yeux de votre meilleur(e) ami(e)?
4. De quelle couleur sont les cheveux de votre meilleur(e) ami(e)?
5. Que faites-vous à la maison?
6. Que font les autres membres de votre famille chez vous?
7. Que voulez-vous faire dans la vie?
8. Qu'est-ce que votre meilleur(e) ami(e) désire faire?

Communication and Communities. To learn more about the culture presented in this chapter, go to the *Premium Website* and click on the Web Search Activities.

Also see the ***Entre amis*** Video Program and Video Worksheet in the ***Cahier.***

NÉGOCIATIONS

 Nos amis. Work with your partner to complete the forms. Your partner's form is in Appendix D. Ask questions to determine the information that is missing.

MODÈLE: **Est-ce que Marie a les yeux bleus?**

A

nom	yeux	cheveux	description	à la maison	dans la vie	vêtement
Marie	verts			vaisselle	avocate	
Alain		bruns	calme		professeur	cravate
Chantal	marron		extravertie			lunettes
Éric		chauve		cuisine		veste
Karine		blonds				
Pierre	bleus		sportif	ménage	vendeur	
Sylvie	gris					chaussures
Jean		noirs	travailleur	sieste	ingénieur	

LECTURE I

LA MÉTHODO When you scan for information, you read to find a particular fact or piece of information. You do not have to understand every word if that is your purpose. You need only scan the text until you find what you are looking for.

A Parcourez les petites annonces. Glance at the classified ads on the next page to find out what kind of job each one is advertising. Guess which one would pay the most. Which ones require a car? Which ones do not require experience? Which ones are for summer employment only?

B Cela vous intéresse? (Does this interest you?) Read classified ads that follow, then reorder them according to how much they appeal to you (which ones you would apply for and in what order). Be prepared to explain your reasons.

Offres d'emploi

1 _____

Bébé, un an et demi, cherche fille au pair de nationalité américaine ou canadienne, expérience avec enfants. Appelez Cunin en fin de matinée 02.43.07.47.26.

2 _____

Nous recherchons des secrétaires bilingues anglais pour aider les responsables de l'entreprise. Appelez l'Agence Paul Grassin au 02.42.76.10.14.

3 _____

Professeurs anglophones pour enseigner l'anglais aux lycéens étrangers en France, école internationale. Deux sessions: du 30 juin au 21 juillet; du 25 juillet au 14 août. Tél. 02.41.93.21.62.

4 _____

Famille offre logement et repas en échange de baby-sitting le soir et certains week-ends.

Les journées sont libres. Écrivez BP 749, 49000 Angers.

5 _____

Opportunité de carrière. Compagnie internationale, établie depuis 71 ans, est à la recherche de jeunes personnes ambitieuses pour compléter son équipe commerciale. Si vous avez une apparence soignée, si vous êtes positif(ve), si vous possédez une voiture, appelez-nous au 02.41.43.00.22.

6 _____

Vous cherchez un job d'été (juillet et août) bien rémunéré, vous aimez discuter et vous possédez une voiture: venez rejoindre notre équipe de commerciaux. Formation assurée. Débutants acceptés. Tél. 02.41.43.15.80.

C Votre petite annonce. Write a classified ad to say you are looking for work in France. Describe yourself and your experience and include the fact that you speak French. Be sure to tell how you can be contacted.

LECTURE II

A Parcourez le texte. Scan the poem that follows, looking for words you recognize. Based on the words you found, what do you think the poem is about?

B Étude du vocabulaire. Study the following sentences and choose the English words that correspond to the French words in bold print: _knits, killed, no more, war, nothing._

1. Cet étudiant paresseux **ne** travaille **plus.**
2. Oui, il **ne** fait **rien.**
3. Ma grand-mère **tricote** souvent des vêtements. Elle **fait du tricot** quand elle regarde la télévision.
4. Il y a des militaires qui sont **tués** pendant la **guerre.**

Track 1-37

Familiale

La mère fait du tricot

Le fils fait la guerre

Elle trouve ça tout naturel la mère

Et le père qu'est-ce qu'il fait le père?

Il fait des affaires

Sa femme fait du tricot

Son fils la guerre

Lui[1] des affaires

Il trouve ça tout naturel le père

Et le fils et le fils

Qu'est-ce qu'il trouve le fils?

Il ne trouve rien absolument rien le fils

Le fils sa mère fait du tricot son père des affaires lui la guerre

Quand il aura fini[2] la guerre

Il fera[3] des affaires avec son père

La guerre continue la mère continue elle tricote

Le père continue il fait des affaires

Le fils est tué il ne continue plus

Le père et la mère vont au cimetière

Ils trouvent ça naturel le père et la mère

La vie continue la vie avec le tricot la guerre les affaires

Les affaires la guerre le tricot la guerre

Les affaires les affaires et les affaires

La vie avec le cimetière.

Jacques Prévert, "Familiale", from *Paroles*.
© Éditions Gallimard. Reprinted with permission.

---

1. him / 2. is over (lit. will have finished) / 3. will do

C **Correspondances.** The poet associates each of the family members with specific activities. Read the poem and then identify the person(s) that the poet associates with the activities in the right-hand column.

© Bernard Annebicque/Corbis Sygma

a. le fils
b. la mère
c. le père

_____ fait la guerre
_____ fait des affaires
_____ fait du tricot
_____ est tué
_____ est femme au foyer
_____ est homme d'affaires
_____ est militaire
_____ va au cimetière

D Familles de mots. Can you guess the meaning of the following words? At least one member of each word family is found in the reading.

 1. tricoter, le tricot, un tricoteur, une tricoteuse
 2. vivre, vivant(e), la vie
 3. la nature, naturel, naturelle, naturellement

E Questions. Read the poem again and answer the following questions in French.

 1. Qui sont les personnages du poème?
 2. Quel est le rôle de chaque personnage?
 3. Qu'est-ce que le père et la mère trouvent naturel?

F Discussion.

 1. Prévert wrote this poem shortly after the Second World War. What does the poem reveal about his experience of war?
 2. What words are repeated in the poem? How does the poet use repetition to reinforce his message?

RÉDACTION

LA MÉTHODO Using a graphic organizer can help you brainstorm and remember details you would like to use in your writing. To create a simple graphic organizer, draw a square containing the object or person you wish to describe. Then draw lines extending from the square to its characteristics. You might even draw more lines extending from each characteristic to its details. See the example.

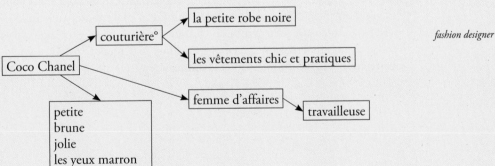

fashion designer

PORTRAIT

Think of someone you admire, a man or a woman. Write a short descriptive essay in which you create his or her "portrait." In your essay:

- describe this person's physical appearance, personality, and taste in clothing
- indicate his or her profession
- indicate what this person does and doesn't do (and how often)
- explain why you like or admire this person
- include any other details you think are important

Vocabulaire utile

j'admire	*I admire*
parce que	*because*
que	*that*

A **Avant d'écrire.** After reading the instructions for the writing assignment, create a graphic organizer like the one in **La méthodo.** In your primary square, write the name of the person you admire. In the radiating squares, include details about this person's physical appearance, personality, clothing, and profession.

B **Écrire.** Draft your essay, using the details listed in your graphic organizer. Include one or two reasons that you admire this person. You might begin or conclude the essay with this statement. If you are writing about someone you know, you might also state your relationship.

C **Correction.** Read over your draft and check the content against your graphic organizer. Now read your draft aloud to a classmate. Your partner will listen to ensure your writing is clear and logical. Next, exchange essays to check for any errors in agreement, spelling, or sentence structure. Make corrections based on your partner's comments.

Vocabulaire Actif

Practice this vocabulary with the flashcards on iLrn.

Quelques professions et statuts dans le monde du travail

un agriculteur/une agricultrice *farmer*
un(e) assistant(e) social(e) *social worker*
un(e) avocat(e) *lawyer*
un cadre *executive*
un(e) comptable *accountant*
un cuisinier/une cuisinière *cook*
un écrivain *writer*
un(e) employé(e) *employee*
une femme au foyer *housewife*
un(e) fonctionnaire *civil servant*
un homme d'affaires/une femme d'affaires *businessman/businesswoman*
un homme politique/une femme politique *politician*
un infirmier/une infirmière *nurse*
un informaticien/une informaticienne *programmer*
un ingénieur *engineer*
un médecin *doctor*
un(e) militaire *serviceman (-woman)*
un ouvrier/une ouvrière *laborer*
un(e) patron(ne) *boss*
un(e) pharmacien(ne) *pharmacist*
un(e) secrétaire *secretary*
un vendeur/une vendeuse *salesman/saleswoman*

Description personnelle

ancien(ne) *old; former*
avare *miserly; stingy*
bavard(e) *talkative*
calme *calm*
chauve *bald*
compréhensif (compréhensive) *understanding*
désagréable *disagreeable*
discret (discrète) *discreet; reserved*
ennuyeux (ennuyeuse) *boring*
extraverti(e) *outgoing*
généreux (généreuse) *generous*
gentil (gentille) *nice*
heureux (heureuse) *happy*
impatient(e) *impatient*
intellectuel (intellectuelle) *intellectual*
intelligent(e) *intelligent*
intéressant(e) *interesting*
intolérant(e) *intolerant*
méchant(e) *nasty; mean*
naïf (naïve) *naive*
nerveux (nerveuse) *nervous*
optimiste *optimistic*

paresseux (paresseuse) *lazy*
patient(e) *patient*
pauvre *poor*
pessimiste *pessimistic*
sportif (sportive) *athletic*
stupide *stupid*
travailleur (travailleuse) *hard-working*
triste *sad*

Des choses qu'on fait

les courses (f. pl.) *errands; shopping*
la cuisine *cooking; food*
les devoirs (m. pl.) *homework*
la lessive *wash; laundry*
le ménage *housework*
une promenade *walk; ride*
les provisions (f. pl.) *groceries*
la sieste *nap*
la vaisselle *dishes*

D'autres noms

une adresse *address*
les cheveux (m.) *hair*
une chose *thing*
une couleur *color*
le dîner *dinner*
les gens (m. pl.) *people*
une note *note; grade, mark*
un numéro de téléphone *telephone number*
le temps *weather*
la vie *life*
une ville *city*
les yeux (m. pl.) *eyes*

Adjectifs de couleur

beige *beige*
blanc (blanche) *white*
bleu(e) *blue*
gris(e) *grey*
jaune *yellow*
marron *brown*
noir(e) *black*
orange *orange*
rose *pink*
rouge *red*
vert(e) *green*
violet(te) *purple*

Pour décrire les vêtements

bizarre *weird, funny-looking*
bon marché *inexpensive*
cher (chère) *dear; expensive*
chic *chic; stylish*

confortable *comfortable*
élégant(e) *elegant*
ordinaire *ordinary, everyday*
propre *clean*
sale *dirty*
simple *simple, plain*

Vêtements

des bas (m.) *(panty)hose*
des baskets (f.) *high-top sneakers*
un blouson *windbreaker, jacket*
des bottes (f.) *boots*
une ceinture *belt*
un chapeau *hat*
des chaussettes (f.) *socks*
des chaussures (f.) *shoes*
une chemise *shirt*
un chemisier *blouse*
des collants (m.) *tights*
un costume *suit*
une cravate *tie*
un foulard *scarf*
des gants (m.) *gloves*
un imperméable *raincoat*
un jean *(pair of) jeans*
une jupe *skirt*
des lunettes (f. pl.) *eyeglasses*
un manteau *coat*
une montre *watch*
un pantalon *(pair of) pants*
un pull-over (un pull) *sweater*
une robe *dress*
un short *(pair of) shorts*
un sweat-shirt *sweatshirt*
un tee-shirt *tee-shirt*
des tennis (f.) *tennis shoes*
une veste *sportcoat*
un vêtement *an article of clothing*

D'autres adjectifs

blond(e) *blond*
brun(e) *brown(-haired)*
ce/cet (cette) *this; that*
ces *these; those*
mauvais(e) *bad*
nouveau/nouvel (nouvelle) *new*
roux (rousse) *red(-haired)*

Pronoms

cela (ça) *that*
toi *you*
tous (m. pl.) *all*

Verbes

aller en cours *to go to class*

dîner *to eat dinner*

donner *to give*

envoie (envoyer) *send (to send)*

faire *to do; to make*

garder *to keep; to look after*

porter *to wear; to carry*

Adverbes de fréquence: Quand?

aujourd'hui *today*

d'habitude *usually*

généralement *generally*

jamais (ne ... jamais) *never*

quand *when*

quelquefois *sometimes*

rarement *rarely*

toujours *always*

Mots invariables

ici *here*

puis *then; next*

Mots interrogatifs

que ... ? *what ... ?*

qu'est-ce que ... ? *what ... ?*

quel(le) ... ? *which ... ? what ... ?*

Expressions utiles

chaleureusement *warmly*

Comment est (sont) ... ? *What is (are) ... like?*

De quelle couleur est (sont) ... ? *What color is (are) ... ?*

en cours *in class; to class*

faire attention (à) *to pay attention (to)*

Il fait chaud. *It's hot out.*

Il faut ... *It is necessary ...*

Quel temps fait-il? *What is the weather like?*

Quel(le) ... ! *What ... !*

Qu'est-ce que c'est? *What is this?*

CHAPITRE 5

La vie universitaire

BUTS COMMUNICATIFS

- Expressing future time
- Telling time
- Explaining your schedule
- Telling where to find places

STRUCTURES UTILES

- **À** + article défini
- Le verbe **aller** (suite)
- L'heure
- Les jours de la semaine
- Le verbe **devoir**
- Quelques prépositions de lieu
- L'impératif
- Les prépositions de lieu avec une ville ou un pays
- Les mots interrogatifs **où** et **quand**

CULTURE

Zoom sur la vie universitaire

- **Vidéo buzz:** Les campus universitaires
- **Vu sur le web:** Aller au cinéma
- **Repères:** Angers souhaite la bienvenue aux étudiants
- **Insolite:** Je t'invite.
- **Article:** Les invitations: Des différences culturelles

Il y a un geste

- Au revoir/Salut

Lectures

- **L'université d'Angers: Infos**
- **«Village natal»**

Oberhaeuser/Caro/Ullstein Bild/The Image Works

RESSOURCES

 Audio

 iLrn Heinle Learning Center

Premium Website

Pair Work

Group Work

 Entre amis Video Program

Coup d'envoi

🔊 **PRISE DE CONTACT:** **QU'EST-CE QUE VOUS ALLEZ FAIRE?**

Track 2-1

Qu'est-ce que tu vas faire le week-end prochain°, Sylvie?	*What are you going to do next weekend*
Je vais sortir vendredi° soir.	*I'm going to go out on Friday*
Je vais danser parce que j'adore danser.	
Je vais déjeuner dimanche° avec mes amis.	*I'm going to have lunch on Sunday*
Je vais aller à la bibliothèque.°	*I'm going to go to the library.*
Je vais étudier et faire mes devoirs.	
Mais je ne vais pas rester° dans ma chambre tout le week-end°.	*to stay* *the whole weekend*

🌐 **Et vous?** Qu'est-ce que vous allez faire le week-end prochain? Où allez-vous étudier?

CONVERSATION: UNE SORTIE

C'est vendredi après-midi. Lori rencontre° son amie	*meets*
Denise après° son cours de littérature française.	*after*

LORI:	Salut, Denise. Comment vas-tu?	
DENISE:	Bien, Lori. Quoi de neuf?°	*What's new?*
	(Elles s'embrassent° trois fois°.)	*kiss / times*
LORI:	Pas grand-chose°, mais c'est vendredi et je n'ai	*Not much*
	pas l'habitude de passer° tout le week-end dans	*I'm not used to spending*
	ma chambre. Tu as envie d'aller au cinéma?°	*Do you feel like going to the movies?*
DENISE:	Quand ça?	
LORI:	Ce soir ou demain° soir?	*tomorrow*
DENISE:	Ce soir je ne suis pas libre°. Mais demain peut-	*free*
	être. Tu vas voir° quel film?	*to see*
LORI:	Ça m'est égal.° Il y a toujours un bon film au	*I don't care.*
	cinéma Variétés.	
DENISE:	D'accord°, très bien. À quelle heure?	*Okay*
LORI:	Vers 7 heures et demie°. Ça va?° Rendez-vous	*Around 7:30 / Okay?*
	devant° le cinéma?	*in front of*
DENISE:	C'est parfait°.	*perfect*
LORI:	Au revoir, Denise. Bonne soirée, et à	
	demain soir.	

👥 🅟 **Jouez ces rôles.** Répétez la conversation avec votre partenaire. Utilisez vos noms et le nom d'un cinéma près de chez vous.

© Cengage Learning

Il y a un geste

Au revoir/Salut. When waving goodbye, the open palm, held at about ear level, is normally turned toward the person to whom one is waving. It is often moved toward the other person.

Vocabulaire

Pour dire *au revoir*

à bientôt	*see you soon*
à demain	*see you tomorrow*
à la prochaine	*until next time, be seeing you*
à tout à l'heure	*see you in a little while*
au plaisir (de vous revoir)	*(I hope to) see you again*
au revoir	*goodbye, see you again*
bon après-midi	*have a good afternoon*
bonne journée	*have a good day*
bonne nuit	*pleasant dreams (lit. good night)*
bonne soirée	*have a good evening*
bonsoir	*good evening, good night*
salut	*bye(-bye) (fam.)*
tchao	*bye (fam.)*

Zoom sur la vie universitaire

Premium Website

PETIT TEST

Qu'est-ce que Denise et Lori font qui indique qu'elles sont amies?

- a. Elles parlent de leur week-end.
- b. Elles s'embrassent trois fois.
- c. Elles ont rendez-vous.

The answer is b: Elles s'embrassent trois fois.

VU SUR LE WEB

Aller au cinéma

GOING TO THE MOVIES is a popular activity among university students in France. A movie ticket can be quite expensive, however, averaging between 8€ and 10€ in big cities like Paris. To make movies more affordable, most theaters offer discounts to students, seniors, and the unemployed. Movie theater chains also extend several other discount plans to customers, such as unlimited single-entry tickets for a monthly fee and five-ticket packages for a lower price than individual tickets purchased separately. In addition, many moviegoers now reserve their tickets online and pick them up at automated kiosks in front of the theater. To learn more about going to the movies in France, browse the links on the *Premium Website*.

Denkou City Life/Denkou Images/Alamy

INSOLITE

Je t'invite

IN THE CONVERSATION **Une sortie,** Lori asks her classmate Denise if she wants to go to the movies. Such an invitation implies that each girl will pay her own way. If Lori had used the verb **inviter,** Denise would have understood that Lori was paying her way. The verb **inviter** means "to treat" someone; therefore, if someone tells you **Je t'invite,** they are saying "My treat" or "It's on me."

Les invitations: Des différences culturelles

A COMMON cultural misunderstanding between North Americans and the French is the way each culture views invitations. North Americans sometimes complain about not being invited to French homes right away. Typically, the French are more hesitant to extend an invitation to their home or chat with strangers. However, once they do, they take it seriously. North Americans, on the other hand, may readily and casually extend invitations to "come and see us" and are surprised when French acquaintances write to say they are actually coming.

Angers souhaite la bienvenue aux étudiants

Lori Becker is going to college in Angers. Each year the city welcomes thousands of students to its two universities: **l'Université d'Angers** *and* **l'Université Catholique de l'Ouest.** *Take a look at this poster welcoming students. What kinds of activities have been planned for them?*

Etudiants Bievenue à Angers

Forum d'accueil
5 & 6 octobre
• 14h–19h
Greniers Saint-Jean Jobs,
Activités loisirs, Aides et démarches,
engagement, transports,
international,
santé & bien-être

Soirée étudiants au quai
7 octobre
• 19h
Le Quai

Concert étudiants 1ère anneé
14 octobre
• 21h
Le Chabada

Soirée étudiants étrangers
6 octobre
• 18h30
Greniers Saint Jean

VIDÉO BUZZ

Les campus universitaires

UNIVERSITY CAMPUSES in the Francophone world vary from place to place, just as they do in the United States. Some are virtual, some have buildings all in one location, while others have buildings spread out over a city or are composed of several campuses in multiple locations. Browse the links on the *Premium Website* to see what university campuses look like in the Francophone world.

À vous. Répondez aux questions.
1. Comment allez-vous?
2. Allez-vous rester dans votre chambre ce soir?
3. À quelle heure allez-vous faire vos devoirs?
4. Qu'est-ce que vous allez faire demain soir?
5. Avez-vous envie d'aller au cinéma?

ENTRE AMIS Le week-end prochain

Role-play the following situation in which you invite a friend to go to the movies.

1. Greet your partner.
2. Find out how s/he is doing.
3. Find out what s/he is going to do this weekend.
4. Find out if s/he wants to go to a movie.
5. If so, agree on a time.
6. Be sure to vary the way you say goodbye.

PRONONCIATION

🔊 **LES SYLLABES OUVERTES**

Track 2-3

▶ There is a strong tendency in French to end spoken syllables with a vowel sound. It is therefore important to learn to link a pronounced consonant to the vowel that follows it.

| il a | [i la] | votre ami | [vɔ tʀa mi] |
| elle a | [ɛ la] | femme américaine | [fa ma me ʀi kɛn] |

▶ The above is also true in the case of liaison. Liaison must occur in the following situations.

Synthèse: les liaisons obligatoires

	ALONE	WITH LIAISON
1. when a pronoun is followed by a verb	nous vous	nous [z]a vons vous [z]êtes
2. when a verb and pronoun are inverted	est ont sont	est-[t]elle ont-[t]ils sont-[t]ils
3. when an article or adjective is followed by a noun	un des deux trois mon petit	un [n]homme des [z]en fants deux [z]heures trois [z]ans mon [n]a mi petit [t]a mi
4. after one-syllable adverbs or prepositions	très en dans	très [z]im por tant en [n]A mé rique dans [z]une fa mille

Buts communicatifs

I. EXPRESSING FUTURE TIME

Track 2-4

Qu'est-ce que tu vas faire samedi° prochain, Julien?　　*Saturday*
　　D'abord° je vais jouer au tennis avec mes amis.　　*First (of all)*
　　Ensuite° nous allons étudier° à la bibliothèque.　　*Next / we're going to study*
　　Je n'aime pas manger seul°, alors après°, nous　　*alone / after(wards)*
　　　　allons dîner ensemble au restaurant
　　　　universitaire.
　　Enfin°, nous allons regarder la télé.　　*Finally*

Et vous? Qu'est-ce que vous allez faire?

Note culturelle

Le restaurant universitaire, qu'on appelle d'habitude le Resto U,
est très bon marché. C'est parce qu'en France on subventionne
(subsidizes) en partie les repas *(meals)* des étudiants. Si on a une
carte d'étudiant, on bénéficie d'une réduction sur le prix des repas.

A. À + *article défini*

Grammar
Tutorials

Céline ne travaille pas **à la**
　　bibliothèque.
Elle travaille **au** restaurant universitaire.

Céline doesn't work at the
　　library.
She works in the dining hall.

> Remember to consult
> App. C, the Glossary of
> Grammatical Terms, at
> the end of the book to
> review any terms with
> which you are not
> familiar.

▶ The preposition **à** can mean *to*, *at*, or *in*, depending on the context. When
used with the articles **la** and **l'**, it does not change, but when used with the
articles **le** and **les**, it is contracted to **au** and **aux.**

à	+	le	**au**	au restaurant
à	+	les	**aux**	aux toilettes
à	+	la	**à la**	à la maison
à	+	l'	**à l'**	à l'hôtel

▶ Liaison occurs when **aux** precedes a vowel sound: **aux [z]États-Unis.**

Vocabulaire

Quelques endroits *(A few places)*

Sur le campus

un bâtiment	*building*	une librairie	*bookstore*
une bibliothèque	*library*	un parking	*parking lot, garage*
une cafétéria	*cafeteria*	une piscine	*swimming pool*
un campus	*campus*	une résidence	
un couloir	*hall, corridor*	(universitaire)	*dormitory*
un cours	*course, class*	une salle de classe	*classroom*
un gymnase	*gymnasium*	les toilettes *(f. pl.)*	*restroom*

En ville

un aéroport	*airport*	une école	*school*
une banque	*bank*	une église	*church*
un bistro	*bar and café*	une épicerie	*grocery store*
une boulangerie	*bakery*	une gare	*railroad station*
un bureau de poste	*post office*	un hôtel	*hotel*
un bureau de tabac	*tobacco shop*	un musée	*museum*
un centre	*shopping center,*	une pharmacie	*pharmacy*
commercial	*mall*	un restaurant	*restaurant*
un château	*chateau, castle*	une ville	*city*
un cinéma	*movie theater*		

> Do not pronounce the **c** in the word **tabac.**

 Qu'est-ce que c'est? Identifiez les endroits suivants.

MODÈLE: **C'est une église.**

1.

2.

3.

4.

5.

6.

2 Où vas-tu? Demandez à votre partenaire s'il/elle va à l'endroit indiqué. Votre partenaire va répondre non et dire où il/elle va. Suivez (*Follow*) le modèle.

MODÈLE: restaurant (bibliothèque)
> —**Tu vas au restaurant?**
> —**Non, je ne vais pas au restaurant; je vais à la bibliothèque.**

1. bureau de poste (pharmacie)
2. église (centre commercial)
3. restaurant (cinéma)
4. librairie (bibliothèque)
5. hôtel (appartement de ma sœur)
6. gare (aéroport)

3 Qu'est-ce que vous allez faire? Indiquez vos projets avec **Je vais à +** article défini et les mots donnés (*given*). Utilisez aussi les mots **d'abord, ensuite** et **après.**

MODÈLE: banque, centre commercial, épicerie
> **D'abord je vais à la banque, ensuite je vais au centre commercial et après je vais à l'épicerie.**

1. école, bibliothèque, librairie
2. banque, restaurant, aéroport
3. bureau de poste, pharmacie, cinéma
4. église, campus, résidence

ENTRE AMIS D'abord, ensuite, après

You and your partner are talking about your plans. Follow the steps below for your conversation.

1. Tell your partner that you are going to go out.
2. S/he will try to guess three places where you are going.
3. S/he will try to guess in what order you are going to the three places.
4. Switch roles.

B. Le verbe aller (suite)

Grammar Tutorials

Je vais en classe à 8 h.	*I go to class at 8:00 a.m..*
Allez-vous en ville ce soir?	*Are you going into town this evening?*
Où **allons-nous** dîner?	*Where are we going to eat dinner?*
Les petits Français ne **vont** pas à l'école le mercredi.	*French children don't go to school on Wednesday.*

> Review the conjugation of **aller** on p. 38.

▶ The fundamental meaning of **aller** is *to go.*

Où **vas-tu?**   *Where are you going?*

▶ As you have already learned, the verb **aller** is also used to discuss health and well-being.

Comment allez-vous?	*How are you?*
Je vais bien, merci.	*I'm fine, thanks.*
Ça va, merci.	*Fine, thanks.*

► The verb **aller** is also very often used with an infinitive to indicate the future, especially the near future.

Qu'est-ce que **tu vas faire** ce soir?   *What are you going to do this evening?*
Je vais étudier, comme d'habitude.   *I'm going to study, as usual.*
Nous allons passer un test demain.   *We are going to take a test tomorrow.*
Thierry **ne va pas déjeuner** demain.   *Thierry won't eat lunch tomorrow.*

4 Comment vont-ils? Utilisez le verbe **aller** pour poser des questions. Votre partenaire va répondre.

MODÈLE: ton frère

VOUS: **Comment va ton frère?**
VOTRE PARTENAIRE: **Il va très bien, merci.** ou
Quel frère? Je n'ai pas de frère.

1. tes amis du cours de français
2. tu
3. ton professeur de français
4. ta sœur

5. ton ami(e) qui s'appelle …
6. tes grands-parents
7. ta nièce
8. tes neveux

Vocabulaire

Quelques expressions de temps (futur)

tout à l'heure	*in a little while*
dans une heure	*one hour from now*
ce soir	*tonight*
avant (après) le dîner	*before (after) dinner.*
demain (matin, soir)	*tomorrow (morning, evening)*
dans trois jours	*three days from now*
le week-end prochain	*next weekend*
la semaine prochaine	*next week*
la semaine suivante	*the following week*

Several of these expressions can be preceded by à to mean "See you …" or "Until …," e.g., à ce soir, au week-end prochain.

5 Que vont-ils faire ce soir? Qu'est-ce que les personnes suivantes vont faire et qu'est-ce qu'ils ne vont pas faire? Si vous ne savez pas, imaginez. *(If you don't know, guess.)*

MODÈLE: mes parents / jouer au tennis ou regarder la télévision
Ce soir, ils vont regarder la télévision; ils ne vont pas jouer au tennis.

1. je / sortir ou rester dans ma chambre
2. le professeur / dîner au restaurant ou dîner à la maison
3. mes amis / étudier à la bibliothèque ou étudier dans leur chambre
4. je / regarder la télévision ou faire mes devoirs
5. mon ami(e) _____ / travailler sur ordinateur ou aller au centre commercial
6. les étudiants / rester sur le campus ou aller au bistro

6 **À vous.** Répondez aux questions.

1. Qu'est-ce que vous allez faire ce soir?
2. Qu'est-ce que vos amis vont faire?
3. Qui va passer un test cette semaine?
4. Où allez-vous déjeuner demain midi?
5. Où et à quelle heure allez-vous dîner demain soir?
6. Quand allez-vous étudier? Avec qui?
7. Qu'est-ce que vous allez faire samedi prochain?
8. Qu'est-ce que vous allez faire dimanche après-midi?

ENTRE AMIS **Est-ce que tu vas jouer au tennis?**

Role-play the following conversation with a partner.

1. Tell your partner that you are not going to stay in your room this weekend.
2. S/he will try to guess three things you are going to do.
3. S/he will try to guess in what order you will do them.

2. TELLING TIME

Track 2-5

Quelle heure est-il maintenant?°　　　　　　　*What time is it now?*
　　Il est 10 heures et demie.°　　　　　　　*It's half past ten.*
　　Je vais au cours de français à 11 heures.
　　Je déjeune à midi.°　　　　　　　　　　　*I eat lunch at noon.*
　　Je vais à la bibliothèque à une heure.
　　Je vais au gymnase à 4 heures.
　　J'étudie de 7 heures à 10 heures du soir.
　　J'étudie au moins° trois heures par jour°.　*at least / per day*

> __ cours de français 11 h
> __ déjeuner 12 h avec Étienne
> __ bibliothèque 13 h
> __ gymnase 16 h

Et vous?　À quelle heure déjeunez-vous?
　　　　　　À quelle heure allez-vous à la bibliothèque?
　　　　　　À quelle heure allez-vous au gymnase?
　　　　　　À quelle heure allez-vous au cours de français?
　　　　　　Quelle heure est-il maintenant?

REMARQUE

The word **heure** has more than one meaning.

J'étudie trois **heures** par jour.　　　*I study three hours a day.*
De quelle **heure** à quelle **heure**?　*From what time to what time?*
De 15 **heures** à 18 **heures**.　　　　*From three until six o'clock.*

C. L'heure

▶ You have already learned to tell time in a general way. Now that you know how to count to 60, you can be more precise. There are two methods of telling time. The first is an official 24-hour system, which can be thought of as a digital watch on which the hour is always followed by the minutes. The other is an informal 12-hour system that includes the expressions **et quart** *(quarter past, quarter after)*, **et demi(e)** *(half past)*, **moins le quart** *(quarter to, quarter till)*, **midi,** and **minuit** *(midnight)*.

Review Understanding Basic Expressions of Time, *p. 3, and numbers, pp. 3, 68.*

The word **heure(s)** is usually represented as **h** (without a period) on schedules, e.g., **5 h 30.**

	Système officiel	Système ordinaire
9 h 01	neuf heures une	neuf heures une
9 h 15	neuf heures quinze	neuf heures et quart
9 h 30	neuf heures trente	neuf heures et demie
9 h 45	neuf heures quarante-cinq	dix heures moins le quart
12 h 30	douze heures trente	midi et demi
13 h 30	treize heures trente	une heure et demie
18 h 51	dix-huit heures cinquante et une	sept heures moins neuf
23 h 45	vingt-trois heures quarante-cinq	minuit moins le quart

▶ In both systems, the feminine number **une** is used to refer to hours and minutes because both **heure** and **minute** are feminine.

1 h 21   **une** heure vingt et **une**

▶ In the 12-hour system, **moins** is used to give the time from 1 to 29 minutes *before* the hour. For 15 minutes *before* or *after* the hour, the expressions **moins le quart** and **et quart,** respectively, are used. For 30 minutes past the hour, one says **et demie.**

9 h 40   dix heures **moins** vingt

9 h 45   dix heures **moins le quart**

10 h 15   dix heures **et quart**

10 h 30   dix heures **et demie**

 NOTE After **midi** and **minuit,** which are both masculine, **et demi** is spelled without a final -e: **midi et demi.**

▶ The phrases **du matin, de l'après-midi,** and **du soir** are commonly used in the 12-hour system to specify A.M. or P.M. when it is not otherwise clear from the context.

trois heures **du matin** (3 h)

trois heures **de l'après-midi** (15 h)

dix heures **du matin** (10 h)

dix heures **du soir** (22 h)

7 Quelle heure est-il? Donnez les heures suivantes. Indiquez l'heure officielle et l'heure ordinaire s'il y a une différence.

MODÈLE: 13 h 35

système officiel: **Il est treize heures trente-cinq.**
système ordinaire: **Il est deux heures moins vingt-cinq de l'après-midi.**

1. 2 h 20
2. 4 h 10
3. 15 h 41
4. 1 h 17
5. 6 h 55
6. 1 h 33
7. 22 h 05
8. 3 h 45
9. 11 h 15
10. 10 h 30

Remember that these numbers are based on a 24-hour system.

8 Décalages horaires *(Differences in time).* Vous êtes à Paris et vous voulez téléphoner à des amis. Mais quelle heure est-il chez vos amis? Demandez à votre partenaire.

Décalages horaires
(calculés par rapport à l'heure de Paris)

Anchorage (USA)	– 10	Montréal (CDN)	– 6
Athènes (Grèce)	+ 1	Mexico (MEX)	– 7
Bangkok (Thaïlande)	+ 6	Nouméa	
Casablanca (MA)	– 1	(Nouvelle-Calédonie)	+ 10
Chicago (USA)	– 7	New York (USA)	– 6
Dakar (SN)	– 1	Papeete (Polynésie)	– 11
Denver (USA)	– 8	Saint–Denis (Réunion)	+ 3
Fort–de–France		San Francisco (USA)	– 9
(Martinique)	– 5	Sydney (Australie)	+ 9
Halifax (CDN)	– 5	Tokyo (J)	+ 8
Le Caire (Égypte)	+ 1	Tunis (Tunisie)	0
Londres (GB)	– 1		

Use the maps on the inside covers of this book to locate as many of these places as possible.

MODÈLE: 3 h à Paris/Bangkok?

VOUS: **S'il est trois heures à Paris, quelle heure est-il à Bangkok?**

VOTRE PARTENAIRE: **Il est neuf heures à Bangkok**

1. 23 h à Paris/Anchorage?
2. 6 h à Paris/Montréal?
3. 14 h à Paris/Londres?
4. 18 h 30 à Paris/Fort-de-France?
5. 12 h à Paris/Mexico?
6. 3 h 20 à Paris/Chicago?
7. 15 h 45 à Paris/Saint-Denis?
8. 11 h à Paris/Tokyo?

9 **À vous.** Répondez aux questions.

1. Quelle heure est-il maintenant?
2. À quelle heure déjeunez-vous d'habitude?
3. Allez-vous faire vos devoirs ce soir? Si oui, de quelle heure à quelle heure?
4. Combien d'heures étudiez-vous par jour?
5. À quelle heure allez-vous dîner ce soir?
6. Allez-vous sortir ce soir? Si oui, à quelle heure? Avec qui?
7. Allez-vous regarder la télévision ce soir? Si oui, de quelle heure à quelle heure? Qu'est-ce que vous allez regarder?

ENTRE AMIS   À l'aéroport

Imagine you are at the airport and role-play the following conversation.

1. Ask your partner what time it is.
2. Ask if s/he is going to Paris. (S/he is.)
3. Ask what time it is in Paris now.
4. Ask at what time s/he is going to arrive in Paris.
5. Find out what s/he is going to do in Paris.

3. EXPLAINING YOUR SCHEDULE

Track 2-6

Quel jour est-ce aujourd'hui?
C'est ...

lundi°	*Monday*
mardi°	*Tuesday*
mercredi	
jeudi°	*Thursday*
vendredi	
samedi	
dimanche	

Quel jour est-ce demain?
Quel est votre jour préféré°?   *favorite*

D. Les jours de la semaine

► Days of the week are not capitalized in French.

► The calendar week begins on Monday and ends on Sunday.

janvier

lundi	mardi	mercredi	jeudi	vendredi	samedi	dimanche
		1	2	3	4	5
6	7	8	9	10	11	12
13	14	15	16	17	18	19
20	21	22	23	24	25	26
27	28	29	30	31		

► When referring to a specific day, neither an article nor a preposition is used.

Demain, c'est **vendredi.**	*Tomorrow is Friday.*
C'est **vendredi** demain.	*Tomorrow is Friday.*
J'ai envie de sortir **vendredi** soir.	*I feel like going out Friday evening.*
J'ai l'intention d'étudier **samedi.**	*I plan to study Saturday.*

► To express the meaning *Saturdays, every Saturday, on Saturdays,* etc., the article **le** is used with the name of the day.

Je n'ai pas de cours **le samedi.**	*I don't have class on Saturdays.*
Le mardi, mon premier cours est à 10 heures.	*On Tuesdays, my first class is at ten o'clock.*
Le vendredi soir, j'ai l'habitude de sortir avec mes amis.	*On Friday nights, I usually go out with my friends.*

► Similarly, to express the meaning *mornings, every morning, in the morning,* etc., with parts of the day, **le** or **la** is used before the noun.

Le matin, je vais au cours de français.	*Every morning, I go to French class.*
L'après-midi, je vais à la bibliothèque.	*Afternoons, I go to the library.*
Le soir, je fais mes devoirs.	*In the evening, I do my homework.*
La nuit, je suis au lit.	*At night, I'm in bed.*

Review the verb **avoir,** p. 66. It is used with **envie, l'intention,** and **l'habitude.** Remember to use **de** + infinitive after these expressions.

10 Le samedi soir. Dites ce que (*what*) ces personnes ont et n'ont pas envie de faire ou ce qu'elles ont l'habitude ou n'ont pas l'habitude de faire samedi soir. Suivez les modèles.

MODÈLES: les étudiants / envie / sortir ou rester dans leur chambre

Le samedi soir, ils ont envie de sortir; ils n'ont pas envie de rester dans leur chambre.

ma sœur / l'habitude / aller au cinéma ou faire ses devoirs

Le samedi soir, elle a l'habitude d'aller au cinéma; elle n'a pas l'habitude de faire ses devoirs.

1. les étudiants / envie / rester sur le campus ou aller au cinéma
2. je / l'habitude / voir un film ou faire mes devoirs
3. le professeur / l'habitude / préparer ses cours ou regarder la télévision
4. mes amis et moi, nous / envie / dîner entre amis ou dîner seuls
5. mon ami(e) _____ / l'habitude / sortir avec moi ou rester dans sa chambre

11 À vous. Répondez aux questions.

1. Quels sont les jours où vous allez au cours de français?
2. À quelle heure est votre cours?
3. Quels sont les jours où vous n'avez pas de cours?
4. Qu'est-ce que vous avez l'intention de faire le week-end prochain?
5. Avez-vous l'habitude d'aller au gymnase? Si oui, quels jours et à quelle heure?
6. À quelle heure avez-vous votre premier cours le mardi?
7. Quand est-ce que vous allez à la bibliothèque?
8. Quand écoutez-vous la radio?
9. Quand avez-vous envie de regarder la télévision?

Vocabulaire

Quelques cours

l'art (m.)	art	la musique	music
la chimie	chemistry	la pédagogie	education, teacher preparation
le commerce	business	la philosophie	philosophy
la comptabilité	accounting	la psychologie	psychology
la gestion	management	les sciences (f. pl.)	science
la gymnastique	gymnastics	les sciences économiques (f. pl.)	economics
l'histoire (f.)	history	les sciences politiques (f. pl.)	political science
l'informatique (f.)	computer science		
la littérature	literature		
les mathématiques (f. pl.)	math		

12 **Mon emploi du temps (My schedule).** Indiquez votre emploi du temps pour ce semestre. Indiquez le jour, l'heure et le cours.

MODÈLE: **Le lundi à dix heures, j'ai un cours de français.**
Le lundi à onze heures, j'ai un cours de mathématiques.
Le lundi à une heure, j'ai un cours d'histoire.

13 **As-tu un cours de … ?** Essayez de deviner *(try to guess)* deux des cours de votre partenaire. Demandez ensuite quels jours et à quelle heure votre partenaire va à ces cours. Votre partenaire va répondre à vos questions.

MODÈLE: **As-tu un cours d'histoire?**
Quels jours vas-tu à ce cours?
À quelle heure vas-tu à ce cours?

Réalités culturelles
L'enseignement supérieur

EACH YEAR over 2 million students are enrolled in institutions of higher learning in France. Some enroll in two-year programs that will prepare them to directly enter the workforce. These offer two types of diplomas: **le diplôme universitaire de technologie (DUT)** and **le brevet de technicien supérieur (BTS).** The **DUT** prepares students for careers in industry and technology while the **BTS** prepares them for work in such industries as hospitality, agriculture, health, and applied arts. Others enroll in **les universités,** public universities open to all students, or **les écoles supérieures,** public or private universities where admission is through a competitive examination and interview process. There are three levels of study with corresponding diplomas offered in **les universités: la licence,** which takes six semesters to complete, **le master,** which requires four more semesters after the **licence,** and **le doctorat,** which takes six more semesters after **le master. Les écoles supérieures** provide highly specialized studies in such areas as engineering, architecture, business, translation and interpretation, and journalism. Among **les écoles supérieures** are a group of institutions called **les grandes écoles.** These highly selective and often quite expensive institutions train students to enter the highest levels of a particular field. Students wishing to enter a **grande école** usually take a two-year preparatory course just to prepare for the entrance exam. Studies generally take five years to complete (the two years of preparation count toward this) and students finish with **le master.**

Directphoto.org/Alamy

🌐 Cultural Activities

The **Université d'Angers** that Lori from this chapter attends is a public university. Like many public French universities, it is multidisciplinary and tuition costs are low. To find out more about this typical French university, go to www.univ-angers.fr.

Grammar
Tutorials

Les étudiants doivent beaucoup travailler.

Students have to work a lot.

Vous devez être fatigués.

You must be tired.

devoir (to have to, must; to owe)	
je	**dois**
tu	**dois**
il/elle/on	**doit**
vous	**devez**
nous	**devons**
ils/elles	**doivent**

▶ **Devoir** is often used with the infinitive to express an obligation or a probability.

Vous **devez faire** attention! *(obligation)*

You must pay attention!

Lori **doit avoir** 20 ans. *(probability)*

Lori must be 20.

▶ **Devoir** plus a noun means *to owe.*

Je dois vingt dollars à mes parents.

I owe my parents twenty dollars.

Synthèse: révision des verbes

	PARLER	ÊTRE	AVOIR	FAIRE	ALLER	DEVOIR
je	parle	suis	ai	fais	vais	dois
tu	parles	es	as	fais	vas	dois
il/elle/on	parle	est	a	fait	va	doit
nous	parlons	sommes	avons	faisons	allons	devons
vous	parlez	êtes	avez	faites	allez	devez
ils/elles	parlent	sont	ont	font	vont	doivent

14 Mais qu'est-ce qu'on doit faire? Utilisez l'expression entre parenthèses pour indiquer ce que chaque personne doit faire.

MODÈLE: Guillaume a envie d'aller au cinéma. (étudier)

Guillaume **a envie d'aller au cinéma mais il doit étudier.**

1. Nous avons envie de sortir ce soir. (préparer un examen)
2. Les étudiants ont envie de regarder la télévision. (étudier)
3. Tu as envie de danser ce soir. (faire tes devoirs)
4. J'ai envie de rester au lit. (aller aux cours)
5. Le professeur a envie de faire un voyage. (enseigner)
6. Tes amis ont envie d'aller en ville. (faire la lessive)

15 **Je dois faire ça cette semaine.** Faites une liste de sept choses que vous devez faire cette semaine (une chose pour chaque jour).

MODÈLE: **Samedi, je dois faire le ménage.**

16 **Et alors?** Pour chaque phrase, inventez une ou deux conclusions logiques.

MODÈLE: Lori n'a pas envie de passer le week-end dans sa chambre.
Qu'est-ce qu'elle va faire?
Elle va sortir. ou **Elle a l'intention d'aller au cinéma.**

1. Lori a envie de sortir ce soir. Où va-t-elle? Que fait-elle?
2. Mais son amie Denise n'est pas libre. Qu'est-ce qu'elle doit faire?
3. Lori et Denise font souvent les courses ensemble. Où vont-elles?
4. Aujourd'hui Denise reste dans sa chambre. Pourquoi? Comment va-t-elle?
5. Lori téléphone à Denise. Pourquoi? De quoi parle-t-elle?

ENTRE AMIS **Ton emploi du temps**

You and a classmate are discussing your schedules to see when you might do something together. Role-play the following conversation.

1. Find out what classes your partner has this week.
2. Find out when your partner goes to the library.
3. Find out if your partner has to work and, if so, on what days.
4. Find out if your partner feels like going to the movies on a night you are both free.

Je dois aller à la librairie.

◀)) 4. TELLING WHERE TO FIND PLACES

Track 2-7

Où se trouve° la souris?   *is located*

La souris est loin
du fromage.

La souris est près
du fromage.

La souris est devant
le fromage.

La souris est derrière
le fromage.

La souris est sur le
fromage.

La souris est sous
le fromage.

La souris est dans
le fromage.

Où se trouve le
fromage? Le fromage
est dans la souris.

F. Quelques prépositions de lieu (place)

🌐 Grammar
Tutorials

Les toilettes se trouvent **dans** le couloir.	*The restroom is in the hall.*
Les toilettes sont **à côté de** la salle de classe.	*The restroom is next to the classroom.*
Le cinéma se trouve **au** centre commercial.	*The movie theater is at the mall.*
La banque est **à droite** ou **à gauche** du parking?	*Is the bank on the right or on the left of the parking lot?*
Allez **tout droit** et ensuite tournez **à droite.**	*Go straight ahead and then turn to the right.*

à	*at; in; to*		**dans**	*in*
à côté de	*next to, beside*		**entre**	*between; among*
à droite de	*to (on) the right of*	≠	**à gauche de**	*to (on) the left of*
derrière	*behind*	≠	**devant**	*in front of*
loin de	*far from*	≠	**près de**	*near*
sous	*under*	≠	**sur**	*on*

Remember that **à droite** means *to (on) the right*, while **tout droit** means *straight ahead*.

▶ **À côté, à droite, à gauche, loin,** and **près** can all drop the **de** and stand alone.

Nous habitons **à côté d'**une église.   *We live next to a church.*

But: L'église est **à côté.**   *The church is next door.*

146 *cent quarante-six* **CHAPITRE 5 · La vie universitaire**

17 Où se trouvent ces endroits? Votre partenaire veut savoir (*wants to know*) où se trouvent les endroits suivants. Répondez à ses questions.

MODÈLE: La bibliothèque (près / bâtiment des sciences)

VOTRE PARTENAIRE: **Où se trouve la bibliothèque?**

VOUS: **Elle est près du bâtiment des sciences.**

Review contractions with **de**, p. 78.

1. le bâtiment administratif (près / bibliothèque)
2. la pharmacie (à côté / église)
3. les résidences universitaires (sur / campus)
4. le restaurant universitaire (dans / résidence)
5. le cinéma (à / centre commercial)
6. le bureau de poste (derrière / pharmacie)
7. le centre commercial (loin / campus)
8. les toilettes (devant / salle de classe)
9. le parking (à gauche / banque)

18 Votre campus. Faites rapidement le plan *(Draw a map)* de votre campus. Expliquez où se trouvent cinq endroits différents.

MODÈLE: **Voilà la résidence qui s'appelle Brown Hall. Elle est près de la bibliothèque.**

G. L'impératif

Grammar Tutorials

Regarde!	*Look!*
Regardez!	*Look!*
Regardons!	*Let's look!*
Tourne à gauche!	*Turn to the left!*
Tournez à gauche!	*Turn to the left!*
Tournons à gauche!	*Let's turn to the left!*

You already learned a number of imperatives in the Preliminary Chapter, p. 2.

▶ The imperative is used to give commands and to make suggestions. The forms are usually the same as the present tense for **tu, vous,** and **nous.**

▶ If the infinitive ends in **-er,** the final **-s** is omitted from the form that corresponds to **tu.**

parler français

        tu parle**s** français   But: **Parle** français!

aller aux cours

        tu va**s** aux cours   But: **Va** aux cours!

▶ For negative commands, **ne** precedes the verb and **pas** follows it.

Ne regardez **pas** la télévision!

Ne fais **pas** attention à Papa!

19 En ville. Regardez le plan *(map)* de la ville. Demandez où se trouvent les endroits suivants. Votre partenaire va expliquer où ils se trouvent.

MODÈLE: cinéma

VOUS: **Où se trouve le cinéma, s'il vous plaît?**

VOTRE PARTENAIRE: **Il est à côté du café. Allez tout droit et tournez à gauche. Il est à droite.**

1. café
2. épicerie
3. église
4. boulangerie
5. bureau de poste

6. bureau de tabac
7. banque
8. cinéma
9. pharmacie
10. hôtel

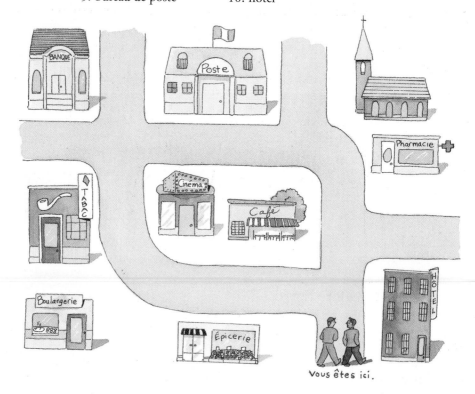

Vous êtes ici.

20 Qu'est-ce que les bons étudiants doivent faire? Utilisez l'impératif pour répondre à la question. Décidez ce qu'un bon étudiant doit ou ne doit pas faire.

MODÈLE: Est-ce que je dois passer tout le week-end dans ma chambre?
Ne passez pas tout le week-end dans votre chambre! ou
Oui, passez tout le week-end dans votre chambre!

1. Est-ce que je dois habiter dans une résidence universitaire?
2. Est-ce que je dois manger à la cafétéria?
3. Est-ce que je dois faire mes devoirs dans ma chambre?
4. Est-ce que je dois étudier à la bibliothèque?
5. Est-ce que je ne dois pas aller au bistro?
6. Est-ce que je ne dois pas parler anglais en cours de français?

Grammar
Tutorials

NOTE

► Use **à** to say that you are in a city or are going to a city.

Review the contractions in this chapter on p. 133.

In cases where the name of a city contains the definite article (**Le Mans, Le Caire, La Nouvelle-Orléans**), the article is retained and the normal contractions occur where necessary.

Emmanuelle habite **à La Nouvelle-Orléans.** Nous allons **au Mans.** Je suis **à Paris.** Je vais **à New York.**

► Most countries, states, and provinces ending in **-e** are feminine. An exception is **le Mexique.**

la Belgiqu**e**	*But:*	**le Mexique**
la Virgini**e**		
la Colombi**e**-Britannique		
la Californi**e**		

► To say you are in or going to a *country,* the preposition varies. Use **en** before feminine countries or those that begin with a vowel sound. Use **au** before masculine countries which begin with a consonant. Use **aux** when the name of the country is plural.

en France	**au** Canada	**aux** États-Unis
en Israël	**au** Mexique	**aux** Pays-Bas

► To say you are in or going to an American *state* or a Canadian *province,* **en** is normally used before those that are feminine or that begin with a vowel sound. The preposition **au** is often used with masculine provinces that begin with a consonant and with the states of Texas and New Mexico.

en Virginie	**au** Manitoba
en Nouvelle-Écosse	**au** Nouveau-Mexique
en Ontario	
en Ohio	

► **Dans l'état de** or **dans la province de** can be used with any state or province, masculine or feminine.

dans l'État de New York
dans la province d'Alberta
dans l'État de Californie

Review the adjectives of nationality in Ch. 1, p. 19. The adjective corresponding to **Irak** is **irakien(ne)**.

See how many of the countries listed you can find on the maps on the inside covers of your text.

Quelques langues et quelques pays

Norvégien   *Norvège*

On parle ...		en ...	
	allemand		Allemagne
	anglais		Angleterree
	français et flamand		Belgique
	chinois		Chine
	espagnol		Espagne
	français		France
	arabe		Irak
	anglais et irlandais		Irlande
	italien		Italie
	russe		Russie
	suédois		Suède
	français, allemand et italien		Suisse
On parle ...	français et anglais	au ...	Canada
	japonais		Japon
	français et arabe		Maroc
	espagnol		Mexique
	portugais		Portugal
	français et wolof		Sénégal
On parle ...	anglais, espagnol et français	aux ...	États-Unis
	hollandais		Pays-Bas

▶ When talking about more than one country, use a preposition before each one.

On parle français **en** France, **en** Belgique, **au** Canada, **au** Maroc, **au** Sénégal, etc.

▶ When there is no preposition with a country, state, or province, the definite article must be used.

La France est un beau pays.

J'adore **le Canada.**

NOTE

Israël is an exception.

Israël est à côté de la Syrie.

㉑ Où habitent-ils? Dans quel pays les personnes suivantes habitent-elles?

MODÈLE: Vous êtes français.

Vous habitez en France.

1. Lucie est canadienne.
2. Les Dewonck sont belges.
3. Phoebe est anglaise.
4. Pepe et María sont mexicains.
5. Yuko est japonaise.
6. Yolande est sénégalaise.
7. Sean et Deirdre sont irlandais.
8. Caterina est italienne.
9. Hassan est marocain.
10. Nous sommes américains.

22 Qui sont ces personnes? Où habitent-elles? Vous êtes à l'aéroport de Roissy-Charles-de-Gaulle et vous écoutez des touristes de divers pays. Devinez leur nationalité et où ils vont.

MODÈLE: Il y a deux hommes qui parlent espagnol.
> **Ils doivent être espagnols ou mexicains.**
> **Ils vont probablement en Espagne ou au Mexique.**

1. Il y a un homme et une femme qui parlent français.
2. Il y a deux enfants qui parlent anglais.
3. Il y a une jeune fille qui parle russe.
4. Il y a trois garçons qui parlent arabe.
5. Il y a une personne qui parle suédois.
6. Il y a un homme qui parle allemand.
7. Il y a deux couples qui parlent flamand.
8. Il y a deux jeunes filles qui parlent italien.
9. Il y a un homme et une femme qui parlent japonais.

I. Les mots interrogatifs où et quand

 Grammar Tutorials

▶ A question using **quand** or **où** is formed like any other question, using inversion or **est-ce que.**

Où habitent-ils? Quand arrive-t-elle?
Où est-ce qu'ils habitent? Quand est-ce qu'elle arrive?

NOTE | In **Quand est-ce que,** the **-d** is pronounced [t]. When **quand** is followed by inversion, there is no liaison.

▶ With a *noun* subject, the inversion order is *noun + verb + subject pronoun.*

Où **tes parents habitent-ils?** Quand **ta sœur arrive-t-elle?**

Review interrogative forms, pp. 50–51.

▶ In addition, if there is only one verb and no object, the noun subject and the verb may be inverted.

Où **habitent tes parents?** Quand **arrive ta sœur?**

23 Où et quand? Pour chaque phrase, posez une question avec **où.** Votre partenaire va inventer une réponse. Ensuite, posez une question avec **quand.** Votre partenaire va inventer une réponse à cette question aussi.

MODÈLE: Mon frère fait un voyage.
> VOUS: **Où est-ce qu'il fait un voyage?**
> VOTRE PARTENAIRE: **Il fait un voyage en France.**
> VOUS: **Quand est-ce qu'il fait ce voyage?**
> VOTRE PARTENAIRE: **Il fait ce voyage la semaine prochaine.**

1. Mon amie a envie de faire des courses.
2. Nous avons l'intention de déjeuner ensemble.
3. Je vais au cinéma.
4. Mon cousin travaille.
5. Mes amis étudient.

Self Test

24 **À vous.** Répondez aux questions.

1. Où les étudiants de votre université habitent-ils?
2. Où se trouve la bibliothèque sur votre campus?
3. Quels bâtiments se trouvent près de la bibliothèque?
4. Où se trouve la salle de classe pour la biologie?
5. Quand avez-vous votre cours de français?
6. Où les étudiants dînent-ils d'habitude le dimanche soir?
7. Où allez-vous vendredi prochain? Pourquoi?

ENTRE AMIS   Vous êtes un(e) nouvel(le) étudiant(e).

Choose a new name and a new country of origin from among the French-speaking countries, and role-play the following conversation between two students.

1. Greet your partner and find out if s/he speaks French. (S/he does.)
2. State your new name and tell where you live.
3. Say that you are a new student.
4. Find out where the library is.
5. Get directions to a shopping center.
6. Thank your partner and say goodbye.

Réalités culturelles

Les étudiants étrangers en France

 Cultural Activities

Monkey Business Images/
Shutterstock.com

FRANCE WELCOMES over 265,000 international students each year to its institutions of higher learning. The United States and the United Kingdom are the only other two countries that have more foreign students attending their universities. The majority of France's international students, nearly 50%, come from French-speaking Africa, primarily Morocco, Algeria, and Tunisia. The next largest group comes from other European countries, followed by Asian students, and Americans.

For students wishing to study in France, students must register with CampusFrance, a service provided by the French government. This organization helps them choose a course and place of study, plan academic projects, navigate administrative paperwork such as visa applications and registration at an institution of higher learning, and it helps them find financial aid.

Intégration

RÉVISION

A **Au revoir.** Quels sont cinq synonymes de l'expression **au revoir**?

B **Les pays.** Répondez.

1. Mentionnez cinq pays où on parle français.
2. Nommez deux pays en Europe, deux pays en Asie et deux pays en Afrique.
3. Dans quels pays se trouvent ces villes? Dakar, Genève, Trois-Rivières, Lyon, Montréal, Prairie du Chien, Rabat, Bruxelles, Des Moines, Bâton Rouge.

C **Trouvez quelqu'un qui …** Interviewez les autres étudiants pour trouver quelqu'un qui …

MODÈLE: joue au tennis

Est-ce que tu joues au tennis?

1. étudie l'informatique
2. va rarement à la bibliothèque
3. a envie d'aller au Sénégal, au Maroc ou en Suisse
4. doit travailler ce soir
5. va au cinéma vendredi soir prochain
6. a l'habitude d'étudier dans sa chambre
7. n'a pas de cours le mardi matin
8. aime manger seul
9. étudie au moins trois heures par jour

D **À l'écoute.** Deux étudiants, Amélie et Sébastien, se rencontrent à l'université. Écoutez leur conversation et répondez aux questions.

Track 2-8

1. Où Amélie va-t-elle?
2. Quand est-ce qu'elle y va?
3. Quel cours est-ce qu'Amélie a aujourd'hui?
4. À quelle heure est son cours?
5. Qu'est-ce que Sébastien et Amélie vont faire ensemble?
6. Où est-ce qu'ils vont? Pourquoi? (*Why?*)
7. Où va Sébastien cet après-midi?

E **À vous.** Répondez.

1. Qu'est-ce que vous avez envie de faire ce week-end?
2. Qu'est-ce que vous devez faire?
3. Qu'est-ce que vos amis aiment faire le samedi soir?
4. Qu'est-ce que vous faites le lundi? (trois choses)
5. Quels sont les jours où vous allez à votre cours de français?
6. À quelle heure allez-vous à ce cours?
7. Dans quel bâtiment avez-vous ce cours? Où se trouve ce bâtiment?
8. Quel est votre jour préféré? Pourquoi?

Communication and Communities. To learn more about the culture presented in this chapter, go to the *Premium Website* and click on the Web Search Activities.

Also see the *Entre amis* Video Program and Video Worksheet in the *Cahier*.

NÉGOCIATIONS

L'emploi du temps de Sahibou. Interviewez votre partenaire pour trouver les renseignements qui manquent *(missing information)*. La copie de votre partenaire est dans l'Appendice D.

MODÈLE: **Est-ce qu'il a un cours le mercredi à 11 heures?**
Est-ce que c'est un cours de mathématiques?

A

	lundi	mardi	mercredi	jeudi	vendredi	samedi	dimanche
9h	histoire		histoire		histoire		
10h						gymnase	
11h		sciences économiques		sciences économiques		gymnase	
12h		philosophie		philosophie			
13h	chimie		chimie		chimie		
14h	travail	travail	travail	travail	banque		sieste
19h						restaurant	
20h						chez des amis	

LECTURE 1

LA MÉTHODO When you encounter a word you don't know in your native language, you use the context of the sentence or paragraph to deduce what it means. You can use this same skill when reading French. Specifically, you might look at headings to tell you what a paragraph is about, or you might analyze sentence structure to determine what part of speech (noun, adjective, verb, etc.) the unknown word is. Your guesses will most likely give you the gist of what you are trying to read.

A **Étude du vocabulaire.** Utilisez les pistes de contexte pour trouver le sens *(meaning)* des mots en caractères gras dans les phrases suivantes. Ensuite, choisissez le mot correspondant en anglais pour chacun *(each one)*: *close, choice, means, training, turned, eager, heritage, field of study.*

1. **Soucieuse** d'avoir du succès à l'université, Valentine étudie beaucoup.
2. Nos cours dans **la filière** des sciences humaines sont la sociologie, l'anthropologie, etc.
3. Le train et le bus sont des **moyens** de transport.
4. Anne **a eu** 30 ans en 2001.
5. La ville a un **patrimoine** riche en histoire, architecture et beaux-arts.
6. La relation entre les amis est d'habitude très **étroite.**
7. Le restaurant propose un large **choix** de boissons, plus de 25!
8. Paul étudie à l'Institut d'hôtellerie; il fait **une formation** en gestion hôtelière.

B **Parcourez la page web.** Lisez rapidement la page web et dites en anglais quatre choses que vous avez apprises (*you learned*) sur l'université d'Angers.

L'UNIVERSITÉ D'ANGERS: INFOS

UN PEU D'HISTOIRE

Fondée au Moyen-Âge, l'Université d'Angers a été recréée sous sa forme actuelle en 1971. Elle a eu 40 ans en 2011.

Atouts[1]

- Au centre du Val de Loire, à une heure trente de Paris, l'Université d'Angers, à vocation pluridisciplinaire, offre un large choix de formations traditionnelles et novatrices.
- Plus de 19 000 étudiants et 4 000 stagiaires[2] en formation continue bénéficient de filières de formations diversifiées et à finalité professionnelle.
- Soucieuse de renforcer[3] son potentiel de recherche[4], l'Université d'Angers concentre ses moyens autour[5] d'axes privilégiés de développement, en liaison étroite avec les collectivités et les entreprises.

Une vocation pluridisciplinaire

L'Université d'Angers propose un large choix de formations, dans tous les grands secteurs fondamentaux. Caractérisée par une grande capacité à évoluer et à s'adapter aux attentes[6] nouvelles, elle offre des formations universitaires traditionnelles et des formations professionnalisées originales.

L'Université et sa région

Angers offre un patrimoine historique et artistique unique:

- Tapisseries[7] de l'Apocalypse et du Chant du Monde
- Château du Roi[8] René
- Musées
- Une Cité médiévale

Source: http://www.univ-angers.fr by permission of the University of Angers

---

[1]*assets* / [2]*interns* / [3]*to reinforce* / [4]*research* / [5]*around* / [6]*expectations* / [7]*tapestries* / [8]*King*

C Familles de mots. Essayez de deviner le sens *(try to guess the meaning)* des mots suivants.

1. recréer, créer, une création, créatif (créative)
2. discipliner, une discipline, disciplinaire
3. privilégier, un privilège, privilégié(e)
4. innover, une innovation, novateur (novatrice)
5. bénéficier, un bénéfice, bénéfique
6. finir, une finalité, final(e)

D Vrai ou faux. Relisez toute la lecture et ensuite décidez si les phrases suivantes sont **vraies** ou **fausses**. Corrigez les phrases fausses.

1. L'Université d'Angers est très vieille, mais sa forme actuelle est assez récente.
2. Angers est très loin de Paris.
3. L'université offre beaucoup de formations différentes dans plusieurs disciplines.
4. L'université est très traditionnelle.
5. Il y a plus de 17 000 personnes qui étudient à l'université.
6. L'université travaille souvent avec les entreprises pour faire de la recherche *(research)*.
7. Il est probable que très peu de personnes étudient les sciences et la technologie à l'Université d'Angers.
8. La ville d'Angers offre plusieurs activités culturelles.

LECTURE II

Les étudiants d'Angers ont des liens avec les gens du Cameroun grâce aux projets bénévoles *(charitable)* et aux collaborations entre les universités. Cependant *(However)* la vie urbaine d'Angers est très différente de la vie rurale de beaucoup de Camerounais. Le poème que vous allez lire parle de cette différence.

A Trouvez le Cameroun. Cherchez le Cameroun sur la carte à l'intérieur de la couverture de ce livre. Sur quel continent se trouve ce pays? Quelle est la capitale du Cameroun? Quels sont les pays qui se trouvent près du Cameroun?

B Étude du vocabulaire. Étudiez les phrases suivantes. Utilisez les pistes de contexte pour choisir les mots anglais qui correspondent aux mots français en caractères gras: *birds, against, a cooking utensil, I see, each one, I hear, people, a popular African food, mine, peace, bark, roof.*

1. **J'entends** quelquefois des chiens qui **aboient** quand une voiture passe.
2. Il y a des **oiseaux** sur le **toit** de la maison.
3. **Je vois** des **gens** qui portent des vêtements africains.
4. **Chacun** porte des sandales.
5. Dans leur village on mange du **taro**.
6. On prépare la cuisine avec un **pilon**.
7. Êtes-vous pour ou **contre** la **paix** dans ce pauvre pays?
8. Voilà ton livre; où est **le mien?**

Track 2-9

Village natal

Ici je suis chez moi,
Je suis vraiment chez moi.
Les hommes que je vois,
Les femmes que je croise[1]
M'appellent leur fils
Et les enfants leur frère.
Le patois qu'on parle est le mien,
Les chants que j'entends expriment[2]
Des joies et des peines qui sont
    miennes.
L'herbe que je foule reconnaît mes
    pas[3].
Les chiens n'aboient pas contre moi,
Mais ils remuent la queue[4]
En signe de reconnaissance.
Les oiseaux me saluent au passage
Par des chants affectueux.
Des coups de pilon m'invitent

À me régaler de[5] taro
Si mon ventre est creux[6].
Sous chacun de ces toits qui
    fument
Lentement dans la paix du soir
On voudra m'accueillir[7].
Bientôt c'est la fête, la fête de
chaque soir:
    Chants et danses autour du feu[8],
Au rythme du tam-tam, du
    tambour, du balafon[9].
Nos gens sont pauvres
Mais très simples, très heureux;
Je suis simple comme eux[10]
Content comme eux,
Heureux comme eux.
Ici je suis chez moi,
Je suis vraiment chez moi.

Jean-Louis Dongmo, "Village natal". Reprinted with permission of Jean-Louis Dongmo from *Neaf Camerounai: Anthologie par Lilyan Kesteloot,* deuxième edition, (Yaoundé: Editions Clé, 1971).

---

1. *that I meet* / 2. *express* / 3. *the grass I walk on recognizes my steps* / 4. *wag their tails* /
5. *have a delicious meal of* / 6. *stomach is empty* / 7. *people will welcome me* / 8. *around the fire* / 9. *musical instruments* / 10. *them*

C Discussion. Lisez le poème et répondez aux questions en anglais ou en français.

1. Cherchez les exemples dans le poème qui prouvent que le poète est heureux d'être dans son village.
2. Quelles ressemblances et quelles différences y a-t-il entre le poète et vous?

Réalités culturelles
Le Cameroun

LOCATED IN CENTRAL AFRICA along the continent's western coast, **le Cameroun** is composed of sweltering rain forests, isolated beaches, and densely populated cities like Yaoundé, the capital. Cameroon also includes stretches of savannah and arid desert regions in the north, volcanoes,

wildlife parks, and mountain ranges. The Waza national park is one of Central Africa's best, hosting several wildlife and bird species.

Cameroon's population is ethnically diverse, speaking twenty-four different African languages. English and French, reminiscent of Cameroon's colonial past, are its official languages. Christianity, Islam, and several indigenous religions are practiced. The cuisine of Cameroon is considered among the best in Central Africa, and its **macossa** music is popular in other African countries.

RÉDACTION

LA MÉTHODO To write accurate and clear directions, use a map, either one you draw yourself or one from the Internet. A map will help you identify each direction to give and the order in which to give it.

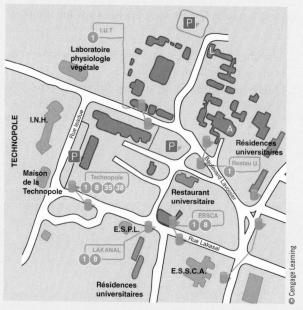

QUEL EST LE CHEMIN POUR ALLER ...?

Vous allez aider un nouvel étudiant francophone de votre université à s'orienter. Écrivez-lui un e-mail dans lequel:

- vous vous présentez
- vous lui donnez rendez-vous à un endroit sur votre campus (donnez le jour et l'heure)
- vous expliquez où cet endroit se trouve et comment y arriver avec des indications précises
- vous expliquez que vous allez parler de son emploi du temps, du campus, de la ville
- vous lui donnez vos coordonnées (numéro de portable, adresse e-mail)

A **Avant d'écrire.** Trouvez un plan d'accès de votre campus et un bon endroit pour un rendez-vous. Notez les bâtiments autour de cet endroit et tracez le chemin depuis un parking ou un arrêt d'autobus (*bus stop*) près de cet endroit.

B **Écrire.** Écrivez une ébauche de votre e-mail. Suivez les indications ci-dessus (*above*). Utilisez le plan pour être sûr que vous avez mentionné tous les détails nécessaires. Cet étudiant vient d'un autre pays, alors votre e-mail doit être simple et clair.

C **Correction.** Donnez votre plan à un(e) camarade de classe. Lisez-lui votre e-mail, et il/elle va tracer le chemin. Est-ce qu'il/elle arrive au bon endroit? Si non, faites les corrections nécessaires.

Vocabulaire Actif

Practice some of this vocabulary with the flashcards on **iLrn**.

Pour dire au revoir
à bientôt *see you soon*
à demain *see you tomorrow*
à la prochaine *until next time, be seeing you*
à tout à l'heure *see you in a little while*
au plaisir (de vous revoir) *(I hope to) see you again*
au revoir *goodbye, see you again*
bon après-midi *have a good afternoon*
bonne journée *have a good day*
bonne nuit *pleasant dreams (lit. good night)*
bonne soirée *have a good evening*

bonsoir *good evening, good night*
salut *bye(-bye) (fam.)*

Adverbes
après *after*
au moins *at least*
avant *before*
d'abord *at first*
demain *tomorrow*
enfin *finally*
ensuite *next, then*
maintenant *now*

Jours de la semaine
lundi (m.) *Monday*
mardi (m.) *Tuesday*
mercredi (m.) *Wednesday*
jeudi (m.) *Thursday*
vendredi (m.) *Friday*
samedi (m.) *Saturday*
dimanche (m.) *Sunday*

Adjectifs
libre *free*
parfait(e) *perfect*

préféré(e) *favorite*
premier (première) *first*
prochain(e) *next*
seul(e) *alone; only*
suivant(e) *following*

Expressions de lieu

à côté *next door; to the side*
à côté de *next to, beside*
derrière *behind*
devant *in front of*
à droite *on (to) the right*
à gauche *on (to) the left*
entre *between, among*
loin *far*
sous *under*
tout droit *straight ahead*

Pays

l'Allemagne *(f.)* *Germany*
l'Angleterre *(f.)* *England*
la Belgique *Belgium*
le Canada *Canada*
la Chine *China*
l'Espagne *(f.)* *Spain*
les États-Unis *(m. pl.)* *United States*
la France *France*
l'Irlande *(f.)* *Ireland*
Israël *(m.)* *Israel*
l'Italie *(f.)* *Italy*
le Japon *Japan*
le Maroc *Morocco*
le Mexique *Mexico*
les Pays-Bas *(m. pl.)* *Netherlands*
le Portugal *Portugal*
la Russie *Russia*
le Sénégal *Senegal*
la Suède *Sweden*
la Suisse *Switzerland*

Verbes

aller *to go*
aller en ville *to go into town*
avoir envie de *to want to, to feel like*
avoir l'habitude de *to usually; to be in the habit of*
avoir l'intention de *to plan to*
déjeuner *to have lunch*
devoir *to have to, must, to owe*
s'embrasser *to kiss*
faire un voyage *to take a trip*

passer un test *to take a test*
rester *to stay*
tourner *to turn*

Cours

l'art *(m.)* *art*
la chimie *chemistry*
le commerce *business*
la comptabilité *accounting*
la gestion *management*
la gymnastique *gymnastics*
l'histoire *(f.)* *history*
l'informatique *(f.)* *computer science*
la littérature *literature*
la pédagogie *education, teacher preparation*
la philosophie *philosophy*
la psychologie *psychology*
les sciences *(f.)* *sciences*
les sciences économiques *(f.)* *economics*

Autres prépositions

par *per; by; through*
vers (8 heures) *approximately, around (8 o'clock)*

Expressions de temps

Quelle heure est-il? *What time is it?*
Quel jour est-ce? *What day is it?*
Il est ... heure(s). *It is ... o'clock.*
Il est midi (minuit). *It is noon (midnight).*
et demi(e) *half past*
et quart *quarter past, quarter after*
moins le quart *quarter to, quarter till*
ce soir *tonight*
dans une heure (trois jours, etc.) *one hour (three days, etc.) from now*
une minute *minute*
une semaine *week*
tout à l'heure *in a little while*
tout le week-end *all weekend (long)*

D'autres expressions utiles

Cela (ça) m'est égal. *I don't care.*
D'accord. *Okay.*
Je vais sortir. *I'm going to go out.*
Où se trouve (se trouvent) ... ? *Where is (are) ... ?*
pas grand-chose *not much*
Quoi de neuf? *What's new?*
Ça va? *Okay?*
Tu vas voir. *You are going to see.*

D'autres noms

une bise *kiss*
un emploi du temps *schedule*
une fois *(one) time*
un film *film, movie*
le fromage *cheese*
un rendez-vous *appointment; date*
une souris *mouse*
un voyage *trip, voyage*
l'arabe *Arabic*
le flamand *Flemish*
le portugais *Portuguese*
le wolof *Wolof*

Endroits

un aéroport *airport*
une banque *bank*
un bâtiment *building*
une bibliothèque *library*
un bistro *bar and café; bistro*
une boulangerie *bakery*
un bureau de poste *post office*
un bureau de tabac *tobacco shop*
une cafétéria *cafeteria*
un campus *campus*
un centre commercial *shopping center, mall*
un château *chateau; castle*
un cinéma *movie theater*
un couloir *hall; corridor*
un cours *course; class*
une école *school*
une église *church*
un endroit *place*
une épicerie *grocery store*
un état *state*
une gare *train station*
un gymnase *gymnasium*
un hôtel *hotel*
une librairie *bookstore*
un musée *museum*
un parking *parking lot, garage*
un pays *country*
une pharmacie *pharmacy*
une piscine *swimming pool*
une province *province*
une résidence (universitaire) *dormitory*
un restaurant *restaurant*
une salle de classe *classroom*
les toilettes *(f. pl.)* *restroom*
une ville *city*

Vos activités

BUTS COMMUNICATIFS
- Relating past events
- Describing your study habits
- Describing your weekend activities

STRUCTURES UTILES
- Le **passé composé** avec **avoir**
- Les verbes **écrire** et **lire**
- **Ne ... rien**
- **Temps, heure** et **fois**
- Les verbes pronominaux
- **Jouer de** et **jouer à**
- Les pronoms accentués
- Les verbes **dormir, partir** et **sortir**
- Les verbes **nettoyer** et **envoyer**

CULTURE

Zoom sur le logement
- **Article:** La maison
- **Insolite:** Relativité culturelle: La maison
- **Repères:** Le riad
- **Vidéo buzz:** Le logement social
- **Vu sur le web:** Les maisons traditionnelles du monde francophone

Il y a un geste
- C'est la vie.
- J'ai oublié!

Lectures
- Tunisie: L'offre de loisirs pour la jeunesse
- «Les droits imprescriptibles du lecteur»

David A. Barnes/Alamy

RESOURCES

| 🔊 Audio | iLrn iLrn Heinle Learning Center | 🌐 Premium Website |

| 👥 Pair Work | 👥 Group Work | *Entre amis* Video Program |

Coup d'envoi

🔊 **PRISE DE CONTACT: QU'EST-CE QUE TU AS FAIT HIER?**

Track 2-10

Sébastien, qu'est-ce que tu as fait hier?°   *What did you do yesterday?*

    J'ai téléphoné à deux amis.

    J'ai envoyé des textos et des e-mails°.   *sent text messages and e-mails*

    J'ai fait mes devoirs.

    J'ai étudié pendant° trois heures.   *for*

    J'ai déjeuné à midi et j'ai dîné à

        7 heures du soir.

    J'ai regardé un peu la télévision.

    Mais je n'ai pas fait le ménage.

    Et je n'ai pas passé d'examen°.   *didn't take a test*

🎧 **Et vous?** Qu'est-ce que vous avez fait?

Lori a écrit un e-mail à deux de ses camarades du cours de français aux États-Unis.

🖫 ↻ ⎘ ⬆ ⬇ ▾	⎺◻⊠

◀ ◀◀ ▶ · ✕ ▤ ▥ ▦ · ▦ ▽ ✉

To:	
CC:	
BCC:	
Sub:	

Chers John et Cathy,   *Angers, le 15 décembre*

Merci beaucoup pour vos e-mails. Que le temps passe vite!¹ Je suis en France depuis déjà trois mois.² Vous avez demandé si j'ai le temps de voyager. Oui, mais la plupart ³ du temps je suis très active et très occupée parce qu'⁴il y a toujours tant de⁵ choses à faire chaque⁶ jour. C'est la vie, n'est-ce pas?

Dimanche dernier⁷, j'ai accompagné ma famille française au Mans chez les parents de Mme Martin. Nous avons passé trois heures à table! Cette semaine, j'ai lu une pièce⁸ de Molière pour mon cours de littérature et j'ai écrit une dis-sertation⁹. J'ai aussi fait le ménage et j'ai gardé¹⁰ les enfants pour Mme Martin.

Heureusement, je ne me lève pas tôt¹¹ le samedi.

Vous avez demandé si j'ai remarqué¹² des différences entre la France et les États-Unis. Eh bien, oui. Chez les Martin, par exemple, les portes à l'intérieur de la maison sont toujours fermées¹³, les toilettes ne sont pas dans la salle de bain et les robinets¹⁴ sont marqués «C» et «F». J'ai déjà oublié¹⁵ deux fois¹⁶ que «C» ne veut pas dire «cold». Aïe!¹⁷

Passez le bonjour¹⁸ à Madame Walter pour moi, s.v.p. Écrivez-moi à lbecker@wanadoo.fr

Bonnes vacances!

Votre amie «française»,
Lori

---

1. *How time flies!* / 2. *I've already been in France for three months.* / 3. *most* / 4. *because* / 5. *so many* / 6. *each; every* / 7. *last* / 8. *I read a play* / 9. *I wrote a (term) paper* / 10. *watched, looked after* / 11. *Fortunately, I don't get up early* / 12. *I noticed* / 13. *closed* / 14. *faucets* / 15. *I already forgot* / 16. *times* / 17. *Ouch!* / 18. *Say hello*

ⓒ **Compréhension.** Décidez si les phrases suivantes sont vraies ou fausses. Si une phrase est fausse, corrigez-la.

1. Lori a déjà passé trois mois en France.
2. En France on passe beaucoup de temps à table.
3. Lori n'a pas passé d'examen.
4. Lori a beaucoup de temps libre.
5. On ferme les portes dans une maison française.
6. «C» sur un robinet veut dire «chaud».
7. «F» sur un robinet veut dire «français».

Zoom sur le logement

La maison

LIVING IN FRANCE has meant more to Lori than just learning the French language. She has also had the opportunity to become part of a French family and has had to learn to cope with a number of cultural differences. For example, there is no need in French for a separate word to distinguish between *house* and *home*. Both are **la maison,** and **la maison** is seen as a refuge from the storm of the world outside, a place to find comfort and solace and to put order into one's existence. Given the French attitude about **la maison,** it is not surprising to find social and architectural indications of that need for order. There is a set time for meals, and family members are expected to be there. There is an order to a French meal that is quite different from the everything-on-one-plate-at-one-time eating style prevalent in English-speaking North America. The walls around French houses, the shutters on the windows, and the closing of the doors inside the home are other examples of the French desire for order, clearly established boundaries, and privacy.

Mark Burnett/David R. Frazier Photolibrary, Inc.

INSOLITE

Relativité culturelle: La maison

THE HOME is undoubtedly the scene of the greatest number of cultural contrasts. There are, therefore, some adjustments to make. Some of them are described below.

In France	In North America
Doors are closed, especially the bathroom door, even when no one is in the room. In winter, this maintains warmth. Also, the French tend to not like drafts **(des courants d'air)** in a room.	Doors inside a house are often left open.
In many homes, the bathtub, shower, and sink, are in one room, **la salle de bain,** while the toilet (and often a sink) are in another, **les toilettes.** Therefore, one should be specific about which room one is looking for.	The toilet, bathtub, shower, and sink are usually all in one room, the bathroom. Some houses may also have half-bathrooms which consist of a toilet and sink.
There are no screens on windows to keep out insects, but most houses have shutters.	Most windows have screens. Houses in some regions may also have storm windows and shutters.
There are almost always walls or a hedge to ensure privacy and clearly mark the limits of one's property.	In many neighborhoods there are no walls or fences to separate houses, or if there are fences, they may be made of chain-link or wooden pickets, thus making them "see-through."

Le riad

A riad is a type of traditional house found in the old quarter, or **medina,** *in North African cities. Closed off to the outside world and built around an interior courtyard,* **Riads** *have in general two or three stories. The kitchen, salons for entertaining and family gatherings, a garden, and the courtyard are on the ground floor. Bedrooms and rooms where women gather together are on the next floor, and the top floor usually consists of a terrace and sleeping areas for when the weather is hot. Many* **Riads** *have today been converted into bed and breakfasts, like the one whose ground floor appears in the plan below.*

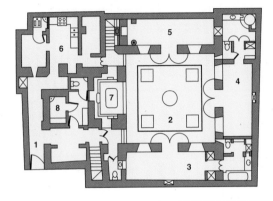

1. Entrée	5. Salon et salle à manger
2. Jardin/Cour	6. Cuisine et garde-manger
3. Chambre avec salle de bain	7. Jacuzzi-fontaine
4. Chambre avec douche	8. Hammam *(Steamroom)*

VIDÉO BUZZ

Le logement social

HOUSING COSTS IN FRANCE continue to rise. People with modest incomes find assistance three different ways. They can apply for money to subsidize their housing expenses; they can apply for special loans to buy a home; or, they can apply to live in public housing, or **les logements sociaux.** By law, towns with more than 3,500 inhabitants have to provide some form of public housing. The people given highest priority are single-parent families, people with very low incomes, or those whose housing situation is perilous. To learn more about public housing in France, watch the videos linked to the *Premium Website.*

French Polynesia

VU SUR LE WEB

Les maisons traditionnelles du monde francophone

THE ARCHITECTURE of traditional homes in France and the Francophone world are not only influenced by the climate and geography of where they are built, but also reflect cultural beliefs and practices. Explore the links on the *Premium Website* to learn more about:

► how French colonial architecture was adapted in Louisiana

► the **Riad** and **Dar,** traditional homes of North Africa

► the thatched roof homes of French Polynesia

► contemporary homes and apartments in Paris

► the traditional farm house of Provence called **un mas**

What does the style of each type of house tell you about the beliefs and social practices of the people who live in it?

Il y a un geste

C'est la vie. A gesture often accompanies the expression **C'est la vie:** the shoulders are shrugged, and the head is slightly tilted to one side. Sometimes the lips are pursed as well, and the palms are upturned. The idea is *That's life and I can't do anything about it.*

J'ai oublié! The palm of the hand is raised against the temple. This gesture conveys the meaning that you have forgotten something or have made a mistake.

À vous. Donnez une réponse personnelle.

1. Où avez-vous dîné hier soir?
2. Combien de temps avez-vous passé à table?
3. Qu'est-ce que vous avez fait après le dîner?

ENTRE AMIS   Hier

Follow these steps to find out what your partner did yesterday.

1. Ask what your partner did yesterday.
2. S/he will tell you at least two things.
3. Choose one of the things s/he did and find out as much as you can about it (at what time, where, etc.).

PRONONCIATION

LES SONS [u] et [y]

Track 2-12

Because of differences in meaning in words such as **tout** and **tu,** it is very important to distinguish between the vowel sounds [u] and [y]. The following words contain these two important vowel sounds. Practice saying these words after your teacher, paying particular attention to the highlighted vowel sound.

[u] • bonj**ou**r, r**ou**ge, c**ou**rs, éc**ou**ter, j**ou**er, tr**ou**ver, v**ou**lez, je v**ou**drais, t**ou**jours, beac**ou**p, p**ou**rquoi, s**ou**vent, c**ou**sin, d**ou**te, **ou**vrier, bl**ou**son, c**ou**leur, c**ou**rse, n**ou**veau, auj**ou**rd'hui, c**ou**loir, s**ou**s, t**ou**t, **ou**blié

• **où**

[y] • j**u**s, **u**ne, ét**u**dier, ét**u**diants, t**u**, b**u**reau, calc**u**latrice, voit**u**re, s**u**r, j**u**pe, l**u**nettes, p**u**ll-over, n**u**méro, diffic**u**lté, br**u**ne, st**u**pide, camp**u**s, **u**niversitaire, m**u**sique, R**u**ssie, min**u**te, d**u**, occ**u**pé, j'ai l**u**, littérat**u**re

▶ The [u] sound, represented by written **ou** or **où,** is close to the sound in the English word *tooth.*

n**ou**s   r**ou**ge   **où**

▶ The [y] sound is represented by a single written **-u-.** There is, however, no English "equivalent" for this French sound. To produce it, round your lips as if drinking through a straw; then, without moving your lips, pronounce the vowel in the word **ici.**

d**u**   **u**ne   sal**u**t   v**u**e

In each of the following pairs of words, one of the words contains the [u] sound, the other the [y] sound. Pronounce each word correctly.

1. sur / sous
2. jour / jupe
3. vous / vu
4. pure / pour
5. cours / cure

6. russe / rousse
7. roux / rue
8. ou / eu
9. tout / tu

Buts communicatifs

🔊 I. RELATING PAST EVENTS

Track 2-13

Avez-vous déjà[1] nettoyé[2] votre chambre cette semaine?

Oui, j'ai déjà nettoyé ma chambre.
Non, je n'ai pas encore nettoyé ma chambre.

	oui	non
Avez-vous déjà étudié pour votre cours de français?	_____	_____
Avez-vous déjà envoyé des textos aujourd'hui?	_____	_____
Avez-vous déjà déjeuné?	_____	_____
Avez-vous déjà regardé la télé cette semaine?	_____	_____
Avez-vous déjà travaillé beaucoup ce semestre?	_____	_____
Avez-vous déjà fumé[3] un cigare ou une cigarette aujourd'hui?	_____	_____
Avez-vous déjà été absent(e) ce semestre?	_____	_____
Avez-vous déjà eu d'autres cours aujourd'hui?	_____	_____
Avez-vous déjà fait vos devoirs pour demain?	_____	_____
Avez-vous déjà eu la grippe[4] ce semestre?	_____	_____

---

1. *already* / 2. *cleaned* / 3. *smoked* / 4. *flu*

A. *Le passé composé avec* avoir

Hier soir, **Michel a regardé**
   la télévision.
Et puis **il a fait** ses devoirs.
Pendant combien de temps **a-t-il étudié**?
Il a étudié pendant deux heures.

Last night, Michel watched
   television.
And then he did his homework.
How long did he study?
He studied for two hours.

the book to review any grammatical terms with which you are not familiar.

▶ The **passé composé** *(compound past)* is used to tell about or narrate specific events that have already taken place. Depending on the context, its English translation may be any one of several possibilities.

J'ai mangé une pomme.
{
I ate an apple.
I did eat an apple.
I have eaten an apple.

▶ The **passé composé** is formed with the present tense of an auxiliary verb (normally **avoir**) and a past participle.

manger *(au passé composé)*			
j'	**ai mangé**	nous	**avons mangé**
tu	**as mangé**	vous	**avez mangé**
il/elle/on	**a mangé**	ils/elles	**ont mangé**

▶ The past participles of all **-er** verbs are pronounced the same as the infinitive. They are spelled by replacing the **-er** ending of the infinitive with **-é.**

étudi~~er~~	+	**-é**	⟶	**étudié**
mang~~er~~	+	**-é**	⟶	**mangé**
jou~~er~~	+	**-é**	⟶	**joué**

In the expression **j'ai eu** (I had) the word **eu** is pronounced [y].

▶ The past participles of many verbs that *don't* end in **-er** must be memorized.

eu (avoir)	**été** (être)	**fait** (faire)	**dû** (devoir)

J'**ai eu** la grippe pendant trois jours!
Anne et Guy **ont fait** la cuisine
   ensemble.
Ils **ont dû** dîner à la maison.

I had the flu for three days!
Anne and Guy did the cooking
   together.
They must have eaten at home.
They had to eat at home.

➤ In the negative, **ne ... pas (ne ... jamais)** is placed around the auxiliary verb.

> **ne (n')** + auxiliary verb + **pas (jamais)** + past participle

Il **n'**a **pas** écouté la radio.   *He didn't listen to the radio.*
Nous **n'**avons **pas** fait de promenade.   *We didn't take a walk.*
La plupart des étudiants **n'**ont **jamais**   *Most students have never smoked*
 fumé de cigare.   *a cigar.*

➤ Questions in the **passé composé** are formed the way they are in the present tense. Note, however, that in all cases of inversion, only the auxiliary verb and the subject pronoun are involved. The past participle follows the inverted pronoun.

Review the formation of questions in Ch. 2, pp. 50–51.

Il a fait ses devoirs?
Est-ce qu'il a fait ses devoirs?   } *Has he (Marc) done his homework?*
A-t-il fait ses devoirs?
Marc a-t-il fait ses devoirs?

① Mais il a fait ça hier. Demandez si David fait les choses suivantes aujourd'hui. Votre partenaire va répondre que David a fait ces choses hier.

MODÈLE: travailler
     VOUS: **Est-ce que David travaille aujourd'hui?**
     VOTRE PARTENAIRE: **Non, mais il a travaillé hier.**

1. jouer au tennis
2. être absent
3. avoir une lettre de ses grands-parents
4. dîner avec Véronique
5. manger une pizza
6. faire la vaisselle
7. regarder la télé

② Véronique. Pierre aime Véronique et il vous pose des questions parce qu'elle a dîné avec David hier soir. Répondez à ses questions d'après le modèle.

MODÈLE: Véronique a-t-elle dîné seule? (avec David)
     Non, elle n'a pas dîné seule; elle a dîné avec David.

1. Ont-ils dîné au restaurant? (chez David)
2. David a-t-il fait la cuisine? (la vaisselle)
3. Ont-ils mangé un sandwich? (une pizza)
4. Véronique a-t-elle détesté la pizza? (aimé)
5. Ont-ils dansé après le dîner? (regardé la télévision)

❸ La plupart des étudiants. Qu'est-ce que la plupart des étudiants ont fait hier? Décidez.

Be sure to use plural verb forms with **la plupart des.**

MODÈLE: fumer une cigarette

> VOTRE PARTENAIRE: **Est-ce que la plupart des étudiants ont fumé une cigarette hier?**
>
> VOUS: **Non, la plupart des étudiants n'ont pas fumé de cigarette.**

1. étudier à la bibliothèque
2. faire leurs devoirs
3. passer un test
4. avoir une bonne note
5. déjeuner avec leurs professeurs
6. travailler après les cours

Remember that **tout à l'heure** *can also refer to the future:* in a little while. *The expression* **à tout à l'heure** *means* see you soon.

Vocabulaire

Expressions de temps (passé)

tout à l'heure	*a little while ago*
ce matin	*this morning*
hier	*yesterday*
hier matin	*yesterday morning*
hier soir	*last night*
lundi dernier	*last Monday*
le week-end dernier	*last weekend*
la semaine dernière	*last week*
le mois dernier	*last month*
l'année dernière	*last year*
récemment	*recently*
il y a deux (trois, etc.) ans	*two (three, etc.) years ago*
il y a longtemps	*a long time ago*
la dernière fois	*the last time*
pendant les vacances	*during vacation*

 NOTES

1. **Il y a,** used with an expression of time, means *ago:* **il y a deux mois** *(two months ago);* **il y a trois ans** *(three years ago).*

2. In general, the word **an** is used when counting the number of years: **un an, deux ans,** etc. The word **année** is normally used when referring to a specific year: **cette année, l'année dernière,** etc. The same distinction is made between **jour** and **journée: Il y a trois jours; une belle journée.**

4 **Il y a combien de temps?** Qu'avons-nous fait? Que n'avons-nous pas fait? Composez des phrases avec un élément de chaque colonne.

MODÈLES: **Mes parents ont fait un voyage il y a deux ans.**
Mes parents n'ont jamais parlé français.

	faire un voyage	ne ... jamais
je	avoir des vacances	il y a ...
mes parents	dîner au restaurant	... dernier (dernière)
mon meilleur ami	avoir un e-mail	pendant les vacances
ma meilleure amie	envoyer des textos	hier (...)
nous	être absent(e)(s)	ce matin
	faire la vaisselle	tout à l'heure
	parler français	récemment
	étudier pendant trois heures	

 5 **La dernière fois.** Demandez à votre partenaire quand il (elle) a fait ces choses pour la dernière fois. Il (elle) va répondre.

MODÈLE: être absent(e)

VOUS: **Quelle est la dernière fois que vous avez été absent(e) ce semestre?**

VOTRE PARTENAIRE: **J'ai été absent(e) la semaine dernière.** ou **Je n'ai jamais été absent(e).**

1. étudier seul(e)
2. fumer
3. devoir passer un examen
4. être malade
5. téléphoner à un ami
6. avoir «A» à l'examen
7. passer trois heures à table
8. nager à la piscine
9. manger une pizza
10. envoyer un e-mail

6 **À vous.** Répondez aux questions.

1. Pendant combien de temps avez-vous étudié hier soir?
2. Pendant combien de temps avez-vous regardé la télévision?
3. Quelle est la dernière fois que vous avez téléphoné à un(e) ami(e)? Pendant combien de temps avez-vous parlé au téléphone?
4. Quelle est la dernière fois que vous avez eu la grippe? Pendant combien de temps avez-vous été malade?
5. Quelle est la dernière fois que vous avez été absent(e)?
6. Pendant combien de jours avez-vous été absent(e) ce semestre?

ENTRE AMIS **Hier soir**

Talk about what you and your partner did last night.

1. Find out where your partner ate last night.
2. Find out if s/he watched TV or listened to the radio.
3. If so, find out what s/he watched or listened to.
4. Find out if s/he did his/her homework.
5. If so, find out where.
6. If so, find out how long s/he studied.

◀)) 2. DESCRIBING YOUR STUDY HABITS

	vrai	faux
J'aime étudier seul(e).	_____	_____
Je fais mes devoirs à la bibliothèque.	_____	_____
J'écris[1] souvent des dissertations.	_____	_____
Je ne passe pas beaucoup de temps à faire mes devoirs.	_____	_____
Je passe au moins[2] trois heures à étudier par jour.	_____	_____
Je lis[3] au moins un livre par semaine.	_____	_____
J'écoute la radio pendant que[4] j'étudie.	_____	_____
Je regarde la télé pendant que j'étudie.	_____	_____

1. *write* / 2. *at least* / 3. *read* / 4. *while*

REMARQUE

Use **passer** + unit(s) of time + **à** + infinitive to express how long you spend doing something.

Nous **avons passé deux heures à manger.**

We spent two hours eating.

D'habitude, Marc **passe quatre heures à faire** ses devoirs.

Marc usually spends four hours doing his homework.

B. Les verbes écrire et lire

J'aime **lire** des romans policiers.

I like to read detective stories.

J'ai passé trois heures à **lire** hier soir.

I spent three hours reading last night.

Quelles langues **lisez-vous**?

What languages do you read?

Éric lit le journal pendant qu'il mange.

Éric reads the newspaper while he eats.

Mes parents n'**écrivent** pas souvent.

My parents don't write often.

À qui **écrivez-vous**?

Who are you writing to?

Comment est-ce qu'**on écrit** le mot «lisent»?

How do you spell the word "lisent"?

écrire (to write)	
j'	écris
tu	écris
il/elle/on	écrit
nous	écrivons
vous	écrivez
ils/elles	écrivent
passé composé:	j'ai écrit

lire (to read)	
je	lis
tu	lis
il/elle/on	lit
nous	lisons
vous	lisez
ils/elles	lisent
passé composé:	j'ai lu

▶ Note the pronunciation distinction between the third person singular and plural forms.

il écrit [ekRi]   ils [z]écrivent [ekRiv]   elle lit [li]   elles lisent [liz]

▶ The verb **décrire** *(to describe)* is conjugated like **écrire.**

Nous **décrivons** nos familles au professeur.

Vocabulaire

Des choses à lire ou à écrire

une bande dessinée	*comic strip*	un magazine	*magazine*
un blog	*blog*	un message (instantané)	*(instant) message*
une carte postale	*postcard*	une pièce	*play*
une dissertation	*(term) paper*	un poème	*poem*
un e-mail	*e-mail*	un roman	*novel*
un journal	*newspaper*	un roman policier	*detective story*
une lettre	*letter*	un texto (SMS)	*text message*
un livre	*book*		

7 Qu'est-ce qu'ils lisent? Qu'est-ce qu'ils écrivent?

Répondez aux questions. Si vous ne savez pas la réponse, devinez.

1. Combien de livres lisez-vous par semestre?
2. Vos parents écrivent-ils beaucoup d'e-mails?
3. À qui écrivez-vous des SMS ou des messages instantanés?
4. Qui, dans votre famille, lit des bandes dessinées?
5. Combien de dissertations un étudiant écrit-il par an?
6. Avez-vous déjà écrit une dissertation ce semestre? Si oui, pour quel(s) cours?
7. Avez-vous lu un blog, un journal ou un magazine cette semaine? Si non, pourquoi pas?
8. Combien d'heures passez-vous à lire par semaine? par mois?

C. Ne ... *rien*

▶ The opposite of **quelque chose** is **ne ... rien** *(nothing, not anything)*.

Mangez-vous **quelque chose**?	*Are you eating something?*
Non, je **ne** mange **rien.**	*No, I am not eating anything.*

▶ **Ne ... rien** works like **ne ... pas** and **ne ... jamais;** that is, **ne** and **rien** are placed around the conjugated verb. This means that in the **passé composé, ne** and **rien** surround the auxiliary verb and the past participle follows **rien.**

Je **ne** vais **rien** écrire.	*I'm not going to write anything.*
Je **n**'ai **rien** écrit hier soir.	*I didn't write anything last night.*

▶ **Rien** can follow a preposition.

Je **ne** parle **de rien.**	*I'm not talking about anything.*
Je **n**'ai parlé **de rien.**	*I didn't talk about anything.*

Review the use of **ne ... jamais,** *p. 99.*

▶ Unlike English, French allows the use of more than one negative word in a sentence.

Il **ne** fait **jamais rien**!	*He never does anything!*

▶ Like **jamais, rien** can be used alone to answer a question.

Qu'est-ce que tu as lu? **Rien.**

> **Quelque chose** and **rien** can be made slightly more specific by the addition of **de** + *masculine adjective* or of **à** + *infinitive*. The two constructions can even be combined.
>
> Jean lit **quelque chose** *d'intéressant*. Éric **ne** lit **rien** *d'intéressant*.
> Il a **quelque chose** *à lire*. Il **n'a rien** *à lire*.
> Il a **quelque chose** *d'intéressant à lire*. Il **n'a rien** *d'intéressant à lire*.

8 **Une personne paresseuse.** Éric ne fait rien. Répondez aux questions suivantes en utilisant **ne... rien.**

MODÈLES: Qu'est-ce qu'il fait le vendredi soir?   **Il ne fait rien.**
Qu'est-ce qu'il a fait vendredi dernier?   **Il n'a rien fait.**
Qu'est-ce qu'il va faire vendredi prochain?   **Il ne va rien faire.**

1. Qu'est-ce qu'il étudie à la bibliothèque?
2. Qu'est-ce qu'il lit pendant le week-end?
3. Qu'est-ce qu'il va faire cet après-midi?
4. Qu'est-ce qu'il va lire pour ses cours?
5. Qu'est-ce qu'il a écrit pendant les vacances?
6. Qu'est-ce qu'il a lu l'année dernière?

9 **Ces travailleurs.** Sylvie et David sont très travailleurs et la semaine dernière, ils n'ont pas eu le temps de faire des choses amusantes. Demandez à votre partenaire s'ils ont fait les activités suivantes. Il/Elle va utiliser **ne ... rien** dans sa réponse. Suivez le modèle.

MODÈLE: regarder quelque chose à la télé
VOUS: **Est-ce qu'ils ont regardé quelque chose à la télé?**
VOTRE PARTENAIRE: **Non, ils n'ont rien regardé.**

1. écouter quelque chose à la radio
2. écrire des poèmes
3. manger dans un bistro
4. lire un roman policier
5. faire quelque chose en ville

10 **À vous.** Répondez aux questions.

1. D'habitude qu'est-ce que vous lisez le matin?
2. À qui avez-vous écrit la semaine dernière?
3. Qu'avez-vous lu hier soir?
4. Avez-vous écouté la radio ce matin? Si oui, qu'est-ce que vous avez écouté?
5. Avez-vous des amis qui regardent la télé pendant qu'ils étudient?
6. Qu'est-ce que vous regardez à la télévision pendant que vous étudiez?
7. Combien de temps passez-vous d'habitude à préparer vos cours?
8. Lisez-vous souvent des blogs ou des magazines? Si oui, quels blogs ou magazines?
9. Combien de dissertations écrivez-vous par semestre?

D. Temps, heure et fois

▶ Depending on the context, the French use different words to express what, in English, could always be expressed by the word *time*.

• **L'heure,** as you already know, means *clock time*.

Quelle **heure** est-il? *What time is it?*

REMINDER

> **Heure** can also mean *hour* or *o'clock*.
>
> J'ai étudié pendant trois **heures.**   *I studied for three hours.*
>
> Il est deux **heures.**   *It is two o'clock.*

• **La fois** means *time* in a countable or repeated sense.

Combien de **fois** par an?	*How many times per year?*
la dernière **fois**	*the last time*
chaque **fois**	*each time*

• **Le temps** means *time* in a general sense.

Je n'ai pas **le temps** d'étudier.	*I don't have time to study.*
Avez-vous **le temps** de voyager?	*Do you have time to travel?*
Combien de **temps** avez-vous?	*How much time do you have?*

> *Remember that* **temps** *can also mean* weather: **Quel temps fait-il aujourd'hui?**

⓫ Hier soir. Utilisez **temps, heure** ou **fois** pour compléter ce dialogue.

1. Hier soir j'ai étudié pendant quatre _____.
2. Avez-vous eu assez de (d')_____ pour regarder la télévision?
3. Non, parce que mes parents ont téléphoné trois _____.
4. À quelle _____ ont-ils téléphoné la première _____?
5. À six _____.
6. Combien de (d') _____ par mois allez-vous chez vos parents?
7. Trois ou quatre _____.
8. Quand avez-vous dîné hier soir? À sept _____.
9. Combien de (d') _____ avez-vous passé à table?
10. Une _____.

⓬ À vous. Répondez aux questions.

1. D'habitude combien de temps passez-vous à faire vos devoirs?
2. Pendant combien d'heures avez-vous étudié hier soir? Combien de temps avez-vous passé à faire vos devoirs pour le cours de français?
3. À quelle heure avez-vous dîné? Combien de temps avez-vous passé à table?
4. Combien de temps par semaine passez-vous avec votre meilleur(e) ami(e)?
5. Combien de fois par mois allez-vous au cinéma?
6. Combien de temps avez-vous passé à la bibliothèque la semaine dernière?
7. Combien de fois par jour envoyez-vous des textos?

Interview your partner to find out what kind of student s/he is.

1. Find out if your partner spends a lot of time studying.
2. Ask if s/he watches TV while s/he studies.
3. Find out how long s/he studied last night.
4. Ask what s/he read for your French course.
5. Ask your partner how to spell some word in French.
6. Compliment your partner on his/her French.

3. DESCRIBING YOUR WEEKEND ACTIVITIES

Track 2-15

Qu'est-ce que vous faites pendant le week-end?

	oui	non
Je pars[1] du campus chaque week-end.	_____	_____
Je sors[2] avec mes amis.	_____	_____
Je m'amuse[3] bien.	_____	_____
Je vais au cinema.	_____	_____
Je joue du piano.	_____	_____
Je joue au golf.	_____	_____
Je fais du vélo.	_____	_____
Je fais beaucoup de sport.	_____	_____
Je dors[4] beaucoup.	_____	_____
Je me lève tard[5].	_____	_____
Je ne me couche[6] pas tôt.	_____	_____
Je nettoie[7] ma chambre.	_____	_____

1. *leave* / 2. *go out* / 3. *have fun* / 4. *sleep* / 5. *late* / 6. *go to bed* / 7. *clean*

E. Les verbes pronominaux

Grammar Tutorials

▶ Reflexive verbs **(les verbes pronominaux)** are those whose subject and object are the same. English examples of reflexive verbs are *he cut himself* or *she bought herself a dress.*

▶ You have already learned a number of expressions that use reflexive verbs in French.

Comment vous appelez-vous?	*What is your name?*
Je m'appelle ...	*My name is ...*
Comment s'appellent vos amis?	*What are your friends' names?*
Asseyez-vous là!	*Sit there!*

▶ Reflexive verbs use an object pronoun **(me, te, se, nous, vous)** in addition to the subject. With the exception of affirmative commands, this pronoun is always placed directly in front of the verb.

s'amuser	
je	**m'**amuse
tu	**t'**amuses
il/elle/on	**s'**amuse
nous	**nous** amusons
vous	**vous** amusez
ils/elles	**s'**amusent

se lever	
je	**me** lève
tu	**te** lèves
il/elle/on	**se** lève
nous	**nous** levons
vous	**vous** levez
ils/elles	**se** lèvent

▶ Use **est-ce que** or a rising intonation to ask a yes/no question.

Est-ce que tu te lèves tôt le matin?   *Do you get up early in the morning?*

Tu t'amuses au cours de français?   *Do you have fun in French class?*

▶ In the negative, **ne** is placed before the object pronoun and **pas** after the verb.

Je **ne** me lève **pas** tôt.   *I don't get up early.*

Mes professeurs **ne** s'amusent **pas.**   *My teachers don't have fun.*

Vous **ne** vous couchez **pas** avant minuit?   *Don't you go to bed before midnight?*

▶ When the reflexive verb is used in the infinitive form after another verb, the reflexive pronoun agrees with the subject of the sentence.

À quelle heure vas-**tu te** coucher?   *At what time are you going to go to bed?*

Je n'aime pas **me** lever tôt.   *I don't like to get up early.*

Les étudiants ont l'habitude de **s'**amuser le samedi soir.   *Students are used to having fun on Saturday night.*

⑬ Identifications. Identifiez, si possible, des personnes qui correspondent aux descriptions suivantes.

MODÈLE: une personne qui se lève très tôt le dimanche matin
Mon père se lève très tôt le dimanche matin.

1. une personne qui se couche tôt le dimanche soir
2. une personne qui ne se couche pas s'il y a quelque chose d'intéressant à la télévision
3. deux étudiants qui se couchent tard s'ils ont un examen
4. deux personnes qui s'amusent beaucoup au cours de français
5. deux de vos amis qui ne se lèvent pas tôt le samedi matin
6. une personne qui ne va pas s'amuser pendant les vacances
7. une personne qui se lève quelquefois trop tard pour le cours de français

14 À vous. Répondez aux questions.

1. Comment vous appelez-vous et comment s'appelle votre meilleur(e) ami(e)?
2. Quel jour est-ce que vous vous couchez tard?
3. Est-ce que vous vous levez tôt ou tard le samedi matin? Expliquez votre réponse.
4. Avez-vous des amis qui ne s'amusent pas beaucoup? Si oui, comment s'appellent-ils?
5. Est-ce que vos professeurs aiment s'amuser en classe?
6. Est-ce que vous vous amusez au cours de français? Pourquoi ou pourquoi pas?
7. À quelle heure est-ce que vous vous levez le lundi matin? Pourquoi?
8. À quelle heure est-ce que vous allez vous coucher ce soir? Expliquez votre réponse.

F. Jouer de et jouer à

Grammar Tutorials

▶ *To play a musical instrument* is expressed by **jouer de** + definite article + musical instrument. The definite article is retained in the negative before the name of the instrument.

Mon frère **joue du** saxophone, mais il ne **joue** pas **de la** guitare.	*My brother plays the saxophone but he doesn't play the guitar.*
De quoi **jouez**-vous?	*What (instrument) do you play?*
Moi, je ne **joue de** rien.	*I don't play any (instrument).*

Review **de** + *article, p. 78, and* **à** + *article, p. 133.*

Vocabulaire

Quelques instruments de musique

un accordéon	*accordion*	un piano	*piano*
une batterie	*drums*	un saxophone	*saxophone*
une flûte	*flute*	une trompette	*trumpet*
une guitare	*guitar*	un violon	*violin*

▶ *To play a game* is expressed by **jouer à** + definite article + game.

— Mon amie **joue au** golf le lundi, elle **joue à la** pétanque le mercredi et elle **joue aux** cartes le vendredi soir. Mais elle ne **joue** jamais **aux** échecs.
— À quoi **jouez**-vous?
— Moi, je ne **joue à** rien.

Howard Harrison/Alamy

Quelques jeux *(Several games)*

le basket-ball (le basket)	*basketball*	le football américain	*football*
le bridge	*bridge*	le golf	*golf*
les cartes *(f. pl.)*	*cards*	le hockey	*hockey*
les dames *(f. pl.)*	*checkers*	la pétanque	*lawn bowling*
les échecs *(m. pl.)*	*chess*	le rugby	*rugby*
le football (le foot)	*soccer*	le tennis	*tennis*

Note culturelle

La pétanque est un jeu de boules très populaire en France. On joue à la pétanque à l'extérieur. Pour marquer des points, il faut placer les boules le plus près possible du cochonnet (*small wooden ball*).

15 Tout le monde joue. À quoi jouent-ils? De quoi jouent-ils? Faites des phrases complètes avec les éléments donnés.

MODÈLES: **Les Canadiens jouent au hockey.**
Ma sœur ne joue pas de l'accordéon.

les Français
Tiger Woods
Shaquille O'Neal
ma sœur
mon frère
les violonistes   (ne ... pas) jouer
les Américains
les Canadiens
les sœurs Williams
je
mon ami(e) ...
...

de

à

la pétanque
l'accordéon
le piano
les cartes
le saxophone
le basket-ball
la guitare
les échecs
le violon
le golf
le hockey
le tennis

objectsforall/Shutterstock.com

16 À vous. Répondez aux questions.

1. Quel est votre instrument de musique préféré?
2. Quel est votre sport préféré?
3. Jouez-vous d'un instrument de musique? De quoi jouez-vous?
4. Êtes-vous sportif (sportive)? Si oui, à quoi jouez-vous?
5. Avez-vous des amis qui jouent d'un instrument de musique? Si oui, de quoi jouent-ils?

▶ *Stress pronouns* (**les pronoms accentués**) are used in certain circumstances where a subject pronoun cannot be used. Each stress pronoun has a corresponding subject pronoun.

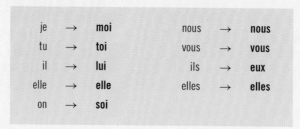

je	→	**moi**		nous	→	**nous**
tu	→	**toi**		vous	→	**vous**
il	→	**lui**		ils	→	**eux**
elle	→	**elle**		elles	→	**elles**
on	→	**soi**				

▶ Stress pronouns are used in the following circumstances:

• to stress the subject of a sentence

Moi, je n'aime pas le café.   *I don't like coffee.*
Ils aiment le thé, **eux.**   *They like tea.*

• in a compound subject

Mes parents et **moi,** nous habitons ici.   *My parents and I live here.*
Monsieur Martin a des enfants?
Oui, sa femme et **lui** ont six enfants.   *Yes, he and his wife have six children.*

• after a preposition

chez **soi**   *at one's house*   pour **lui**   *for him*
entre **nous**   *between us*   sans **elles**   *without them*

> **NOTE**
> A stress pronoun after the expression **être à** indicates possession.
> Ce livre est **à moi.**   *This book belongs to me.*
> Il est **à toi,** ce pull?   *Is this sweater yours?*

• after **c'est** and **ce sont**

C'est **moi.**   *It is I (me).*   Ce n'est pas **elle.**   *It is not she (her).*

> **NOTE**
> **C'est** is used with **nous** and **vous**. **Ce sont** is used only with **eux** and **elles.**
> **C'est** nous.   *It is we (us).*   **Ce sont** eux.   *It is they (them).*

• alone or in phrases without a verb

Lui!   *Him!*
Et **toi**?   *And you?*
Elle aussi.   *So does she. So has she. So is she. She too.*
Moi non plus.   *Me neither. Nor I.*

• with the suffix **-même(s)**

toi-même   *yourself*   **eux**-mêmes   *themselves*

17 Eux aussi. La famille de Paul et lui font les mêmes choses. Utilisez un pronom accentué pour répondre à chaque question. Si la phrase est affirmative, répondez affirmativement. Si elle est négative, répondez négativement.

MODÈLES: Paul a fait le ménage. Et sa sœur? **Elle aussi.**

Paul n'a pas regardé la télévision. Et son frère? **Lui non plus.**

1. Paul n'a pas lu le journal ce matin. Et ses sœurs?
2. Paul écrit des lettres. Et ses parents?
3. Paul ne se lève jamais tard. Et sa sœur?
4. Il a déjà mangé. Et son frère?
5. Paul n'aime pas les cigares. Et ses parents?
6. Il va souvent au cinéma le vendredi soir. Et sa sœur?

18 À vous. Répondez aux questions suivantes. Utilisez un pronom accentué dans chaque réponse.

1. Faites-vous la cuisine vous-même?
2. Déjeunez-vous d'habitude avec votre meilleur(e) ami(e)?
3. Avez-vous passé les dernières vacances chez vos parents?
4. Vos amis et vous, allez-vous souvent au cinéma?
5. Faites-vous vos devoirs avec vos amis?

Réalités culturelles
Les loisirs préférés des Français

Cultural Activities

COMMENT LES Français ont-ils passé leur temps libre au cours des derniers douze mois. Voici quelques pourcentages:

CandyBoxPhoto/Shutterstock.com

87%	ont regardé la télé tous les jours
70%	ont lu un livre
17%	ont lu 20 livres ou plus
69%	ont lu un journal quotidien
29%	ont lu un journal quotidien tous les jours
67%	ont écouté la radio tous les jours
63%	ont regardé des DVD toutes les semaines
57%	sont allés (*went*) au cinéma au moins une fois
50%	ont utilisé l'Internet régulièrement
30%	ont visité un musée

Et les jeunes Français? Voici quelques pourcentages:

Âge 15–24 ans	Âge 25–34 ans	
58%	57%	ont utilisé l'Internet tous les jours
56%	69%	ont écouté la radio tous les jours
58%	66%	ont lu un journal quotidien régulièrement
78%	73%	ont lu un livre l'année dernière
15%	15%	ont lu 20 livres ou plus
29%	15%	sont allés au cinéma une fois par mois

Grammar
Tutorials

Je ne **dors** pas bien.   *I don't sleep well.*

Quand **partez-vous** en vacances?   *When are you leaving on vacation?*

Avec qui Annie **sort-elle** vendredi?   *With whom is Annie going out on Friday?*

dormir (to sleep)	
je	dors
tu	dors
il/elle/on	dort
nous	dormons
vous	dormez
ils/elles	dorment

partir (to leave)	
je	pars
tu	pars
il/elle/on	part
nous	partons
vous	partez
ils/elles	partent

sortir (to go out)	
je	sors
tu	sors
il/elle/on	sort
nous	sortons
vous	sortez
ils/elles	sortent

Partir and **sortir** use **être** as the auxiliary in the **passé composé** and will be studied in the past tense in Ch. 7.

▶ Note the pronunciation distinction between the third person singular and plural forms.

elle dor*t* [dɔʀ]   il par*t* [paʀ]   elle sor*t* [sɔʀ]

elles dor**m***ent* [dɔʀm]   ils par**t***ent* [paʀt]   elles sor**t***ent* [sɔʀt]

▶ The past participle of **dormir** is **dormi**.

J'ai **dormi** pendant huit heures.

19 Notre vie à l'université. Complétez les phrases suivantes avec les verbes **dormir**, **partir** et **sortir**. Faites attention au choix du verbe et au choix entre le présent et l'infinitif.

1. Les étudiants de notre université _____ du campus chaque week-end pour aller chez leurs parents.
2. Mais ils ont envie de s'amuser et c'est pourquoi ils _____ avec leurs amis le jeudi soir.
3. Si on _____ le jeudi soir, on est naturellement fatigué le vendredi matin.
4. Si on ne _____ pas pendant huit heures, on ne se lève pas tôt.
5. Quelquefois, si on est très fatigué, on a envie de _____ en classe!
6. Si vous _____ en classe, les professeurs ne vont pas être très contents.
7. Alors, si vous allez _____ le jeudi soir, il faut faire la sieste le jeudi après-midi.

20 La vie des étudiants. Répondez aux questions suivantes.

1. Combien d'heures dormez-vous d'habitude par nuit?
2. Pendant combien de temps avez-vous dormi la nuit dernière?
3. Y a-t-il des étudiants qui ne dorment pas le samedi matin? Si oui, pourquoi?
4. Qui dort mal avant un examen important? Pourquoi?
5. Les étudiants sortent-ils quelquefois pendant la semaine? Si oui, où vont-ils? Si non, pourquoi pas?
6. Est-ce que la plupart des étudiants partent le week-end ou est-ce qu'ils restent sur le campus?
7. Quand allez-vous partir en vacances cette année?

Tu nettoies ta chambre ce matin? *Are you cleaning your room this morning?*
Oui, mais d'abord **j'envoie** un e-mail. *Yes, but first I'm sending an e-mail.*

nettoyer (to clean)	
je	**nettoie**
tu	**nettoies**
il/elle/on	**nettoie**
nous	**nettoyons**
vous	**nettoyez**
ils/elles	**nettoient**
passé composé: j'**ai nettoyé**	

envoyer (to send)	
j'	**envoie**
tu	**envoies**
il/elle/on	**envoie**
nous	**envoyons**
vous	**envoyez**
ils/elles	**envoient**
passé composé: j'**ai envoyé**	

► In the present tense, these verbs are conjugated like **parler**, except that **i** is used in place of **y** in the singular and the third-person plural.

iLrn
Diagnostics

21 **Un message à ma famille.** Complétez les phrases suivantes avec les verbes **envoyer** et **nettoyer**. Faites attention au choix du verbe et au choix entre le présent, le passé composé et l'infinitif.

1. Hier, j'ai _____ un e-mail à ma famille.
2. J'ai parlé de mon camarade de chambre qui ne _____ jamais notre chambre.
3. J'ai écrit «Pourquoi c'est toujours moi qui dois _____ la chambre?»
4. Lui, il s'amuse et il _____ des textos à ses amis.
5. Moi aussi, je voudrais _____ des textos et m'amuser.
6. Les bons camarades de chambre _____ leur chambre ensemble, non?

22 **À vous.** Répondez aux questions suivantes.

1. Avez-vous envoyé des textos ou des e-mails aujourd'hui? Si oui, à qui?
2. Envoyez-vous des textos chaque jour? Si oui, combien de fois par jour envoyez-vous des textos?
3. Est-ce que vos amis envoient souvent des e-mails ou des messages? Si oui, comment s'appellent ces amis? Combien de messages ou d'e-mails est-ce qu'ils envoient chaque jour?
4. Qui n'envoie jamais de lettres? Pourquoi pas?
5. Qui n'aime pas nettoyer sa chambre? Pourquoi pas?
6. Nettoyez-vous votre chambre chaque jour? Pourquoi ou pourquoi pas?

ENTRE AMIS Le week-end

Follow the steps below to find out about your partner's weekend activities.

1. Ask if s/he goes out with friends.
2. If so, find out where s/he goes.
3. Find out if s/he gets up early or late on Sunday morning.
4. Find out when s/he cleans her room.
5. What else can you find out?

Intégration

RÉVISION

A **Mon week-end.** Que faites-vous d'habitude le week-end? Avez-vous beaucoup de temps libre?

B **Notre vie à l'université.** Posez des questions. Votre partenaire va répondre. Attention au présent et au passé composé.

MODÈLE: parler français avec tes amis pendant le cours de français

> VOUS: **Est-ce que tu parles français avec tes amis pendant le cours de français?**
>
> VOTRE PARTENAIRE: **Oui, je parle français avec eux.** ou **Non, je ne parle pas français avec eux.**

1. dormir bien quand il y a un examen
2. aller souvent à la bibliothèque après le dîner
3. écouter la radio quelquefois pendant que tu étudies
4. être absent(e) le mois dernier
5. jouer aux cartes avec tes amis le week-end dernier
6. faire la vaisselle d'habitude après le dîner
7. sortir avec tes amis ce soir

C **Trouvez quelqu'un qui ...** Interviewez les autres étudiants pour trouver quelqu'un qui ...

1. regarde la télé pendant qu'il étudie
2. joue de la guitare
3. a eu le temps de lire un livre la semaine dernière
4. a déjà écrit une dissertation ce semestre
5. n'a rien mangé ce matin
6. a eu la grippe l'année dernière
7. a nettoyé sa chambre le week-end dernier
8. ne sort jamais le dimanche soir
9. envoie souvent des e-mails à ses professeurs

D **À l'écoute.** Marc parle de son week-end. Écoutez et décidez si les phrases suivantes sont vraies ou fausses.

Track 2-16

1. Marc aime bien regarder la télé.
2. Marc a fait du sport ce week-end.
3. Marc ne sort jamais le week-end.
4. D'habitude Marc ne se couche pas trop tard.
5. Marc n'a pas travaillé dimanche.

E **À vous.** Répondez aux questions.

1. Que fait-on pour s'amuser le week-end sur votre campus?
2. Qu'est-ce que la plupart des étudiants font le dimanche soir?
3. Avez-vous regardé la télévision hier soir? Si oui, combien de temps avez-vous passé devant la télévision?
4. Quelle est la dernière fois que vous avez dîné au restaurant? Combien de temps avez-vous passé à table?
5. Est-ce que vous êtes sportif (sportive)? Si oui, à quel sport jouez-vous?
6. Quelle est la dernière fois que vous avez nettoyé votre chambre?

NÉGOCIATIONS

Hier, d'habitude et pendant le week-end. Interviewez votre partenaire pour trouver les renseignements qui manquent *(missing information)*. La copie de votre partenaire est dans l'Appendice D.

MODÈLE: **Est-ce que Valérie va au cours de français d'habitude?**
Est-ce qu'Alain a fumé hier?

A			
NOM	HIER	D'HABITUDE	PENDANT LE WEEK-END
Valérie	OUI	aller au cours de français _____	NON
Chantal	déjeuner avec ses amis _____	se lever tôt _____	OUI
Sophie	NON	OUI	faire ses devoirs _____
Alain	fumer _____	NON	lire des livres _____
David	nettoyer sa chambre	être absent _____	NON
Jean-Luc	NON	OUI	sortir avec ses amis _____

REPÈRES:	LE MAROC	L'ALGÉRIE	LA TUNISIE
Superficie:	446.550 km², un peu plus grand que la Californie	environ 2.381.741 km², un peu plus de trois fois le Texas	163.610 km²; un peu plus grand que la Géorgie
Population:	environ 31 millions	environ 34 millions	environ 10 millions
Ethnicité:	99% Arabes-Berbères	Arabes-Berbères, 1% Européens	98% Arabes, 1% Européens, 1% autres
Capitale:	Rabat	Alger	Tunis
Langues:	arabe, français, berbère	arabe, français, berbère	arabe, français

Vocabulaire: sont devenus *became,* guerre *war*

Communication and Communities. To learn more about the culture presented in this chapter, go to the *Premium Website* and click on the Web Search Activities.

Also see the *Entre amis* Video Program and Video Worksheet in the *Cahier.*

Be careful to choose between the past and the present.

LECTURE I

A **Étude du vocabulaire.** Étudiez les phrases suivantes et choisissez *(choose)* les mots anglais qui correspondent aux mots français en caractères gras *(bold print)*: *stay up-to-date, net surfer, toward, is bored, less than, late, since.*

1. **Depuis** son retour à Angers, Thomas est heureux. Il n'a pas été content à Paris.

2. Il n'y a rien à faire; Karine **s'ennuie**.

3. D'habitude le train arrive à 18h, mais il a 15 minutes **de retard.** Il va arriver à 18h15.

4. Pour trouver le cinéma, il faut aller **vers** le centre commercial.

5. Je suis vieux! J'ai 30 ans et tous mes amis ont **moins de** 25 ans.

6. Ils **se tiennent au courant** parce qu'ils lisent un journal tous les jours.

7. Les personnes qui utilisent l'Internet s'appellent des **internautes.**

B **Parcourez l'article et le tableau.** Skim the article and table and ask yourself the *W-questions* listed in **La méthodo.** Then, using your answers, summarize what you think the article is about.

TUNISIE: L'OFFRE DE LOISIRS POUR LA JEUNESSE

Depuis qu'elle est revenue[1] s'installer en Tunisie après six ans d'études de commerce en France, Sonia s'ennuie ferme et le dit: «Les films arrivent avec des mois de retard. Dans les galeries, on rencontre toujours les mêmes personnes...» Même si[2] 80% des programmes de développement de l'État sont orientés vers les jeunes, en particulier pour l'éducation et les loisirs, moins de 2% des 15-29 ans disent[3] fréquenter les maisons de la culture. Les cinémas sont rares: Tunis ne compte plus que[4] 12 salles (contre 62 en 1960), Sousse et Sfax une seule chacune. ...Pour voir le dernier film américain ou écouter un nouvel album, les jeunes ont plutôt tendance à privilégier[5] la myriade de magasins où l'on vend des CD et DVD piratés. Et puis il y a la télévision...

À première vue, l'offre de loisirs peut paraître[6] mal adaptée aux attentes[7] de la jeunesse. Mais «Quand on cherche, on trouve», dit Nabil, étudiant en médecine. Ses amis et lui se tiennent au courant de tous les événements sur Facebook. Exposition privée dans un appartement, pièce de théâtre encore confidentielle, projection de court-métrage[8]... Si l'offre culturelle souffre d'un manque[9] de médiatisation, rien n'échappe[10] aux internautes. «Pour nous, les loisirs riment[11] surtout avec sociabilité, ajoute Nabil... Certains vont au restaurant et en boîte[12] tous les week-ends. Ils voyagent. Les autres se contentent d'aller au café, de jouer aux cartes et de se faire un ciné de temps en temps.»

Adapted from Leila Slimani, "Une autre conception de la détente", *Jeune Afrique*, 09/04/2010. Copyright *Jeune Afrique*. Used with permission.

---

[1]*came back* / [2]*Even if* / [3]*say* / [4]*only has* / [5]*to favor* / [6]*may seem* / [7]*expectations* [8]*short film* / [9]*suffers from a lack* / [10]*escapes* / [11]*go with* / [12]*clubs*

Les cinq activités privilégiées des 15–29 ans		Lieux préférés des 15–29 ans pendant leurs loisirs			
			Tunisie	Algérie	Maroc
Internet	35,07%	Chez eux/chez leurs parents	54,27%	61%	54,5%
Regarder la télévision	25,07%	Café	14,10%	15,2%	18,20%
Rencontrer des amis	14,97%	Rue	13,34%	17,7%	19,0%
Écouter de la musique	12,78%	Bibliothèque	3,56%	1,50%	2,40%
Faire du sport	12,11%	Maison de jeunes ou de la culture	1,78%	,50%	,60%
Ils aiment passer leurs vacances …		Centres de loisirs	1,34%	1,60%	1,80%
en famille	45%	Cinémas	1,27%	1,50%	1,80%
avec des amis	38%	Discothèques	0,71%	0,50%	0,90%
au sein d'une association ou d'un club	15%	Associations et organisations	0,50%	0,50%	0,70%

From *Jeune Afrique*, No. 2567 du 21 au 27 mars 2010. Copyright Jeune Afrique. Used with permission.
Source: Euromad Jeunesse (décembre 2008).

C **Vrai ou faux?** Décidez si les phrases suivantes sont vraies ou fausses. Si une phrase est fausse, corrigez-la.

1. Les jeunes Tunisiens vont souvent aux maisons de culture.
2. Les villes de Tunisie ont beaucoup de cinémas.
3. Les jeunes Tunisiens aiment les activités sociales.
4. Les jeunes Tunisiens n'utilisent pas beaucoup l'Internet.

D **Questions.** Regardez le tableau et répondez aux questions.

1. Quelles sont les activités préférées des jeunes Tunisiens?
2. Avec qui est-ce que les jeunes Tunisiens passent leurs vacances?
3. Quels sont les endroits que les jeunes en Afrique du Nord (le Maghreb) fréquentent?

Cultural Activities

Réalités culturelles
Le Maghreb

Le Maghreb est le nom donné en France à l'ensemble des trois pays du nord-ouest de l'Afrique: **le Maroc, l'Algérie** et **la Tunisie**. La France a colonisé l'Algérie en 1830. Plus tard, la Tunisie (1881) et le Maroc (1912) sont devenus des protectorats français. Ces deux pays sont indépendants depuis 1956. L'Algérie a gagné son indépendance en 1962, après une guerre avec la France.

E **Familles de mots.** Essayez de deviner le sens des mots suivants.

1. étudier, étudiant(e), étude
2. offrir, offre
3. se contenter, contentement, content(e)
4. médiatiser, médias, médiatisation

F **Discussion.**

1. Identify three aspects of Tunisian culture mentioned in the article that are similar to or different from American culture.
2. Is the situation regarding the availability of leisure activities for young people in Tunisia depicted favorably or unfavorably in the article? Explain your answer.

LECTURE II

A **Étude du vocabulaire.** Étudiez les phrases suivantes et choisissez les mots anglais qui correspondent aux mots français en caractères gras: *skip, be quiet, will hold myself, rights, out loud, whatever, claim.*

1. La Constitution des États-Unis parle des **droits** et des responsabilités.
2. Il y a des pays qui **prétendent** que la liberté de la presse est importante, mais en réalité cette liberté n'existe pas.
3. Quand on passe un examen, les étudiants **sautent** souvent les questions difficiles.
4. J'ai envie de jouer à quelque chose: aux cartes, aux échecs, **n'importe quoi.**
5. Lisez le paragraphe **à voix haute.** Nous voulons vous écouter.
6. Nous pouvons parler ou **nous taire.**
7. Je **me tiendrai** à 10 bonnes résolutions; 11 c'est trop.

Les droits imprescriptibles[1] du lecteur

Daniel Pennac, né à Casablanca au Maroc en 1944, a été enseignant. Il a travaillé dans le sud de la France et à Paris. Il écrit souvent sur ses expériences dans l'enseignement. L'extrait suivant est tiré de Comme un roman, *un livre qui a eu beaucoup de succès en France.*

En matière de lecture, nous autres "lecteurs" nous nous accordons tous les droits, à commencer par ceux que nous refusons aux jeunes gens que nous prétendons initier à la lecture.

Le *bovarysme* signifie un état d'insatisfaction.

1. Le droit de ne pas lire.
2. Le droit de sauter les pages.
3. Le droit de ne pas finir un livre.
4. Le droit de relire.
5. Le droit de lire n'importe quoi.
6. Le droit au bovarysme (maladie textuellement transmissible).
7. Le droit de lire n'importe où.
8. Le droit de grappiller.[2]
9. Le droit de lire à haute voix.
10. Le droit de nous taire.

Je me tiendrai au chiffre 10, d'abord parce que c'est un compte rond, ensuite parce que c'est le nombre sacré des fameux Commandements et qu'il est plaisant de le voir une fois servir à une liste d'autorisations.

Car[3] si nous voulons que mon fils, que ma fille, que la jeunesse lisent, il est urgent de leur octroyer[4] les droits que nous nous accordons.

Daniel Pennac, "Les droits imprescriptibles du lecteur", from *Comme un roman.*
© Éditions Gallimard. Reprinted with permission.

[1]*inalienable* / [2]*turn down pages* / [3]*Because* / [4]*grant*

B **Vrai ou faux?** Décidez si les phrases suivantes sont vraies ou fausses. Ensuite cherchez dans le texte quelque chose qui justifie chaque réponse.

1. "Nous autres 'lecteurs'" sont les professeurs.
2. Pennac pense qu'il est important de lire de la manière dont on désire lire.
3. Pennac a écrit dix droits parce qu'il aime le numéro 10.
4. Les adultes et les jeunes ont les mêmes (*same*) droits.

C **Discussion.** Why does Pennac feel children should have certain rights with regard to reading? Do you agree or disagree with him? Explain your answer.

RÉDACTION

LA MÉTHODO When relating a series of events in the past, consider using a timeline to organize your thoughts before beginning to write.

9 h	12 h	15 h	16 h 30	18 h	20 h
tennis	déjeuner avec Vincent	étudier	nettoyer	écrire des e-mails	manger au bistro avec Nathalie

QU'EST-CE QUE TU AS FAIT HIER?

Un(e) ami(e) voudrait savoir ce que vous avez fait hier. Écrivez un e-mail pour décrire ce que vous avez fait. Dans votre e-mail:

- dites-lui bonjour
- dites deux choses que vous avez faites hier matin, deux choses que vous avez faites hier après-midi et deux choses que vous avez faites hier soir
- dites à quelle heure, où et avec qui vous avez fait chaque activité
- ajoutez (*add*) d'autres détails si vous voulez
- utilisez les expressions de temps et le passé composé

A **Avant d'écrire.** Faites une ligne chronologique avec toutes les activités que vous avez faites hier. Notez l'heure, l'endroit et avec qui vous avez fait chaque activité. Parlez uniquement des activités dont vous connaissez le verbe (*Only use verbs you already know*).

B **Écrire.** Écrivez une ébauche de votre e-mail. Suivez les indications ci-dessus (*above*). Utilisez votre ligne chronologique pour être sûr(e) que vous avez inclus tous les détails demandés.

C **Correction.** Échangez votre e-mail avec un(e) camarade de classe pour le corriger. Est-ce que l'ordre des activités est logique? Faites les corrections nécessaires.

Vocabulaire Actif

Practice some of this vocabulary with the flashcards on **iLrn**.

Instruments de musique

un accordéon *accordion*
une batterie *drums*
une flûte *flute*
une guitare *guitar*
un piano *piano*
un saxophone *saxophone*
une trompette *trumpet*
un violon *violin*

D'autres noms

un cigare *cigar*
une cigarette *cigarette*
une crêpe *crepe (pancake)*
un examen *test, exam*
un exercice *exercise*
la grippe *flu*
un robinet *faucet*

Pronoms accentués

moi *I, me*
toi *you*
lui *he, him*
elle *she, her*
soi *oneself*
nous *we, us*
vous *you*
eux *they, them*
elles *they, them (female)*

Jeux

le basket-ball (le basket) *basketball*
le bridge *bridge*
les cartes *(f. pl.) cards*
les dames *(f. pl.) checkers*
les échecs *(m. pl.) chess*
le football (le foot) *soccer*
le football américain *football*
le golf *golf*
le hockey *hockey*
un jeu *game*
la pétanque *lawn bowling, bocce*
le rugby *rugby*
le tennis *tennis*

Choses à lire ou à écrire

une bande dessinée *comic strip*
un blog *blog*

une carte postale *postcard*
une dissertation *(term) paper*
un journal *newspaper*
une lettre *letter*
un magazine *magazine*
un e-mail *e-mail*
un mot *word*
une pièce *play*
un poème *poem*
un roman *novel*
un roman policier *detective story*
un texto (SMS) *text message*

Divisions du temps

une année *year*
une fois *one time*
une journée *day*
un mois *month*
un semestre *semester*
le temps *time; weather*
les vacances *(f. pl.) vacation*

Prépositions

pendant *for; during*
sans *without*

Verbes

accompagner *to accompany*
s'amuser *to have fun*
se coucher *to go to bed*
décrire *to describe*
demander *to ask*
dormir *to sleep*
écrire *to write*
envoyer *to send*
être à *to belong to*
fermer *to close*
fumer *to smoke*
se lever *to get up*
lire *to read*
nettoyer *to clean*
oublier *to forget*
partir *to leave*
préparer (un cours) *to prepare (a lesson)*
remarquer *to notice*
sortir *to go out*
téléphoner (à qqn) *to telephone (someone)*

Expressions de temps

il y a ... ans (mois, etc.) ... *years (months, etc.) ago*
Je suis ici depuis ... mois (heures, etc.). *I've been here for ... months (hours, etc.).*
Pendant combien de temps ... ? *How long ... ?*
tout à l'heure *a little while ago; in a little while*

Adverbes de temps

déjà *already*
hier *yesterday*
hier soir *last night*
longtemps *a long time*
récemment *recently*
tard *late*
tôt *early*

D'autres adverbes

au moins *at least*
heureusement *fortunately*
rien (ne ... rien) *nothing, not anything*
tant *so much; so many*

D'autres expressions utiles

Aïe! *Ouch!*
à l'intérieur de *inside of*
À quoi jouez-vous? *What (game, sport) do you play?*
à table *at dinner, at the table*
Bonnes vacances! *Have a good vacation!*
C'est la vie! *That's life!*
chaque *each; every*
De quoi jouez-vous? *What (instrument) do you play?*
Eh bien *Well*
en vacances *on vacation*
faire du sport *to play sports*
faire du vélo *to go bike riding*
la plupart (de) *most (of)*
parce que *because*
par exemple *for example*
Pourquoi pas? *Why not?*

CHAPITRE 7

Où êtes-vous allé(e)?

John Miller PCL/Superstock

BUTS COMMUNICATIFS

- Relating past events *(continued)*
- Describing your background
- Stating what you just did

STRUCTURES UTILES

- Le passé composé avec **être**
- Le pronom **y**
- Le verbe **venir**
- Les prépositions de lieu avec une ville ou un pays *(suite)*
- Les mois de l'année, les saisons et le temps
- **Venir de** + infinitif

CULTURE

Zoom sur la technologie

- **Vu sur le web:** Le portable
- **Article:** Une technologie de pointe
- **Vidéo buzz:** Le TGV
- **Repères:** La TNT (La télévision numérique terrestre)
- **Insolite:** Les mobicartes

Lectures

- Le tourisme international en France
- «Il»

RESOURCES

Audio

 iLrn Heinle Learning Center

 Premium Website

 Pair Work

 Group Work

Entre amis Video Program

Coup d'envoi

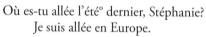

Où es-tu allée l'été° dernier, Stéphanie?   *summer*
    Je suis allée en Europe.

Parle-moi de ce voyage, s'il te plaît.
    Eh bien! Je suis arrivée à Londres le 15 juin°.   *June*

    J'ai passé quinze jours à voyager en
        Angleterre.

    Puis je suis partie pour Paris le premier
        juillet°.   *July first*

    Je suis restée chez des amis de mes parents
        qui habitent à Paris.

    Je me suis très, très bien amusée.

    Enfin je suis revenue° le 10 août°.   *I came back / August*
    Voilà!

🗨 **Et vous?** Qu'est-ce que vous avez fait pendant les vacances? Êtes-vous parti(e) en voyage ou êtes-vous resté(e) chez vous?

Monsieur et Madame Smith, amis de la famille de Lori Becker, sont partis pour Angers. Là, ils sont descendus du TGV° à la gare Saint-Laud. Monsieur Smith a sorti° son téléphone portable et a composé le numéro des Martin.

got off the high-speed train / took out

Mme Martin:	Allô.
M. Smith:	Madame Martin?
Mme Martin:	Oui, qui est à l'appareil°?
M. Smith:	Bonjour, Madame. C'est Grayson Smith.
Mme Martin:	Ah! les amis de Lori. Vous êtes arrivés?
M. Smith:	Oui, nous sommes un peu en avance°. Nous venons de descendre° du train.
Mme Martin:	Mon mari et Lori sont déjà partis vous chercher. Restez là; ils arrivent.
M. Smith:	D'accord. Merci, Madame. À tout à l'heure.
Mme Martin:	À tout de suite°, Monsieur. Au revoir.

on the phone

early
we just got off

See you very soon

(Une demi-heure plus tard, chez les Martin)

Lori:	Madame Martin, je vous présente Monsieur et Madame Smith.
Mme Martin:	Bonjour, Madame. Bonjour, Monsieur. Vous devez être fatigués après votre voyage.
Mme Smith:	Bonjour, Madame. Non, pas trop.
M. Martin:	C'est la première fois que vous venez° en France?
Mme Smith:	Non, nous sommes déjà venus° il y a deux ans.
M. Smith:	Mais la dernière fois, nous n'avons pas beaucoup voyagé.
Mme Smith:	C'est gentil de vous occuper° de nous. Ça ne vous dérange pas trop?
Mme Martin:	Mais non! Je vous en prie.°

come

came

take care of

Don't mention it.

🎧 **Jouez ces rôles.** Répétez la conversation avec quatre camarades de classe. Changez de rôle plusieurs fois; vous devez (*should*) jouer chaque rôle au moins une fois. Utilisez vos propres (*own*) noms.

🎧 **À vous.** Vous téléphonez à un(e) ami(e). Répondez.

VOTRE AMI(E):	Allô.
VOUS:	_____
VOTRE AMI(E):	Tu es arrivé(e)?
VOUS:	_____
VOTRE AMI(E):	Où es-tu?
VOUS:	_____
VOTRE AMI(E):	Reste là-bas. J'arrive.
VOUS:	_____

Zoom sur la technologie

PETIT TEST

Pourquoi est-ce que les Martin font tout pour aider les Smith?

a. Ils ont l'habitude de recevoir (*receive*) des gens d'autres pays.

b. C'est une tradition française d'être gentil avec des visiteurs.

c. Les Smith sont des amis de Lori, alors il faut être gentil.

The answer is b. A warm welcome is the norm rather than the exception in Angers and in other places in France.

VU SUR LE WEB

Le portable

AN ESTIMATED 58 million cell phones are in circulation in France. Given the country's current population, this would mean that some 90% of the French people use cell phones regularly. They use them not only to communicate with each other, but also to connect to the Internet and for entertainment purposes. People generally receive cell phone service in two ways: they pay for a monthly subscription that often includes unlimited calls, SMS's, and Internet access or they pay as they go, buying blocks of credit (see **Insolite**). Take a look at the links offered on the *Premium Website* to learn about the services offered by providers in France.

David R. Fraser/Photo Researchers, Inc.

Une technologie de pointe

FRANCE IS KNOWN worldwide for its leadership in art, fashion, perfume, food, and drink. France is also the world's fifth largest economy and is the second largest trading nation in Europe after Germany. It is a leader in transportation (the TGV high-speed train), aerospace (Airbus and the Ariane rocket), telecommunications (cell phones, wireless technology, LCD screen technology), electronics, chemicals, and civil engineering (the Normandy bridge and the Channel tunnel).

VIDÉO BUZZ

Le TGV

FRANCE IS A WORLD LEADER in public transportation (*les transports en commun*). Buses, subways, and trains run well, are on time, and are widely used. Among the latter, the **TGV (train à grande vitesse)** is a spectacular technological achievement and commercial success. These high-speed "bullet" trains link Paris with major cities in France's various regions as well as with other countries in Europe. Although the TGV can reach speeds of up to 568 kilometers an hour, trains usually travel between 280 and 300 kilometers (between 174 and 186 miles) per hour. The TGV also offers exceptional comfort and service, including free wi-fi access. To see video footage of the TGV and learn more about its services, see the links on the *Premium Website*.

La TNT (La télévision numérique terrestre)

Most of today's gadgets use digital technology, including television. Both the United States and France have converted to digital TV. The following is a graphic used in France that explains how digital television works.

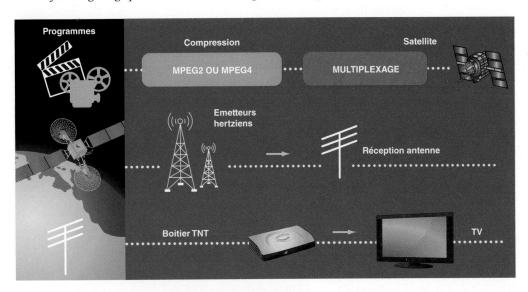

Vocabulaire

Pour (re)charger votre mobicarte

Achetez un ticket de (re)chargement (des unités).	*Buy a ticket to charge your phone with credit.*
Composez #123#.	*Dial #123#/*
Accédez à la rubrique "(re)charger".	*Choose the menu selection "(re)charge".*
Saisissez les 14 chiffres de votre ticket.	*Enter the 14 numbers on your ticket.*
Un message de confirmation apparaît.	*A message of confirmation appears.*

ENTRE AMIS

Vous êtes arrivé(e) à la gare.

You are a foreign student at a French university and will be staying with a host family.

1. Call your host family and identify yourself.
2. Say that you are at the train station.
3. Reassure them that you are not too tired after your trip.
4. Express your thanks and say "See you very soon."

INSOLITE

Les mobicartes

ONE OF THE EASIEST WAYS to stay in touch with people in France or when travelling to other Francophone countries is to purchase a pre-paid SIM card, or **mobicarte,** for your phone. All you need is an unlocked compatible international phone and you are ready to go. No long-term contract is necessary to use the phone either; you simply buy units of credit for specified amounts, such as for 10, 15, 30, or 40 Euros. Most **mobicartes** come with free voice mail and free incoming calls. Making a call, however, may seem expensive when compared to prices in the United States, but text messages cost little. Tourists like the Smiths aren't the only ones who would use a **mobicarte.** Around 30% of the people who live in France also use them. Pre-paid SIM cards are also available in other countries in Europe, like Belgium and Switzerland, as well as in the countries of North Africa.

PRONONCIATION

LES SONS [ɔ] et [O]

Track 2-19

► French has an open [ɔ] sound and a closed [o] sound. The following words contain these sounds. Practice saying the words after your instructor, paying particular attention to the highlighted sound.

[ɔ] • orange, bonne, comme, alors, sommes, connaissez, encore, poste, personnes, accordéon, hockey, postale, dormir, sortir, notre, note, jogging

[o] • radio, piano, mot, vos, gros
• chose, quelque chose, rose
• hôtel, à la vôtre, drôle
• chaud, faux, au fait, d'autres, au moins, à gauche, il faut, faux, fausse, jaune
• eau, beaucoup, beau, chapeau

Now go back and look at how these sounds are spelled and in what kinds of letter combinations they appear. What patterns do you notice?

► The sound [ɔ] is always followed by a pronounced consonant.

téléphone   adore   postale   note   dorment   mode   octobre

► The sound [o] is used in several circumstances.

o as the word's final sound	piano, mot
o + [z]	chose, rose
ô	hôtel, vôtre
au	au fait, il faut
eau	l'eau, beaucoup

Say the following pairs of words, making sure to pronounce the [ɔ] and [o] sounds correctly.

1. nos / notre
2. robinet / rose
3. votre / vôtre
4. chaud / chocolat
5. beau / bonne

Buts communicatifs

Track 2-20

1. RELATING PAST EVENTS (CONTINUED)

Tu es sortie vendredi dernier, Nathalie?

    Oui, je suis sortie.

Où es-tu allée?

    Je suis allée au restaurant et chez des amis.

À quelle heure es-tu rentrée° chez toi?   *did you get back*

    Je suis rentrée à minuit.

Et vous? Vous êtes sorti(e) le week-end dernier?

          Si oui, où êtes-vous allé(e)?

          À quelle heure êtes-vous rentré(e)?

A. Le passé composé avec être

Grammar Tutorial

Êtes-vous **arrivée** en train?	*Did you arrive by train?*
Non, je **suis venue** en voiture.	*No, I came by car.*
Paul et Karine **sont sortis** hier soir?	*Did Paul and Karine go out last night?*
Oui, mais ils **sont rentrés** à 9 heures.	*Yes, but they came home at nine o'clock.*
Mon oncle **est né** à Paris en 1935.	*My uncle was born in Paris in 1935.*
Mais sa famille **est partie** aux États-Unis avant la guerre.	*But his family left for the United States before the war.*
En 1985 il **est tombé** malade.	*He got sick in 1985.*
Il **est mort** en 1986.	*He died in 1986.*

> Review the formation of the **passé composé** with **avoir**, pp. 168–169.

> Remember to consult App. C at the end of the book to review any terms with which you are not familiar.

► While most verbs use **avoir** to form the **passé composé** (see Ch. 6), there are a limited number that use **être**. These verbs are intransitive; that is, they do not take a direct object. The most common are listed below.

Quelques verbes qui forment le passé composé avec être

Infinitif		Participe passé
aller	to go	allé
venir	to come	venu
devenir	to become	devenu
revenir (ici)	to come back (here)	revenu
retourner (là)	to go back; to return (there)	retourné
rentrer (à la maison)	to go (come) back; to go (come) home	rentré
arriver (en retard)	to arrive (late)	arrivé
partir (à l'heure)	to leave (on time)	parti
rester (à la maison)	to stay, remain (at home)	resté
monter (dans une voiture)	to go up; to get into (a car)	monté
descendre (d'une voiture)	to go down; to get out (of a car)	descendu
tomber	to fall	tombé
entrer (dans la classe)	to enter (the classroom)	entré
sortir (de la classe)	to go out (of the classroom)	sorti
naître	to be born	né
mourir	to die	mort

Remember that if a plural subject is of mixed gender, the masculine plural form of the participle will be used.

▶ Past participles used with **être** agree in gender and number with the subject, just as if they were adjectives. To show agreement, add **-e** (feminine singular), **-s** (masculine plural), or **-es** (feminine plural).

Masculin

Je suis **né** à Paris.
Tu es **né** à New York.
Il est **né** à Montréal.
Nous sommes **nés** à Boston.
Vous êtes **né(s)** à Angers.
Ils sont **nés** à Halifax.

Féminin

Je suis **née** à Paris.
Tu es **née** à New York.
Elle est **née** à Montréal.
Nous sommes **nées** à Boston.
Vous êtes **née(s)** à Angers.
Elles sont **nées** à Halifax.

▶ Most of these verbs are followed by a preposition when they precede the name of a place.

Sandrine est entrée **dans** la salle de classe.

Sandrine went into the classroom.

Moi, je suis arrivé **au** cours de français à l'heure.

I arrived at the French class on time.

Mais Nicolas est retourné **chez lui** chercher son livre. Alors, il est arrivé en retard.

But Nicolas went back home for his book. So, he came late.

▶ Reflexive verbs also use **être** to form the **passé composé**.

Review reflexive verbs, pp. 176–177.

Les étudiants **se sont amusés** à la soirée.

The students had fun at the party.

Ils ne **se sont** pas **couchés** tôt.

They did not get to bed early.

Est-ce que Mélanie **s'est levée** tard le jour suivant?

Did Mélanie get up late the following day?

Elle et sa sœur ne **se sont** pas **levées** avant midi.

She and her sister didn't get up before noon.

Note there is no accent on the first -e- of the past participle **levé(e)**.

Remember to choose the appropriate object pronoun.

se coucher *(to go to bed)*				
je	**me** suis couché(e)	nous	**nous** sommes couché(e)s
tu	**t'**es couché(e)	vous	**vous** êtes couché(e)(s)
il	**s'**est couché	ils	**se** sont couchés
elle	**s'**est couchée	elles	**se** sont couchées

❶ Thierry ne fait jamais rien comme les autres. Expliquez ce que ces personnes ont fait et ce que Thierry n'a pas fait. Suivez le modèle.

MODÈLE: Les autres (partir pour le Canada) / Et Thierry?
Les autres sont partis pour le Canada, mais Thierry n'est pas parti pour le Canada.

1. vous (aller au concert) / Et Thierry?
2. nous (sortir hier soir) / Et Thierry?
3. Marie et Monique (arriver à l'heure) / Et Thierry?
4. ses amis (tomber malades) / Et Thierry?
5. Madame Dubuque (monter dans un taxi) / Et Thierry?
6. les étudiants (rester sur le campus) / Et Thierry?
7. les étudiants (s'amuser) / Et Thierry?

❷ Le voyage. Racontez la journée *(Tell about the day)* de Monsieur et Madame Smith. Attention à l'emploi des verbes **avoir** et **être**.

MODÈLES: se lever à 7 heures
Ils se sont levés à 7 heures.

chercher un taxi
Ils ont cherché un taxi.

1. voyager en train
2. arriver à Angers
3. descendre du train à la gare Saint-Laud
4. téléphoner aux Martin
5. monter dans la voiture de Monsieur Martin
6. parler avec Lori Becker
7. aller chez les Martin
8. déjeuner chez les Martin
9. s'amuser

3 **Qu'est-ce que tu as fait la semaine dernière?** Utilisez **tu** et les expressions suivantes pour interviewer votre partenaire.

MODÈLE: manger une pizza

VOUS: **Est-ce que tu as mangé une pizza la semaine dernière?**

VOTRE PARTENAIRE: **Oui, j'ai mangé une pizza.** ou
Non, je n'ai pas mangé de pizza.

1. aller au cinéma
2. étudier à la bibliothèque
3. regarder la télévision
4. passer un examen
5. tomber malade

6. entrer dans un bistro
7. descendre en ville
8. lire un journal
9. se lever à 5 heures du matin

4 **La plupart des étudiants.** Qu'est-ce que la plupart des étudiants ont fait la semaine dernière? Utilisez les expressions suivantes pour la question et pour la réponse.

MODÈLE: manger une pizza

VOUS: **Est-ce que la plupart des étudiants ont mangé une pizza la semaine dernière?**

VOTRE PARTENAIRE: **Oui, ils ont mangé une pizza.** ou
Non, ils n'ont pas mangé de pizza.

1. aller aux cours
2. faire leurs devoirs
3. nettoyer leur chambre
4. sortir avec leurs amis

5. se coucher tard
6. se lever tôt
7. tomber malades

5 **À vous.** Répondez aux questions.

1. Êtes-vous resté(e) sur le campus le week-end dernier?
2. Qu'est-ce que vous avez fait le week-end dernier?
3. Quelle est la dernière fois que vous êtes sorti(e) avec vos amis? Où êtes-vous allés?
4. Qu'est-ce que vous avez fait? À quelle heure êtes-vous rentrés?
5. Vos parents ont-ils déjà visité votre campus? Si oui, quand sont-ils venus?
6. Est-ce que vous arrivez à l'heure au cours, d'habitude?
7. Quelle est la dernière fois où vous êtes arrivé(e) en retard au cours?
8. Qui aime arriver en avance au cours de français? Pourquoi?

6 **Le voyage des Smith.** Racontez l'histoire suivante au passé composé.

Monsieur et Madame Smith passent la nuit à Paris. Ils se lèvent tôt. D'abord ils sortent de leur hôtel. Ensuite ils montent dans un taxi pour aller à la gare Montparnasse. Quand ils arrivent à la gare, ils trouvent leur train et ils cherchent leurs places. Enfin le train part. Ils ne mangent rien pendant le voyage. Après une heure et demie, leur train arrive à la gare Saint-Laud. Monsieur Smith s'occupe de leurs bagages et ils descendent du train.

B. Le pronom y

Grammar Tutorial

Ta sœur est **en France?**	Oui, elle **y** est.
Va-t-elle souvent **à Paris?**	Non, elle n'**y** va pas souvent.
Quand pars-tu **en France?**	J'**y** pars dans un mois.
Ton frère est resté **chez lui?**	Non, il n'**y** est pas resté.
Est-il allé **au cinéma?**	Oui, il **y** est allé.

▶ **Y** *(There)* is very often used in place of expressions that tell where something is located (**à l'université, dans la voiture,** etc.). The pronoun **y** replaces both the preposition (**à, chez, dans, en, sur,** etc.) and the name of the place.

Nous allons **au cinéma.**   Nous **y** allons.

▶ **Y** is placed directly before the conjugated verb. This means that in the **passé composé,** it goes in front of the auxiliary.

Nous **y** allons la semaine prochaine.	*We are going there next week.*
Nous n'**y** allons pas demain.	*We are not going there tomorrow.*
J'**y** suis allé.	*I went there.*
Ma mère n'**y** est jamais allée.	*My mother has never gone there.*

▶ When there is more than one verb, **y** is placed directly in front of the verb to which it is related (usually the infinitive).

Je vais **y** aller.	*I am going to go there.*
Je ne vais pas **y** rester.	*I am not going to stay there.*
J'ai envie d'**y** passer un mois.	*I feel like spending a month there.*

---

7 Non, je n'y vais pas. Posez 10 questions à votre partenaire qui va répondre au négatif et dire où il/elle va. Ensuite, répondez à ses questions.

Review **Quelques endroits,** p. 134.

MODÈLE: VOUS: **Vas-tu à la pharmacie?**
          VOTRE PARTENAIRE: **Non, je n'y vais pas; je vais à, au...**

8 Tu y vas souvent? Demandez si votre partenaire fait souvent les choses suivantes. Votre partenaire va utiliser **y** dans chaque réponse.

MODÈLE: aller au cinéma
          VOUS: **Tu vas souvent au cinéma?**
          VOTRE PARTENAIRE: **Oui, j'y vais souvent.** ou
          Non, je n'y vais pas souvent.

1. aller chez le médecin
2. étudier à la bibliothèque
3. dîner au restaurant
4. arriver en retard au cours
5. monter dans ta voiture
6. retourner chez tes parents

9 Tu y es allé(e) hier? Refaites l'exercice 8, mais posez les questions au passé composé. Votre partenaire va utiliser **y** dans chaque réponse.

MODÈLE: aller au cinéma
          VOUS: **Es-tu allé(e) au cinéma hier?**
          VOTRE PARTENAIRE: **Oui, j'y suis allé(e).** ou
          Non, je n'y suis pas allé(e).

10 À vous. Répondez aux questions. Utilisez **y** dans chaque réponse.

1. Êtes-vous sur le campus maintenant?
2. Êtes-vous allé(e) à la bibliothèque hier soir? Si oui, à quelle heure y êtes-vous arrivé(e)? Combien de temps y êtes-vous resté(e)?
3. Combien de fois par semaine allez-vous au cours de français? Y allez-vous demain?
4. Êtes-vous resté(e) chez vous pendant les dernières vacances?
5. La plupart des étudiants ont-ils dîné au restaurant hier soir?
6. Avez-vous envie d'aller un jour en France? Y êtes-vous déjà allé(e)? Si oui, combien de temps y avez-vous passé?
7. Allez-vous au cinéma ce soir? Si oui, avec qui y allez-vous?

Review the vocabulary on p. 134.

ENTRE AMIS   **Devinez ce que j'ai fait.**

Your partner will try to guess what you did last evening. Use **y**, if possible, when responding.

1. Tell your partner you went out last evening.
2. S/he will try to guess where (movies, library, gym, etc.)
3. S/he will try to guess what you did.
4. Finally, your partner will restate where you went and what you did. Verify his/her answers.

Track 2-21

2. DESCRIBING YOUR BACKGROUND

D'où viennent ces personnes?

Alain et Sylvie viennent de Nantes.

Tom vient d'Angleterre. Il vient de Londres.

Mike vient des États-Unis et Rose vient du Canada.

Il vient de l'État d'Iowa et elle vient de la province d'Ontario.

Et vous? D'où venez-vous?

Grammar
Tutorial

Est-ce que **Monique vient** de France?
Non, **elle vient** du Canada.
Elle est devenue médecin.
Elle n'est pas ici mais **elle revient** à
6 heures.

Does Monique come from France?
No, she comes from Canada.
She became a doctor.
She isn't here but she's coming back
at six o'clock.

venir (to come)			
je	**viens**	nous	**venons**
tu	**viens**	vous	**venez**
il/elle/on	**vient**	ils/elles	**viennent**

▶ Note the pronunciation distinction between the third person singular and
plural forms.

vient̸ [vjɛ̃] vienn̸en̸t̸ [vjɛn]

*This is similar to the
distinction between
américain and
américaine,
p. 96.*

▶ The verbs **revenir** *(to come back)* and **devenir** *(to become)* are conjugated like
venir.

⓫ Les gens partent. Demandez quand ces personnes reviennent. Votre
partenaire va répondre.

MODÈLE: Marie-Dominique (à 15h30)
VOUS: **Quand est-ce qu'elle revient?**
VOTRE PARTENAIRE: **Elle revient à quinze heures trente.**

1. Stéphanie (ce soir)
2. Colette et Karine (à midi)
3. nous (la semaine prochaine)
4. vos amis (mercredi)
5. vous (dans une heure)
6. tu (tout de suite)

D. Les prépositions de lieu avec une ville ou un pays (suite)

Grammar
Tutorial

D'où viennent vos parents?
Mon père est originaire **du** Canada.
Ma mère vient **des** États-Unis.
Je **viens de** Bruxelles.
M. et Mme Luc viennent **de** France.

Where do your parents come from?
My father is a native of Canada.
My mother comes from the United States.
I come from Brussels.
Mr. and Mrs Luc come from France.

You have already learned to use prepositions to express *to* or *at* with a city,
state, province, or country (see Ch. 5).

► To tell where a person is *from,* some form of **de** is used.

- **de** with cities: **de** Paris, **d'**Angers

- **de** with feminine countries or countries that begin with a vowel sound: **de** France, **d'**Iran

- **du** with masculine countries: **du** Mexique, **du** Canada

- **des** with plural countries: **des** États-Unis

► To say someone is from a U.S. state or Canadian province, **de** is normally used before those that are feminine or begin with a vowel sound. **Du** is often used with masculine states and provinces that begin with a consonant.

de Géorgie	**d'**Iowa	**du** Kansas
de Terre-Neuve	**d'**Alberta	**du** Québec

NOTE

You may also use **de l'État de** or **de la province de** to say which U.S. state or Canadian province someone is from.

Mon meilleur ami vient **de l'État d'**Arizona. Je viens **de la province d'**Ontario.

See Ch. 5 for a list of countries already studied, p. 150.

► Use the expression **d'où** with **venir** to inquire where someone comes from.

D'où vient Guy—du Canada ou de France?

Review prepositions of place, p. 149.

Synthèse: les prépositions de lieu

	JE VIENS …	J'HABITE … / JE VAIS …
ville	de	à
pays féminin ou pays qui commence par une voyelle	de	en
pays masculin	du	au
pays pluriel	des	aux

Je viens **d'**Atlanta. Je vais **à** New York.

María vient **d'**Espagne. Elle habite **en** France.

Emilio téléphone **du** Mexique **au** Canada.

Nous venons **des** États-Unis. Nous allons **aux** Pays-Bas en vacances.

John vient **de l'État de** Nebraska mais il habite **dans l'État d'**Arizona.

Denise vient **de la province d'**Ontario, mais elle habite **dans la province de** Québec.

One can also say **la Hollande** for **les Pays-Bas.**

12 André va voyager. Il a l'intention de donner de ses nouvelles *(keep in touch)* à ses parents et à ses amis. Qu'est-ce qu'il va faire?

MODÈLE: écrire / Italie **Il va écrire d'Italie.**

1. téléphoner / Allemagne
2. écrire un e-mail / Moscou
3. écrire une carte postale / Japon
4. téléphoner / Mexique
5. écrire / État de New York
6. écrire un message / province d'Ontario
7. poster un CD / Liverpool

⓭ André est retourné chez lui. Il a contacté ses parents et ses amis pendant son voyage. Qu'est-ce qu'il a fait?

MODÈLE: écrire / Rome
> **Il a écrit de Rome.**

1. téléphoner / Berlin
2. écrire un e-mail/ Russie
3. écrire une carte postale / Tokyo
4. téléphoner / Mexico
5. écrire / États-Unis
6. écrire un message / Canada
7. poster un CD / Angleterre

⓮ D'où viennent-ils? La liste des passagers du vol *(flight)* Air France n° 0748 inclut des personnes de différents pays. Expliquez d'où viennent ces personnes et où elles habitent maintenant.

MODÈLE: Sandrine (Paris / New York)
> **Sandrine vient de Paris, mais elle habite à New York maintenant.**

1. Ralph (Canada / États-Unis)
2. Alice (Belgique / France)
3. Helmut et Ingrid (Allemagne / Italie)
4. William (Angleterre / Irlande)
5. José et María (Mexique / États-Unis)
6. Gertrude (Ontario / Manitoba)
7. Judy et Bill (Michigan / Allemagne)

⓯ À vous. Répondez aux questions.

1. De quelle ville venez-vous?
2. De quelle(s) ville(s) viennent vos parents?
3. D'où vient votre meilleur(e) ami(e)?
4. D'où viennent vos grands-parents?
5. D'où vient votre professeur de français? (Devinez.)
6. D'où viennent deux autres étudiants du cours de français?

Ils sont arrivés à la gare. Ils viennent de villes différentes de la France.

Vocabulaire

Les mois de l'année, les saisons, le temps

Les mois de l'année	Les saisons	Le temps
décembre	l'hiver	Il fait froid.
janvier		
février		Il neige.
mars	le printemps	Il fait du vent.
avril		Il pleut.
mai		Il fait frais.
juin	l'été	Il fait beau.
juillet		Il fait du soleil.
août		Il fait chaud.
septembre	l'automne	Il fait encore beau.
octobre		Il commence à faire froid.
novembre		Il fait mauvais.

The opposite of **Il fait beau** *is* **Il fait mauvais.**

 NOTE

The negation of **il fait du vent** is **il ne fait pas *de* vent.**

E. *Les mois de l'année, les saisons et le temps*

► Names of months begin with lowercase letters in French. Use the preposition **en** before the months to mean *in*.

en février

en août

en septembre

► Use **en** also with all seasons except **le printemps**

en été

en automne

en hiver

But: **au** printemps

► The French represent the date by giving the day first, then the month.

Amy est née **le premier mai.**	*Amy was born on the first of May.*
Mon anniversaire est **le dix février.**	*My birthday is the tenth of February*
Le bébé est né **le vingt-cinq avril.**	*The baby was born on April twenty-fifth.*

 NOTE

Use **le premier** *(... first, the first of...)*, but then **le deux, le trois,** etc.

La fête nationale suisse est **le premier** août.

Quelques dates

le premier janvier	le Jour de l'An
le premier juillet	la fête nationale canadienne
le quatre juillet	la fête nationale américaine
le quatorze juillet	la fête nationale française
le premier novembre	la Toussaint
le vingt-cinq décembre	Noël

Premium Website — *The dates of many religious holidays vary from year to year. Christian Easter (***Pâques**, *pl.) falls in March or April, Jewish* **Yom Kippour** *generally occurs in October, and Moslem* **Aïd El-Kébir** *comes in February. See the Premium Website for examples of additional holidays.*

Réalités culturelles
La diversité religieuse

Cultural Activities

LES FRANÇAIS tiennent beaucoup au principe de laïcité et le défendent à tout prix. Aucun symbole religieux n'est accepté dans les fonctions publiques de l'État. Cependant, il existe en France une grande liberté religieuse. Les catholiques (83%–88%), les musulmans (5%–10%),

Michael Setbour/Corbis News/Corbis

les protestants (2%), les juifs (1%) et les non affiliés (4%) s'entendent bien, même si des guerres de religion entre catholiques et protestants ont marqué l'histoire de la France. L'Islam, la religion des immigrés nord africains qui sont arrivés en France durant les dernières décennies, est la deuxième religion de l'Hexagone.

Vocabulaire: aucun *no,* cependant *however,* s'entendent *get along,* laïcité *separation of church and state,* tiennent *are attached to.*

16 **En quelle saison sont-ils nés?** Expliquez quand et en quelle saison les personnes suivantes sont nées.

MODÈLE: Monique (15/4)
> **Elle est née le quinze avril. Elle est née au printemps.**

1. Martin Luther King, fils (15/1)
2. Maureen (10/2) et Michel (23/9)
3. Anne (25/8) et Stéphanie (13/7)
4. George Washington (22/2)
5. vous

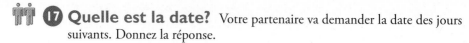

17 Quelle est la date? Votre partenaire va demander la date des jours suivants. Donnez la réponse.

MODÈLE: Noël

> VOTRE PARTENAIRE: **Quelle est la date du jour de Noël?**
> VOUS: **C'est le vingt-cinq décembre.**

1. ton anniversaire
2. l'anniversaire de ton (ta) meilleur(e) ami(e)
3. le Jour de l'An
4. le début du printemps
5. le début de l'été
6. le début de l'automne
7. le début de l'hiver
8. le début des vacances d'été à ton université
9. la fête nationale américaine
10. la fête nationale canadienne
11. la fête nationale française

18 Quel temps fait-il? Posez des questions sur le climat. Si votre partenaire ne sait pas la réponse, il (elle) va deviner.

MODÈLE: février / chez toi

> VOUS: **Quel temps fait-il en février chez toi?**
> VOTRE PARTENAIRE: **Il fait froid et il neige.**

1. été / chez toi
2. hiver / Montréal
3. automne / Chicago
4. printemps / Washington, D.C.
5. août / Maroc
6. avril / Paris
7. décembre / Acapulco

DÉCEMBRE

 25°   −3°   17°   11°   18°   11°

19 À vous. Répondez aux questions.

1. En quelle saison êtes-vous né(e)?
2. En quel mois êtes-vous né(e)?
3. En quel(s) mois les membres de votre famille sont-ils nés?
4. En quelle saison est-ce qu'il pleut chez vous?
5. En quelle saison est-ce qu'il commence à faire froid chez vous?
6. Quelle est votre saison préférée? Pourquoi?
7. Qu'est-ce que vous avez fait l'été dernier?

Réalités culturelles

Les vacances d'été ou les grandes vacances

LES FRANÇAIS qui travaillent ont le droit à cinq semaines de congés payés par an. D'après une étude réalisée par l'EPIQ (Étude de la presse d'information quotidienne), 29% des Français aiment avoir la liberté de faire ce qu'ils veulent, 28% désirent découvrir de nouvelles cultures et 24% préfèrent passer du temps avec leurs familles et leurs amis. Et, presque 50% des Français souhaitent apprécier une nouvelle expérience durant les vacances.

Alexander Scott/Bridge/PhotoLibrary

Qu'est-ce qu'ils préfèrent faire pendant les vacances?

Se promener	24%
Faire des activités culturelles	23%
Se reposer	15%
Découvrir la gastronomie locale	8%
Faire du sport	9%
Rencontrer de nouvelles personnes	9%
Faire la fête	9%

Vocabulaire: congés payés *paid leave*, découvrir *to learn about (discover)*, étude *study*, faire la fête *to party*, se promener *to go for walks*, se reposer *to rest*

Source: tns sofres (EPIQ), www.tns-sofres.com

ENTRE AMIS   **D'où venez-vous?**

Follow the steps below to find out about your partner.

1. Find out where your partner comes from.
2. Find out if that is where s/he was born.
3. Find out where your partner lives now.
4. Find out his/her birthdate.
5. Find out if your partner has ever gone to France, Canada, or some other French-speaking country.

---

 3. STATING WHAT YOU JUST DID

Track 2-22

Tu as déjà mangé, Thierry?

　　Oui, il y a une demi-heure. Je viens de manger.°   *I just ate.*

Tes amis ont téléphoné?

　　Oui, il y a dix minutes. Ils viennent de téléphoner.°   *They just called.*

📍 **Et vous?** Qu'est-ce que vous venez de faire?

　　　　　　Est-ce que vous venez de parler français?

F. Venir de + *infinitif*

Grammar
Tutorial

Self Test

▶ **Venir de** followed by an infinitive means *to have just.*

Je **viens d'arriver.**	*I have just arrived.*
Ils **viennent de manger.**	*They just ate.*
Mon frère **vient de se coucher.**	*My brother just went to bed.*
Qu'est-ce que tu **viens de faire?**	*What did you just do?*

20 **Qu'est-ce qu'ils ont fait?** Chaque phrase est assez vague. Posez une question au passé composé et qui commence par **Qu'est-ce que** pour demander une précision. Ensuite votre partenaire va suggérer *(suggest)* une réponse à la question.

MODÈLE: Mes amis viennent de manger quelque chose.

VOUS: **Qu'est-ce qu'ils ont mangé?**
VOTRE PARTENAIRE: **Ils ont mangé une pizza.**

1. Pierre vient de lire quelque chose.
2. Nous venons de regarder quelque chose.
3. Je viens d'étudier quelque chose.
4. Mon frère et ma sœur viennent de trouver quelque chose.
5. Je viens d'écrire quelque chose.
6. Nous venons de faire quelque chose.

21 **Elle vient de téléphoner.** Votre camarade de chambre vient de rentrer chez vous. Répondez **oui** à ses questions et utilisez **venir de** dans chaque réponse.

MODÈLE: Martine a téléphoné?

Oui, elle vient de téléphoner.

1. Est-elle rentrée chez elle?
2. Est-ce qu'elle a déjà dîné?
3. Vous avez parlé de moi?
4. A-t-elle trouvé ma lettre?
5. Est-ce qu'elle a lu ma lettre?
6. Tu as expliqué pourquoi je n'ai pas téléphoné?

ENTRE AMIS   **Vous venez de rentrer d'un voyage.**

You have just returned from a trip and you call a French-speaking friend to chat.

1. Call your friend and greet him/her.
2. Find out how s/he is doing.
3. Say that you have just returned and explain where you went.
4. Add that you had a good time.
5. Answer his/her questions about the trip.
6. Reassure him/her that you are not too tired after your trip.
7. Say goodbye and add that you will see him/her soon.

Intégration

RÉVISION

A **Les mois et les saisons.**

1. Nommez les mois et les saisons de l'année.
2. Parlez du temps qu'il fait pendant chaque saison.
3. Pour chaque saison, mentionnez une activité qu'on fait.

B **Le week-end dernier.** Faites une liste de vos activités du week-end dernier. Ensuite, répondez aux questions de votre partenaire pour deviner ce qu'il ou elle a écrit.

C **Trouvez quelqu'un qui ...** Interviewez les autres étudiants pour trouver quelqu'un qui ...

MODÈLE: s'est couché tard hier soir

Est-ce que tu t'es couché(e) tard hier soir?

1. vient de manger
2. est né dans un autre état ou dans une autre province
3. vient d'une grande ville
4. est arrivé au cours en retard aujourd'hui
5. s'est levé tôt ce matin
6. est resté sur le campus le week-end dernier
7. est sorti avec ses amis vendredi soir dernier
8. n'a pas regardé la télévision hier soir

D **À l'écoute.** Écoutez Viviane qui parle de son week-end. Ensuite, mettez ses activités dans l'ordre chronologique: **boire un café, se lever, dormir, sortir avec des amis, lire le journal, regarder un film, rentrer, se coucher.**

Track 2-23

E **À vous.** Répondez aux questions.

1. Quelle est la date de votre anniversaire?
2. De quel pays venez-vous?
3. Dans quelle ville êtes-vous né(e)?
4. D'où viennent vos parents?
5. Quel temps fait-il en été chez vous?
6. Est-ce que vous êtes resté(e) chez vous l'été dernier?
7. Avez-vous déjà voyagé en train ou en avion? Où êtes-vous allé(e)?
8. Êtes-vous déjà allé(e) dans un pays où on parle français? Si oui, où, et avec qui?

Communication and Communities. To learn more about the culture presented in this chapter, go to the *Premium Website* and click on the Web Search Activities.

Also see the *Entre amis* Video Program and Video Work sheet in the *Cahier*.

👥 NÉGOCIATIONS

D'où viennent-ils? Interviewez votre partenaire pour trouver les renseignements qui manquent. La copie de votre partenaire est dans l'appendice D.

MODÈLES: **D'où vient Sahibou?**
Où est-ce que Fatima est née?
Quand est-ce que Cécile est partie?

A				
NOM	PAYS D'ORIGINE	VILLE DE NAISSANCE	DEPART	ADRESSE
Sahibou	Sénégal		il y a 5 ans	
Fatima		Casablanca		France
Cécile		Bruxelles	il y a 10 ans	
Jean-Luc	France			Mexique
Marie			le mois dernier	Suisse

LECTURE 1

LA MÉTHODO **Drawing Conclusions** The following article on tourism to France presents a series of facts on how many foreign tourists visit France, how long they stay, the reasons for their visit, and what time of the year they visit. Facts in and of themselves are just pieces of information, but when you put them within a broader context (such as the economy, travel habits, general attitudes toward a place), you can draw conclusions that further your understanding of a subject. What kinds of conclusions can you draw from the facts presented in the following article?

A **Étude du vocabulaire.** Étudiez les phrases suivantes et choisissez les mots anglais qui correspondent aux mots français en caractères gras: *counts, world, is in the lead, far more, stay, coming from, short, stops (stages), to say*

1. Il faut toujours **dire** "merci" quand quelqu'un vous offre quelque chose.
2. L'Organisation **mondiale** du tourisme publie des statistiques sur tous les pays.
3. Le train qui arrive est **en provenance de** la Belgique.
4. Mathieu **vient en tête**, puis Laurent et ensuite, Alain.
5. Martine part lundi et rentre jeudi, alors son **séjour** est **court:** quatre jours.
6. Un voyage en Australie coûte **nettement plus** cher qu'un voyage en France.
7. L'office de tourisme **comptabilise** le nombre de touristes qui visitent la ville.
8. Mon voyage consiste en trois **étapes:** 3 nuits à Londres, 3 nuits à Paris et 3 nuits à Madrid.

B Les faits et les chiffres (*Facts and figures*). Lisez l'article et faites une liste des faits pour chaque catégorie mentionnée dans *La méthodo:* le nombre de touristes qui visitent la France, la durée de leur séjour, les raisons pour leur visite, la saison de préférence de leur visite.

LE TOURISME INTERNATIONAL EN FRANCE

On a coutume[1] de dire que la France est la première destination touristique du monde. C'est exact au regard de l'indicateur retenu[2] par l'Organisation mondiale du tourisme (OMT), le nombre d'arrivées de touristes en provenance de l'étranger: la France vient en tête avec 82 millions d'arrivées de touristes en 2007. Toutefois[3] cet indicateur comptabilise un certain nombre de courts séjours qui ne sont souvent que de simples transits comportant[4] une nuit passée en France. En effet[5], sur 82 millions d'arrivées de touristes étrangers, 14 millions de touristes transitent par la France. Ils y passent au moins une nuit, mais ce séjour ne constitue qu'une étape vers une autre destination. Ainsi, ce sont seulement 68 millions de séjours qui ont la France comme destination principale. Ce total reste cependant[6] supérieur à celui de la deuxième destination touristique, l'Espagne, que le baromètre OMT de début 2008 situe à 60 millions...

Parmi les 82 millions d'arrivées de touristes enregistrées en 2007, 46 % ont donné lieu[7] à un court séjour de 1 à 3 nuits et 54 % à un long séjour, d'au moins 4 nuits.

...68 millions de touristes non résidents séjournent en France essentiellement pour motif personnel (72 % des arrivées), et plus rarement pour motif professionnel (11 %).

Quelle que soit[8] la durée de leur séjour en France, les touristes étrangers privilégient[9] très nettement les deuxième et troisième trimestres quand ils viennent pour un séjour à motif personnel: vacances, loisirs, visite à des amis, tourisme culturel.

En effet, les deux tiers des arrivées de touristes en transit ou en séjour personnel sont concentrés sur la période... d'avril à septembre. Par contre, les arrivées pour motif professionnel se concentrent sur les trimestres d'hiver: 29 % des arrivées pour raison professionnelle au 1er trimestre et 25 % au dernier. Le troisième trimestre est celui des longs séjours par excellence puisqu'il rassemble à lui seul plus de la moitié des séjours supérieurs à une semaine: 51 % des séjours de 8 à 14 nuits et 53 % des séjours de deux semaines ou plus. Et bien évidemment[10], les très longs séjours (de deux semaines ou plus) sont beaucoup plus rares l'hiver.

Adapted from Le tourisme international en France en 2007;
No. 2008 - 5, 28 mai 2008, from www.tourisme.gouv.fr

---

[1]*custom* / [2]*deduced* / [3]*However* / [4]*consisting of* / [5]*In fact* / [6]*however* / [7]*gave rise* / [8]*Whater* / [9]*favor* / [10]*of course*

C Vrai ou faux? Décidez si les phrases suivantes sont vraies ou fausses d'après la lecture. Si une phrase est fausse, corrigez-la.

1. 82 millions de touristes étrangers sont arrivés en France en 2007.
2. Tous les touristes qui arrivent en France y passent de longs séjours.
3. L'Espagne a plus de touristes étrangers que *(than)* la France.
4. La plupart *(Most)* des touristes restent en France plus de 4 nuits.
5. La plupart des touristes viennent en France pour des raisons professionnelles.
6. Les touristes qui viennent en France pour des raisons personnelles préfèrent les mois d'avril à septembre.
7. Un quart des touristes qui viennent en France pour des raisons professionnelles préfèrent l'hiver.
8. Les touristes qui viennent en été ont l'habitude de passer au moins une semaine en France.

1. Est-ce vrai que la France est la première destination touristique du monde? Justifiez votre réponse avec les faits et les chiffres de l'article.
2. Tirez des conclusions de l'article et faites un profil du touriste typique qui visite la France.

LECTURE II

A **Parlons du genre (gender).** Identifiez les mots suivants qui sont masculins, féminins ou peuvent (can) être les deux.

	M	F	M/F
1. personne	_____	_____	_____
2. enfant	_____	_____	_____
3. professeur	_____	_____	_____
4. artiste	_____	_____	_____
5. victime	_____	_____	_____
6. médecin	_____	_____	_____
7. ingénieur	_____	_____	_____

B **Faites une liste.** Faites une liste de toutes les expressions que vous connaissez (that you know) qui commencent par «Il».

Track 2-24

IL

Il pleut Il pleut

Il fait beau Il fait du soleil

Il est tôt

Il se fait[1] tard

Il

Il

Il

toujours Il

Toujours Il qui pleut et qui neige

Toujours Il qui fait du soleil

Toujours Il

Pourquoi pas Elle

Jamais Elle

Pourtant[2] Elle aussi

Souvent se fait[3] belle!

Jacques Prévert, "Refrains enfantins", from *Spectacle*.
© Éditions Gallimard. Reprinted with permission.

[1]*is getting,* [2]*However,* [3]*makes herself*

C **Discussion.** Quel est le point de vue du poète? Êtes-vous d'accord avec lui? Pourquoi ou pourquoi pas?

RÉDACTION

UN BLOG

Vous avez passé une journée extraordinaire hier. Écrivez un blog qui parle de cette journée. Dans votre blog:

- écrivez la date et donnez au blog un titre (*title*)
- décrivez votre journée: où vous êtes allé(e), ce que vous avez fait, quand vous l'avez fait et avec qui
- dites à quelle heure vous êtes sorti(e) et rentré(e)
- ajoutez (*add*) d'autres détails si vous voulez (par exemple, le temps qu'il a fait)

A Avant d'écrire. Commencez par faire une ligne chronologique avec les activités que vous avez faites. Ensuite, dessinez un tableau comme celui que vous avez vu dans *La méthodo* et complétez-le pour chaque activité.

B Écrire. Utilisez la ligne chronologique et le tableau pour écrire votre blog.

C Correction. Lisez votre travail. Avez-vous inclus toutes les informations que vous avez détaillées? Vérifiez l'orthographe (*spelling*) et que vous avez fait tous les accords nécessaires avec les verbes au passé composé.

Vocabulaire Actif

Practice this vocabulary with the flashcards on **iLrn**.

Les mois de l'année

janvier *(m.)* *January*
février *(m.)* *February*
mars *(m.)* *March*
avril *(m.)* *April*
mai *(m.)* *May*
juin *(m.)* *June*
juillet *(m.)* *July*
août *(m.)* *August*
septembre *(m.)* *September*
octobre *(m.)* *October*
novembre *(m.)* *November*
décembre *(m.)* *December*

Les saisons de l'année

le printemps *spring*
l'été *(m.)* *summer*
l'automne *(m.)* *fall*
l'hiver *(m.)* *winter*
une saison *season*

Expressions météorologiques

Il fait froid. *It's cold.*
Il fait chaud. *It's hot (warm).*
Il fait frais. *It's cool.*
It fait beau. *It's nice out.*
Il fait mauvais. *The weather is bad.*
Il fait (du) soleil. *It's sunny out.*
Il fait du vent. *It's windy.*
Il pleut. *It's raining.*
Il neige. *It's snowing.*
Il commence à faire froid. *It's starting to get cold*

Expressions de temps

à l'heure *on time*
en avance *early*
en retard *late*
une demi-heure *half an hour*
puis *then; next*
tout de suite *immediately; right away*
À tout de suite. *See you very soon.*

D'autres noms

un anniversaire *birthday*
un avion *airplane*
un bébé *baby*
la fête nationale *national holiday*
une guerre *war*
le monde *world*
une place *seat*
le (téléphone) portable *cell phone*
un problème *problem*
une victime *victim (male or female)*

Expressions utiles

Ça ne vous dérange pas? *That doesn't bother you?*
D'où venez-vous? *Where do you come from?*
en voiture *by car*
être originaire de *to be a native of*
Je vous en prie. *Don't mention it; You're welcome; Please do.*
Parlez-moi de ce voyage. *Tell me about this trip.*
Qui est à l'appareil? *Who is speaking (on the phone)?*
suivant(e) *following; next*
y *there*

Verbes

arriver *to arrive*
commencer *to begin*
descendre *to go down; to get out of (a car)*
devenir *to become*
entrer *to enter*
monter *to go up; to get into (a car)*
mourir *to die*
naître *to be born*
poster *to mail*
rentrer *to go (come) back; to go (come) home*
retourner *to go back; to return*
revenir *to come back*
tourner *to turn*
venir *to come*
venir de ... *to have just ...*

Quelques fêtes

le Jour de l'An *New Year's Day*
Noël *(m.)* *Christmas*
la Toussaint *All Saints Day*

CHAPITRE 8

On mange bien en France

Stephane de Sakutin/AFP/Getty Images

BUTS COMMUNICATIFS
- Ordering a French meal
- Discussing quantities
- Expressing an opinion
- Expressing a preference

STRUCTURES UTILES
- L'article partitif
- **Ne ... plus**
- Le verbe **prendre**
- Les expressions de quantité
- Le verbe **boire**
- Les pronoms compléments d'objet directs **le, la, les**
- Quelques expressions avec **avoir**
- Les verbes comme **préférer**

CULTURE

Zoom sur l'art de la table
- **Vidéo buzz:** L'art d'apprécier le vin
- **Vu sur le web:** Le repas gastronomique des Français
- **Insolite:** Sans façon
- **Article:** Relativité culturelle: Un repas français
- **Repères:** Le ticket-restaurant

Il y a un geste
- L'addition, s'il vous plaît.

Lectures
- «Déjeuner du matin»
- Salade Cæsar aux endives

RESOURCES

Audio
iLrn Heinle Learning Center
Premium Website

Pair Work
Group Work
Entre amis Video Program

Coup d'envoi

Tu as faim°, Bruno?   *You are hungry*
    Oui, un peu. Qu'est-ce qu'on mange?

Bon, on a des restes° du cocktail d'hier soir. Voyons…   *leftovers*

Il y a …
    du pain.
    des hors-d'œuvre.
    de la soupe.
    du poisson.
    de la viande.
    des légumes.
    de la salade.
    du fromage.

Qu'est-ce que tu veux prendre?°   *What do you want to have?*
On a tout ce qu'il faut pour faire un bon repas français!

🎧 **Et vous?**
    Qu'est-ce que vous voulez prendre?
    Je voudrais …
    Merci, je n'ai pas faim.
    Je regrette° mais j'ai déjà mangé.   *I'm sorry*

James Davidson est invité à prendre l'apéritif° chez Monsieur et Madame Aspel, les parents de Karine. Monsieur Aspel lui offre quelque chose à boire.

have a before-dinner drink

M. Aspel:	Que voulez-vous boire, James? J'ai du vin, de la limonade, du jus de pomme°, de la bière …

apple

James:	Quel choix!° Comment s'appelle ce vin?

What a choice!

M. Aspel:	C'est du beaujolais. Et voilà une bouteille° de bordeaux.

bottle

James:	Alors, un peu de beaujolais, s'il vous plaît.

M. Aspel:	Bien sûr°, voilà. *(James lève° son verre et Monsieur Aspel verse° du vin.)*

Of course
raises
pours

James:	Merci beaucoup.

M. Aspel:	Je vous en prie. *(Un peu plus tard)*

M. Aspel:	Alors, que pensez-vous° de ce petit vin?

what do you think

James:	Il est délicieux.

M. Aspel:	Encore à boire?°

More to drink?

James:	Non, merci.

M. Aspel:	C'est vrai?

James:	Oui, vraiment. Sans façon.°

Honestly

M. Aspel:	Alors, je n'insiste pas°.

I won't insist

ⓒ **Jouez ces rôles.** Répétez la conversation avec votre partenaire. Utilisez vos noms.

Guy Moberly/PhotoLibrary

Denis Bringard/PhotoLibrary

Zoom sur l'art de la table

Premium Website

PETIT TEST

Pourquoi est-ce que James lève son verre quand Monsieur Aspel va verser du vin?

a. James est très poli. Cela fait partie *(is part)* du savoir-vivre *(code of good manners)*.

b. C'est plus facile *(easier)* pour Monsieur Aspel.

c. James ne veut pas renverser *(knock over)* son verre.

See *Vidéo buzz* for the correct answer.

VIDÉO BUZZ

L'art d'apprécier le vin

WINE IS AN INTEGRAL part of French social life and there are a number of polite gestures, such as lifting one's glass when wine is to be poured, that are associated with wine appreciation. When tasting a wine (**la dégustation de vin**), there are three main qualities to appreciate: the color or **la robe** of the wine, the smell or **le nez** (*literally, the nose*), and the taste or **le goût.** To learn more about wine appreciation, see the links on the *Premium Website.*

Michelango Gratton/Shutterstock.com

Iakov Filimonov/Shutterstock.com

VU SUR LE WEB

Le repas gastronomique des Français

THE FRENCH multi-course gastronomic meal, with its rituals and presentation, was declared by UNESCO in 2010 one of the world's cultural treasures. The French meal is a social custom in which people not only enjoy food and drink together, but engage in serious discussion, business deals, pleasant companionship, courtship, and even child rearing. In fact, many of the important events in an individual's life are celebrated around the table, whether it is in **la cuisine, la salle à manger, le restaurant, le resto U (restaurant universitaire), le café, le bistro,** or **la cafétéria.** To learn more about **le repas gastronomique** and its UNESCO distinction, see the links on the *Premium Website.*

INSOLITE

Sans façon

REFUSING ADDITIONAL SERVINGS is often quite difficult in France. The French are gracious hosts and are anxious that their guests have enough to eat and drink. There is therefore a need to find ways to convey politely that you are full. Do not, incidentally, say **Je suis plein(e)** (literally, *I am full*), since this would convey that you were either drunk or pregnant. When all else fails (e.g., **Merci; Non, merci; Vraiment; Je n'ai plus faim/soif; J'ai très bien mangé/bu,** etc.), the expression **Sans façon** *(Honestly; No kidding)* will usually work. Of course, if you feel like having a second serving, you may say **Volontiers!** or **Je veux bien, merci.**

Relativité culturelle: Un repas français

A GOOD EXAMPLE of the presence of structure in French lives is the order of a French meal, which may consist of three to five separate courses at both lunch and dinner. The courses in a meal may include **l'entrée, le plat principal, la salade, le fromage,** and **le dessert.** Often an **apéritif,** or before-dinner drink, is also offered with **hors-d'œuvre** before the meal. An **apéritif** might be **un kir, un porto** *(port wine),* **un whisky, un jus de pomme,** etc. For light meals, the salad, cheese, and/or dessert may be omitted.

The number of courses in a French meal reflects not only an appreciation for structure, but also a regard for savoring each taste individually. A few contrasts between the content and structure of French and North American meals are shown in the chart that follows.

REPÈRES

Le ticket restaurant

*Restaurant vouchers, called a **ticket-restaurant** or **titre-restaurant,** are one of the benefits many French workers and civil servants receive from their employers. Some 2.8 million vouchers exchange hands each workday in France. They may be used in restaurants, in specialized food stores, or in grocery stores selling prepared foods and sandwiches. The average amount of a voucher is around 6 euros. The following is an example of a **ticket-restaurant**.*

Pascal Sittler/REA/Redux

In France	In North America
Eating several courses, even light ones, means that you have to stop after each course and wait for the next. Much more time is spent at the table.	*Everything may be served at once family-style and, therefore, much less time is spent at the table.*
*The **entrée** is the first course in a meal, consisting of soup, paté, raw vegetables, etc.*	*The **entrée** is the main course.*
*A green salad is usually served after the **plat principal**. It is not eaten as a first course. Salad rarely includes any vegetable but lettuce.*	*Salad is often eaten at the start of the meal. Salads are usually mixed, including a variety of vegetables.*
*There is only one type of dressing (**vinaigrette**) served with a salad.*	*There are a variety of salad dressings available.*
Bread is always served with the meal, usually without butter, and is bought fresh every day.	*Bread is not always served with the meal. When it is, butter or olive oil is usually provided.*
Coffee is not served during lunch or dinner. It is served, without cream, at the end of a meal.	*Coffee is occasionally served right away at the start of the meal.*
***Café au lait** is served only at breakfast. This mixture of 1/2 coffee and 1/2 warm milk is often served in a bowl.*	*Many people put milk or cream in their coffee at every meal.*

ENTRE AMIS   Tu as faim?

You've invited your partner over for lunch. Role-play the following situation.

1. Find out if your partner is hungry. (S/he is.)
2. Ask if s/he wants something to eat.
3. S/he will ask what there is.
4. Tell what there is.
5. Find out what s/he is going to have.

PRONONCIATION

🔊 LES SONS [k], [s], [z], [ʃ], [ʒ] et [ɲ]

Track 2-27

► The following words contain some related French consonant sounds. Practice saying the words after your instructor, paying particular attention to the highlighted sound. As you pronounce the words for one sound, look at how that sound is spelled and in what kinds of letter combinations it appears. What patterns do you notice?

[k]
- **c**afé, en**c**ore, bi**c**yclette, chi**c**
- cin**q**, **qu**el**qu**efois
- **k**ir, vod**k**a

[s]
- **s**a, **s**ur, di**s**cret, **s**kier, conver**s**ation, val**s**e, fil**s**, mar**s**
- pre**ss**é, poi**ss**on
- **c**itron, exer**c**i**c**e, bi**c**yclette
- **ç**a, fran**ç**ais, gar**ç**on
- **s**ix, di**x**, **s**oixante

[z]
- mai**s**on, va**s**e, poi**s**on, maga**s**in
- **z**éro, sei**z**e, maga**z**ine

[ʃ]
- **ch**aud, blan**ch**e, mé**ch**ant
- **sh**ort, sweat-**sh**irt

[ʒ]
- **j**ouer, tou**j**ours, dé**j**euner, dé**j**à
- oran**g**e, **g**énéral, gara**g**e, réfri**g**érateur

[ɲ]
- espa**gn**ol, Allema**gn**e, rensei**gn**ement

► In most situations, -s- is pronounced [s]. But when it appears between two vowels, it is pronounced as [z].

soir	**s**alade	**s**eul	cla**ss**e	con**s**idération
But: va**s**e	pré**s**ente	rai**s**on	cho**s**e	mu**s**ée

► As in English, -c- is usually pronounced [k], but becomes [s] when it precedes the letters -e, -i, or -y. To create the [s] sound of -c- in some words where it is not followed by e, i, or y, it is written as ç.

en**c**ore	**c**assis	**c**omment	Maro**c**	**c**rème
But: Fran**c**e	voi**c**i	bi**c**yclette	fran**ç**ais	Fran**ç**ois

► Finally, as in English, the letter **-g-** is usually pronounced [g], but becomes [ʒ] when it precedes the letters **-e, -i,** or **-y.** To create the [ʒ] sound of **-g-** in some words where it is not followed by **e, i,** or **y,** an **-e** is added after it.

	re**g**arder	**g**olf	**g**uitare	**g**rippe	é**g**lise
But:	**g**entil	oran**g**ina	**g**ymnase	man**g**eons	voya**g**eons

Pronounce the following words correctly.

1. chocolat, commerce, chaussures, citron, bicyclette, ça, garçon, chercher, chance, avec
2. cinq, cinquante, quelques, pourquoi, Belgique, quart, chaque, question, banque
3. kir, vodka, skier, baskets, hockey
4. excellent, saxophone, examen, exercice, six, dix, soixante
5. Sénégal, orange, mangeons, voyageur, garage, gauche, âge, ménage, agent, gymnastique
6. surprise, Suisse, sous, semestre, saison, sieste, poisson, plaisir, ensuite
7. conversation, télévision, fonctionnaire, attention, provisions, dissertation
8. zéro, onze, magazine, douze
9. jupe, jeune, je, janvier, aujourd'hui, déjeuner, déjà
10. espagnol, Allemagne, accompagner, renseignement

Voici des desserts qu'on trouve à la pâtisserie. Ces gâteaux font venir l'eau à la bouche, n'est-ce pas?

Cathlyn Melloan

Buts communicatifs

🔊 I. ORDERING A FRENCH MEAL

Track 2-28

Client(e)	**Serveur/Serveuse°**	*waiter / waitress*
Qu'est-ce que vous avez comme …	Il y a …	
entrée°	des crudités°.	*first course (starter) / raw vegetables*
	du pâté°.	*pâté (meat spread)*
	de la salade de tomates.	
soupes?	de la soupe de légumes.	
	de la soupe à l'oignon°.	*onion*
plats principaux?	de la truite°.	*trout*
	du saumon°.	*salmon*
	du bœuf°.	*beef*
	du porc.	
	du poulet°.	*chicken*
légumes?	des haricots verts°.	*green beans*
	des petits pois°.	*peas*
	des épinards°.	*spinach*
	des pommes de terre°.	*potatoes*
	des frites°.	*French fries*
	du riz°.	*rice*
fromages?	de l'emmental°.	*swiss cheese*
	du camembert.	
	du chèvre°.	*goat cheese*
	du brie.	
desserts?	des fruits.	
	de la glace°.	*ice cream*
	des pâtisseries°.	*pastries*
	de la tarte°.	*pie*
	du gâteau°.	*cake*

Et vous? Avez-vous décidé? Qu'est-ce que vous allez commander°? *to order*
Je vais prendre …

1. An **hors-d'œuvre** is an appetizer, usually served before the actual meal. The words **hors-d'œuvre** and **haricot** begin with the letter **h-** but are treated as if they began with a pronounced consonant. Liaison does not take place after words like **les** and **des,** nor is the letter **-e** dropped in words like **le** and **de.**

Nous aimons **les hors-d'œuvre.**   Il n'y a pas **de haricots.**

2. **Hors-d'œuvre** is invariable in the plural.

un **hors-d'œuvre**   des **hors-d'œuvre**

A. L'article partitif

Apportez-moi **du** pain, s'il vous plaît.	*Bring me some bread, please.*
Vous voulez **de la** glace?	*Do you want (some) ice cream?*
Vous avez **de l'**eau minérale?	*Do you have (any) mineral water?*
Je vais manger **des** frites.	*I'm going to eat (some) French fries.*

> Remember to consult App. C at the end of the book to review any terms with which you are not familiar.

▶ You have already learned about definite articles and indefinite articles in French. There is a third type of article in French called **l'article partitif** *(the partitive article)* that is used when a noun represents a certain quantity, or a part, of a larger whole. In English, we sometimes use the words *some* or *any* to represent this idea, but sometimes we use no article at all.

Je voudrais **du** gâteau.	*I would like cake (but just some of it).*
Le professeur a **de la** patience.	*The professor has patience (not all the patience in the world, just a portion of it).*
Jean a **des** livres.	*Jean has books (but not all the books in the whole world).*

partitive article	when to use	examples
du	before a masculine singular noun	**du** pain
de la	before a feminine singular noun	**de la** salade
de l'	before a masculine or feminine singular noun that begins with a vowel sound	**de l'**eau
des	before all plural nouns, masculine or feminine	**des** frites

> Be sure to use the contractions **l'**, **de l'**, and **d'** before a vowel.

▶ Like the indefinite article, the partitive article usually becomes **de** after a negation.

Est-ce qu'il y a **de l'**eau minérale?	*Is there any mineral water?*
Non, il n'y a **pas d'**eau minérale.	*No, there isn't any mineral water.*
Il y a **des** légumes?	*Are there any vegetables?*
Non, il n'y a **pas de** légumes.	*No, there aren't any vegetables.*

NOTE

This rule does not apply after **être**.

Ce n'est pas **du** vin, ce n'est pas **de la** limonade.
Ce n'est pas **de l'**eau, c'est **du** lait.

▶ In a series, the article must be repeated before each noun.

Vous voulez **de la** glace, **de la** tarte ou **du** gâteau?

> Review the definite article, p. 46, and the indefinite article, p. 65.

Synthèse: les articles

	DÉFINIS	INDÉFINIS	PARTITIFS
masculin singulier	le	un	du
féminin singulier	la	une	de la
pluriel	les	des	des
dans une phrase négative	le/la/les	de	(de)

n'—pas

❶ Qu'est-ce que c'est? Identifiez les choses suivantes.

MODÈLES:

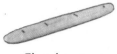

C'est du pain.

Ce sont des petits pois.

1.   2.   3.

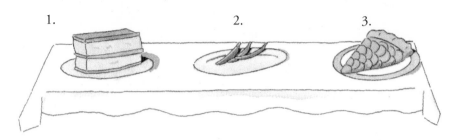

4.   5.   6.

👥 ❷ Qu'est-ce que vous commandez? Dites au serveur ou à la serveuse que vous aimez la catégorie indiquée. Ensuite demandez quels sont les choix. Il (Elle) va mentionner deux choix. Décidez.

MODÈLE: vegetables

VOUS: **J'aime beaucoup les légumes. Qu'est-ce que vous avez comme légumes?**

SERVEUR/SERVEUSE: **Nous avons des petits pois et des épinards.**

VOUS: **Je voudrais des petits pois, s'il vous plaît.**

1. starters (first course)   3. fish   5. wine   7. desserts

2. meat   4. vegetables   6. cheese

❸ Ils viennent de pique-niquer. Dites ce que ces gens ont apporté *(brought)* au pique-nique et ce qu'ils n'ont pas apporté.

MODÈLE: Les Delille (pain, salade)

Les Delille ont apporté du pain, mais ils n'ont pas apporté de salade.

1. Séverine (salade, fromage)
2. Roland (haricots verts, petits pois)
3. Serge et Christelle (fromage, vin rouge)
4. Patricia (poisson, viande)   *elkn'a pas*
5. Vous (… , …)

4 Un(e) touriste va au restaurant. Jouez la scène suivante avec votre partenaire en complétant les phrases avec **du, de la, de l', des, de** ou **d'.**

—Vous avez décidé?

—Oui, je voudrais _____ pâté _____ truite, _____ frites et _____ épinards.

—Et comme boisson?

—Apportez-moi _____ café, s'il vous plaît.

—Comment? D'habitude on ne boit pas _____ café avec le plat principal.

—Alors, qu'est-ce que vous suggérez? Qu'est-ce qu'il y a?

—Nous avons _____ vin ou _____ eau minérale.

—Vous n'avez pas _____ orangina?

—Si, bien sûr. Et comme dessert?

—Je crois que je voudrais _____ gâteau.

—Nous n'avons pas _____ gâteau. Il y a _____ glace et _____ fruits.

—Merci, je ne vais pas prendre _____ dessert.

B. Ne ... *plus*

▶ The opposite of **encore** is **ne ... plus** *(no more, not any more, no longer).*

Avez-vous **encore** soif?	*Are you still thirsty?*
Non, je **n'**ai **plus** soif et je **n'**ai **plus** faim.	*No, I'm not thirsty any more and I'm no longer hungry.*

▶ **Ne ... plus** works like the other negations you have learned; that is, **ne** and **plus** are placed around the conjugated verb. This means that in the **passé composé**, **ne** and **plus** surround the auxiliary verb and the past participle follows **plus**.

Je regrette; nous **n'**avons **plus** de glace.	*I'm sorry; we have no more ice cream.*
Je **ne** vais **plus** manger de dessert.	*I am not going to eat any more dessert.*
Delphine **n'**a **plus** dîné dans ce restaurant-là.	*Delphine did not eat in that restaurant again.*

> *Remember that the partitive article becomes **de** after a negation: **plus de glace, plus de dessert.***

5 Encore à manger ou à boire? À tour de rôle, offrez à votre partenaire encore à manger ou à boire. Il/Elle va refuser poliment.

MODÈLES: bière
  —**Encore de la bière?**
  —**Sans façon, je n'ai plus soif.**

glace
  —**Encore de la glace?**
  —**Merci, je n'ai plus faim.**

1. café
2. eau
3. limonade
4. pâté
5. viande
6. frites
7. tarte
8. poisson
9. légumes
10. beaujolais
11. salade
12. fromage

6 **Le restaurant impossible.** Il n'y a plus beaucoup à manger ou à boire. Le serveur (la serveuse) répond toujours **Je regrette** et suggère autre chose. Insistez! Expliquez que vous n'aimez pas ce qu'il (elle) propose.

MODÈLE: poisson (viande)

VOUS: **Avez-vous du poisson?**

SERVEUR/SERVEUSE: **Je regrette, nous n'avons plus de poisson; mais nous avons de la viande.**

VOUS: **Mais je voudrais du poisson! Je n'aime pas la viande.**

1. coca (vin)
2. soupe (entrée)
3. épinards (frites)
4. truite (saumon)
5. pâté (crudités)
6. pâtisseries (glace)
7. chocolat chaud (café)
8. haricots verts (petits pois)
9. orangina (limonade)

Réalités culturelles

Le resto U

Cultural Activities

LES RESTO U ou restaurants universitaires sont ouverts à tous les étudiants inscrits dans un établissement d'enseignement supérieur français et agréé par la sécurité sociale. La carte d'étudiant est le seul document nécessaire pour acheter un repas, et un repas complet, avec une entrée, un plat chaud et un dessert, coûte seulement 3,05 €.

Frederic Maigrot/REA/Redux

Si un étudiant prend deux repas au resto U par jour, il ne dépense que 6,10 €. C'est beaucoup moins qu'un étudiant qui prend deux repas par jour dans un établissement de restauration rapide et bon marché.

Environ 450 restaurants universitaires existent dans toute la France et ils servent plus de 54 millions de repas chaque année. Les menus sont créés par des professionnels et offrent des choix diversifiés.

Vocabulaire: acheter *to buy,* agréé *approved,* inscrits *enrolled,* il ne dépense que *only spends*

Adapted from CNOUS, part of the Ministère de l'ensignement supérieur et de la recherche, "Le ticket RU", http://www.cnous.fr. Copyright 2009 CNOUS. Used with permission.

C. *Le verbe* prendre

Grammar
Tutorials

Nous prenons souvent un repas
  ensemble.
Je prends un café.
Mes amis ne **prennent** pas le
  petit déjeuner.
Qui a pris mon dessert?

We often have a meal together.

I'm having a cup of coffee.
My friends don't eat breakfast.

Who took my dessert?

prendre *(to take; to eat, drink)*			
je	**prends**	nous	**prenons**
tu	**prends**	vous	**prenez**
il/elle/on	**prend**	ils/elles	**prennent**
passé composé: j'**ai pris**			

▶ Note the pronunciation distinction between the third person singular and
plural forms.

il prend   [prɑ̃]   ils prennent   [prɛn]

▶ The verbs **apprendre** *(to learn)* and **comprendre** *(to understand; to include)*
are conjugated like **prendre.**

Quelle langue **apprenez-vous?**
J'apprends le français.
Tracy comprend bien le français.
Comprennent-ils toujours le
  professeur?
Pardon, **je** n'**ai** pas **compris.**
Le service est **compris.**

What language are you learning?
I'm learning French.
Tracy understands French well.
*Do they always understand the
  teacher?*
Excuse me, I didn't understand.
The service (tip) is included.

NOTE

To learn to do something is **apprendre à** + infinitive.
Nous **apprenons à parler** français.   *We are learning to speak French.*

7 **Les voyageurs.** Les personnes suivantes vont voyager. Expliquez
quelle langue elles apprennent.

Review **langues et
pays,** *in Ch. 5.*

MODÈLE: Je vais en France.
          Alors, j'apprends à parler français.

1. Mes parents vont en Italie.
2. Mon cousin va en Allemagne.
3. Ma sœur va au Mexique.
4. Mon oncle et ma tante vont en Russie.
5. Mes amis et moi, nous allons en Belgique.
6. Vous allez en Chine.
7. Je vais au Maroc.

8 La plupart des étudiants. Interviewez votre partenaire à propos des étudiants de votre cours de français. Attention au présent et au passé composé.

MODÈLES: apprendre le français

> —**Est-ce que la plupart des étudiants apprennent le français?**
> —**Bien sûr, ils apprennent le français.**

apprendre le français à l'âge de 15 ans

> —**Est-ce que la plupart des étudiants ont appris le français à l'âge de 15 ans?**
> —**Non, ils n'ont pas appris le français à l'âge de 15 ans.**

1. prendre quelquefois un verre de vin au petit déjeuner
2. prendre le petit déjeuner ce matin
3. comprendre toujours le professeur de français
4. apprendre l'espagnol à l'âge de 5 ans
5. prendre souvent un taxi
6. prendre un taxi hier
7. comprendre cet exercice

9 À vous. Répondez aux questions.

1. Vos amis prennent-ils le petit déjeuner d'habitude? Si oui, qu'est-ce qu'ils prennent comme boisson?
2. D'habitude, qu'est-ce que vous prenez comme boisson au petit déjeuner? au déjeuner? au dîner?
3. Qu'est-ce que vous avez pris comme boisson ce matin?
4. Qu'est-ce que la plupart des Français prennent comme boisson au dîner?
5. Qu'est-ce que vous allez prendre si vous dînez dans un restaurant français?
6. Si vous commandez un dessert, que prenez-vous d'habitude?
7. Comprenez-vous toujours les menus qui sont en français?
8. Avez-vous appris à faire la cuisine?

© Cengage Learning

Il y a un geste

L'addition, s'il vous plaît (*Check, please*). When the French want to signal to a waiter or waitress that they want the check, they pretend to be writing on the open palm of one hand. This is discreetly held up for the waiter to see.

ENTRE AMIS   L'addition, s'il vous plaît

Your partner is a waiter/waitress in a French restaurant. Role-play the following situation.

1. After you have looked at the menu (see page 224), s/he will ask you what you are going to have.
2. Order from the menu.
3. Your partner will then ask what you want to drink.
4. Order something to drink.
5. When you have finished, ask for the bill.
6. Your partner will verify the items you ordered.
7. Confirm or correct what s/he says.

2. DISCUSSING QUANTITIES

Track 2-29

Qu'est-ce que tu manges, Solange?

Je mange …
    beaucoup de frites.
    un peu de gâteau.
    peu d'épinards.
    très peu de moutarde°.   *mustard*

Je mange …
    un morceau° de pizza.   *piece*
    une tranche de jambon°.   *slice of ham*
    une assiette° de crudités.   *plate*
    une boîte de bonbons°.   *box of candy*

> The plural of **un morceau** is **des morceaux:** **Thomas a mangé cinq morceaux de pizza.**

Et vous? Qu'est-ce que vous mangez?
    Je mange …
    Qu'est-ce que vous buvez°?   *you drink*
    Je bois° …   *I drink*

D. Les expressions de quantité

▶ You have already been using expressions of quantity throughout this course. There are two kinds of expressions of quantity: specific measures (**une tasse, un verre,** etc.) and indefinite expressions of quantity (**assez, beaucoup,** etc.).

▶ To use these expressions of quantity with nouns, insert **de** (but no article) before the noun.

Une bouteille de vin, s'il vous plaît.	*A bottle of wine, please.*
Il faut **un kilo de porc.**	*We need a kilo of pork.*
Trois kilos de pommes de terre aussi.	*Three kilos of potatoes also.*
Je voudrais **un morceau de pain.**	*I'd like a piece of bread.*
Ils n'ont pas **beaucoup d'amis.**	*They don't have a lot of friends.*
Combien de frères ou **de sœurs** avez-vous?	*How many brothers or sisters do you have?*

> **Un kilo** = 2.2 *pounds*

► **Trop, beaucoup, assez,** and **peu** can be used with either singular or plural nouns. *Un* **peu** can only be used with singular nouns, those that cannot be counted. To express the idea of a small amount with a plural noun (which *can* be counted), use **quelques** *(a few, some)* without **de.**

Voulez-vous **un peu de** fromage? *Would you like a little cheese?*
But: Voulez-vous **quelques** frites? *Would you like a few French fries?*

► The indefinite expressions of quantity can also be used with verbs, without the addition of **de.**

Je chante **beaucoup.** *I sing a lot.*
Rip van Winkle a **trop** dormi. *Rip van Winkle slept too much.*
Nous avons **assez** travaillé! *We have worked enough!*

► To express how much you like or dislike a thing, the definite article (not **de**) is used before the noun.

Je n'aime pas **beaucoup le** lait. *I don't much like milk.*
Mon frère aime **trop la** glace. *My brother likes ice cream too much.*

► **Peu de** can be introduced by the word **très** to make it more emphatic. **Très** cannot be used with the other expressions of quantity.

Je mange **très peu d'**épinards. *I eat very little spinach.*

E. Le verbe boire

Quel vin **boit-on** avec du poisson?
Nous buvons un peu de thé.
Nos amis mangent de la salade et **ils boivent** de l'eau.
Hélène a trop **bu!**

boire *(to drink)*			
je	**bois**	nous	**buvons**
tu	**bois**	vous	**buvez**
il/elle/on	**boit**		
ils/elles	**boivent**		
passé composé: j'**ai bu**			

► Note the pronunciation distinction between the third person singular and plural forms.

elle boi**t** [bwa]
elles boi**vent** [bwav]

10 Dans un restaurant à Paris. Complétez la conversation avec le verbe **boire**. Faites attention au choix entre le présent, le passé composé et l'infinitif.

TOURISTE: Je voudrais _____ de l'eau, s'il vous plaît.

SERVEUR: Mais vous avez _____ trois verres d'eau tout à l'heure.

TOURISTE: Oui, mais je _____ beaucoup d'eau. Et si je viens de _____ de l'eau ou non, ça ne vous concerne pas. Dans ma famille, nous _____ toujours de l'eau. Vos clients _____ de l'eau, n'est-ce pas?

SERVEUR: Quelquefois, mais dans ce restaurant, on _____ aussi du vin.

Réalités culturelles

La langue et la culture

Cultural Activities 🌐

EN GÉNÉRAL, la richesse du vocabulaire pour décrire un phénomène est une indication de son rôle culturel. Il y a, par exemple, beaucoup de mots différents en français pour décrire le pain (baguette, flûte, etc.). La table joue un rôle énorme dans la culture française. Il est donc normal de trouver beaucoup d'expressions idiomatiques et de proverbes où on parle de la nourriture. Les exemples suivants aident à comprendre que la langue et la culture vont de pair.

Goodluz/Shutterstock.com

L'appétit vient en mangeant.	The more you try it, the more you'll like it.
Bon appétit!	Enjoy your meal!
avoir du pain sur la planche	to have a lot of work to do
avoir un appétit d'oiseau	to eat like a bird
avoir un bon coup de fourchette	to have a hearty appetite
être bon comme le pain	to have a heart of gold
mettre les petits plats dans les grands	to put on a wonderful meal
mettre les pieds dans le plat	to put one's foot in one's mouth
ne pas être dans son assiette	to feel ill
pour une bouchée de pain	for a ridiculously low price
se vendre comme des petits pains	to sell like hotcakes

Vocabulaire: bon coup de fourchette *handle a fork well,* bouchée *mouthful,* en mangeant *while eating,* mettre *to put,* planche *(bread) board,* vont de pair *go together*

⓫ Les goûts et les couleurs (Tastes and colors). Donnez des précisions en utilisant *(by using)* les expressions de quantité entre parenthèses.

MODÈLES: Nous buvons du vin. (peu)
Nous buvons peu de vin.

Nous aimons les fruits. (beaucoup)
Nous aimons beaucoup les fruits.

Review pp. 61 and 221.

1. Ma sœur boit de l'orangina. (trop)
2. Elle aime l'orangina. (beaucoup)
3. Nos parents prennent du café. (un peu)
4. Vous avez de la salade? (assez)
5. Jean n'aime pas le vin. (beaucoup)
6. Il boit de l'eau. (peu)
7. J'aime le poisson. (bien)
8. Du vin blanc, s'il vous plaît. (un verre)
9. Marie désire des hors-d'œuvre. (quelques)
10. Je voudrais de la viande et du vin. (quatre tranches / une bouteille)

⓬ Dans ma famille. Décrivez les habitudes de votre famille.

MODÈLES: **Nous mangeons beaucoup de glace.**
Ma sœur boit très peu de lait.

			épinards
			fruits
mes parents		trop	limonade
ma sœur		beaucoup	lait
mon frère	manger	assez	glace
je	boire	peu	salade
nous		très peu	poisson
		jamais	eau
			chocolat chaud
			pommes de terre

⓭ Sur le campus. Utilisez une expression de quantité pour répondre à chaque question.

MODÈLE: Les étudiants ont-ils du temps libre?
Ils ont très peu de temps libre.

1. Avez-vous des amis à l'université?
2. Est-ce que les étudiants de votre université boivent de la bière?
3. Aiment-ils le coca light?
4. Est-ce que vos amis boivent du thé?
5. Vos amis mangent-ils du fromage?
6. Les étudiants mangent de la pizza, n'est-ce pas?
7. Les étudiants ont-ils des devoirs?

14 **L'appétit vient en mangeant** *(Eating whets the appetite).* Complétez les paragraphes avec **le, la, l', les, du, de la, de l', des, de** et **d'.**

Before doing this activity, review the use of the definite article in Ch. 2 (p. 45) and also the use of **de** after a negation in Ch. 3 (p. 76).

1. Françoise est au restaurant. Elle va manger _____ hors-d'œuvre, _____ poisson, _____ viande, _____ salade, un peu _____ fromage et beaucoup _____ glace. Elle va boire _____ vin blanc avec _____ poisson et _____ vin rouge avec _____ viande et _____ fromage. Mais elle ne va pas manger _____ soupe parce qu'elle n'aime pas _____ soupe.

2. Monsieur et Madame Blanc ne boivent jamais _____ café. Ils détestent _____ café mais ils aiment beaucoup _____ thé. Quelquefois ils boivent _____ vin, mais jamais beaucoup. Leurs enfants adorent _____ orangina et _____ coca-cola classique. Mais il n'y a jamais _____ orangina ou _____ coca chez eux. Les parents pensent que _____ coca et _____ orangina ne sont pas bons pour les jeunes enfants. Alors leurs enfants boivent _____ lait ou _____ eau.

Note culturelle

Les Québécois disent «déjeuner» pour **petit déjeuner**, «dîner» pour **déjeuner** et «souper» pour **dîner.**

Le petit déjeuner và Paris

Morgan Lane Photography/ Shutterstock.com

du pain

un croissant

du beurre

de la confiture

du café au lait

du thé

du chocolat chaud

du jus d'orange

Le petit déjeuner à Québec

Matka_Wariatka/ Shutterstock.com

du jus de fruits (orange, pomme, canneberge)

des céréales (froides ou chaudes)

un œuf

du jambon ou du bacon

du pain grillé

des crêpes

du beurre

de la confiture

du sirop d'érable

du café

du thé

du lait

du chocolat chaud

Track 2-30

ENTRE AMIS Tu prends le petit déjeuner d'habitude?

Use the breakfast menu on the previous page, if possible, and find out what your partner's breakfast habits are.

1. Ask if your partner usually has breakfast.
2. Ask if s/he had breakfast this morning.
3. If so, find out what s/he ate.
4. Ask what s/he drank.

◀)) ③ EXPRESSING AN OPINION

Le croque-monsieur *(toasted ham and cheese sandwich):* **Un des choix les plus populaires dans les cafés et les bistros de France. C'est un sandwich de pain de mie au jambon et au fromage gruyère ou emmental qu'on fait griller. Souvent on le sert avec une sauce béchamel** *(white sauce).*

Miam°, je trouve ce croque-monsieur délicieux! *Yum*
Qu'en penses-tu°, René? *What's your opinion*
  Je suis d'accord avec toi. Je le trouve très bon.° *I think it's very good.*

Comment trouves-tu ces épinards?
  Ils sont bons. Je les aime bien.

Que penses-tu de la pizza aux anchois°? *anchovies*
  Berk°, je la trouve mauvaise°. *Yuck / awful*

Et vous? Que pensez-vous du thé au citron? Est-il … délicieux? bon? mauvais?

Que pensez-vous des croissants français? Sont-ils … délicieux? bons? mauvais?

Que pensez-vous de la glace au chocolat? Est-elle … délicieuse? bonne? mauvaise?

Que pensez-vous des soupes froides? Sont-elles … délicieuses? bonnes? mauvaises?

F. Les pronoms compléments d'objet directs le, la, les

Grammar Tutorials

J'aime beaucoup mes amis. *I like my friends a lot.*
Je **les** aime beaucoup. *I like them a lot.*

Mes amis étudient le français. *My friends study French.*
Ils **l'**étudient. *They study it.*

Ils ne regardent pas souvent la télé. *They don't watch TV often.*
Ils ne **la** regardent pas souvent. *They don't watch it often.*

▶ A direct object pronoun replaces a noun that is the direct object of a verb (where no preposition precedes the noun). Object pronouns are placed directly in front of the verb.

direct object pronouns	examples of nouns	examples of pronouns
le	Je déteste **le fromage**.	Je **le** déteste.
la	Je trouve **cette pâtisserie** mauvaise.	Je **la** trouve mauvaise.
l'	Je n'aime pas **la bière**.	Je ne **l'**aime pas.
les	J'adore **les croque-monsieur**.	Je **les** adore.

*NB: Use **l'** in place of **le** or **la** if the following word begins with a vowel sound.*

⑮ Qu'en penses-tu? *(What do you think of it/of them?)* Vous êtes à une soirée avec un(e) ami(e). Donnez votre opinion des choix indiqués et demandez l'opinion de votre ami(e). Suivez les modèles.

MODÈLES: hors-d'œuvre

> VOUS: **Que penses-tu de ces hors-d'œuvre?**
> VOTRE AMI(E): **Je les trouve très bons. Qu'en penses-tu?**
> VOUS: **Je suis d'accord. Ils sont délicieux.**

> entrée
> VOUS: **Que penses-tu de cette entrée?**
> VOTRE AMI(E): **Je la trouve mauvaise. Qu'en penses-tu?**
> VOUS: **Je ne suis pas d'accord. Elle est excellente.**

1. fromage
2. bière
3. café
4. glace
5. fruits *(m.)*
6. poisson
7. légumes *(m.)*
8. croque-monsieur
9. viande
10. salade

G. Quelques expressions avec avoir

Grammar Tutorials

A number of idiomatic expressions in French use **avoir** with a noun where English would use *to be* with an adjective.

*Review the verb **avoir**, p. 66.*

Feelings		Opinions/Judgments	
j'ai faim	*I am hungry*	j'ai raison	*I am right*
j'ai soif	*I am thirsty*		*I am wise*
j'ai froid	*I am cold*	j'ai tort	*I am wrong*
j'ai chaud	*I am hot*		*I am unwise*
j'ai sommeil	*I am sleepy*		
j'ai peur	*I am afraid*		

*Use **très** with **faim**, **soif**, etc. to express the meaning **very**.*

Peur, raison, and **tort** can be used alone, but are often followed by **de** and an infinitive. **Peur** can also be followed by **de** and a noun.

Paul **a tort de** fumer.	*Paul is wrong to smoke.*
Tu **as raison d'**étudier souvent.	*You are wise to study often.*
Nous **avons peur d'**avoir une mauvaise note.	*We are afraid of getting a bad grade.*
Je **n'ai pas peur des** examens.	*I am not afraid of tests.*

When an infinitive is negative, both **ne** and **pas** precede it.

Il a eu tort de **ne pas étudier**.	*He was wrong not to study.*

16 **Si c'est comme ça** *(If that's the way it is).* Utilisez une ou deux expressions avec **avoir** pour compléter les phrases suivantes.

MODÈLE: Si on travaille beaucoup, on …
Si on travaille beaucoup, on a faim et soif.

1. On a envie de manger quelque chose si on …
2. Si on ne va pas aux cours, on …
3. Si on ne porte pas de manteau en décembre, on …
4. Si on pense que deux fois quatre font quarante-quatre, on …
5. S'ils font leurs devoirs, les étudiants …
6. Si on porte beaucoup de vêtements en été … *wear a lot of clothing*
7. Si on ne boit pas d'eau, on . *a soit.* *in summer*
8. Si on pense que les professeurs sont méchants, on … *à tort. (wrong)*
   mean

17 **Explications.** Donnez une explication ou exprimez votre opinion. Complétez les phrases suivantes avec une des expressions idiomatiques qui emploient le verbe **avoir**.

MODÈLE: Olivier ne porte pas de manteau en novembre. Il …
Il a froid. ou **Il a tort.**

1. Je suis fatigué. J' …
2. Ah! Quand nous pensons à une bonne pizza au fromage, nous …
3. Christelle pense qu'on parle espagnol au Portugal. Elle …
4. Tu … des gros chiens.
5. Vous pensez que notre professeur est charmant? Ah! Vous …
6. Les amis vont boire quelque chose parce qu'ils …
7. Cet après-midi je voudrais aller à la piscine. J' …
8. C'est le mois de décembre et nous …

18 **À vous.** Répondez aux questions.

1. À quel(s) moment(s) de la journée avez-vous faim? *j'ai*
   Que faites-vous quand vous avez faim?
2. À quel(s) moment(s) de la journée avez-vous soif? Que faites-vous?
3. Où vont les étudiants de votre université quand ils ont soif?
4. À quel(s) moment(s) de la journée avez-vous sommeil?
   Que faites-vous?
5. Pendant quels cours avez-vous envie de dormir?
6. Quels vêtements portez-vous si vous avez froid?
7. Que faites-vous si vous avez chaud?
8. Avez-vous peur d'avoir une mauvaise note?
9. Avez-vous peur avant un examen? Si oui, de quels examens avez-vous peur?
10. Vos professeurs ont-ils toujours raison?

ENTRE AMIS   **Que penses-tu de … ?**

1. Find out if your partner is hungry. (S/he is.)
2. Offer him/her something to eat.
3. Find out what s/he thinks of the food.
4. Find out if s/he is thirsty. (S/he is.)
5. Offer him/her something to drink.
6. Find out what s/he thinks of the drink you offered.
7. Find out when the next French test is.
8. Find out if your partner is afraid.
9. Ask what s/he thinks of French tests.

Track 2-31

4. EXPRESSING A PREFERENCE

Quelle sorte° de sandwichs préfères-tu, Valérie?   *type*
   Je préfère les sandwichs au fromage.

Quelle sorte de pizzas préfères-tu?
   Je préfère les pizzas aux champignons°.   *mushrooms*

Quelle sorte de glace préfères-tu?
   Je préfère la glace à la fraise°.   *strawberry*

Et vous?   Que préférez-vous?

   Moi, je préfère les sandwichs …
      au jambon-beurre°   *butter*
      au fromage
      au pâté
      au poulet
         et moutarde (*f.*)
         et mayonnaise (*f.*)

   Et je préfère la pizza …
      au fromage
      aux champignons
      aux oignons
      aux œufs°   *with eggs*
      aux anchois°   *with anchovies*
      à l'ail°   *with garlic*

   Et je préfère les crêpes …
      à la confiture°   *with jam*
      au sucre°   *with sugar*

   Et je préfère la glace …
      au chocolat, à la vanille, à la fraise, au café

> *In general, the French don't eat peanut butter (and jelly) sandwiches, but if this is the type of sandwich you prefer, you would say **Je préfère les sandwichs au beurre de cacahuète (et à la confiture)**.*

REMARQUE

Use **à** and the definite article to specify ingredients.

une omelette **au fromage**	*a cheese omelet*
une crêpe **à la confiture**	*a crepe with jam*
une pizza **aux champignons**	*a mushroom pizza*
un croissant **au beurre**	*a croissant made with butter*

> *Review the use of **à** with the definite article, p. 133.*

Liv Friis-Laren/Shutterstock.com

19 Quel choix! Vous êtes dans un café à Paris. Votre partenaire va jouer le rôle de la serveuse ou du serveur. Demandez quelles sortes de pizza, omelettes, sandwichs, etc. elle (il) propose. Elle (Il) va répondre. Ensuite commandez quelque chose.

MODÈLE: pizzas

VOUS: **Quelles sortes de pizzas avez-vous?**
SERVEUSE/SERVEUR: **Nous avons des pizzas au jambon, aux champignons et au fromage.**
VOUS: **Je voudrais une pizza au fromage et au jambon, s'il vous plaît**

1. sandwichs
2. omelettes
3. pizzas
4. crêpes
5. croissants
6. glaces

20 Mes préférences. Écrivez trois petits paragraphes pour décrire …

1. les choses que vous mangez souvent.
2. les choses que vous mangez si vous avez très faim.
3. les choses que vous ne mangez jamais.

H. Les verbes comme préférer

Vous préférez la glace ou la pâtisserie?   *Do you prefer ice cream or pastry?*
Je préfère la glace.   *I prefer ice cream.*

Espérez-vous aller en France un jour?   *Do you hope to go to France sometime?*

Oui, et **j'espère** aller au Canada aussi.   *Yes, and I hope to go to Canada also.*

Répétez, s'il vous plaît.   *Repeat, please.*
Les étudiants **répètent** après leur professeur.   *The students repeat after their teacher.*

▶ The verbs **préférer** *(to prefer)*, **espérer** *(to hope)*, **répéter** *(to repeat; to practice)*, and **exagérer** *(to exaggerate)* are all conjugated as regular **-er** verbs except that before a silent ending (as in the present tense of the **je, tu, il/elle/on,** and **ils/elles** forms), the **-é-** before the ending becomes **-è-**.

Préférer *usually is followed by* **le, la, les,** *when used with a noun.*

préférer (to prefer)			
SILENT ENDINGS		PRONOUNCED ENDINGS	
je	**préfère**	nous	**préférons**
tu	**préfères**	vous	**préférez**
il/elle/on	**préfère**		
ils/elles	**préfèrent**		
passé composé: j'**ai préféré**			

21 Vos amis et vous. Interviewez votre partenaire pour voir ses préférences. Suivez *(follow)* le modèle.

MODÈLE: la truite ou les anchois

> VOUS: **Est-ce que vos amis préfèrent la truite ou les anchois?**
> VOTRE PARTENAIRE: **Ils préfèrent la truite.**
> VOUS: **Et vous, qu'est-ce que vous préférez?**
> VOTRE PARTENAIRE: **Moi, je préfère les anchois.**
> VOUS: **Berk!**

1. le samedi soir ou le lundi matin
2. faire la vaisselle ou faire la cuisine
3. New York ou Los Angeles
4. la politique ou les mathématiques
5. partir en vacances ou travailler
6. étudier ou jouer au tennis
7. le cinéma ou le théâtre
8. le petit déjeuner ou le dîner
9. voyager ou rester à la maison
10. les sandwichs ou les omelettes
11. le coca ou le coca light
12. apprendre les mathématiques ou apprendre le français
13. regarder la télévision ou écouter la radio

 22 Microconversation: Vous déjeunez au restaurant.
Qu'est-ce qu'il y a à manger et à boire? Il y a toujours un choix. Vous préférez autre chose, mais il faut choisir *(you have to choose)*. Suivez *(follow)* le modèle.

Review the choices on p. 224.

MODÈLE: le fromage

> VOUS: **Qu'est-ce que vous avez comme fromage?**
> SERVEUR: **Nous avons du brie et du camembert.**
> VOUS: **Je préfère le chèvre. Vous n'avez pas de chèvre?**
> SERVEUR: **Je regrette, mais le brie et le camembert sont très bons.**
> VOUS: **Très bien, je vais prendre du brie, s'il vous plaît.**
>
> *(Un peu plus tard)*
>
> SERVEUR: **Comment trouvez-vous le brie?**
> VOUS: **Je le trouve excellent!**

iLrn
Self Test

Le camembert est un produit de la Normandie.

1. les entrées	2. la viande	3. les légumes
4. le fromage	5. les desserts	

ENTRE AMIS Au snack-bar

Role-play the following conversation with your partner.

1. Find out if your partner is hungry. (S/he is.)
2. Find out if s/he likes sandwiches, pizza, ice cream, etc.
3. Find out what kind of sandwich, etc., s/he prefers.
4. Tell your partner what you are going to order.

Intégration

RÉVISION

A À la carte.

1. Nommez trois sortes de pizzas.
2. Nommez trois sortes de sandwichs.
3. Nommez trois sortes de légumes.
4. Nommez trois sortes de plats principaux.
5. Nommez trois sortes de desserts.

B À l'écoute. Écoutez chaque conversation et décidez si on **a)** commande un repas, **b)** parle de ce qu'on prend, **c)** exprime (*express*) une opinion ou **d)** exprime une préférence.

Track 2-32

C À vous. Répondez aux questions.

1. Où allez-vous si vous avez faim ou soif?
2. Aimez-vous les sandwichs? Si oui, quelle sorte de sandwich préférez-vous?
3. Qu'est-ce que vous préférez comme pizza?
4. Si vous allez au restaurant, qu'est-ce que vous commandez d'habitude? Qu'est-ce que vous refusez de manger?
5. Avez-vous pris le petit déjeuner ce matin? Si oui, qu'est-ce que vous avez mangé? Qu'est-ce que vous avez bu?
6. Qu'est-ce que vous buvez le soir d'habitude?
7. Qu'est-ce que vous pensez du fromage américain? du fromage français?
8. À quel moment avez-vous sommeil? Pourquoi?
9. Qu'est-ce que vous espérez faire dans la vie?

ENTRE AMIS   Le menu, s'il vous plaît

You are a waiter (waitress). Use the menu that follows and wait on two customers. When you have finished taking their order, tell the chef (the teacher) what they are having.

Chez Jacques

Menu à 30 euros

Entrées	**Plats**	**Desserts**
assiette de crudités	bœuf bourguignon	omelette norvégienne
soupe à l'oignon	truite aux amandes	mousse au chocolat
pâté du chef	canard à l'orange	tarte maison
tarte à l'oignon	steak-frites	glace (vanille, chocolat,
salade de tomates	poulet-frites	fraise)
	salade	
	fromage	

Boisson non comprise; service compris

NÉGOCIATIONS

Dînons-nous ensemble? Interviewez les autres étudiants pour trouver votre partenaire. C'est la personne qui a le même menu que vous. Les autres menus sont dans l'appendice D.

MODÈLE: **Qu'est-ce que tu prends comme entrée?**
Qu'est-ce que tu vas boire?

A		
	VOTRE PARTENAIRE	**VOUS**
entrée	crudités	salade de tomates
plat principal	truite	poulet
légume	haricots verts	petits pois
fromage	emmental	chèvre
dessert	glace	fruits
boisson	vin blanc	vin rouge

Communication and Communities. To learn more about the culture presented in this chapter, go to the *Premium Website* and click on the Web Search Activities.

Also see the *Entre amis* Video Program and Video Worksheet in the *Cahier*.

LECTURE 1

A Imaginez la scène. Deux personnes prennent le petit déjeuner ensemble. Imaginez cette scène et répondez aux questions suivantes.

1. Qu'est-ce qu'il y a sur la table?
2. Qui sont les deux personnes?
3. Que font-elles?
4. Que boivent-elles?
5. De quoi est-ce qu'elles parlent?
6. Quel temps fait-il?

🔊 Track 2-33

Déjeuner du matin

Il a mis[1] le café
Dans la tasse
Il a mis le lait
Dans la tasse de café
Il a mis le sucre
Dans le café au lait
Avec la petite cuiller[2]
Il a tourné
Il a bu le café au lait
Et il a reposé[3] la tasse
Sans me parler

Il a allumé[4]
Une cigarette
Il a fait des ronds[5]
Avec la fumée
Il a mis les cendres[6]
Dans le cendrier[7]
Sans me parler
Sans me regarder

Il s'est levé
Il a mis
Son chapeau sur sa tête[8]
Il a mis
Son manteau de pluie[9]
Parce qu'il pleuvait[10]
Et il est parti
Sous la pluie
Sans une parole[11]
Sans me regarder
Et moi j'ai pris
Ma tête dans ma main[12]
Et j'ai pleuré.

Jacques Prévert

Jacques Prévert, "Déjeuner du matin", from *Paroles*. © Éditions GALLIMARD. Reprinted with permission.

---

1. *He put* / 2. *spoon* / 3. *he set down* / 4. *He lit* / 5. *rings* / 6. *ashes* / 7. *ashtray* / 8. *head* /
9. *rain* / 10. *it was raining* / 11. *a word* / 12. *hand*

LA MÉTHODO
It can be helpful to stop periodically and create a mental picture as you read. Visualizing the setting, the objects and characters in a scene, and what the characters are doing can help you better understand what an author is trying to convey. Your predictions can often help you figure out unknown vocabulary.

Questions. Quelles images avez-vous visualisées quand vous avez lu le poème? Répondez aux questions.

1. Où sont ces personnes?
2. Qui sont les deux personnes? (Imaginez.)
3. Qu'est-ce qu'elles ont fait? Qu'est-ce qu'elles n'ont pas fait?
4. Quels problèmes y a-t-il? (Imaginez.)
5. Est-ce que ce poème est triste? Expliquez votre réponse.

C **Jouez cette scène.** Faites tous les gestes nécessaires et présentez le poème *Déjeuner du matin* sans parler.

LECTURE II

A **Visualisation.** Vous allez lire une recette pour une salade Caesar. En quoi consiste le texte d'une recette? Quelles images vous viennent à l'esprit quand vous pensez à la préparation d'une salade?

B **Étude du vocabulaire.** Lisez la lecture suivante et essayez d'identifier les mots français qui correspondent aux mots anglais suivants.

1. *raw egg* _____
2. *soup spoon* _____
3. *bread crust* _____
4. *corn* _____
5. *olive oil* _____
6. *frying pan* _____
7. *peel* _____
8. *salt and pepper* _____

Salade Cæsar au poulet

Pour 2 personnes. Préparation: 30 minutes.

Ingrédients
une laitue romaine
1 bocal de maïs
2 blancs de poulet
2 tranches de pain de mie
1 tomate
huile
sel, poivre

Pour la sauce Cæsar:
1 gousse d'ail
1 œuf
2 cuillers à soupe de jus de citron:
2 cuillers à café de moutarde de Dijon
100 ml d'huile d'olive
20 g de parmesan rapé

Préparation
La sauce

La sauce doit être préparée une demi-heure à l'avance, pas plus.

Épluchez et émincez l'ail.

Mettez l'œuf cru, le jus de citron, la moutarde et l'ail dans un bol. Mixez. Ajoutez l'huile, puis mixez à nouveau. Réservez au frais.

Les croûtons

Ôtez la croûte du pain de mie et coupez les tranches en petits carrés. Mettez deux cuillers à soupe d'huile dans une poêle et faites frire les carrés de pain. Placez-les sur du papier absorbant.

La salade

Coupez les blancs de poulet en petits morceaux. Ajoutez encore d'huile dans la poêle et faites cuire le poulet. Réservez et laissez refroidir. Lavez les feuilles de laitue, séchez et déchirez-les en 2 ou 3 morceaux. Coupez les tomates en petits cubes. Mettez la laitue et les tomates dans un saladier, ajoutez le maïs, les croûtons et le poulet. Versez la sauce Cæsar, salez, poivrez et mélangez. Mettez le parmesean rapé dessus.

Servez.

"Salade Caesar aux endives" recipe, used with permission from www.cuisineAZ.com.

C **Identifiez les ingrédients.** Relisez la recette et ensuite faites une liste des ingrédients que vous reconnaissez d'après les catégories suivantes.

1. la viande
2. les légumes
3. les épices et assaisonnements
4. le fromage

D **Familles de mots.** Essayez de deviner le sens des mots suivants.

1. saler, le sel
2. poivrer, le poivre
3. la salade, le saladier

RÉDACTION

LA MÉTHODO For this **rédaction** you will express an opinion about an experience you had at a restaurant. To help organize your writing, first determine what your overall experience was—negative or positive. Then list the criteria on which you based your judgement; for example, whether you like the kind of food the restaurant serves, the quality and variety of the food, the service, etc. Next, list evidence that supports your opinion. Now you are ready to write about your experience.

CRITIQUE DE RESTAURANT

Écrivez une critique d'une expérience que vous avez eu récemment au restaurant. Dans votre critique:

- donnez le nom du restaurant
- dites quand vous y êtes allé(e) et pour quel repas (déjeuner ou dîner)
- décrivez ce que vous avez mangé et bu
- donnez votre opinion de l'expérience
- justifiez votre opinion

A **Avant d'écrire.** Faites une liste des informations dont (*that*) vous avez besoin pour votre critique. Suivez (*Follow*) les conseils énumérés dans *La méthodo.*

B **Écrire.** Écrivez une ébauche de votre critique. Faites attention à tous les détails que vous devez mentionner.

C **Correction.** Lisez votre ébauche et vérifiez que vous avez mentionné toutes les informations demandées et que votre critique est logique. Lisez l'ébauche une deuxième fois et corrigez l'orthographe et les erreurs de grammaire s'il y en a. Maintenant, lisez votre critique à un groupe de camarades de classe. Que pensent-ils du restaurant après avoir entendu (*after hearing*) votre critique?

Vocabulaire Actif

Practice some of this vocabulary with the flashcards on **iLrn**.

Boissons
un apéritif *before-dinner drink*
du beaujolais *Beaujolais*
du bordeaux *Bordeaux*

Entrée ou soupe
des crudités *(f. pl.) raw vegetables*
une entrée *first course (starter)*
un hors-d'œuvre *appetizer*
du pâté *pâté (meat spread)*
de la salade de tomates *tomato salad*
de la soupe *soup*
de la soupe de légumes *vegetable soup*

Viandes
du bœuf *beef*
du jambon *ham*
du porc *pork*
du poulet *chicken*
de la viande *meat*

Poissons
des anchois *(m. pl.) anchovies*
du saumon *salmon*
de la truite *trout*

Légumes
de l'ail *(m.) garlic*
des champignons *(m.) mushrooms*
des épinards *(m. pl.) spinach*
des frites *(f.) French fries*
des haricots verts *(m.) green beans*
un légume *vegetable*
un oignon *onion*
des petits pois *(m.) peas*
une pomme de terre *potato*
du riz *rice*

Fromages
du brie *Brie*
du camembert *Camembert*
du chèvre *goat cheese*
de l'emmental *(m.) Swiss cheese*

D'autres choses à manger
du beurre *butter*
du beurre de cacahuète *peanut butter*
des céréales *(f. pl.) cereal*
de la confiture *jam*
un croissant *croissant*
un croque-monsieur *open-faced toasted ham and cheese sandwich*
un hors-d'œuvre *appetizer*
de la mayonnaise *mayonnaise*
de la moutarde *mustard*
un œuf *egg*
une omelette *omelet*
du pain *bread*
du pain grillé *toast*
des restes *(m. pl.) leftovers*
de la salade *salad*
un sandwich *sandwich*
du sucre *sugar*
une tomate *tomato*

Desserts
un bonbon *candy*
une crêpe *crepe, French pancake*
un dessert dessert
des fraises *(f.) strawberries*
un fruit *fruit*
du gâteau *cake*
de la glace (à la vanille) *(vanilla) ice cream*
des pâtisseries *(f) pastries*
une pomme *apple*
de la tarte *pie*

Quantités et mesures
une assiette *plate*
une boîte *box; can*
une bouteille *bottle*
un kilo *kilogram*
un morceau *piece*
une tranche *slice*

D'autres noms
l'addition *(f.) (restaurant) bill, check*
un choix *choice*
un(e) client(e) *customer*
le déjeuner *lunch*
le petit déjeuner *breakfast*
le plat principal *main course, main dish*
un repas *meal*
un serveur *waiter*
une serveuse *waitress*
le théâtre *theater*

Adjectifs
délicieux (délicieuse) *delicious*
mauvais (mauvaise) *horrible*
quelques *a few; some*

Verbes
apporter *to bring*
apprendre *to learn; ~ à to teach*
avoir chaud *to be hot*
avoir faim *to be hungry*
avoir froid *to be cold*
avoir peur *to be afraid*
avoir raison *to be right; to be wise*
avoir soif *to be thirsty*
avoir sommeil *to be sleepy*
avoir tort *to be wrong; to be unwise*
boire *to drink*
commander *to order*
comprendre *to understand*
décider *to decide*
espérer *to hope*
penser *to think*
préférer *to prefer*
prendre *to take; to eat, to drink*
répéter *to repeat; to practice*

Pronoms compléments d'objet directs
le *him; it*
la *her; it*
les *them*

Adverbes
naturellement *naturally*
peu (de) *little; few*
plus (ne … plus) *no more; no longer*

Expressions utiles
à propos de *regarding, on the subject of*
au contraire *on the contrary*
Berk! *Yuck! Awful!*
bien sûr *of course*
Encore à boire (manger)? *More to drink (eat)?*
Encore de … ? *More … ?*
Je n'insiste pas. *I won't insist.*
je regrette *I'm sorry*
Le service est compris. *The tip is included.*
Miam! *Yum!*
Quelle(s) sorte(s) de … ? *What kind(s) of … ?*
Qu'en penses-tu? *What do you think of it (of them)?*
Qu'est-ce que vous avez comme … ? *What do you have for (in the way of) … ?*
sans façon *honestly; no kidding*
si vous insistez *if you insist*

CHAPITRE 9

Où est-ce que ça s'achète?

L'EPICERIE DU VILLAGE — PRODUITS BIO ET REGIONAUX

John James/Shutterstock.com

BUTS COMMUNICATIFS
- Finding out where things are sold
- Describing an illness or injury
- Making a purchase

STRUCTURES UTILES
- Les verbes en **-re**
- **Depuis**
- Le verbe **acheter**
- Les pronoms relatifs

CULTURE
Zoom sur les petits commerces
- **Vu sur le web:** Le tabac
- **Repères:** La pharmacie
- **Insolite:** On achète des fleurs
- **Article:** Les marchés en Guadeloupe et Martinique
- **Vidéo buzz:** Les petits commerces

Il y a un geste
- Désolé(e)

Lectures
- «Il pleure dans mon cœur»
- Virus de l'hiver: avec ou sans les mains?

RESOURCES

Audio   iLrn Heinle Learning Center   Premium Website

Pair Work   Group Work   *Entre amis* Video Program

Coup d'envoi

🔊 **PRISE DE CONTACT: LES ACHATS**

Track 2-34

Où est-ce qu'on achète° des journaux?	*buy*
On peut° aller …	*you can*
au bureau de tabac.	
à la gare.	
au kiosque°.	*newsstand*
Où est-ce qu'on achète des cadeaux°?	*gifts*
On peut aller …	
chez un fleuriste°.	*florist's shop*
dans une boutique.	
dans un grand magasin°.	*department store*
au marché aux puces°.	*flea market*
Où est-ce qu'on achète quelque chose à manger?	
On peut aller …	
au marché°.	*(open-air) market*
au supermarché.	
à l'épicerie.	

🍃 **Et vous?** Qu'est-ce que vous voulez acheter?

Où allez-vous faire cet achat°?   *purchase*

John Elk III/Alamy

CONVERSATION: À LA PHARMACIE

Grayson Smith est un touriste. Il désire acheter un journal américain et il pense qu'on achète les journaux à la pharmacie. Mais en France on n'y vend pas de journaux.

Grayson Smith: Bonjour, Monsieur. Vous avez le *Herald Tribune?*

Pharmacien: Comment? Qu'est-ce que vous dites?°   *What are you saying?*

Grayson Smith: Je voudrais acheter le *Herald Tribune.*

Pharmacien: Qu'est-ce que c'est?

Grayson Smith: C'est un journal.

Pharmacien: Mais on ne vend° pas de journaux ici, Monsieur.   *sell*

Grayson Smith: Vous n'en° avez pas?   *any*

Pharmacien: Non, Monsieur. C'est une pharmacie. Nous vendons seulement des médicaments°.   *medicine*

Grayson Smith: Mais aux États-Unis on achète les journaux à la pharmacie.

Pharmacien: Désolé°, Monsieur, mais nous sommes en France.   *Sorry*

Grayson Smith: Pouvez-vous me dire° où on peut trouver des journaux, s'il vous plaît?   *Can you tell me*

Pharmacien: Ça dépend°. Si vous cherchez un journal d'un autre pays, il faut aller au bureau de tabac qui est dans la rue° de la Gare.   *depends*   *street*

Grayson Smith: Merci, Monsieur. Vous êtes très aimable°.   *kind*

Jouez ces rôles. Répétez la conversation avec votre partenaire. Utilisez le nom de votre journal préféré.

Il y a un geste

Désolé(e). When saying **désolé(e)**, the shoulders are hunched and the upturned palms are often raised. Sarcasm can be added to the gesture by also pursing one's lips and raising one's eyebrows.

*This gesture is used in the **Entre amis** video program, Modules I & 4.*

© Cengage Learning

Zoom sur les petits commerces

Premium Website

PETIT TEST

Pourquoi le pharmacien ne vend-il pas le journal à Monsieur Smith?

a. Parce que Monsieur Smith est américain.

b. Parce que le pharmacien ne comprend pas Monsieur Smith quand il parle français.

c. Parce qu'on vend les journaux dans un magasin différent.

See *Repères* for the answer.

Si on est invité à dîner dans une famille française, quel serait (*would be*) un très bon cadeau?

a. une boîte de bonbons

b. une bouteille de vin

c. un bouquet de fleurs

See *Insolite* for the answer.

VU SUR LE WEB

Le tabac

ONE CAN BUY MAGAZINES, newspapers, and postcards at the tobacco shop. Among the most popular English language publications available in France are the *International Herald Tribune* and the international edition of *Time* magazine. One can also buy phone cards to make international calls, credit for your cell phone, and since **le bureau de tabac** is under state license, one can also purchase stamps and cigarettes. Although smoking is more widespread in France than in North America, it has decreased in recent years and is no longer permitted in most public places. To learn more about **le bureau de tabac** and some of the newspapers sold there, explore the links on the *Premium Website*.

REPÈRES

La pharmacie

Pharmacies in France don't sell magazines, newspapers, candy, drinks, or greeting cards as they often do in North-America. Depending on their type, French pharmacies may sell over the counter traditional medicines, homeopathic medicines as well as personal hygiene and beauty products. In addition to filling prescriptions, pharmacists will also offer advice on how to treat non-serious illnesses, including a cold, a sore throat, and a headache. In this respect French pharmacies are a convenient and helpful solution for travelers who become ill. Take a look at the list of some of the products and services offered by a pharmacy in Paris below.

Richard Wareham Fotografie/Alamy

- Allopathie[1]
- Homéopathie
- Médecine douce[2]
- Huiles essentielles
- Parapharmacie[3]
- Produits d'hygiène

- Vitamines
- Articles orthopédiques
- Matériel médical
- Préparations magistrales et officinales[4]

Adapted from www.pharmaciedelilesaintlouis.fr

---

[1] *la médecine traditionnelle,* [2] *la médecine alternative,*
[3] *produits de beauté,* [4] *préparations faites par le pharmacien*

On achète des fleurs

FLOWER SHOPS play an important role in French culture. More than any other gift, flowers are the number one choice when one is invited to dinner. Unless you plan on giving a dozen, choose an uneven (**impair**) number of flowers. Various reasons are given for the custom of offering three, five, or seven flowers rather than an even number. These include the implication that the donor has carefully selected them or that they may be more attractively arranged.

Les marchés en Guadeloupe et Martinique

OPEN-AIR MARKETS are a long-standing tradition in France. Most towns have a weekly or bi-weekly market, and there are neighborhood markets in the cit-

Kim Steele/The Image Bank/Getty Images

ies. This tradition remains particularly strong in Guadeloupe and Martinique, two of France's overseas departments in the Caribbean. In addition to town and neighborhood markets, the **chef-lieu** (*administrative*) cities of Point-à-Pitre and Fort-de-France have large daily markets that set up just after dawn. These specialize in a particular product: fish and seafood, fruits and vegetables, flowers, spices, and handicrafts. Despite the increase in the number of supermarket chains offering low-cost food, many people in both mainland France and the overseas departments still prefer the freshness and quality of the products sold in open-air markets.

Les petits commerces

ALTHOUGH SUPERMARKETS (**supermarchés**) and all-in-one superstores (**les grandes surfaces**) are found throughout France's urban areas, many people continue to shop at smaller specialized stores in their neighborhood, collectively calls **les petits commerces** or **les commerces de proximité. La boulangerie** *(bakery),* **la pâtisserie** *(pastry shop),* **la boucherie** *(butcher),* **la charcuterie** *(delicatessen),* and **l'épicerie** *(small grocery store)* are found in city neighborhoods and town or village centers. Not only, for example, do the French buy fresh bread daily, they will also go out of their way and pay a bit more, if necessary, to get bread that they consider more tasty. Customer loyalty is also high, and the French often use the possessive adjective to refer to a person they trade with, **mon boulanger** *(my baker),* a phenomenon that is very rare or nonexistent in North America. Explore the links on the *Premium Website* to learn more about **les petits commerces.**

Mark and Audrey Gibson/PhotoLibrary

À vous. Entrez dans une pharmacie et essayez d'acheter *(try to buy)* un magazine—*Time, Paris Match, Elle,* etc. Répondez au pharmacien.

Pharmacien: Bonjour, Monsieur (Madame/Mademoiselle).

Vous: _____

Pharmacien: Comment? Qu'est-ce que vous dites?

Vous: _____

Pharmacien: Mais on ne vend pas de magazines ici.

Vous: _____

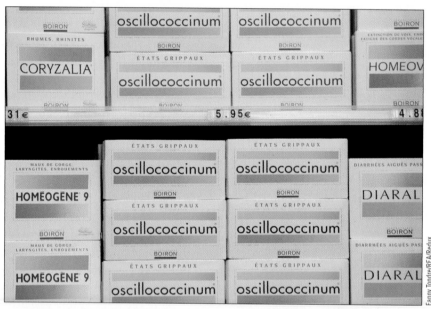

Quand est-ce qu'on prend ce médicament?

ENTRE AMIS   Au tabac

You are a customer at a tobacco shop and your partner is the proprietor. Role-play the following conversation.

1. Ask if your partner has a certain newspaper or magazine.
2. S/he will say s/he doesn't.
3. Ask if s/he has bread, milk, wine, etc.
4. S/he will say s/he is sorry, but s/he doesn't.
5. Find out where you can find the things you are looking for.
6. Get directions.

PRONONCIATION

🔊 **LE SON [ʀ]**

Track 2-36

▶ The most common consonant sound in French is [ʀ]. While there are acceptable variations of this sound, [ʀ] is normally a friction-like sound made in roughly the same area of the mouth as [g] and [k]. Keeping the tongue tip behind the lower teeth, the friction sound is made when the back of the tongue comes close to the back part of the mouth (pharynx). Use the word **berk!** to practice several times. It might also be helpful to use the following process: (1) say "ahhh … ," (2) change "ahhh …" to "ahrrr …" by beginning to gargle as you say "ahhh … ," (3) add [g] at the beginning and say **gare** several times, (4) say **garçon.** Then practice the following words.

- pou**r**
  su**r**
  bonjou**r**
  bonsoi**r**

- ga**r**çon
  me**r**ci
  pa**r**lez

- **r**usse
  rien
  Robert
  rouge

- t**r**ès
  t**r**ois
  c**r**ois
  d**r**oit
  f**r**ère
  éc**r**ire

- vot**r**e
  quat**r**e
  not**r**e
  p**r**op**r**e
  septemb**r**e

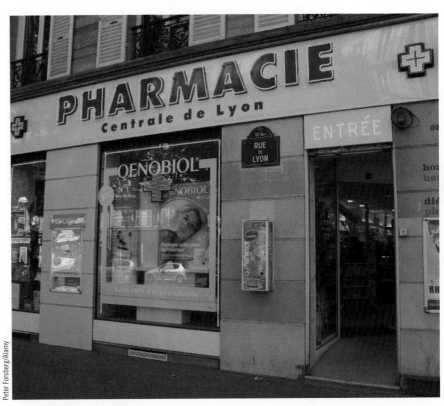

Les parapharmacies vendent des produits de beauté, de soin, de bien-être et d'hygiène.

Buts communicatifs

🔊 I. FINDING OUT WHERE THINGS ARE SOLD

Track 2-37

Qu'est-ce qu'on vend à la pharmacie?
　On y vend …
　　　des médicaments.
　　　des cachets d'aspirine°.　　　　　　　*aspirin tablets*
　　　des pastilles°.　　　　　　　　　　　*lozenges*
　　　du dentifrice°.　　　　　　　　　　　*toothpaste*
　　　des pilules°.　　　　　　　　　　　　*pills*
　　　du savon°.　　　　　　　　　　　　　*soap*
Qu'est-ce qu'on vend au bureau de tabac?
　On y vend …
　　　du tabac°.　　　　　　　　　　　　　*tobacco*
　　　un paquet° de cigarettes.　　　　　　*pack*
　　　des timbres°.　　　　　　　　　　　　*stamps*
　　　des télécartes.
　　　des journaux.
　　　des magazines.
　　　des cartes postales.

> Contrary to the general rule requiring a pronounced final **-c** (avec, chic, **Luc, Marc,** etc.), **tabac** has a silent final **-c.**

A. Les verbes en –re

Grammar
Tutorials

J'**attends** mon amie avec impatience.	*I'm anxiously waiting for my friend.*
Entendez-vous son train?	*Do you hear her train?*
Elle **a répondu** «oui» à mon invitation.	*She responded "yes" to my invitation.*
Elle aime **rendre visite** à ses amis.	*She likes to visit her friends.*
La voilà. Elle **descend** du train.	*There she is. She's getting off the train.*
J'espère qu'elle n'**a** pas **perdu** sa valise.	*I hope she hasn't lost her suitcase.*

> Be careful to distinguish between the endings for **-re** verbs and those of **-er** verbs, p. 40.

vendre *(to sell)*		
je	vend	s
tu	vend	s
il/elle/on	vend	
nous	vend	ons
vous	vend	ez
ils/elles	vend	ent
passé composé: j'**ai vendu**		

► A number of frequently used verbs are conjugated like **vendre**.

Vocabulaire

Quelques verbes réguliers en -re

attendre (un ami)	*to wait (for a friend)*
descendre	*to go down; to get out of*
entendre (un bruit)	*to hear (a noise)*
perdre (une valise)	*to lose (a suitcase)*
rendre (les devoirs) ←	*to give back (homework)*
rendre visite à quelqu'un	*to visit someone*
répondre (à une question)	*to answer (a question)*

return (home) → rendre (les devoirs)

*Be careful to avoid confusing **attendre** and **entendre**. Review the nasal vowels on p. 96. **Entendre** begins with a nasal vowel.*

*The verb **visiter** is normally reserved for use with places. **Rendre visite à** is used with persons.*

► The singular (**je, tu, il/elle/on**) forms of each of these verbs are pronounced alike.

je perds	tu perds	il perd	[pɛʀ]
je rends	tu rends	elle rend	[ʀɑ̃]

► There is no ending added to the stem in the **il/elle/on** forms of regular **-re** verbs. In inversion of the **il/elle/on** form, the **-d** is pronounced [t].

	ven**d**ons	[vɑ̃dɔ̃]	ven**d**ent	[vɑ̃d]
But:	ven**d**-on	[vɑ̃tɔ̃]	ven**d**-elle	[vɑ̃tɛl]

► Past participles of regular **-re** verbs are formed by adding **-u** to the present tense verb stem.

ven**du**
per**du**
répon**du**

► **Rendre visite** and **répondre** are used with the preposition **à** before an object.

J'**ai rendu visite à** mon frère.	*I visited my brother.*
Anne **répond** toujours **aux** questions du professeur.	*Anne always answers the teacher's questions.*

► **Attendre** does not use a preposition before an object.

J'**attends** mes amis.	*I am waiting for my friends.*

► In the expressions **perdre patience** and **perdre courage** the article or possessive adjective is omitted.

	Le professeur a **perdu patience** avec moi.
But:	J'ai **perdu** *mes* devoirs.

1 Mes professeurs et moi. Indiquez si *oui* ou *non* vos professeurs font les choses suivantes. Et vous, est-ce que vous les faites?

MODÈLE: perdre des livres

Mes professeurs ne perdent jamais de livres, mais moi, je perds quelquefois des livres.

parfois = several times

1. perdre patience
2. attendre les vacances avec impatience
3. répondre à beaucoup de questions
4. rendre visite à des amis
5. vendre des livres

2 Un petit sketch: Au bureau de tabac. Lisez le sketch suivant et répondez ensuite aux questions.

M. Smith: Madame, est-ce que vous avez le *Herald Tribune?*

La Marchande: Non, Monsieur. Je n'ai plus de journaux américains.

M. Smith: Où est-ce que je peux acheter un journal américain, s'il vous plaît?

La Marchande: Il faut aller à la gare.

M. Smith: Pourquoi à la gare?

La Marchande: Parce qu'on vend des journaux d'autres pays à la gare.

M. Smith: Merci, Madame.

La Marchande: Je vous en prie, Monsieur.

1. Quelle sorte de journal Monsieur Smith cherche-t-il?
2. La marchande vend-elle des journaux?
3. A-t-elle le *Herald Tribune?* Expliquez.
4. Où Monsieur Smith va-t-il aller? Pourquoi?
5. Où vend-on des journaux dans votre ville?
6. Quel journal préférez-vous?

3 À vous. Répondez aux questions.

1. Où vend-on des cigarettes dans votre pays?
2. Qu'est-ce que les pharmaciens vendent dans votre pays?
3. À qui rendez-vous visite pendant les vacances?
4. Attendez-vous les vacances avec impatience? Pourquoi (pas)?
5. Dans quelles circonstances perdez-vous patience?
6. Est-ce que vous répondez rapidement aux e-mails de vos amis?
7. À qui avez-vous répondu récemment?

ENTRE AMIS À la pharmacie

Role-play with a partner the following conversation between a pharmacy clerk and client.

1. Find out if the clerk sells stamps. (S/he doesn't.)
2. Ask if s/he sells postcards.
3. S/he will say that s/he is sorry, but s/he doesn't.
4. Ask where you can buy stamps and postcards.
5. Your partner will explain where these items are sold.
6. Ask your partner for directions.
7. Be sure to say thank you.

2. DESCRIBING AN ILLNESS OR INJURY

Track 2-38

le dos

les cheveux (m.pl.)

un œil (les yeux)

une oreille

la tête

le nez

les dents (f.pl.)

une épaule

un bras

l'estomac (m.)

un genou

une jambe

la bouche

la gorge

une main

un pied

Jacques, qu'est-ce que tu as?° Tu as l'air° malade.
    J'ai mal au dos° depuis° hier. J'ai fait trop
    de gymnastique.
Oh là là! Moi aussi, mais j'ai mal aux jambes, moi!

what's the matter with you? / you look / My back hurts / since

Et vous? Avez-vous eu la grippe cette année? Avez-vous souvent mal à la tête?

Et les étudiants? S'ils étudient trop, ont-ils mal aux yeux?

Review the contractions on p. 133.

REMARQUES

1. Like the word **tabac, estomac** has a silent final **-c.**

2. **Si** *(if)* becomes **s'** only before the words **il** and **ils.** Before other words beginning with vowels, it does not elide.

> **Si on** a mal à la tête, on prend des cachets d'aspirine.
> **Si elle** est malade, elle doit rester au lit.

But: **S'il** est malade, il doit rester au lit.

3. **Avoir mal à** is used with the definite article and a part of the body to express that one has a sore hand, arm, etc.

Mon fils **a mal au bras.**	*My son's arm hurts.*
J'**ai mal à la gorge.**	*I have a sore throat.*
Avez-vous **mal aux dents?**	*Do you have a toothache?*

4. **Avoir l'air** *(to seem, appear, look)* is often followed by an adjective.

Hélène **a l'air sportive.**   Jean-Yves **a l'air fatigué.**

Vocabulaire

Qu'est-ce que vous avez?

Je suis malade.	*I'm sick.*
J'ai de la fièvre.	*I have a fever.*
J'ai un rhume.	*I have a cold.*
J'ai la grippe.	*I have the flu.*
J'ai le nez qui coule.	*I have a runny nose.*
Je tousse.	*I am coughing.*

J'ai mal …

à l'estomac.	*I have a stomachache. My stomach hurts.*
aux oreilles.	*I have an earache. My ears hurt.*
au pied.	*I have a sore foot. My foot hurts.*

Je suis …

déçu(e).	*I'm disappointed.*
déprimé(e).	*I'm depressed.*
triste.	*I'm sad.*

4 Ça ne va pas. Complétez les phrases suivantes.

MODÈLE: Si on a de la fièvre, …

Si on a de la fièvre, on est malade.

ou

Si on a de la fièvre, on a peut-être la grippe.

1. Si on regarde trop la télévision, …
2. Si on danse trop souvent, …
3. Si on boit trop, …
4. Si on a le nez qui coule, …
5. Si on tousse beaucoup, …
6. Si on mange trop, …
7. Si on fume trop, …
8. Si on écrit trop, …
9. Si on étudie trop, …
10. Si on fait une trop longue promenade, …
11. Si on entend trop de bruit, …
12. Si on mange trop de bonbons, ..
13. Si on skie mal, ….
14. Si on passe trop d'examens, …

5 Pauvres étudiants! Répondez aux questions suivantes.

1. Que prenez-vous si vous avez la grippe?
2. Est-ce que vous restez au lit si vous êtes malade?
3. Qu'est-ce que vous faites si vous avez un rhume?
4. Quand les étudiants ont-ils mal à la tête?
5. Quand les étudiants ont-ils mal aux pieds?
6. Quand les étudiants ont-ils mal à l'estomac?
7. Fumez-vous des cigarettes? Pourquoi ou pourquoi pas?

6 Aïe! Utilisez les expressions suivantes pour faire des phrases, mais ajoutez une explication *(add an explanation)* avec **si** ou **parce que**.

MODÈLES: **Les étudiants ont mal aux yeux s'ils étudient trop.**

J'ai mal à la tête parce que je passe trop d'examens.

		la tête	
		le dos	
		les bras	
		les yeux	
		la main	
les étudiants		les jambes	
je	avoir mal	les pieds	si …
un(e) de mes ami(e)s		les dents	parce que …
		la gorge	
		l'estomac	
		le nez	
		l'épaule	
		le genou	

B. Depuis

Depuis combien de temps habites-tu ici?	*How long (for how much time) have you been living here?*
J'habite ici **depuis un an.**	*I've been living here for a year.*
Depuis quand étudies-tu le français?	*How long (since when) have you been studying French?*
J'étudie le français **depuis septembre.**	*I've been studying French since September.*

▶ Use **depuis combien de temps** or **depuis quand** with the present tense to ask about something that has already begun but is *still continuing*. **Depuis combien de temps** asks for the length of time so far and **depuis quand** asks for the starting date.

verb (present tense) + **depuis** +	length of time
	starting date

Depuis combien de temps … ?	*For how much time … ?*
Depuis quand … ?	*Since when … ?*

Review expressions of time in Ch. 6, p. 170.

▶ In the affirmative, the English translation of the present tense verb and **depuis** is usually *has (have) been … ing for* a certain length of time or *since* a certain date.

Chantal **habite** à Chicago **depuis un an.**	*Chantal has been living in Chicago for a year.*
Chantal **habite** à Chicago **depuis février dernier.**	*Chantal has been living in Chicago since last February.*

▶ To state that something has *not* happened for a period of time, however, the negative of the **passé composé** is used with **depuis.**

Je **n'ai pas été** malade **depuis** six mois.	*I haven't been sick for six months.*
Mes parents **n'ont pas écrit depuis** deux semaines.	*My parents haven't written for two weeks.*

ATTENTION

Depuis is used to talk about situations that are still going on. To ask or state how much time was spent doing something that has already been *completed*, use **pendant** with the **passé composé.**

J'étudie depuis deux heures.	*I've been studying for two hours (and I haven't finished yet).*
But: **J'ai étudié pendant** deux heures.	*I studied for two hours (and now I'm finished).*

7 Ils sont tous malades. Qu'est-ce qu'ils doivent faire? D'abord utilisez les expressions entre parenthèses pour indiquer depuis combien de temps chaque personne est malade. Ensuite répondez aux questions qui suivent.

MODÈLE: Virginie (pieds / deux jours)
   Virginie a mal aux pieds depuis deux jours.
   Qui doit changer de chaussures?
   Virginie doit changer de chaussures.

1. Michel (gorge / deux heures).
2. Madame Matté (dents / une semaine).
3. Anne (yeux / un mois).
4. Monsieur Monneau (fièvre / ce matin).
5. Guy (genou / trois mois).

QUESTIONS

1. Qui doit changer de lunettes? *glasses*
2. Qui doit se coucher et doit rester au lit?
3. Qui ne doit plus jouer au tennis?
4. Qui ne doit plus fumer et doit prendre des pastilles?
5. Qui doit aller chez le dentiste?

8 Comment allez-vous? Utilisez les expressions suivantes pour faire des phrases.

MODÈLES: **Mon frère est malade depuis trois mois.**
   Je n'ai pas été malade depuis cinq ans.
   Je n'ai pas eu mal à la tête depuis cinq ans.

		malade	
je		rhume	
ma sœur	(ne … pas) avoir	fièvre	depuis …
mon frère	(ne … pas) être	déprimé(e)	
un(e) de mes ami(e)s		mal …	
		fatigué(e)	

9 Une interview. Posez des questions logiques avec **depuis** ou **pendant**. Votre partenaire va répondre.

MODÈLES: parler français
   VOUS: **Depuis combien de temps parles-tu français?**
   VOTRE PARTENAIRE: **Je parle français depuis six mois.**

   regarder la télé hier soir
   VOUS: **Pendant combien de temps as-tu regardé la télé hier soir?**
   VOTRE PARTENAIRE: **J'ai regardé la télé pendant une heure.**

1. étudier le français
2. étudier hier soir
3. habiter à l'adresse actuelle
4. écouter la radio ce matin
5. être étudiant(e) à cette université
6. faire cet exercice

3. MAKING A PURCHASE

Track 2-39

Où vas-tu, Alain?

Je vais faire des achats.

De quoi as-tu besoin?°   *What do you need?*

J'ai besoin de toutes sortes de choses.°   *I need all kinds of things.*

J'ai besoin de pain, de bœuf, de saucisses°,   *sausages*
de légumes et de fruits.

J'ai besoin d'un livre et de fleurs aussi.

Je vais acheter° …   *to buy*

du pain à la boulangerie,

du bœuf à la boucherie,

des saucisses à la charcuterie°,   *delicatessen*

des légumes et des fruits à l'épicerie,

des fleurs chez un fleuriste

et un livre à la librairie.

Alors, j'ai besoin d'argent° pour payer   *money*
tout cela.°   *that*

Et vous? De quoi avez-vous besoin?

Note culturelle

Les deux premiers chiffres *(numbers)* dans un numéro de téléphone fixe indiquent une région de France et les deux suivants représentent un département à l'intérieur de cette région. Le 02 qu'on voit dans l'annonce à la page 262 représente la zone à l'ouest de Paris; 41 est le Maine-et-Loire où se trouve la ville d'Angers.

REMARQUES

1. **Avoir besoin** *(to need)* works much like **avoir envie**. It is used with **de** and an infinitive or a noun. If **avoir besoin** is used with a noun, the definite article is usually omitted.

   J'**ai besoin d'**étudier. *I need to study.*

   Nous **avons besoin de** légumes et **d'**eau minérale. *We need vegetables and mineral water.*

2. Use **un (une)** with **avoir besoin d'** to say that *one* item is needed.

   Vous **avez besoin d'une** feuille de papier. *You need a sheet of paper.*

Owen Franklin

Tu as besoin d'autre chose?

10 Où faut-il aller? Où est-ce qu'on trouve les produits suivants? Suivez *(follow)* le modèle.

MODÈLE: pâté **Si on a besoin de pâté, il faut aller à la charcuterie.**

1. épinards
2. médicaments
3. un kilo d'oranges
4. un rôti de bœuf
5. croissants
6. fleurs
7. jambon
8. un livre
9. cigarettes

C. Le verbe acheter

Mon père va **acheter** une autre voiture.
Nous **achetons** nos livres à la librairie.
On **achète** un journal au bureau de tabac.
J'**ai acheté** cinq kilos de pommes de terre.

*Review the formation of **préférer**, p. 240.*

▶ As you have already learned with **préférer,** certain verbs change their spelling of the verb stem of the present tense depending on whether or not the ending is pronounced.

Vous préf**é**rez le blanc ou le rouge?
Je préf**è**re le rouge.

▶ The verb **acheter** also contains a spelling change in the verb stem of the present tense. When the ending is not pronounced, the **-e-** before the **-t-** becomes **-è**.

acheter (to buy)			
SILENT ENDINGS		**PRONOUNCED ENDINGS**	
j'	achèt**e**	nous	achetons
tu	achèt**es**	vous	achetez
il/elle/on	achèt**e**		
ils/elles	achèt**ent**		
	passé composé: **j'ai acheté**		

⓫ Nous achetons tout ça. On fait des achats. Utilisez les expressions suivantes pour faire des phrases. Utilisez la forme négative, si vous voulez.

MODÈLES: **J'achète de la glace pour mes amis.**
Nous n'achetons jamais de cigarettes pour nos amis.

		glace		
je		cigarettes		amis
nous		cachets d'aspirine		classe (f.)
le professeur		magazines		parents
mes amis	acheter	pommes	pour	professeur
ma mère		timbres		famille
mon père		pain		moi
les étudiants		bonbons		nous
		médicaments		
		fleurs		

Review the possessive adjectives on pp. 80–81.

Téléfleurs

Vos **émotions**, nos **créations**, voyageons **ensemble**

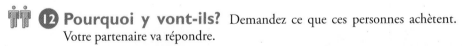

⓬ Pourquoi y vont-ils? Demandez ce que ces personnes achètent. Votre partenaire va répondre.

MODÈLE: Je vais au bureau de tabac.

VOUS: **Qu'est-ce que tu achètes au bureau de tabac?**
VOTRE PARTENAIRE: **J'achète des timbres.**

1. Je vais à la boucherie.
2. Nous allons à la pharmacie.
3. Mon père va au supermarché.
4. Nous allons dans un grand magasin. (store)
5. Les étudiants vont à la boulangerie.
6. Paul va à l'épicerie.
7. Ces deux femmes vont au bureau de tabac.
8. Marie va à la librairie près de l'université.
9. Je vais chez un fleuriste.   chez = "place of..."

No au, because its a person you visit.

*Both **un** and **une** may be used with **fleuriste**.*

Réalités culturelles

L'Union européenne

EN 1957, six pays européens (la France, l'Allemagne, l'Italie, la Belgique, les Pays-Bas et le Luxembourg) signent le traité de Rome et une sorte de marché commun est né. Petit à petit, cette communauté économique européenne va s'élargir avec de nouveaux membres. En 1992, le traité de Maastricht donne le coup d'envoi d'une union économique et monétaire qui s'appelle l'Union européenne (UE). Aujourd'hui l'UE est constituée de 27 États membres et une population de presque un demi-milliard d'habitants. Le Parlement européen, qui se réunit à Strasbourg, et la Cour de Justice, qui est à Luxembourg, sont deux des grandes institutions de l'UE.

John R. Smith/Shutterstock.com

Yuliyan Velchev/Shutterstock.com

En 2002, l'euro est devenu la monnaie officielle de la France et de la plupart des pays de l'Union européenne. Il existe huit pièces de monnaie et sept billets, de la pièce de 1 centime jusqu'au billet de 500 euros. On peut les utiliser pour faire ses achats dans presque tous les pays de l'UE.

Vocabulaire: traité *treaty,* coup d'envoi *kickoff,* presque *almost,* se réunit *meets,* est devenu *became*

Consult the **Entre amis** Companion Website *to find out more about the European Union and the euro.*

Vocabulaire

Pour payer les achats

de l'argent *(m.)*	*money*	une pièce (de monnaie)	*coin*
une carte bancaire	*credit (and/or debit) card*	coûter	*to cost*
un billet	*bill (paper money)*	un euro	*euro*
un chèque	*check*	payer	*to pay*
la monnaie	*change; currency*	un dollar	*dollar*
un chèque de voyage	*traveler's check*	Environ combien?	*About how much?*

NOTE

Payer is often found with a spelling change. Before silent endings, the -y- becomes -i: **je pai̶e̶, tu pai̶e̶s̶,** etc. *But:* **nous pay**ons, **vous pay**ez.

⓭ Un petit sketch: À la charcuterie. Lisez ou jouez le sketch. Ensuite répondez aux questions.

Grayson Smith parle avec un charcutier-traiteur.

M. Smith:	Vous vendez des saucisses?
Le charcutier-traiteur:	Oui, bien sûr. Mais vous voulez quoi comme saucisse?
M. Smith:	Avez-vous des merguez?
Le charcutier-traiteur:	Oui, nous en avons.
M. Smith:	Bien. J'en prends six, s'il vous plaît. Je vous dois combien?
Le charcutier-traiteur:	Trois euros dix.
M. Smith:	Voilà, Monsieur.
Le charcutier-traiteur:	C'est parfait, Monsieur. Merci.
M. Smith:	Au revoir, Monsieur. Bonne journée.
Le charcutier-traiteur:	Merci. Vous aussi, Monsieur.

1. Où fait-il les courses?
2. Qu'est-ce qu'il demande au marchand?
3. Qu'est-ce que c'est une merguez?
4. Combien de merguez est-ce qu'il achète?
5. Combien coûtent les merguez?

Vocabulaire

Mots utiles pour faire des achats

une barquette	*small box; mini crate*	un kilo	*kilogram (2.2 pounds)*
une boîte	*box; can*	un litre	*liter*
un bouquet	*bouquet*	une livre	*pound*
une bouteille	*bottle*	un paquet	*package*

⓮ Ça coûte combien? Demandez à votre partenaire combien coûte chaque objet. Il/Elle va donner la réponse en euros.

MODÈLE: bonbons (3€ le paquet)

      VOUS: **Combien coûte un paquet de bonbons?**
VOTRE PARTENAIRE: **Les bonbons coûtent trois euros le paquet.**

1. bordeaux (10€ le litre)
2. épinards (3€ la livre)
3. fraises d'Espagne (2€ la barquette)
4. orangina (2€ la bouteille)
5. jambon de Bayonne (13€ le kilo)
6. cigarettes (5,60€ le paquet)
7. œufs (5€ la douzaine)
8. fleurs (8€ le bouquet)

> *Notice the use of the indefinite article in the question and the definite article in the answer.*

15 En ville. Vous avez besoin de plusieurs *(several)* choses. Utilisez les deux listes suivantes pour trouver l'adresse et le numéro de téléphone des magasins nécessaires.

MODÈLE: pour acheter des médicaments

Pour acheter des médicaments, l'adresse est un, place de la Laiterie. Téléphonez au zéro deux/quarante et un/quatre-vingt-sept/cinquante-huit/trente-neuf.

1. pour acheter un kilo de bœuf
2. pour acheter un paquet de cigarettes
3. pour acheter du pain
4. pour demander à quelle heure le film va commencer
5. pour acheter un bouquet de fleurs
6. pour réserver une table pour diner
7. pour acheter un pull ou un pantalon
8. pour acheter du saumon
9. pour acheter des euros si on a des dollars

Review numbers on pp. 3 & 68.

*See the **Note Culturelle**, p. 263, regarding French telephone numbers.*

Place de la Laiterie		Rue de la Gare	
1 PHARMACIE GODARD	02.41.87.58.39	1 PHOTO PLUS	02.41.87.67.31
4 CHEVALIER, Yves		2 MOD COIFFURE	02.41.88.00.03
bureau de tabac	02.41.87.48.37	3 CRÉDIT AGRICOLE	02.41.88.12.56
5 BANQUE NATIONALE DE PARIS	02.41.88.00.23	4 CATFISH	
7 ARMORIC POISSONNERIE	02.41.88.39.84	restaurant grill	02.41.87.14.87
9 BOUCHERIE DU RONCERAY	02.41.87.57.28	5 PHARMACIE DE LA GARE	02.41.87.66.67
11 FAÏENCERIE DU RONCERAY	02.41.87.40.29	6 LE FLORENTIN	
15 SALOUD, Gérard		fleuriste	02.41.87.41.72
assurances	02.41.87.50.27	7 LE RELAIS	
18 COLIN, Jean		hôtel	02.41.88.42.51
boulangerie-pâtisserie	02.41.88.01.62	8 CINÉMA LE FRANÇAIS	02.41.87.66.66
19 VERNAUDON, Michel		9 LE PEN DUICK	
vêtements	02.41.87.01.96	restaurant	02.41.87.46.59
21 DACTYL BURO ANJOU		10 BAR BRASSERIE LE SIGNAL	02.41.87.49.41
machines bureaux	02.41.88.59.52		

16 Une révision des nombres. Répondez aux questions.

1. Quelle est votre adresse?
2. Quel est votre code postal?
3. Quel est votre numéro de téléphone?
4. Quel est le numéro de téléphone de votre meilleur(e) ami(e)?
5. En quelle année êtes-vous né(e)?
6. Combien de jours y a-t-il dans une année?
7. Combien de pages y a-t-il dans ce livre de français?
8. Combien de minutes y a-t-il dans une journée?
9. En quelle année Christophe Colomb est-il arrivé au Nouveau Monde?
10. Combien d'étudiants y a-t-il sur ce campus?

D. Les pronoms relatifs

Grammar Tutorials

▶ Relative pronouns like *who, whom, which,* and *that* relate or tie two clauses together. They refer to a word in the first clause.

Le cadeau est sur la table. Il est
    pour ma sœur.

Le cadeau **qui** est sur la table est   *The gift (that is) on the table is for*
    pour ma sœur.   *my sister.*

Le cadeau est pour ma sœur. Je l'ai
    acheté ce matin.

Le cadeau **que** j'ai acheté ce matin   *The gift (that) I bought this morning is*
    est pour ma sœur.   *for my sister*

▶ The choice of the relative pronoun **qui** or **que** depends on its function as subject or object.

▶ **Qui** *(who, that, which)* replaces a person or a thing that is the *subject* of a relative clause.

Une boulangerie est un magasin **qui** vend du pain.

▶ **Que/qu'** *(whom, that, which)* replaces a person or a thing that is the *object* of a relative clause.

Le Monde est un journal **que** je lis avec intérêt.
Le Monde est un journal **qu'**on achète souvent.
Voilà un professeur **que** les étudiants aiment beaucoup.
~Here is a professor~

▶ Although the relative pronoun may be omitted in English, it is never omitted in French.

C'est le magasin **que** je préfère.   *It's the store (that) I prefer.*

(p. 72)

For recognition only

> The relative pronoun **dont** *(whose, of which, about which)* is normally used when the French expression would require the preposition **de**. In the following example, one needs to remember that **besoin** is used with **de**.
>
> C'est le livre **dont** j'ai besoin.   *It's the book (that) I need.*

17 Identifications. Identifiez la personne ou la chose qui correspond à la description.

MODÈLE: quelqu'un qui parle français depuis longtemps

Le professeur de français est quelqu'un qui parle français depuis longtemps.

[handwritten: is someone who]

1. un magasin qui vend des médicaments
2. quelque chose qu'on vend à l'épicerie *[handwritten: deli / grocery store]*
3. un restaurant que vous recommandez pour sa cuisine italienne *[handwritten: Olive Garden]*
4. un livre que vous avez déjà lu et que vous recommandez
5. quelque chose que vous mangez souvent
6. quelque chose dont on a besoin pour payer ses achats au centre commercial
7. quelqu'un qui parle français avec vous
8. une personne qui vend des fleurs
9. quelque chose qu'on achète à la librairie
10. quelque chose dont les étudiants ont besoin pour être heureux

18 Définitions. Décrivez les personnes ou les choses suivantes.

MODÈLES: un McDo   **C'est un restaurant qui vend des Big Macs.**

 Self Test   un professeur   **C'est une personne qui enseigne.** *[handwritten: teach]*

ma mère   **C'est une personne que j'aime.**

1. un bureau de tabac *[handwritten: C'est un magasin qui vend des cigarettes.]*
2. une pizza aux anchois *[handwritten: obj. que j'aime manger +.]*
3. une pharmacienne
4. la France *[handwritten: C'est (que) un pays j'aime.]*
5. mon professeur de français
6. un francophone
7. un supermarché

ENTRE AMIS   Je voudrais faire quelques courses

You have recently arrived in France. Speak to a member of your host family (your partner) to find out where things are sold.

1. Tell your host that you are going shopping.
2. Tell him/her what you need.
3. Ask where to buy each item you need.
4. Add that you are also looking for the *New York Times*. Explain what this is.
5. Be sure to express your gratitude.

Intégration

RÉVISION

(A) Des renseignements. Préparez une liste de cinq renseignements pour des touristes qui vont en France.

MODÈLE: **Si on a besoin de pain, on peut aller à la boulangerie.**

(B) Je fais des achats. Travaillez en groupes de deux ou trois personnes. Chaque membre du groupe doit faire une liste de cinq endroits différents où il va faire des achats et pour chaque endroit il doit mentionner le produit qu'il va y acheter. Les autres membres du groupe vont poser des questions pour deviner *(guess)* où leur partenaire va et ce qu'il va achèter.

MODÈLE: **Est-ce que tu achètes quelque chose à la librairie?**
Est-ce que tu achètes un livre?

(C) À l'écoute. Amélie rencontre un ami américain dans la rue. Écoutez leur conversation et répondez aux questions.

Track 2-40

1. Qui est-ce que David attend?
2. Où est cette personne?
3. Pourquoi est-ce qu'elle est allée à cet endroit?
4. Qu'est-ce que David veut acheter?
5. Où doit-il aller pour acheter cet article?

(D) À vous. Répondez aux questions.

1. Êtes-vous souvent malade?   _Non, je suis pas souvent malade._ _ne — je suis rarement malade._
2. Que prenez-vous si vous avez la grippe?   _Je prends une cachet des aspirine._
3. Que faites-vous quand vous avez mal à la tête?
4. Aimez-vous la cigarette? Fumez-vous? Si oui, depuis combien de _since when_ temps? Si non, avez-vous déjà fumé? Pendant combien de temps?
5. Où faites-vous vos courses? _shopping_ Qu'est-ce que vous achetez?
6. Quelle est votre adresse? Depuis quand y habitez-vous?
7. Comment s'appelle le magasin qui vend du pain?
8. Qu'est-ce que c'est qu'une épicerie?

Communication and Communities. To learn more about the culture presented in this chapter, go to the *Premium Website* and click on the Web Search Activities.

Also see the ***Entre amis*** Video Program and Video Worksheet in the *Cahier.*

Nos achats. Interviewez votre partenaire pour trouver les renseignements qui manquent. Il y a trois paires de cartes; les cartes B sont dans l'appendice D. Le partenaire A1 travaille avec le partenaire B1, A2 avec B2, etc.

MODÈLE: **Qu'est-ce qu'on achète à la gare?**
Où est-ce qu'on achète des fleurs?

A1

achat	endroit
journal	
porc	
	épicerie
	pharmacie
pain	
	épicerie
livre	
	grand magasin
	kiosque
fruits	
cadeau	
	marché
pilules	
	supermarché

A2

achat	endroit
	supermarché
fleurs	
savon	
	librairie
	marché
cigarettes	
	gare
	pharmacie
bœuf	
croissants	
	marché
timbres	
	marché aux puces
carte postale	

A3

achat	endroit
	librairie
	marché
carte postale	
dentifrice	
	boutique
fromage	
	charcuterie
pain	
	bureau de tabac
porc	
	supermarché
bœuf	
	bureau de poste
cravate	

LECTURE I

LA MÉTHODO In order to truly understand a text, you must often "read between the lines." This process of making inferences involves arriving at a logical judgment based on the author's words and your own knowledge and experience. As you read the poem in **Lecture I** and the article in **Lecture II**, stop periodically to make inferences about what you read so that you can reach a deeper understanding of the texts.

A Étude du vocabulaire. Étudiez les phrases suivantes et choisissez les mots anglais qui correspondent aux mots français en caractères gras: *grief, love, hate, rain, roofs, gentle, ground, heart.*

1. J'aime le son de la **pluie** qui tombe sur les **toits** des maisons.
2. L'**amour** et la **haine** sont deux émotions opposées. Quand on aime, c'est l'**amour** et quand on déteste, c'est la **haine.**
3. Le **cœur** fait circuler le sang dans les veines et les artères.
4. La **terre** noire de l'Iowa est très fertile.
5. La mort du président nous a plongés dans le **deuil.**
6. Une voix **douce** est agréable à entendre.

B Faites des déductions. Lisez le titre et le premier vers (*line*) du poème. Ensuite, répondez aux questions.

1. Aimez-vous la pluie?
2. Quelles émotions associez-vous à **la pluie**? Expliquez.
3. Quelles émotions associez-vous au verbe **pleurer**?
4. D'après vos déductions, de quoi parle le poète dans le premier vers du poème?

Il pleure dans mon cœur

David Barnes/Stone/Getty Images

Il pleure dans mon cœur
Comme il pleut sur la ville,
Quelle est cette langueur
Qui pénètre mon cœur?

Ô bruit doux de la pluie
Par terre et sur les toits!
Pour un cœur qui s'ennuie[1]
Ô le chant de la pluie!

Il pleure sans raison
Dans ce cœur qui s'écœure[2].
Quoi! nulle trahison[3]?
Ce deuil est sans raison.

C'est bien la pire peine[4]
De ne savoir[5] pourquoi,
Sans amour et sans haine,
Mon cœur a tant de peine.

Paul Verlaine

1. *is languishing* / 2. *is heartsickened* / 3. *no treason* / 4. *the worst suffering* / 5. *not to know*

C Familles de mots. Essayez de deviner le sens des mots suivants.

1. pleuvoir, la pluie, pluvieux (pluvieuse)
2. aimer, l'amour, aimable, amoureux (amoureuse)
3. s'ennuyer, l'ennui, ennuyeux (ennuyeuse)
4. peiner, la peine, pénible

D Discussion

1. Quelle est la réaction du poète à la pluie? Quelles expressions utilise-t-il pour exprimer cette émotion?
2. Est-ce que le poète sait pourquoi il a cette réaction à la pluie? Expliquez.

LECTURE II

A **Étude du vocabulaire.** Étudiez les phrases suivantes et choisissez les mots anglais qui correspondent aux mots français en caractères gras: *campaign, elbow, cover, fall, health, sneezes, launch, life expectancy, surround.*

1. Quand on est en mauvaise **santé,** on est malade.
2. Aujourd'hui le gouvernement **lance** une **campagne** anti-tabac.
3. Quand je tousse, je **me couvre** la bouche.
4. Une personne qui a un rhume tousse et **éternue.**
5. En France on a une **espérance de vie** d'environ 80 ans.
6. Marc est tombé hier; la **chute** a été terrible.
7. Dix personnes **entourent** Karine; elle est au centre du groupe.
8. Le **coude** est une partie du corps, au milieu du bras.

B **Faites des déductions.** Lisez le titre de l'article. Ensuite, répondez aux questions.

1. Quels sont les virus d'hiver?
2. Qu'est-ce qu'on fait d'habitude quand on tousse pour être poli?
3. Vous lavez-vous (*Do you wash*) les mains régulièrement? Pourquoi?
4. Devinez de quoi parle l'article.

VIRUS DE L'HIVER: AVEC OU SANS LES MAINS?

L'Institut national de prévention et d'éducation pour la santé (Inpes) et le ministère de la Santé et des Sports, en association avec[1] la Caisse nationale d'assurance maladie[2], lancent en novembre une nouvelle campagne de prévention de la transmission des virus de l'hiver.

Cette année, la campagne adopte le ton humoristique. Le spot télévisé met en avant[3] un geste central qui permet de limiter la propagation des virus saisonniers: le lavage des mains. À cette occasion seront rediffusés[4] des outils d'information, qui font la promotion des autres gestes de prévention à adopter, avec les enfants notamment: éviter les contacts rapprochés[5] avec des personnes malades, se couvrir la bouche avec un mouchoir[6] ou le coude, plutôt qu'avec les mains, quand on tousse ou éternue.

Ces gestes simples ont démontré[7] leur efficacité[8]. Il est essentiel de le rappeler régulièrement, car ils sont souvent oubliés. Face aux progrès majeurs du siècle dernier qui ont permis une nette augmentation de l'espérance de vie, corrélée à une forte chute des taux[9] de mortalité infantile (amélioration[10] de l'hygiène, de l'habitat, de l'alimentation, progrès médicaux, etc.), le lavage des mains peut paraître trop simple pour être efficace. Pourtant[11] ces gestes quotidiens permettent de réduire la transmission des virus de l'hiver et des maladies qu'ils entraînent[12]: grippes, bronchiolites, gastro-entérites, bronchites, rhinopharyngites…

Press release from October 29, 2010: "Virus l'hiver: avec ou sans ou les mains?", L'Institut national de prévention et d'éducation pour la santé (INPES), www.inpes.sante.fr. Used with permission.

---

[1]*in connection with* / [2]*National Medical Insurance Office* / [3]*brings to the forefront* / [4]*will be broadcast again* / [5]*avoid close contact* / [6]*handkerchief* / [7]*have demonstrated* / [8]*efficiency* / [9]*rate* / [10]*improvement* / [11]*However* / [12]*lead to*

LE PLUS SIMPLE, C'EST DE
SE LAVER LES MAINS

Un spot télé de trente secondes met en scène un homme dans différentes situations de la vie quotidienne où il risque d'être en contact avec des virus de l'hiver: endroits publics, transports en commun, bureau, rencontre avec des personnes, etc. Pour garder les mains «sans virus», cet homme choisit, tout comme les personnes qui l'entourent, de se servir de ses coudes pour limiter la propagation des virus. Cette attitude conduit à une série de situations absurdes qui rendent le lavage des mains, par contraste, évident et simple pour limiter la propagation des infections virales de l'hiver.

www.inpes.sante.fr

C Familles de mots. Essayez de deviner le sens des mots suivants.

1. saison, saisonnier (-ière)
2. laver, se laver, lavage
3. noter, note, notable, notamment
4. appeler, rappeler, appel
5. mal, maladie, malade

D Compréhension et discussion. Relisez l'article et répondez aux questions.

1. Quel est l'objectif de la campagne de l'Inpes?
2. En quoi consiste la campagne?
3. Quel est le ton de la campagne? sérieux? comique? dramatique?
4. Quels sont quelques gestes qu'on doit faire quand on est malade?
5. Quelle est la meilleure prévention des maladies comme la grippe?
6. Où est-ce qu'on risque d'être infecté par un virus?
7. Pourquoi l'homme et les autres gens dans la publicité ont l'air ridicule?
8. Est-ce que vous pensez que cette campagne va avoir du succès? Expliquez.

RÉDACTION

DES ACHATS

Imaginez que vous venez d'arriver en France pour y passer l'été. Vous êtes bien installé(e) dans votre appartement et vous pensez faire des courses même si (even if) vous êtes un peu malade. Écrivez un e-mail à un(e) ami(e) pour lui dire ce que vous allez faire aujourd'hui. Dans votre e-mail:

- dites bonjour à votre ami(e)
- dites-lui depuis quand vous êtes en France et donnez vos premières impressions
- expliquez que vous êtes un peu malade et nommez deux symptômes
- mentionnez quatre magasins où vous allez faire des achats et ce que vous allez acheter dans chaque magasin
- dites au revoir à votre ami(e)

A **Avant d'écrire.** D'abord, choisissez un endroit où vous aimeriez (*would like*) passer l'été en France. Comment est-il? Comment est votre appartement? Imaginez votre expérience. Ensuite, révisez les instructions. Pour chacune, faites une liste des informations que vous devez mentionner. Ajoutez des détails précis pour chaque information. Dessiner un diagramme pour organiser ces détails peut vous être utile.

B **Écrire.** Écrivez votre e-mail. Assurez-vous de mentionner tous les détails que vous avez déjà notés.

C **Correction.** Lisez votre travail. Après chaque idée importante, posez-vous les questions suivantes. L'idée est-elle claire? Y-a-t-il des erreurs d'orthographe ou de grammaire? Est-ce que tous les détails nécessaires sont présents? Est-ce qu'il y a des détails qui ne sont pas nécessaires? Corrigez votre travail.

Vocabulaire Actif

Practice some of this vocabulary with the flashcards on **iLrn**.

Argent

l'argent *(m.) money*
un billet *bill (paper money)*
une carte bancaire *credit/debit card*
un centime *centime*
un chèque *check*
un chèque de voyage *traveler's check*
un dollar *dollar*
un euro *euro*
la monnaie *change; currency*
une pièce (de monnaie) *coin*

Adjectifs

aimable *kind; nice*
déçu(e) *disappointed*
déprimé(e) *depressed*
désolé(e) *sorry*
long (longue) *long*

Magasins

une boucherie *butcher shop*
une boutique *(gift, clothing, etc.) shop*
une charcuterie *to the/at the pork butcher's; delicatessen*
chez le fleuriste *florist shop*
un grand magasin *department store*
un kiosque *newsstand*
un marché *(open-air) market*
un marché aux puces *flea market*
une pâtisserie *pastry shop; pastry*
un supermarché *supermarket*

À la pharmacie

un cachet d'aspirine *aspirin tablet*
du dentifrice *toothpaste*
un médicament *medicine*
une pastille *lozenge*
une pilule *pill*
un savon *bar of soap*

Parties du corps

la bouche *mouth*
un bras *arm*

une dent *tooth*
le dos *back*
une épaule *shoulder*
l'estomac *(m.) stomach*
un genou *knee*
la gorge *throat*
une jambe *leg*
une main *hand*
le nez *nose*
un œil *eye*
une oreille *ear*
un pied *foot*
la tête *head*

D'autres noms

un achat *purchase*
une barquette *small box*
un billet *ticket*
un bouquet *bouquet*
un bruit *noise*
un cadeau *gift*
un code postal *zip code*
une feuille *leaf; sheet (of paper)*
une fièvre *fever*
une fleur *flower*
un(e) fleuriste *florist*
l'impatience *(f) impatience*
un litre *liter*
une livre *pound*
un(e) marchand(e) *merchant*
le papier *paper*
un paquet *package; pack*
un rhume *a cold*
une rue *street*
une saucisse *sausage*
le tabac *tobacco; tobacconist's shop*
un timbre *stamp*
une valise *suitcase*

Verbes

acheter *to buy*
attendre *to wait (for)*

avoir besoin de *to need*
avoir l'air *to seem, appear, look*
avoir mal (à) *to be sore, to have a pain (in)*
coûter *to cost*
dépendre *to depend*
entendre *to hear*
payer *to pay (for)*
perdre *to lose*
perdre patience *to lose (one's) patience*
rendre *to give back* return (home)
rendre visite à quelqu'un *to visit someone*
répondre (à) *to answer*
réserver *to reserve*
tousser *to cough*
vendre *to sell*

Préposition

depuis *for; since*

Expressions utiles

Ça dépend. *That depends.*
cela *that*
C'est bien simple. *It's quite simple.*
De quoi avez-vous besoin? *What do you need?*
Depuis combien de temps? *For how much time?*
Depuis quand? *Since when?*
Désolé(e). *Sorry.*
Environ combien? *About how much?*
je peux *I can*
le nez qui coule *runny nose*
Oh là là! *Oh dear!*
on peut *one can*
Pouvez-vous me dire … ? *Can you tell me … ?*
Qu'est-ce que tu as? *What's the matter (with you)?*
Qu'est-ce que vous dites? *What are you saying?*
Vous n'en avez pas? *Don't you have any?*

CHAPITRE 10

Dans la rue et sur la route

BUTS COMMUNICATIFS

- Giving reasons and making excuses
- Expressing familiarity and judgment
- Giving orders and advice
- Describing ways of doing things

STRUCTURES UTILES

- Les verbes **vouloir** et **pouvoir**
- Le verbe **connaître**
- Les pronoms compléments d'objet directs *(suite)*
- L'impératif (suite)
- Les pronoms à l'impératif
- Les nombres ordinaux
- Le verbe **conduire**
- Les adverbes

CULTURE

Zoom sur la route

- **Vidéo buzz:** Conduire en France
- **Vu sur le web:** Le réseau routier en France
- **Insolite:** Les tramways de la Nouvelle-Orléans
- **Article:** Les expressions de tendresse
- **Repères:** Quelques panneaux routiers

Il y a un geste

- Chut!
- Mon œil!
- Invitation à danser
- À toute vitesse

Lectures

- «La France au volant»
- Annonces auto

RESOURCES

Audio

iLrn Heinle Learning Center

Premium Website

Pair Work

Group Work

Entre amis Video Program

Beryl Goldberg

Coup d'envoi

Track 3-1

🔊 PRISE DE CONTACT: LES INDICATIONS

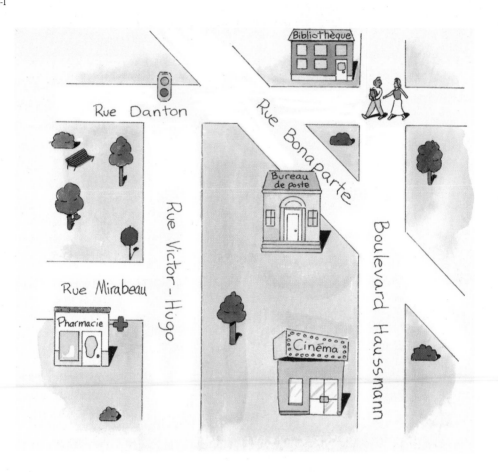

Pardon, pouvez-vous me dire où se trouve la pharmacie?

Oui, c'est dans la rue Mirabeau.

Prenez la rue Danton.

Continuez jusqu'au feu°.

Puis, tournez à gauche. C'est la rue Victor-Hugo.

Ensuite, la rue Mirabeau est la première rue à
droite après le stop°.

(right)
droit

until the traffic light

descend (go down)

stop sign

**Review the directions
in Ch. 5.**

🏵 Et vous?

Pouvez-vous me dire où se trouve la poste?

Où se trouve le cinéma, s'il vous plaît?

Pour aller à la bibliothèque, s'il vous plaît?

Catherine apprend à conduire°. Son père, Michel, est nerveux et — to drive
parle continuellement pendant la leçon de conduite°. — driving lesson

Catherine:	Papa, est-ce que je peux conduire?	
Michel:	Tu veux° conduire, ma chérie°? Eh bien, attache ta ceinture de sécurité° et prends le volant°. Mais fais attention!	*You want / honey* *seat belt* *steering wheel*
Catherine:	Chut!° Pas de commentaires, s'il te plaît. Laisse-moi tranquille.°	*Shh!* *Leave me alone.*
Michel:	D'accord, tu es prête°? Euh, démarre°. Regarde à gauche, à droite et dans ton rétroviseur°. Avance lentement°, ma fille. Change de vitesse°. Continue tout droit. Ne conduis pas si vite°. *(un peu plus tard)* Ne prends pas le sens interdit°. Prends la première rue à gauche. Et ne regarde pas les garçons qui passent.	*ready / start* *rearview mirror* *slowly / Shift; change* *speed / so fast* *one-way street*
Catherine:	Mais, tais-toi!° Tu n'arrêtes° pas de parler!	*keep quiet! / stop*
Michel:	Excuse-moi, ma puce°. Je suis un peu nerveux. C'est promis, plus un mot°.	*(lit.) flea* *not one more word*
Catherine:	Plus un mot, mon œil!° Je te connais° trop bien.	*my eye! / I know you*

👥 💬 **Jouez ces rôles.** Répétez la conversation avec votre partenaire. Changez ensuite de rôle: c'est un fils qui demande à sa maman s'il peut conduire. Faites les changements nécessaires: par exemple, la mère appelle son fils «mon chéri» et «mon grand».

Il y a un geste

Chut! The index finger is raised to the lips to indicate that silence is in order.

Mon œil! There is a gesture meaning that one does not believe what was said. The index finger is placed under an eyelid and pulls down slightly on the skin.

photos © Cengage Learning

Zoom sur la route

Premium Website

PETIT TEST

Pourquoi est-ce que Michel est nerveux?

a. Sa fille conduit très mal.

b. Tous les pères sont nerveux.

c. On conduit vite en France et il est important d'être prudent.

For the answer, see *Vidéo buzz*.

Michel appelle sa fille «ma puce». Pourquoi?

a. C'est une expression de tendresse *(term of endearment)*.

b. Il est sexiste. Les puces sont petites et il pense que sa fille est inférieure.

c. Les Français adorent les insectes.

See the article on *Les expressions de tendresse* for the answer.

VIDÉO BUZZ

Conduire en France

ONE OF THE DISCOVERIES one makes on a trip to France is the speed at which most people drive. Much has already been written about the French **appétit pour la vitesse.** For example, Daninos's Major Thompson (see the **Lecture,** page 303) complains about the "peaceful citizen" who "can change in front of your eyes into a demoniac pilot." Major Thompson concludes, however, that **Les Français conduisent plutôt bien, mais follement** *(The French drive rather well, but wildly).* This latter statement may be well justified when one takes into account that France has a very demanding driver's license test, a very elaborate and expensive training period in **l'auto-école,** one must be eighteen to get a license, and one must be at least sixteen years old to have a learner's permit and be accompanied by someone who is at least twenty-eight years old while learning to drive. To see what it's like to drive on French roads with an **auto-école** or when taking a driving test, explore the links on the *Premium Website.*

VU SUR LE WEB

Le réseau routier en France

FRANCE'S ROAD SYSTEM consists of four types of motorways: **les autoroutes nationales** (freeway toll roads), **les routes nationales** (national highways), **les routes départementales** (departmental roads), and **les routes communales** (local roads). The tolls on **les autoroutes** can be quite steep, but travel is fast (130 km or 80 mph) and there are frequent rest areas, gas stations, and restaurant facilities. The other routes are smaller, slower, and often more complex. Most French drivers use a GPS device, a road atlas, or an online map service, such as **mappy.fr** when traveling.

France has fairly strict laws governing travel on its roads. Speed is monitored by radar. All passengers must wear a seatbelt and children under the age of 10 must use a car seat. Cell phone use while driving is prohibited. To learn more about driving in France, explore the links on the *Premium Website.*

Lisa F. Young/Shutterstock.com

Les tramways de la Nouvelle-Orléans

John Hester Photography/Shutterstock.com

ALTHOUGH MANY PEOPLE choose to drive in New Orleans, the city boasts an excellent public transportation system consisting of buses and streetcars. There are three lines of streetcars: Canal Street, Riverfront, and St. Charles. The St. Charles line is the oldest running streetcar line in the world, in operation for more than 150 years. The route begins at Canal Street, just across from the French Quarter (the oldest part of the city), and continues up St. Charles Avenue through the Garden District where the first wealthy Americans settled when they came to New Orleans. It then travels past Tulane University, known for its schools of law and tropical medicine, and Audubon Park on to Carrolton Avenue which runs parallel to the Mississippi River to complete a 13.2 mile crescent. The Canal Street and Riverfront lines are much shorter and not nearly as old, but use vintage cars dating from the 1920's.

Les expressions de tendresse

MA CHÉRIE, ma puce, mon chéri, and mon grand are common terms of endearment, but there are many others. Among couples, mon chou (*honey*, literally *my cabbage*) is very frequent. It is most likely a shortened form of chou à la crème (*cream puff*). In French families, such expressions seem to be more frequently used than is the case among members of North American families.

Vocabulaire

Quelques expressions de tendresse

pour une femme	pour une femme ou un homme
ma chérie	
ma puce *(flea)*	mon chou
ma biche *(deer)*	mon cœur *(heart)*
	mon ange *(angel)*
pour un homme	mon bijou *(jewel)*
mon chéri	
mon grand	
mon lapin *(rabbit)*	

REPÈRES

Quelques panneaux routiers

Road signs indicate direction, precautions, right of way, speed limits, and other traffic information. Many signs share common traits from country to country. The following French road signs indicate what "you can't do." Look at each sign and guess its meaning. Then read the explanation to see if you are right. How do these signs compare with their counterparts in North America?

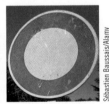

Sébastien Baussais/Alamy

Circulation interdite à tout véhicule dans les deux sens

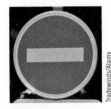

Tradewinds/Alamy

Sens interdit à tout véhicule

Jeffrey Blackler/Alamy

Interdiction de tourner à gauche à la prochaine intersection

Fenton/Shutterstock.com

Stationnement[3] interdit

Peter Gudella/Shutterstock.com

Limitation de vitesse (interdiction de dépasser la vitesse indiquée)

Extrait de "La signalisation routière: Bien connaître les panneaux".
© Le site de la Sécurité routière, 5/10/2009

À vous. Votre ami(e) apprend à conduire. Répondez à ses questions.

1. Est-ce que je peux conduire?
3. Où allons-nous?
2. Tu vas attacher ta ceinture de sécurité?
4. Où se trouve cet endroit?

ENTRE AMIS   **Votre partenaire conduit**

1. Ask if your partner wants to drive. (S/he does.)
2. Tell your partner to take the wheel.
3. Tell him/her to start the car.
4. Tell him/her to look left and right.
5. Tell him/her to move ahead slowly.
6. Tell him/her to take the first street on the right.
7. Ask if s/he is nervous.

PRONONCIATION

 LA LETTRE *H*

Track 3-3

► The letter **h** is never pronounced in French. There are, however, two categories of words:

1. Some **h-** words act *as if they began with a vowel:* These words are said to begin with **h muet** *(mute h).* Elision (dropping a final vowel and replacing it with an apostrophe) and liaison (pronouncing a normally silent final consonant and linking it to the next word) both occur before **h muet,** just as they would with a word beginning with a vowel.

   d'habitude   **l'**heure   **j'**habite
   un [n]homme   **elle** est [t]heureuse   deux [z]heures

   je suis
   (h)andicapé
   je a
   (h)andicap

2. Some **h-** words act *as if they began with a consonant:* These words are said to begin with **h aspiré** *(aspirate h).* Elision and liaison do not occur before **h aspiré.**

   pas **de** haricots   **le** huit décembre   **le** hockey
   un/hamburger   les/haricots   des/hors-d'œuvre

   "Henri IV"
   (H)enri Quatre

► In addition, note that the combination **-th-** is pronounced [t].

   thé   **Th**omas   a**th**lète   biblio**th**èque   ma**th**s

Il y a un geste

Invitation à danser. When inviting someone to dance, the index finger is pointed toward the floor and makes a small circular motion.

© Cengage Learning

Buts communicatifs

Track 3-4

1. GIVING REASONS AND MAKING EXCUSES

Review the gesture for **Non, merci** on p. 31.

Tu vas à la soirée°, Brigitte?   *to the party*

   Oui, j'ai envie de danser.

   Oui, je veux m'amuser.

   Oui, je veux être avec mes amis.

   Je regrette. Je ne peux pas° sortir ce soir.   *I am unable to, I can't*

Et vous? Voulez-vous aller danser?

      Je veux bien! J'adore danser.

      Je regrette. Je ne sais pas danser.

      Merci, je suis trop fatigué(e).

      Je voudrais bien, mais j'ai besoin d'étudier.

   Voulez-vous sortir ce soir? Pourquoi ou pourquoi pas?

> **Les jeunes Américains sortent souvent en couple. Il n'y a pas d'équivalent français pour le terme américain "dating." En effet, les jeunes Français sortent le plus souvent en groupes et n'ont pas besoin d'arriver à une soirée avec une personne du sexe opposé.**

A. *Les verbes* vouloir et pouvoir

Grammar Tutorials

Mes amis veulent sortir tous les soirs.   *My friends want to go out every night.*

Mais **ils ne peuvent pas.**   *But they can't.*

As-tu pu parler avec Paul?   *Were you able to talk to Paul?*

J'ai voulu mais **je n'ai pas pu.**   *I wanted to (I tried to) but I wasn't able to.*

pouvoir (able to)

vouloir *(to want; to wish)*	
je	**veux**
tu	**veux**
il/elle/on	**veut**
nous	**voulons**
vous	**voulez**
ils/elles	**veulent**
passé composé: j'**ai voulu**	

vouloir (wish)

pouvoir *(to be able; to be allowed)*	
je	**peux**
tu	**peux**
il/elle/on	**peut**
nous	**pouvons**
vous	**pouvez**
ils/elles	**peuvent**
passé composé: j'ai **pu**	

▶ **Vouloir** and **pouvoir** are frequently followed by an infinitive.

Qui **veut sortir** ce soir?   *Who wants to go out tonight?*

Je **ne peux pas sortir** ce soir.   *I can't go out tonight.*

▶ The **passé composé** of **vouloir, j'ai voulu,** means *I tried.* The **passé composé** of **pouvoir, j'ai pu,** means *I succeeded.* The negative **je n'ai pas pu** means *I failed.*

> **Veux** and **peux** are pronounced like **deux.**

► **Vouloir** can also be used with a noun or pronoun, often to offer something or to make a request.

Voulez-vous **quelque chose** à boire?   *Do you want something to drink?*

NOTE When making requests, it is more polite to use **je voudrais** instead of **je veux**.
Je voudrais un verre d'eau.   *I'd like a glass of water.*

conditional "I would like . . . "

① Pourquoi y vont-ils? Expliquez où vont les personnes suivantes et pourquoi. Utilisez le verbe **aller** et le verbe **vouloir** dans chaque phrase.

MODÈLE: **Les étudiants vont à la soirée parce qu'ils veulent danser.**

	à la résidence	étudier
	à la bibliothèque	acheter quelque chose
	à la soirée	danser
	au restaurant	écouter un sermon
on	aux cours	dormir
je	à l'église	parler avec des amis
nous	dans la rue	manger
tu	*aller* Bourbon *vouloir*	écouter du jazz
vous	*p. 38* à la piscine	prendre un avion
les étudiants	à la patinoire	patiner
	au cinéma	nager *— swim*
	au centre	voir un film
	commercial	visiter des monuments
	en France	apprendre quelque
	à l'aéroport	chose

② Un petit sketch. Lisez le sketch et répondez aux questions.

Deux étudiants parlent de leurs activités.

Arthur:	Je peux porter ta veste grise?
Christophe:	Oui, si tu veux. Pourquoi?
Arthur:	Ce soir je sors.
Christophe:	Je vais être indiscret. Et tu vas où?
Arthur:	Les étudiants organisent une soirée.
Christophe:	Tu y vas avec qui?
Arthur:	J'y vais seul, mais je crois que Marion a l'intention d'y aller aussi.
Christophe:	Et tu vas vouloir l'inviter à danser, bien sûr?
Arthur:	Je voudrais bien danser avec elle. Mais elle a beaucoup d'admirateurs.
You were able to **Christophe:**	Tu as pu danser *passé composé* avec elle la dernière fois?
Arthur:	Non, elle n'a pas voulu. Mais cette fois, ça va être différent.

1. Qui va à la soirée? Avec qui y va-t-il?
2. Quels vêtements veut-il porter?
3. Avec qui Arthur veut-il danser?   *last time*
4. Pourquoi n'a-t-il pas pu danser avec Marion la dernière fois?

❸ Pourquoi pas? Utilisez le verbe **pouvoir** à la forme négative et l'expression **parce que** pour expliquer pourquoi quelque chose n'est pas possible.

MODÈLE: **Tu ne peux pas sortir parce que tu es trop fatigué(e).**

tu		aller à un concert	avoir la grippe
vous		sortir	avoir un rhume
mes amis		dîner	être malade(s)
mon ami(e)	ne pas pouvoir	voyager	être trop fatigué(e)(s)
je		jouer aux cartes	ne pas avoir d'argent
nous		étudier	avoir sommeil
les étudiants		venir au cours	avoir besoin d'étudier
		danser	être occupé(e)(s)
		regarder la télévision	ne pas avoir le temps
		skier	avoir mal aux yeux
			avoir mal aux pieds
			ne pas être libre(s)

❹ Qu'est-ce qu'il a? Raymond répond toujours «non». Utilisez les expressions suivantes avec **vouloir** ou **pouvoir** pour expliquer quelle excuse il peut avoir.

MODÈLE: Si nous l'invitons à manger quelque chose, …
Si nous l'invitons à manger quelque chose, Raymond va répondre qu'il ne veut pas manger parce qu'il n'a pas faim.

1. Si nous l'invitons à boire quelque chose, …
2. Si nous l'invitons à chanter une chanson, …
3. Si nous l'invitons à danser la valse, …
4. Si nous l'invitons au carnaval, …
5. Si nous l'invitons à aller à un match de football, …
6. Si nous l'invitons à faire du ski, …
7. Si nous l'invitons à dîner chez nous, …
8. Si nous l'invitons à étudier avec nous, …

ENTRE AMIS **Voulez-vous aller au cinéma?**

Role-play the following conversation with a partner.

1. Ask if your partner can go to a movie with you. (S/he can't.)
2. Find out why not.
3. Suggest other activities. How many excuses can s/he find?

2. EXPRESSING FAMILIARITY AND JUDGMENT

Track 3-5

Tu connais Éric, Céline?
> Oui, je le connais.

Tu connais ses parents?
> Je les connais mais pas très bien.

Tu connais la Nouvelle-Orléans?
> Non, je ne la connais pas.

Le Québec *refers to the province of Quebec. Quebec City is referred to simply as* **Québec**.

Et vous? Vous connaissez l'histoire de la Louisiane?
Vous connaissez le Québec?

B. *Le verbe* connaître

Est-ce que **vous connaissez** Paris?	*Do you know Paris?*
Anne ne **connaît** pas cette ville.	*Anne doesn't know that city.*
Je connais cet homme.	*I know that man.*
J'ai connu cet homme à Paris.	*I met that man in Paris.*

connaître (to know, be acquainted with, be familiar with)

je	connais
tu	connais
il/elle/on	connaît
nous	connaissons
vous	connaissez
ils/elles	connaissent

passé composé: j'ai connu

▶ There is a circumflex accent on the **-i-** only in the verb stem of the **il/elle/on** form and in the infinitive.

Je **connais** bien la mentalité américaine.

But: Il ne **connaît** pas l'histoire des Acadiens.

▶ **Connaître** denotes familiarity and means *to know, be acquainted with (a person, a place, a concept, a thing)*. It is always accompanied by a direct object and cannot stand alone.

Connaissez-vous **les parents de Thomas?**	*Do you know Thomas's parents?*
Non, mais je connais **leur maison.**	*No, but I'm familiar with their house.*

NOTE | In the passé composé, **connaître** denotes a first meeting.

J'**ai connu** Robert en janvier.   *I met Robert in January.*

C. Les pronoms compléments d'objet directs (suite)

Grammar Tutorials

Connais-tu Christelle?	*Do you know Christelle?*
Non, je ne **la** connais pas personnellement.	*No, I don't know her personally.*
Est-ce qu'elle **te** connaît?	*Does she know you?*
Non, elle ne **me** connaît pas.	*No, she doesn't know me.*
Tu **nous** invites chez toi?	*Are you inviting us to your house?*
Non, ce soir je ne peux pas **vous** inviter.	*No, tonight I can't invite you.*
As-tu acheté ton livre?	*Did you buy your book?*
Je **l'**ai acheté mais je ne **l'**ai pas encore lu.	*I bought it but I haven't read it yet.*

Review the direct object pronouns on pp. 236–237.

See App. C to review the meaning of grammatical terms.

Pronoms compléments d'objet directs

SINGULIER		PLURIEL	
me (m')	*me*	nous	*us*
te (t')	*you*	vous	*you*
le (l')	*him; it*	les	*them*
la (l')	*her; it*		

► Remember that object pronouns are placed directly in front of the verb.

Aimes-tu *les sandwichs*?	Oui, je **les** aime.
Connais-tu *ma mère*?	Non, je ne **la** connais pas.

► When used with a verb followed by an infinitive, direct object pronouns are put directly in front of the verb to which they are related (usually the infinitive).

Pascale veut **me** *connaître*?	Oui, elle veut **vous** connaître.
Je vais demander *l'addition*. check	Je vais **la** demander.
Nous ne pouvons pas regarder *la télévision*.	Nous ne pouvons pas **la** regarder.
J'ai envie d'écouter *la radio*.	J'ai envie de **l'**écouter.

► Direct object pronouns can be used with **voici** and **voilà.**

Où est Robert? **Le** voilà!	*Where is Robert? There he is!*
Vous venez? **Nous** voilà!	*Are you coming? Here we are.*

► In the **passé composé,** object pronouns are placed directly in front of the auxiliary verb.

Marc a acheté *son livre*?	Oui, il **l'**a acheté.
As-tu aimé *le film*?	Non, je ne **l'**ai pas aimé.

> The past participle agrees in gender and number with a *preceding* direct object.
>
> Tu n'as pas **écouté** *la radio.*
>
> > *But:* Tu ne *l'*as pas écouté**e.**
>
> Nous avons **attendu** nos amis.
>
> > *But:* Nous *les* avons attendu**s.**

5 **C'est vrai?** D'abord utilisez le verbe **connaître** pour faire des phrases à la forme affirmative. Ensuite utilisez un pronom complément d'objet dans une deuxième phrase pour dire si c'est vrai ou faux.

MODÈLE: je / la rue Bourbon

Je connais la rue Bourbon.
C'est faux. Je ne la connais pas.
ou
C'est vrai. Je la connais.

1. nos parents / notre professeur de français
2. notre professeur de français / nos parents   *ils ne les connaît pas.*
3. nous / la Nouvelle-Orléans *ne la connaissons pas.*
4. je / les amis de mes parents
5. mon ami(e) ... / l'État de Louisiane
6. les étudiants / le (la) président(e) de l'université

6 **Qui les connaît?** Interviewez un(e) partenaire. Utilisez le verbe **connaître.** Employez un pronom complément d'objet dans vos réponses.

MODÈLES: tu / mes amis

> VOUS: **Est-ce que tu connais mes amis?**
> VOTRE PARTENAIRE: **Oui, je les connais.**   ou
> **Non, je ne les connais pas.**

tes amis / me

> VOUS: **Est-ce que tes amis me connaissent?**
> VOTRE PARTENAIRE: **Oui, ils te connaissent.**   ou
> **Non, ils ne te connaissent pas.**

1. tu / mes parents
2. tes parents / me
3. tes amis / le professeur de français
4. le professeur de français / tes amis
5. tu / les autres étudiants de notre cours de français
6. les autres étudiants de notre cours de français / te
7. le (la) président(e) de notre université / nous
8. nous / le (la) président(e) de notre université

Réalités culturelles

Le français en Louisiane

Richard Cummins/Corbis

LE FRANÇAIS est la deuxième langue de l'État de Louisiane et environ 12 pour cent de la population se déclare d'ascendance française, dont la plupart sont des personnes d'origine acadienne. C'est du mot «acadien» qu'est venu le mot «cajun», pour désigner les francophones de la Louisiane. En plus, la Louisiane est le seul état américain qui utilise le Code Napoléon, le système légal créé par Napoléon 1er et utilisé au dix-neuvième siècle dans la plupart des pays d'Europe et d'Amérique latine. Grâce à son héritage français et catholique, la Louisiane est aussi le seul état divisé en paroisses au lieu de comtés. À La Nouvelle-Orléans, la fête du Mardi gras est un exemple célèbre des origines françaises de la ville.

Quelques dates dans l'histoire de la Louisiane

1682	Robert de la Salle descend le Mississippi et donne à cette région le nom de Louisiane en l'honneur du roi, Louis XIV.
1698	Des colons et de nombreux soldats arrivent de France.
1719	Environ 500 esclaves arrivent d'Afrique. Aujourd'hui, 31 pour cent de la population de cet état est afro-américaine.
1755	Les Acadiens sont déportés de la Nouvelle-Écosse par les Anglais parce qu'ils refusent de prêter serment de fidélité au roi d'Angleterre. C'est ce qu'on appelle le Grand Dérangement.
1803	Napoléon Bonaparte vend la Louisiane aux États-Unis pour 15 millions de dollars.
1812	La Louisiane devient un état.
1915	Le français est supprimé dans les écoles.
1968	Le Conseil pour le développement du français en Louisiane (CODOFIL) est créé pour préserver la langue et la culture françaises en Louisiane.
les 80's	La culture cajun connaît une renommée internationale.
2005	Les ouragans Katrina et Rita ravagent la Louisiane. Des millions de dollars d'aide arrivent des pays francophones.

Vocabulaire: **colons** *colonists,* **comtés** *counties,* **esclaves** *slaves,* **paroisses** *parishes,* **prêter serment** *to swear an oath,* **roi** *king,* **supprimé** *suppressed,* **ouragans** *hurricanes*

7 Pourquoi ou pourquoi pas? Répondez en utilisant un pronom complément d'objet direct. Ensuite expliquez votre réponse.

MODÈLES: Aimez-vous étudier le français? *feel like, want to*

Oui, j'aime l'étudier parce que j'ai envie de le parler.

Aimez-vous faire la vaisselle? *dishes*
Non, je n'aime pas la faire parce que c'est ennuyeux.

1. Aimez-vous faire les courses?
2. Allez-vous regarder la télévision ce soir?
3. Voulez-vous connaître la ville de Baton Rouge?
4. Pouvez-vous chanter *la Marseillaise*?
5. Préférez-vous faire vos devoirs à la bibliothèque?
6. Comprenez-vous l'espagnol?
7. Me comprenez-vous?

8 Une devinette (A riddle). À quoi correspond le pronom? Devinez!

MODÈLE: On le trouve dans la classe de français.
On trouve le livre de français dans la classe de français. ou
On trouve Mike dans la classe de français.

1. On le prend le matin.
2. On la regarde quelquefois.
3. On l'écoute souvent.
4. On peut les faire à la bibliothèque.
5. On le lit pour préparer ce cours.
6. On aime le parler avec le professeur.
7. Les étudiants l'adorent.
8. On la fait après le dîner.
9. On les achète à la librairie.

ENTRE AMIS   Tu connais … ?

Use the guidelines below to discuss with your partner what you're doing tonight. Use object pronouns whenever possible.

1. Ask if your partner knows a specific TV program. (Pick one that's on TV tonight.)
2. Find out if s/he is going to watch it this evening.
3. Ask if your partner is going to do the French homework this evening.
4. Depending on the answer, ask why or why not.
5. Inquire if s/he watches TV while s/he does homework.
6. Tell what you are going to do tonight. Explain why.

3. GIVING ORDERS AND ADVICE

Track 3-6

Quelqu'un parle au chauffeur°:   *driver*

Démarrez!
Changez de vitesse!
Continuez tout droit!
Prenez à droite!
Arrêtez-vous au stop!
Reculez!°   *Back up!*
Faites attention aux voitures!

Le chauffeur répond:

Taisez-vous!°   *Keep quiet!*

Et vous? Parlez au chauffeur!

D. L'impératif (suite)

Grammar
Tutorials

Fais attention!	*Pay attention!*
Faites attention!	*Pay attention!*
Faisons attention!	*Let's pay attention!*

Ne sors pas!	*Don't go out!*
Ne sortez pas!	*Don't go out!*
Ne sortons pas!	*Let's not go out!*

> *Review the imperative on p. 147.*

► The imperative is used to give commands and to make suggestions. The forms are usually the same as the present tense for **tu, vous,** and **nous.**

► **Être** and **avoir** have irregular imperatives:

être	avoir
sois	aie
soyez	ayez
soyons	ayons

(handwritten: aie → ay; "have courage" aie courage / ayez courage / ayons courage)

| **Sois** gentil! | *Be nice!* | **Ayez** pitié de nous! | *Have pity on us!* |
| **Soyons** sérieux! | *Let's be serious!*| N'**aie** pas peur! | *Don't be afraid!* |

9 Le pauvre professeur. Les étudiants refusent de faire ce que le professeur demande. Jouez le rôle des étudiants. Répondez au pluriel en commençant la réponse avec **Mais nous ne voulons pas …**

MODÈLE: PROFESSEUR: Écoutez!   *(handwritten: vouloir)*
         ÉTUDIANTS: **Mais nous ne voulons pas écouter.**

(handwritten left margin: Aller / Prendre / "ou" Notre)

1. Allez en classe!
2. Prenez ce livre!   *(handwritten: Erir)*
3. Écrivez <u>votre</u> dissertation!
4. Lisez ce roman!   *(handwritten: Lir)*
5. Parlez à votre professeur!   *(handwritten: notre)*
6. Soyez raisonnable!   *(handwritten: l'être)*
7. Arrêtez de parler!   *(handwritten: arrêter)*
8. Ayez pitié de <u>vos</u> professeurs!   *(handwritten: notre / avoir)*
9. Faites attention!   *(handwritten: faire)*
10. Sortez de cette classe!   *(handwritten: sortir)*

10 **Un père exaspéré.** Michel trouve que sa fille n'est pas raisonnable, mais il la laisse (*lets her*) faire ce qu'elle veut.

Remember that the final -s is omitted from the tu form of the imperative if the infinitive ends in -er.

MODÈLE: Je veux aller au cinéma.
   Alors, va au cinéma!

1. Je ne peux rien manger.
2. Je ne veux pas faire la vaisselle.
3. Je veux regarder la télévision.
4. Je ne veux pas étudier.
5. Je ne peux pas écrire de rédaction.
6. Je ne veux pas avoir de bonnes notes en français. *good grades*
7. Je ne veux pas être raisonnable.

11 **Des touristes.** Vous aidez des touristes francophones près de votre campus. Répondez et expliquez aux touristes où il faut aller.

MODÈLE: Où est le centre commercial, s'il vous plaît?
   Prenez la rue Main. Ensuite tournez à gauche dans la rue Madison.

1. Pouvez-vous me dire où je peux trouver un supermarché?
2. Je voudrais trouver une pharmacie, s'il vous plaît.
3. Y a-t-il un bureau de poste dans cette ville?
4. Y a-t-il un arrêt d'autobus près d'ici?
5. Où sont les toilettes, s'il vous plaît?
6. Connaissez-vous un restaurant près d'ici?

E. Les pronoms à l'impératif

▶ In an affirmative sentence, an object pronoun follows the imperative.

Allez-y and **Vas-y** are often used to mean Go ahead.

Grammar Tutorials

Je peux prendre la voiture?	**Prends-la!**	**Prenez-la!**
Je veux acheter ce livre.	**Achète-le!**	**Achetez-le!**
Je vais porter ces chaussures.	**Porte-les!**	**Portez-les!**
Je vais au cinéma.	**Vas-y!**	**Allez-y!**
Je m'amuse bien.	**Amuse-toi bien!**	**Amusez-vous bien!** ← *enjoy yourself! (have fun!)*
Je me lève.	**Lève-toi!**	**Levez-vous!**

NOTE — Used after the imperative form of a verb, **me** and **te** become **moi** and **toi**.

Regardez-**moi!**   *Look at me!*   Écoute-**moi!**   *Listen to me!*

While the final -s of the tu form of verbs that end in -er is dropped in the imperative (see p. 293), it is retained when it is followed by a pronoun beginning with a vowel: Vas-y!

▶ If the sentence is negative, the object pronoun precedes the verb.

Je ne veux pas acheter ce livre.	**Ne l'achète pas!**	**Ne l'achetez pas!**
Je ne veux pas porter ces chaussures.	**Ne les porte pas!**	**Ne les portez pas!**
Vous me regardez tout le temps.	**Ne me regarde pas!**	**Ne me regardez pas!**
Je ne veux pas aller au cinéma.	**N'y va pas!**	**N'y allez pas!**
Je ne me lève pas.	**Ne te lève pas!**	**Ne vous levez pas!**

⑫ Avoir bonne conscience. Qu'est-ce que votre conscience vous dit de faire ou de ne pas faire? Utilisez un pronom de complément d'objet avec l'impératif.

MODÈLE: Je vais manger ces bonbons.   **Mange-les!**   ou
                                                 Ne les mange pas!

1. Je ne vais pas faire mes devoirs.
2. Je veux prendre la voiture de mon ami(e).
3. Je ne veux pas attacher ma ceinture de sécurité.
4. Je vais boire cette bouteille de vin.
5. Je veux acheter ces vêtements.
6. Je veux faire la sieste.
7. Je ne veux pas me lever pour aller au cours.
8. Je vais regarder la télévision.
9. Je peux aller au cinéma?
10. Je vais m'amuser ce soir.

> **Votre conscience est une bonne amie. Alors, quand elle vous parle, elle utilise *tu*.**

F. Les nombres ordinaux

Prends la **première** rue à gauche.
C'est la **deuxième** fois que je viens en Louisiane.
Elle habite dans la **quatrième** maison.
Napoléon a vendu la Louisiane aux États-Unis au **dix-neuvième** siècle (century).

▶ To form most ordinal numbers, one simply adds **-ième** to the cardinal number. The abbreviated form is a numeral followed by a raised **e.**

deux   ⟶   **deuxième**   **2e**
trois   ⟶   **troisième**   **3e**

▶ There are a few exceptions.

1. The ordinal number for **un (une)** is **premier (première).** It is the only ordinal number whose ending is altered to show gender agreement with the noun it modifies.

un (une)   ⟶   **premier (première)**   **1er (1re)**

2. **Cinq** and numbers built on **cinq** add a **-u-** before the ending.

cinq   ⟶   **cinq*u*ième**   **5e**

3. **Neuf** and numbers built on **neuf** change the **-f-** to **-v-** before the ending.

neuf   ⟶   **neu*v*ième**   **9e**

4. Cardinal numbers ending in **-e** drop the **-e** before the ending.

quatre   ⟶   **quatrième**   **4e**
onze   ⟶   **onzième**   **11e**
douze   ⟶   **douzième**   **12e**

> For cardinal numbers such as **vingt et un,** the ordinal number is formed according to the normal rule: **vingt et un** ⟶ **vingt et unième (21e).**

▶ In dates, **le premier** is used, as in English, to express the meaning *the first,* but the cardinal numbers are used for the rest of the days in the month.

le **premier** mai   *But:* le **deux** mai, le **trois** mai

▶ This is also true when talking about monarchs. **Premier (Première)** is used for *the First,* but the cardinal numbers are used thereafter. Note that the definite article is not used in French.

François **Premier**   (*But:* Henri **Quatre**)

> Remember that **Premier** agrees in the feminine: **Elizabeth Première.**

13 Prononcez et écrivez. Lisez ces expressions et écrivez les nombres (ordinaux) en lettres.

MODÈLE: le 21ᵉ siècle

le vingt et unième siècle

1. Henri Iᵉʳ
2. la 2ᵉ année consécutive
3. la 3ᵉ fois
4. le 1ᵉʳ mois de l'année
5. Louis XV *not ordinal*
   Quinze (h ≃ t°)
6. la 6ᵉ fois
7. le 20ᵉ siècle *vingtième*
8. la 1ʳᵉ rue à droite
9. le 25 décembre
   vingt cinque (no ieme)

14 Le calendrier. Répondez aux questions.

MODÈLE: Quelle est la date de Noël?

C'est le vingt-cinq décembre.

Review days, p. 140, and months, p. 206.

1. Quelle est la date d'aujourd'hui?
2. Quelle est la date du Jour de l'An? *New Year's Day*
3. Quelles sont les dates de votre fête nationale et de la fête nationale française?
4. Quelle est la date de votre anniversaire? *birthday*
5. Quelle est la date de l'anniversaire de mariage de vos parents?
6. Quel est le troisième mois de l'année?
7. Quel est le dernier jour de l'année?
8. Quel est le cinquième jour de la semaine en France?
9. Quel est le cinquième jour de la semaine pour vous?

ENTRE AMIS **Excusez-moi de vous déranger**

You are visiting a French-speaking city. Follow the guidelines below to ask for directions.

1. Stop a native and explain that you don't know the city.
2. Ask for directions to a good restaurant, a good hotel, and a post office.
3. Be sure to thank the native properly.

4. DESCRIBING WAYS OF DOING THING

Track 3-7

À quelle vitesse conduisez-vous?

Moi, je conduis …

comme un escargot°.	*like a snail*
lentement.	
tranquillement°.	*calmly*
prudemment°.	*prudently*
vite.	
à toute vitesse°	*at top speed*
comme un fou (une folle)°	*like a crazy person*

Et vous?

Comment est-ce que vous conduisez?

Comment est-ce que vos amis conduisent?

Il y a un geste

À toute vitesse. A closed fist is held at chest level and moved horizontally away from the body and back in a few rapid motions. This suggests a rapid speed. It may also be used to describe someone who has a "hard-driving" personality.

© Cengage Learning

G. *Le verbe* conduire

Est-ce que tu as peur de **conduire**?
Je conduis très souvent.
Hier, **nous avons conduit** une voiture de sport.

conduire *(to drive)*	
je	**conduis**
tu	**conduis**
il/elle/on	**conduit**
nous	**conduisons**
vous	**conduisez**
ils/elles	**conduisent**
passé composé: **j'ai conduit**	

► The verb **conduire** is not used to tell that you drive to a destination. It is used alone or with adverbs or direct objects. To tell *where* you are driving, use **aller en voiture.**

	Il **conduit** une Ford.	*He drives a Ford.*
But:	Il **va** en Louisiane **en voiture.**	*He is driving to Louisiana.*

...ment ces gens conduisent-ils? Répondez aux questions ...otre partenaire va vous poser. Si vous ne savez pas la réponse, inventez-la

votre tante

VOTRE PARTENAIRE: Comment votre tante conduit-elle?

VOUS: Ma tante conduit à toute vitesse.

1. les étudiants de cette université
2. le professeur de français
3. les professeurs (en général)
4. les femmes
5. les hommes
6. les Français
7. les Américains
8. votre meilleur(e) ami(e)
9. vous

H. Les adverbes

Grammar Tutorials

► While there are exceptions, most French adverbs end in **-ment**.

Avance **lentement!**

Tu vas trop **rapidement.**

Consult App. C to review the distinction between an adjective and an adverb.

► If the masculine singular form of the adjective ends in a consonant, **-ment** is added to the feminine form.

premier (première)	⟶ **premièrement**	*first*
sérieux (sérieuse)	⟶ **sérieusement**	*seriously*
attentif (attentive)	⟶ **attentivement**	*attentively*
personnel (personnelle)	⟶ **personnellement**	*personally*

► The suffix **-ment** is added to the masculine singular form of an adjective if it ends in a vowel.

vrai	⟶ **vraiment**	*truly*
facile	⟶ **facilement**	*easily*
absolu	⟶ **absolument**	*absolutely*

EXCEPTION

fou (folle)	⟶ **follement**	*crazily*

► For masculine adjectives ending in **-ant** or **-ent**, the adverbs will end in **-amment** or **-emment** respectively. The first vowel in both spellings is pronounced [a].

constant	⟶ **constamment**	*constantly*
patient	⟶ **patiemment**	*patiently*
prudent	⟶ **prudemment**	*prudently*

► Several of the most common adverbs are completely different from their corresponding adjectives.

bon	⟶ **bien**	*well*	Loïc danse bien.
mauvais	⟶ **mal**	*poorly*	Il chante mal.
petit	⟶ **peu**	*little*	Et il mange très peu.

NOTE

Rapide has two corresponding adverbs: **rapidement** and **vite.**

16 Tout le monde est conducteur (*driver*). Décrivez les conducteurs suivants. Pour chaque adjectif, faites une phrase avec le verbe **être**, et puis une autre phrase, avec le verbe **conduire** et un adverbe dérivé de l'adjectif.

MODÈLE: ma tante/lent **Ma tante est lente. Elle conduit lentement.**

nous (les étudiants) *sommes*	rapide	prudent *→ prudemment (a)*	
mon oncle	sérieux	tranquille	
mon père	patient	fou	
ma mère	admirable	raisonnable	
je	nerveux	*→ patiemment (a)*	
le professeur	bon		
les hommes	parfait		
les femmes *sont*	attentif		

conduis(ent)

 17 Identification. Identifiez des personnes qui correspondent aux questions suivantes.

Self Test

MODÈLE: Qui conduit lentement?
Mes parents conduisent lentement. ou
Mon oncle conduit lentement.

1. Qui conduit nerveusement?
2. Qui parle rapidement le français?
3. Qui fait bien la cuisine?
4. Qui parle constamment?
5. Qui apprend facilement les maths?
6. Qui travaille sérieusement?
7. Qui écoute patiemment?
8. Qui étudie attentivement?
9. Qui chante mal?
10. Qui écrit peu?

ENTRE AMIS Vous êtes journaliste

Your partner will respond as factually as possible to your questions. However, if s/he doesn't know the answer, s/he should guess.

1. Find out if your partner speaks French.
2. Tell your partner that you are sorry to bother him/her.
3. Explain that you are a reporter for a magazine called *Marie-Claire.*
4. Say that you are studying French teachers.
5. Inquire if your partner knows a French teacher.
6. Ask how French teachers drive, sing, play golf, etc.
7. Verify answers you received by checking with your French teacher.

# Intégration

RÉVISION

(A) Des indications. Un(e) touriste francophone cherche les endroits suivants dans votre ville. Renseignez-le (-la) (*Give him/her information*).

1. un restaurant
2. un bureau de poste
3. une pharmacie

(B) Jacques a dit (Simon says). Faites l'action ou le geste indiqué par le professeur, s'il commence par «Jacques a dit». Si le professeur n'utilise pas l'expression «Jacques a dit», ne faites pas l'action ou le geste décrit.

Frappez à la porte!	Mon œil!	Reculez!
Taisez-vous!	Comme ci, comme ça.	Prenez le volant!
Dites bonjour!	Comptez sur une main!	Conduisez!
Mangez!	Regardez à gauche!	Changez de vitesse!
Buvez!	Regardez à droite!	Asseyez-vous!
Invitez-moi à danser!	Avancez!	

 (C) Les étudiants sérieux. Dites si les étudiants sérieux font ou ne font pas les choses suivantes. Utilisez un pronom complément d'objet direct dans chaque réponse.

MODÈLE: regarder la télé pendant des heures
Ils ne la regardent pas pendant des heures.

1. oublier leurs livres dans leur chambre
2. conduire follement la voiture de leurs parents
3. pouvoir facilement apprendre le subjonctif
4. vouloir étudier le français
5. faire toujours leurs devoirs
6. passer la nuit à regarder la télévision

(D) À l'écoute. Écoutez la conversation entre Éric et sa mère. Ensuite, répondez aux questions.

Track 3-8

1. Qui conduit la voiture?
2. Où vont-ils?
3. Qui connaît la route?
4. Comment est la mère d'Éric?
5. Qu'est-ce qu'Éric a déjà fait avec son père?
6. Pourquoi est-ce qu'Éric est nerveux?

 Communication and Communities. To learn more about the culture presented in this chapter, go to the *Premium Website* and click on the Web Search Activities.

 Also see the *Entre amis* Video Program and Video Worksheet in the *Cahier*.

E À vous. Répondez aux questions. Attention, si vous ne savez pas conduire, inventez des réponses pour une personne que vous connaissez.

1. Est-ce que vous conduisez prudemment?
2. À quelle vitesse est-ce que vous conduisez d'habitude?
3. Est-ce que vous attachez toujours votre ceinture de sécurité?
4. Est-ce que vous vous arrêtez toujours au stop?
5. Parlez-vous quelquefois au portable pendant que vous conduisez?
6. À quel âge avez-vous conduit une voiture pour la première fois?
7. Depuis combien de temps avez-vous votre permis de conduire?

NÉGOCIATIONS

La formule 1. Interviewez votre partenaire pour trouver les renseignements qui manquent. La copie de votre partenaire est dans l'appendice D.

MODÈLE: **Quelle sorte de véhicule est-ce que Mamie conduit?**
Comment conduit-elle?

A

nom	conduire	comment?	pourquoi comme ça?
Michael Schumacher			C'est un pilote professionnel allemand.
Jacques Villeneuve	Honda	très rapidement	
Alain Prost			C'est un pilote professionnel français.
tonton Paul	Peugeot		Il veut toujours aller vite.
tatie Agnès			Elle apprend à conduire une moto.
papi	Mercedes	comme un escargot	
mamie		prudemment	
vous			
votre partenaire			

All of the vehicles in this activity are feminine.

Note culturelle

Les francophones ont beaucoup d'expressions utilisées principalement par les enfants ou par les adultes quand ils parlent aux enfants, pour désigner les membres d'une famille. Pour parler de ses parents on dit **maman** et **papa**. Pour sa grand-mère on dit souvent **mamie** ou **mémé** et pour son grand-père **papi** ou **pépé**. L'oncle et la tante deviennent **tonton** et **tatie** ou **tata**.

> **LA MÉTHODO** You've already learned that you can figure out the meaning of a word by looking at the context in which it appears. You can also deduce meaning by looking at the "parts" of a word. For example, the prefix **re-** tells you that something is happening "again" and the ending **–ment** tells you that the word is likely to be an adverb. The root of a word, such as **terror** in the verb **terroriser,** can help you deduce its core meaning.

A **Étude du vocabulaire.** Étudiez les phrases suivantes et choisissez les mots anglais qui correspondent aux mots français en caractères gras: *more, convinced, rather, hates, approximately, those, latecomer, less, thus, bother.*

1. Un avion est **plus** rapide qu'un train.
2. L'État du Rhode Island est **moins** grand que le Texas.
3. Notre professeur **exècre** le tabac. Les cigarettes le rendent malade.
4. Pourquoi est-ce que vous me parlez **ainsi**? Que vous ai-je fait?
5. C'est un **retardataire.** Il n'arrive jamais à l'heure.
6. Est-ce que cela vous **dérange** si je fume?
7. **Ceux** qui étudient sont **ceux** qui ont les meilleures notes.
8. Christian chante **plutôt** mal, mais il aime chanter quand même.
9. Il y a **à peu près** trente personnes au restaurant.
10. Je suis **convaincu** que le professeur veut que j'étudie beaucoup.

B **Qu'en pensez-vous?** Quelle est la réputation des Français au volant? Quelle est la réputation des conducteurs californiens? des conducteurs new-yorkais? Et vous, comment conduisez-vous?

Jack Guez/AFP/Getty Images

LA FRANCE AU VOLANT

Il faut se méfier des[1] Français en général, mais sur la route en particulier. Pour un Anglais qui arrive en France, il est indispensable de savoir d'abord qu'il existe deux sortes de Français: les à-pied et les en-voiture. Les à-pied exècrent les en-voiture, et les en-voiture terrorisent les à-pied, les premiers passant instantanément dans le camp des seconds si on leur met un volant entre les mains. (Il en est ainsi au théâtre avec les retardataires qui, après avoir dérangé douze personnes pour s'asseoir, sont les premiers à protester contre ceux qui ont le toupet[2] d'arriver plus tard.)

Les Anglais conduisent plutôt mal, mais prudemment. Les Français conduisent plutôt bien, mais follement. La proportion des accidents est à peu près la même dans les deux pays. Mais je me sens[3] plus tranquille avec des gens qui font mal des choses bien[4] qu'avec ceux qui font bien de mauvaises choses.

Les Anglais (et les Américains) sont depuis longtemps convaincus que la voiture va moins vite que l'avion. Les Français (et la plupart des Latins) semblent encore vouloir prouver le contraire.

Pierre Daninos, "La France au volant," from
Les carnets de Major Thompson, © Hachette, 1954.
Used with Permission.

---

1. *watch out for* / 2. *nerve* / 3. *feel* / 4. *do good things poorly*

C Vrai ou faux? Décidez si les phrases suivantes sont vraies ou fausses d'après la lecture. Si une phrase est fausse, corrigez-la.

1. Les Français sont dangereux quand ils conduisent.
2. Les Anglais sont de bons conducteurs *(drivers)* mais ils conduisent plutôt vite.
3. En France, ceux qui marchent n'apprécient pas beaucoup ceux qui sont au volant.
4. Ceux qui conduisent adorent les à-pied.
5. Les Anglais ont moins d'accidents que les Français.
6. L'avion va plus vite que la voiture mais les Américains ne le comprennent pas encore.

D Questions. Répondez aux questions.

1. Pourquoi dit-on qu'il y a deux sortes de Français?
2. Quelle transformation y a-t-il quand un Français prend le volant?
3. Les retardataires sont-ils hypocrites? Expliquez votre réponse.
4. Quelles différences y a-t-il entre les Anglais et les Français?
5. Qui sont les Latins?
6. Qui sont ceux qui font mal des choses qui sont bonnes?

E Familles de mots. Essayez de deviner le sens des mots suivants. Examinez les parties de chaque mot pour vous aider.

1. conduire, un conducteur, une conductrice, la conduite
2. exister, l'existence, l'existentialisme
3. retarder, un(e) retardataire, un retard
4. terroriser, un(e) terroriste, le terrorisme, la terreur

LECTURE II

A **Les voitures françaises.** Lisez la lecture suivante et identifiez trois marques *(makes)* de voitures françaises.

B **Qu'est-ce que ça veut dire?** Examinez les parties de chaque mot suivant et réfléchissez sur ce que vous savez des voitures pour déterminer leur sens.

1. climatisation
2. aménagement intérieur
3. multifonction
4. métallisé
5. store extérieur dépliable

ANNONCES AUTO	
Peugeot 207 CC; 16 000 €; 2007; 35 000 km; diesel; blanc, 2 portes, climatisation, fermeture centralisée, freins ABS, vitres électriques, lecteur CD. Tél. 02.43.81.75.79 ap. 18h.	Citroën; Master 120 DCI Camping car; 34 000€; 2005; 145 000 km; diesel; bon état moteur; bel aménagement intérieur: 4 places assises, cuve d'eau 160 litres, clim réversible 220 volts, placards, wc, frigo, groupe électrogène; store extérieur dépliable; Tél. le soir au 02.41.19.53.66.
Renault Twingo II; 10 800 €.; 6 mois; 3 200 kms; essence; noir, 3 portes, toit ouvrant, airbag, boîte manuelle; Tél. 02.43.75.64.98.	Ford Focus RS 500; 45 000€; 2010; 1600 km; essence; noir, boite manuelle, 3 portes, antipatinage, climatisation, freins ABS, lecteur CD, rétroviseurs et vitres électriques, direction assistée; Tél. 02.41.64.35.70
Renault Espace; 33 250 €; neuf; 275 km; diesel; bleu, manuelle 6 vitesses, 5 portes, système audio, système de navigation, airbags, climatisations, écran multifonction, ABS; Tél. 02.43.81.75.79 ap. 18h.	Citroën C4 Picasso; 14 800€; 2008; 96 000 km; diesel; noir métallisé, 5 portes, boîte automatique, toit panoramique, volant multifonctions, option Bluetooth, ABS, airbags, radio CD; Tél. 02.41.58.87.18 le soir.

C **Pouvez-vous décider?** Répondez aux questions.

1. Quelle est la plus vieille voiture?
2. Quelle voiture est la plus chère?
3. Quelle voiture est la moins chère?
4. Quelle voiture n'est pas française?
5. Dans quelle voiture est-ce qu'on peut dormir confortablement?
6. Quelles voitures sont confortables quand il fait chaud?
7. Quels propriétaires ne sont pas chez eux pendant la journée?

D **Une voiture à vendre.** Écrivez une petite annonce pour une voiture que vous voulez vendre.

RÉDACTION

CIRCUIT TOURISTIQUE EN VOITURE

Créez une brochure pour l'Office de tourisme de votre ville ou région qui décrit un circuit touristique que les touristes francophones peuvent faire en voiture et qui donne quelques conseils aux conducteurs. Dans votre brochure:

- commencez par une phrase ou une question qui donnera envie au lecteur de vouloir faire le circuit, c'est-à-dire une invitation au voyage.
- présentez le circuit—mentionnez cinq endroits touristiques différents et écrivez une ou deux phrases courtes qui décrivent chaque endroit.
- donnez des indications pour faire le circuit.
- faites une liste de cinq conseils aux conducteurs sur la conduite prudente chez vous.
- utilisez l'impératif, des pronoms compléments d'objet directs et des adverbes.

A **Avant d'écrire.** Déterminez votre public. Les touristes sont-ils des jeunes de moins de 25 ans? des familles avec de jeunes enfants? des personnes âgées ou à mobilité réduite? Ensuite, décidez quels endroits vont intéresser ces personnes. Mettez-vous à leur place et écrivez une liste de questions qu'elles poseraient (*would ask*) sur chaque endroit et les règles de conduite chez vous. Maintenant, choisissez les informations et les détails que vous voulez inclure dans votre brochure.

B **Écrire.** Votre brochure consiste en trois parties: une introduction, le circuit touristique et des conseils. Faites un dessin de la mise en page (*layout*) de votre brochure. Ensuite, écrivez les titres (*headings*) et le texte.

C **Correction.** D'abord, assurez-vous que toutes les informations nécessaires pour ce travail sont présentes. Révisez votre texte une deuxième fois pour corriger les fautes d'orthographe et de grammaire. Ensuite, présentez le texte corrigé à un(e) camarade de classe et demandez-lui son opinion sur la qualité et la clarté de votre brochure. Ne manquez pas de préciser à votre camarade de classe le public auquel vous vous adressez. Notez toutes les remarques et les questions que votre camarade de classe va faire en lisant votre texte. Refaites votre brochure et incorporez les remarques et les suggestions.

Vocabulaire Actif

Practice some of this vocabulary with the flashcards on **iLrn**.

Sur la route

un arrêt (d'autobus) *(bus) stop*
(s') arrêter *to stop*
à toute vitesse *at top speed*
attacher *to attach; to put on*
avancer *to advance*
une ceinture de sécurité *safety belt, seat belt*
changer *(de) to change*
un chauffeur *driver*
comme un fou *like a crazy person*
un conducteur (une conductrice) *driver*
conduire *to drive*
la conduite *driving*
démarrer *to start a car*
un feu *traffic light*
jusqu'au feu *until the traffic light*
un permis de conduire *driver's license*
reculer *to back up*
un rétroviseur *rearview mirror*
une route *highway*
le sens interdit *one-way street*
un stop *stop sign*
la vitesse *speed*
un volant *steering wheel*

D'autres noms

un anniversaire de mariage *wedding anniversary*
un commentaire *commentary*
un conseil *(piece of) advice*
un escargot *snail*
un fou (une folle) *fool; crazy person*

une leçon *lesson*
un match *game*
une patinoire *skating rink*
un(e) propriétaire *owner*
un siècle *century*

Adjectifs

attentif (attentive) *attentive*
constant(e) *constant*
fou (folle) *crazy; mad*
lent(e) *slow*
neuf (neuve) *brand-new*
prêt(e) *ready*
prudent(e) *cautious*
raisonnable *reasonable*
rapide *rapid; fast*
sérieux (sérieuse) *serious*
tranquille *calm*

Verbes

avoir pitié (de qqn) *to have pity (on s.o.); to feel sorry (for s.o.)*
connaître *to know; be acquainted with; be familiar with*
inviter *to invite*
laisser *to leave; to let*
pouvoir *to be able; to be allowed*
vouloir *to want; to wish*

Adverbes

absolument *absolutely*
constamment *constantly*
follement *in a crazy manner*

lentement *slowly*
patiemment *patiently*
personnellement *personally*
prudemment *prudently*
rapidement *rapidly*
sérieusement *seriously*
si *so*
vite *quickly; fast*

Pronoms compléments d'objet directs

me *me*
te *you*
le *him; it*
la *her; it*
nous *us*
vous *you*
les *them*

Expressions utiles

C'est promis. *It's a promise.*
Chut! *Shh!*
je veux m'amuser *I want to have fun*
Laisse-moi (Laissez-moi) tranquille! *Leave me alone!*
(mon/ma) chéri(e) *(my) dear, honey*
Mon œil! *My eye!*
ma puce *honey (lit. my flea)*
Plus un mot. *Not one more word.*
Tais-toi! (Taisez-vous!) *Keep quiet!*

Henri IV

partir = leave (the house in AM)

I'm leaving = je part

Comme si c'était hier

directphoto.bz/Alamy

BUTS COMMUNICATIFS

- Describing conditions and feelings in the past
- Setting the scene in the past
- Making comparisons

STRUCTURES UTILES

- L'imparfait
- Ne ... que
- L'imparfait et le passé composé
- Le comparatif des adverbes
- Le comparatif des adjectifs
- Le comparatif *(suite)*
- Le superlatif

CULTURE

Zoom sur les étapes de la vie

- **Vidéo buzz:** L'enseignement élémentaire et secondaire
- **Vu sur le web:** Le mariage en France
- **Repères:** Le faire-part
- **Insolite:** Les rites funéraires en Haïti
- **Article:** Les jeunes

Il y a un geste

- J'en ai assez

Lectures

- «La grand-mère Aïda»
- Portrait d'un Français
- Les Français et la vie familiale

RESOURCES

Audio   iLrn Heinle Learning Center   Premium Website

Pair Work   Group Work   ***Entre amis*** Video Program

Coup d'envoi

🔊 PRISE DE CONTACT: **QUAND VOUS ÉTIEZ JEUNE**

Track 3-9

Qu'est-ce que tu faisais° quand tu avais 16 ans°, Caroline?

> *used to do / were sixteen*

    J'allais au lycée°.

> *high school*

    J'étudiais l'anglais et les mathématiques.
    J'habitais une petite maison.
    Je sortais quelquefois avec mes amis.
    Nous allions au cinéma ensemble.
    Mais je n'avais pas encore mon permis de
      conduire.

  ⓒ **Et vous?** Qu'est-ce que vous faisiez quand vous aviez 16 ans?

Track 3-10

Lori et son amie Denise sont en train de° regarder un   in the process of
album de photos.

Lori: C'est une photo de toi?

Denise: Oui, c'était° au mariage de ma sœur.   it was

Lori: Elle est plus âgée que° toi?   older than

Denise: Oui, de deux ans.

Lori: Ah! La voilà en robe de mariée°, n'est-ce pas?   wedding dress
Comme elle était belle!°   How beautiful she was!

Denise: Tu vois° la photo de ce jeune homme en   You see
smoking°? C'est mon beau-frère.   in a tuxedo

Lori: Il avait l'air jeune.

Denise: Il n'avait que 20 ans.°   He was only twenty.
À mon avis°, il en avait assez de° porter son smoking.   In my opinion / he was
            fed up with

Lori: Il faisait chaud?

Denise: Très! Et il avait déjà porté° son smoking pour le   had already worn
mariage à la mairie°.   town hall

Lori: Quand est-ce que ce mariage a eu lieu°?   took place

Denise: Il y a deux ans.

Lori: Alors, c'est ton tour°. Quand est-ce que tu vas   turn
épouser° ton petit ami?   marry
(Elles rient.°)   They laugh.

Denise: Lori, occupe-toi de tes oignons!°   mind your own business! ~~onions!~~

👥 ⓒ **Jouez ces rôles.** Répétez la conversation avec votre partenaire. Remplacez
«mariage de ma sœur» par «mariage de mon frère». Faites tous les changements
nécessaires.

Il y a un geste

J'en ai assez. The right hand is
raised near the left temple. The
hand is open but bent at a right
angle to the wrist. One makes
the gesture by twisting the wrist
so that the hand passes over the
forehead, implying " I am fed up
to here."

© Cengage Learning

ⓒ **À vous.** Répondez aux questions.

1. Où habitiez-vous quand vous aviez 16 ans?
2. Comment s'appelaient vos amis?
3. À quelle école alliez-vous?
4. Qu'est-ce que vous étudiiez?

Zoom sur les etapes de la vie

Premium Website

PETIT TEST

Pourquoi le beau-frère avait-il déjà porté son smoking à la mairie?

a. Il aimait beaucoup porter un smoking.

b. C'est normal. On porte toujours des vêtements élégants à la mairie.

c. Il y a eu deux cérémonies de mariage: à la mairie et à l'église.

See *Vu sur le web* **for the answer.**

VU SUR LE WEB

Le mariage en France

Camera Lucida Lifestyle/Alamy

IN ORDER to be legally married in France, all couples are wed in a civil ceremony at the town hall (**la mairie**). The mayor (**le maire**), or the mayor's representative, performs the ceremony and the couples express their consent by saying **oui.** Many couples choose to have a religious ceremony as well. This takes place at the church, temple, or mosque, after the civil ceremony.

Currently the average age for marriage is approximately 31 for men and 29 for women. The average young family in France has two children, and the government offers several forms of assistance to couples who have children. There are paid maternity and paternity leaves, public day care centers, and subsidies to families when they have their own or adopt children.

Not all couples get married, however. Many choose **l'union libre (la cohabitation)** or the **PACS (le Pacte civil de solidarité)**, a legal contract between a heterosexual or homosexual couple guaranteeing them the same rights as a married couple. To learn more about the rights of couples and the different forms of assistance offered to parents, children, and families in France, explore the links on the *Premium Website*.

INSOLITE

Les rites funéraires en Haïti

FUNERAL RITES IN HAITI are very sacred and people believe that death rituals are necessary in order to help the departed one's soul pass from his or her body into the spirit world. Family, community members, and even enemies of the departed come together for nine days and nights to eat, drink, chant, and pray together. After this period of celebration, the burial occurs. This traditional wake has its roots in *voodoo,* a religion combining West African religious beliefs with Roman Catholicism and practiced by a large number of Haitians. Also, according to *voodoo* traditions, it is believed that the soul will stay under water for a year and a day. Then another ceremony must be held to pull the dead person out of the water so he or she may live in a big tree, cave, or other natural shelter to await reincarnation.

Les jeunes

HIGH UNEMPLOYMENT and the increasing length of their studies have meant that many young adults have trouble becoming financially independent of their families. Only around 56 percent of French young people between ages 18 and 29 have left the home of their parents. French women tend to leave home earlier, between ages 18 and 21, usually because they have left to live with a partner and tend to have children at a younger age. Those young people who do leave home often find themselves in difficult circumstances, sometimes living in inadequate housing, or unable to pay all their bills. Very few students or young professionals, for example, are able to purchase a car. Fortunately, the French government has a long-standing policy of providing financial aid to young people transitioning into the workplace. Discounts for transportation and leisure activities, among other things are also available for those under 26 years of age.

VIDÉO BUZZ

L'enseignement élémentaire et secondaire

EDUCATION IN FRANCE is free and compulsory from ages 6 to 16, although children may begin nursery school (**l'école maternelle**) at age 2 and most French adolescents remain enrolled in school after the age of 16. Children's primary education begins with **l'école maternelle**, followed by **l'école élémentaire** (ages 6 to 11). They then move on to **le collège** (usually ages 11 to 15), where they pursue a general course of study and begin to focus on a particular academic subject. After **le collège,** students usually complete the remaining three years of their secondary school studies at a **lycée d'enseignement général et technologique** or a **lycée professionnel.** At the first type of **lycée,** students study subjects within a particular specialization, such as letters and language, math and physics, or science and industrial technology in order to prepare for the **baccalauréat,** an exit exam. (**Baccalauréat** is also the name of the diploma students receive.) In the **lycée professionnel,** students pursue general and vocational studies leading to a diploma called **baccalauréat professionnel.** To see video footage of actual French classrooms and learn more about primary and secondary education in France, explore the links on the *Premium Website*.

REPÈRES

Le faire-part

*A **faire-part** is a card sent to family members and friends that officially announces an important life event, such as a marriage, birth, baptism, or funeral. Read the following **faire-part de naissance** (birth announcement). What kind of information does it contain?*

Nous vous annonçons avec infiniment de bonheur la naissance de notre bébé

Viviane

le 19 janvier 2011
à 3 h 20.
Elle pèse 3, 285 kg et mesure 52 cm.
M. et Mme Sébastian Giraudeaux,
13 rue des Bordes, 54300 Nancy

Rene Jansa/Shutterstock.com

ENTRE AMIS **Une vieille photo**

Bring in a photo from your childhood or teen years. Follow the guidelines below to describe the photo.

1. Show your partner an old photo of a group of people.
2. Tell who the people are.
3. Tell how old each one was in the photo.
4. Describe what they were wearing.
5. Tell where they lived.

PRONONCIATION

🔊 LES SONS [i] et [j]

Track 3-11

▶ Two related sounds in French are the pure vowel sound [i] (as in the English word *teeth*) and the semi-consonant/semi-vowel [j] (as in the English word *yes*). Practice saying the following words after your instructor, paying particular attention to the highlighted sound. As you pronounce the words for one sound, look at how that sound is spelled and in what kinds of letter combinations it appears. What patterns do you notice?

[i] • **i**l, **i**c**i**, r**i**z, p**i**zza, pol**i**t**i**que, asp**i**r**i**ne
• su**i**s, fru**i**t, depu**i**s, tru**i**te, condu**i**re, ju**i**llet
• br**i**e, am**i**e, Soph**i**e
• S**y**lvie, bic**y**clette, **y**

[j] • mar**i**é, jan**i**er, h**i**er, m**i**am, k**i**osque, nat**i**onal, mons**i**eur, b**i**en
• déta**il**, somme**il**, œ**il**, trava**ill**e, Marse**ill**e, feu**ill**e
• gent**ill**e, f**ill**e, past**ill**e, van**ill**e, ju**ill**et
• **y**eux, essa**y**er, pa**y**er

▶ The [i] sound is represented by written **-i-** or **-y-** in the following situations:

1. **i** not in combination with another vowel: merc**i**, avr**i**l, f**i**lle
2. **i** following a **u**: pu**i**s, bru**i**t, tru**i**te
3. final **-ie**: br**ie**, étud**ie**
4. **-y-** between two consonants: il **y** va, S**y**lvie

▶ The [j] sound is required in the following circumstances:

1. **i-** before a pronounced vowel in the same syllable: p**i**ed, v**i**ande, mar**i**age
2. **-il, -ill** after a pronounced vowel in the same syllable: trava**il**, conse**ill**er, œ**il**
3. **-ll** after [i]: f**ill**e, ju**ill**et

 million, milliard, mille, ville, village, tranquille

4. initial **y-** before a **vowel**, **-y-** between two vowels: **y**eux, essa**y**er.

NOTE

Between the sound [i] at the end of one syllable and another vowel at the beginning of the next syllable, [j] is pronounced even though there is no letter representing the sound.

quatrième [ka tRi jɛm]

🎧 Listen and repeat:

1. Sylvie, yeux, bicyclette, y, payer
2. télévision, brioche, nuit, addition, cuisine, principal, délicieux, insister, feuille
3. pitié, amie, papier, pièce, prier, pâtisserie, client, habitiez, impatient, oublier
4. milliard, juillet, ville, fille, bouteille, travail, travaille, conseil, allions, vanille, mille, œil, oreille, tranquille, gentil, gentille, million
5. entrions, entriez

Buts communicatifs

🔊 **I. DESCRIBING CONDITIONS AND FEELINGS IN THE PAST**

Track 3-12

Quand vous étiez jeune, ...

	oui	*non*
aviez-vous un chien ou un chat?	_____	_____
étiez-vous souvent malade?	_____	_____
habitiez-vous une grande ville?	_____	_____
aviez-vous beaucoup d'amis?	_____	_____
regardiez-vous beaucoup la télé?	_____	_____

Que faisiez-vous après l'école?
Comment s'appelaient vos voisins°?   *neighbors*
À votre avis, quelle était la meilleure émission° de télé?   *best program*

> **Faisiez** *is pronounced* [fəzje]; *see also* p. 113.

A. L'imparfait

Grammar Tutorials

▶ You have already been using one past tense, the **passé composé,** to relate what happened in the past. The imperfect (**l'imparfait**) is a past tense used to describe conditions and feelings and to express habitual actions.

1. Describing conditions

Ma sœur **était** belle.	*My sister was beautiful.*
Mon beau-frère **avait** l'air jeune.	*My brother-in-law seemed young.*
Léa **portait** une jolie robe.	*Léa was wearing a pretty dress.*
Anne **était** malade.	*Anne was sick.*
Il **pleuvait.**	*It was raining.*
Il y **avait** trois chambres dans notre maison.	*There were three bedrooms in our house.*

2. Describing feelings

Ma sœur **était** nerveuse.	*My sister was nervous.*
Mon beau-frère en **avait** assez.	*My brother-in-law was fed up.*
Je **détestais** les épinards.	*I used to hate spinach.*
Tout le monde **était** heureux.	*Everybody was happy.*

3. Expressing habitual past actions

Review uses of the **passé composé,** pp. 168–169.

Nous **regardions** des dessins animés le samedi.	*We used to watch cartoons on Saturday.*
À cette époque, Marie **sortait** avec Paul.	*Back then, Marie used to go out with Paul.*
But: Nous **avons regardé** des dessins animés samedi.	*We watched cartoons (last) Saturday.* (once, not a repeated event)
Marie **est sortie** avec Paul vendredi dernier.	*Marie went out with Paul last Friday.* (one day, not habitually)

▶ To form the imperfect tense, take the **nous** form of the present tense, drop the **-ons** ending, and add the endings -ais, -ais, -ait, -ions, -iez, -aient.

jouer (jou~~ons~~)

je	jou	ais
tu	jou	ais
il/elle/on	jou	ait
nous	jou	ions
vous	jou	iez
ils/elles	jou	aient

avoir (av~~ons~~)

j'	av	ais
tu	av	ais
il/elle/on	av	ait
nous	av	ions
vous	av	iez
ils/elles	av	aient

aller (all~~ons~~)

j'	all	ais
tu	all	ais
il/elle/on	all	ait
nous	all	ions
vous	all	iez
ils/elles	all	aient

▶ Impersonal expressions also have imperfect tense forms.

infinitive	present	imperfect	
neiger	il neige	**il neigeait**	*it was snowing*
pleuvoir	il pleut	**il pleuvait**	*it was raining*
falloir	il faut	**il fallait**	*it was necessary*
valoir mieux	il vaut mieux	**il valait mieux**	*it was better*

▶ **Être** is the only verb that has an irregular stem: **ét-.** The endings are regular.

J'**étais** malade.

Nous **étions** désolés.   Sorry.

▶ The **je, tu, il/elle/on,** and **ils/elles** forms of the imperfect all sound alike because the endings are all pronounced the same.

je **jouais**   tu **jouais**   il **jouait**   elles **jouaient**

▶ The **-ions** and **-iez** endings are **pronounced** as one syllable, with the letter **-i-** pronounced [j].

vous habit**iez**   [a bi tje]

nous all**ions**   [a ljɔ̃]

► You have already learned that if the present tense stem of a verb ends in **-g**, an **-e-** is added before endings beginning with **-o-**. This is also true in other tenses before endings beginning with **-a-** or **-u-**.

present: nous mang**e**ons

imperfect: je mang**e**ais   tu mang**e**ais   il mang**e**ait   ils mang**e**aient

   But: nous mangions   vous mangiez

► Similarly, if the stem of a verb ends in **-c**, a **-ç-** is used instead before endings beginning with **-a-, -o-,** or **-u-**.

present: nous commen**ç**ons

imperfect: je commen**ç**ais   tu commen**ç**ais   il commen**ç**ait

   But: nous commencions   vous commenciez

❶ Quand ils étaient jeunes. Qu'est-ce que ces personnes faisaient ou ne faisaient pas quand elles étaient jeunes? Si vous ne savez pas, devinez. Utilisez **et** ou **mais** et la négation pour les décrire.

MODÈLE: mes amis / aller à l'école / conduire
>**Quand mes amis étaient jeunes, ils allaient à l'école mais ils ne conduisaient pas.**

   1. mes amis / regarder souvent des dessins animés / lire beaucoup
   2. nous / aller à l'école / faire toujours nos devoirs
   3. je / manger beaucoup de bonbons / avoir souvent mal aux dents
   4. je / me coucher tôt / être toujours raisonnable
   5. mes amis / jouer souvent aux jeux vidéo / regarder *Les Simpson* à la télé
   6. le professeur de français / avoir de bonnes notes / aller souvent à la bibliothèque

Yadid Levy/Alamy

Les petits Français peuvent commencer l'école maternelle à partir de l'âge de 2 ans, mais ce n'est pas obligatoire. La scolarité obligatoire commence à l'âge de 6 ans.

2 Ma grand-mère. Transformez le paragraphe suivant à l'imparfait.

Ma grand-mère habite dans une petite maison qui est très jolie et qui a deux chambres. Dans cette région, il pleut souvent et en hiver, quand il neige, on reste à la maison. Ma grand-mère est fragile et elle travaille très peu. Elle est petite et assez vieille. Elle a soixante-quinze ans et elle est seule à la maison depuis la mort de mon grand-père. Mais quand je vais chez elle, nous parlons de beaucoup de choses et quelquefois nous chantons. Elle veut toujours nous préparer quelque chose à manger, mais je fais la cuisine moi-même. Ensuite nous mangeons ensemble. Je l'aime beaucoup et elle m'aime beaucoup aussi.

3 Quand vous aviez 14 ans. Répondez aux questions.

1. Qui était président des États-Unis quand vous aviez 14 ans?
2. Quelles émissions regardiez-vous à la télé?
3. Quels acteurs et quelles actrices étaient populaires?
4. À quel jeu vidéo est-ce que vous jouiez?
5. Qu'est-ce que vous faisiez le vendredi soir?
6. Qu'est-ce que vous aimiez manger? Qu'est-ce que vous détestiez?
7. Qui faisait la cuisine pour vous?
8. À quelle école alliez-vous?
9. Comment s'appelaient vos voisins?

B. Ne ... que

Sylvie **n'**a **que** 18 ans.	*Sylvie is only eighteen.*
Ses parents **n'**ont **qu'**une fille.	*Her parents have only one daughter.*
Il **n'**y a **que** trois personnes dans la famille.	*There are only three people in the family.*

▶ **Ne ... que,** a synonym of **seulement,** is used to express a limitation. **Ne** comes before the verb and **que** is placed directly before the expression that it limits.

Il **ne** sort **qu'**avec Renée.	*He goes out only with Renée.*
Il **ne** sort avec Renée **que** le vendredi soir.	*He goes out with Renée on Friday nights only.*

*Review **il y a** + expressions of time, p. 170.*

4 Quel âge avaient-ils il y a cinq ans? Trouvez quel âge tout le monde avait il y a cinq ans. Si vous ne savez pas *(If you don't know),* devinez. Utilisez **ne ... que.**

MODÈLE: votre frère
Il y a cinq ans, mon frère n'avait que 16 ans.

1. vous
2. votre meilleur(e) ami(e)
3. votre mère ou votre père
4. les étudiants de ce cours
5. votre acteur préféré
6. votre actrice préférée
7. le professeur de français (Imaginez.)

ENTRE AMIS Quand tu étais enfant

Follow the instructions below to interview your partner about his or her youth.

1. Find out where your partner lived ten years ago.
2. Ask how old s/he was.
3. Ask what s/he did on Saturdays.
4. Find out what his/her school's name was.
5. Ask if s/he had a dog or a cat. If so, find out its name.
6. Find out who his/her neighbors were.

2. SETTING THE SCENE IN THE PAST

Track 3-13

Quand vous êtes arrivé(e) sur ce campus pour la première fois …

c'était en quelle saison?
c'était quel mois?
quel âge aviez-vous?
étiez-vous seul(e) ou avec des amis?
quel temps faisait-il?
quels vêtements portiez-vous?

© Cengage Learning

C. L'imparfait et le passé composé

dénotation, feelings.

Grammar Tutorials

▶ The **imparfait** is often used to give background information that "sets the scene" for some other verb in the past. This scene-setting information describes what was going on. It describes the conditions surrounding some other action. If the other verb specifies what *happened*, it is in the **passé composé**.

Review the **passé composé,** *pp. 168–169 & 197–198.*

imparfait provides context << for important event, for which you use passé composé.

J'étais en train de faire mes devoirs quand **Alain a téléphoné.**	*I was (busy) doing my homework when Alain telephoned.*
Il était huit heures quand **Renée est arrivée.**	*It was eight o'clock when Renée arrived.*
Jeanne avait 15 ans quand **elle a commencé** à fréquenter les garçons.	*Jeanne was fifteen when she started dating boys.*

▶ For weather expressions:

• Use the **imperfect** when the weather sets the scene for another past action.

Il faisait beau quand **nous sommes sortis.**	*It was nice outside when we went out.*
Il pleuvait quand **nous sommes rentrés.**	*It was raining when we got home.*
Il neigeait. Alors **Karine a décidé** de porter ses bottes.	*It was snowing. So Karine decided to wear her boots.*

• Use the **passé composé** when you simply state what the weather was like at a specific time.

Hier, **il a plu** à Paris, mais **il a neigé** dans les montagnes. **Il a fait beau** à Nice.

5 Qu'est-ce qu'elle faisait? Utilisez les expressions suivantes pour dire ce que Léa faisait quand quelque chose s'est passé. Suivez le modèle.

MODÈLE: **Léa faisait du ski quand elle est tombée.**

	être en train d'étudier			entrer
	regarder la télévision			partir
	être en train de lire		son fiancé	arriver
	conduire		ses parents	tomber
Léa	manger	quand	je	avoir un accident
	boire		elle	perdre patience
	faire la sieste		nous	téléphoner
	écrire un e-mail		ses amis	
	prendre le petit déjeuner			
	descendre d'une voiture			

6 Les Lauprête ont fait un voyage. Quel temps faisait-il? Complétez les phrases suivantes.

MODÈLE: faire du vent / sortir de chez eux   *ils ont (they passé) pris*

Il y avait du vent quand les Lauprête sont sortis de chez eux.

1. pleuvoir / prendre le taxi   *vait pris*
2. faire beau / arriver à l'aéroport   *il faisait*   *quand ils sont arrivés.*
3. faire chaud / monter dans l'avion   *quand ils sont montés*
4. faire froid / descendre de l'avion
5. neiger / commencer à faire du ski   *il neigeait*   *ils ont commencé.*

7 Dernière sortie au restaurant. Décrivez la dernière fois que vous êtes allé(e) au restaurant.

1. Quel jour est-ce que c'était?
2. Quel temps faisait-il?
3. Quels vêtements portiez-vous?
4. Quelle heure était-il quand vous êtes arrivé(e)?
5. Étiez-vous seul(e)? Si non, qui était avec vous?   *solo*
6. Environ combien de personnes y avait-il au restaurant?   *approximately.*
7. Quelle était la spécialité du restaurant?
8. Comment était le serveur (la serveuse)?
9. Aviez-vous très faim?
10. Qu'est-ce que vous avez commandé?   ← *use passé*
11. Comment était le repas?

Glenn Harper/Alamy

8 **Renseignements.** Écrivez un petit paragraphe pour chaque scénario. Expliquez les conditions et ce qui est arrivé.

MODÈLE: Quand je suis tombé(e), ...
(Qu'est-ce que vous faisiez? Avec qui étiez-vous? Qu'est-ce que vous avez dit?)
Quand je suis tombé(e), je faisais du ski. J'étais seul(e) et j'ai dit «Aïe!».

1. Quand j'ai trouvé mon ami, ...
(Qu'est-ce qu'il portait? Où allait-il? Avec qui était-il? Qu'est-ce que vous avez fait?)
2. Quand ma mère a téléphoné, ...
(Quelle heure était-il? Que faisiez-vous? Qu'est-ce qu'elle voulait? Qu'est-ce que vous avez répondu?)
3. Quand mon cousin (mon ami(e), mon frère, etc.) a eu son accident, ...
(Où était-il? Qu'est-ce qu'il faisait? Quel âge avait-il? Quel temps faisait-il? Qu'est-ce qu'il a fait après?)
4. Quand je suis entré(e) dans la classe, ...
(Quelles personnes étaient là? Qu'est-ce qu'elles portaient? Quelle heure était-il? Avec qui avez-vous parlé?)

ENTRE AMIS Tu t'es bien amusé(e)?

Use the guidelines below to interview your partner about the last time he or she went out.

1. Find out when the last time was that your partner went out.
2. Ask where s/he went and what s/he did.
3. Find out what s/he was wearing.
4. Find out what the weather was like.
5. Ask if s/he had fun.
6. Ask at what time s/he got home.
7. Find out if s/he was tired when s/he got home.

🔊 3. MAKING COMPARISONS

Track 3-14

Est-ce que ta vie était différente quand tu avais 16 ans, Christine?

Pas vraiment. À cette époque°, je travaillais autant° que maintenant.	*Back then* / *as much*
Et j'étudiais aussi° souvent que maintenant.	*as*
Mais j'étais plus° active.	*more*
J'étais moins stressée°, parce que j'avais moins de soucis°.	*less stressed* / *fewer worries*

Quand vous n'aviez que 16 ans, ...

> est-ce que vous étudiiez moins que maintenant?
>
> faisiez-vous autant de sport?
>
> aviez-vous plus de temps libre que maintenant?
>
> est-ce que vous aviez moins de soucis?
>
> étiez-vous plus heureux (heureuse) que maintenant?
>
> étiez-vous aussi grand(e)?
>
> sortiez-vous plus souvent que maintenant?

D. Le comparatif des adverbes

Review the forms of stressed pronouns, p. 182.

▶ To make comparisons with adverbs, the French use the expressions **plus** *(more)*, **moins** *(less)*, and **aussi** *(as)*. All comparisons may be followed by **que** *(than, as)* and a second term of comparison. When a personal pronoun is required after **que**, a stressed pronoun must be used.

Anne conduit **plus** lentement **que** Pierre.	*Anne drives slower than Pierre.*
Elle conduit **moins** rapidement **que lui**.	*She drives less fast than he (does).*
Il chante **aussi** bien **qu'elle**.	*He sings as well as she (does).*

▶ The comparative forms of **bien** are **moins bien, aussi bien**, and **mieux**.

Je nage **moins bien** que ma sœur.	*I don't swim as well as my sister.*
Mais je danse **mieux** qu'elle.	*But I dance better than she (does).*
Elle patine **aussi bien** que moi.	*She skates as well as I (do).*

9 Une comparaison. Répondez aux questions suivantes.

MODÈLE: Qui chante mieux, votre meilleur(e) ami(e) ou vous?
Je chante aussi bien que lui (qu'elle). / Il (Elle) chante mieux que moi.

1. Qui conduit plus lentement, votre professeur de français ou vous?
2. Qui fait mieux la cuisine, votre mère ou votre père?
3. Qui travaille moins sérieusement, un bon ou un mauvais étudiant?
4. Qui danse mieux, les hommes ou les femmes?
5. Qui mange moins rapidement, votre meilleur(e) ami(e) ou vous?
6. Qui sort plus souvent le soir, votre meilleur(e) ami(e) ou vous?

E. Le comparatif des adjectifs

▶ You have already learned to use **plus**, **moins**, and **aussi** to make comparisons with adverbs. These words are also used to make comparisons with adjectives.

Haïti est **plus** pauvre que la République dominicaine.	*Haiti is poorer than the Dominican Republic.*
Ce pays est **moins** grand que la République dominicaine.	*This country is smaller than the Dominican Republic.*
Aïda est **aussi** belle que sa fille.	*Aïda is as beautiful as her daughter.*

► The comparative forms of the adjective **bon(ne)** are **moins bon(ne)**, *not as* **aussi** *as* **bon(ne)**, and **meilleur(e)**.

Denise est **aussi bonne en maths**   *Is Denise as good in math as her sister?*
    que sa sœur?

Non, elle est **moins bonne**.   *No, she's worse.*

Sa sœur est **meilleure** qu'elle.   *Her sister is better than she (is).*

Synthèse: *bon et* *bien; mieux et meilleur*

ADJECTIFS		ADVERBES	
bon(ne)	*good*	**bien**	*well*
meilleur(e)	*better*	**mieux**	*better*

In English, the comparative form of both *good* and *well* is the same word: *better.* In French there is a separate word for each.

Tom est un **meilleur** étudiant.   Tom parle **mieux** le français.
*Tom is a **better** student.*   Tom speaks French ***better.***

---

⑩ Est-ce que je suis d'accord avec le professeur?
Imaginez l'opinion du professeur. Ensuite donnez votre opinion.

MODÈLE: la musique classique / la musique pop / beau
          Le professeur pense que la musique classique est plus belle
          que la musique pop.
          À mon avis, la musique pop est aussi belle que la musique
          classique.

1. la statue de la Liberté / la tour Eiffel / beau
2. le fromage français / le fromage américain / bon
3. la télévision / un livre / ennuyeux
4. les devoirs / les vacances / important
5. notre université / l'université de Paris / bon
6. les hommes / les femmes / travailleur

⑪ Deux frères. Pauvre François! Son frère David fait toujours mieux que lui. Comparez-les.

MODÈLE: François est bon en anglais.
          Oui, mais son frère David est meilleur que lui en anglais.

1. François parle bien l'anglais.
2. François a une bonne voiture.
3. François a une bonne note en anglais.
4. François joue bien au tennis.
5. François conduit attentivement.
6. François est un bon étudiant.
7. François chante bien.
8. François est intelligent.

plus attentivement = more attentively

plus intelligent = more intelligent.

⑫ Nos meilleurs amis et nous. D'abord faites une comparaison entre vous et votre meilleur(e) ami(e). Ensuite encouragez votre partenaire à faire la même chose.

MODÈLE: chanter bien

> VOUS: Moi, je chante mieux que mon meilleur ami (ma meilleure amie). Et toi?
>
> VOTRE PARTENAIRE: Moi, je chante moins bien que lui (qu'elle).

1. être bon(ne) en maths
2. parler bien le français
3. être patient(e)
4. conduire bien
5. être un(e) bon(ne) étudiant(e)
6. être grand(e)
7. danser bien
8. être bavard(e)

F. Le comparatif (suite)

▶ To compare how much of a particular action people do, the words **plus, moins,** and **autant** (*as much, as many*) are used *after a verb*.

René **parle plus** que son père.	*René talks more than his father.*
Il **parle moins** que sa mère.	*He talks less than his mother.*
Il **parle autant** que moi.	*He talks as much as I (do).*

Review the use of expressions of quantity, Ch. 8, pp. 231–232.

▶ To compare how much of something one has, eats, drinks, etc., the expressions of quantity **plus de, moins de,** and **autant de** are used *before a noun*.

Haïti a **moins de** touristes que la Martinique.	*Haiti has fewer tourists than Martinique.*
Les Haïtiens ont **plus de** soucis que moi.	*Haitians have more worries than I (do).*
Ils n'ont pas **autant d'**argent que moi.	*They don't have as much money as I (do).*

⑬ Une comparaison. Répondez aux questions suivantes. Si vous ne savez pas la réponse, devinez.

MODÈLE: Qui a plus de soucis, un étudiant ou un professeur?
> **Un étudiant a plus de soucis qu'un professeur.** ou
> **Un étudiant a autant de soucis qu'un professeur.**

1. Qui a moins d'argent, vous ou vos parents?
2. Qui a plus de responsabilités, un homme ou une femme?
3. Qui a moins de temps libre, un étudiant ou un professeur?
4. Qui a plus de travail, un pilote ou une hôtesse de l'air?

14 **Monique a quinze jours de vacances.** Décidez si Monique
a plus, moins ou autant de vacances que les autres.

MODÈLE: Ses parents ont un mois de vacances.
Monique a moins de vacances qu'eux.

1. Alice a huit jours de vacances.
2. Nous avons deux mois de vacances.
3. Tu as un jour de vacances.
4. Son frère a deux semaines de vacances.
5. Vous avez trente jours de vacances.
6. Je n'ai pas de vacances.
7. Michel et Jean ont trois mois de vacances.
8. Philippe a une semaine de vacances.
9. Ses amies ont quinze jours de vacances.

Note culturelle:
Les Français
utilisent souvent
l'expression *huit
jours* comme
synonyme *d'une
semaine.* De la
même manière,
on utilise
l'expression
quinze jours à la
place de *deux
semaines.*

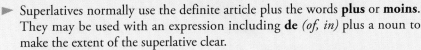

G. Le superlatif

► Superlatives normally use the definite article plus the words **plus** or **moins**.
They may be used with an expression including **de** *(of, in)* plus a noun to
make the extent of the superlative clear.

Mathusalem est la personne **la plus âgée** (**de** la Bible).	*Methuselah is the oldest person (in the Bible).*
Le Rhode Island est **le plus petit** état (**des** États-Unis).	*Rhode Island is the smallest state (in the United States).*
Les Canadiens sont **les meilleurs** joueurs de hockey.	*Canadians are the best hockey players.*

► With the superlative of an adverb, **le** is always used.

C'est Anne qui danse **le mieux** (de toutes mes amies).	*Anne dances the best (of all **of** my friends).*

► With a superlative *adjective,* the definite article agrees with the adjective.

le plus petit	la plus petite
le moins grand	la moins grande
les plus petits	les plus petites
les moins grands	les moins grandes

NOTE

Superlative adjectives are placed either before or after the noun according to
where they would be placed normally.

1. If the adjective follows the noun, the definite article must be repeated.
   Haïti est *le pays le plus pauvre* de l'Amérique latine.
   Les romans policiers sont *les romans les plus intéressants.*
   Sandrine est *l'étudiante la moins paresseuse.*

*Review the adjectives
that normally precede
a noun, Ch. 4, p. 110.*

2. If the adjective precedes the noun, only one definite article is used.
   Paris et Lyon sont *les plus grandes villes* de France.
   Le français est *la plus belle langue* du monde.
   C'est *le moins bon restaurant* de la ville.

15 Quelle exagération! Aimez-vous votre cours de français? Exagérez un peu. Utilisez le superlatif dans les phrases suivantes.

Try to use other endings besides **du monde.** *For instance,* **de l'université, des États-Unis,** *etc.*

MODÈLE: C'est un cours important.
C'est le cours le plus important du monde!

1. C'est un cours intéressant.
2. C'est un bon cours.
3. C'est un professeur intelligent.
4. Ce sont des étudiants travailleurs.
5. Ce sont de bons étudiants.
6. Ce sont de belles étudiantes.
7. Ce sont de beaux étudiants.
8. C'est un livre bizarre.

16 Quel est le plus ...? Répondez à ces questions. Si vous ne savez pas, devinez.

MODÈLE: Quel est le plus grand État des États-Unis?
L'Alaska est le plus grand État des États-Unis.

1. Quelle est la plus grande ville des États-Unis? du Canada?
2. Quelle est la plus grande ville francophone du monde après Paris?
3. Qui est la meilleure actrice de votre pays?
4. Quel est le film le plus ennuyeux de cette année?
5. Quel est le meilleur film de cette année?
6. Qui est la personne la moins âgée de cette classe?
7. Quelle est l'émission de télévision la plus intéressante le jeudi soir?
8. Qui sont les meilleurs joueurs de hockey? de tennis?

Les Canadiens de Montréal en action

Canadian Press via AP Images

17 Rien que des superlatifs! Donnez votre opinion personnelle. Faites des phrases au superlatif.

MODÈLES: un bon restaurant (de la ville)

Joe's Diner est le meilleur restaurant de la ville.

un sport intéressant (du monde)

Le golf est le sport le plus intéressant du monde.

1. une bonne actrice (de mon pays)
2. un professeur charmant (de cette université)
3. un film ennuyeux (de cette année)
4. un bel acteur (de mon pays)
5. une mauvaise chanson (de cette année)
6. une personne amusante (de ma famille)

18 Microconversation: Vous n'êtes jamais d'accord *(in agreement)* avec votre partenaire. Utilisez les expressions suivantes pour créer une conversation. Suivez le modèle.

Self Test

MODÈLE: le meilleur restaurant

VOTRE PARTENAIRE: **Quel est le meilleur restaurant de la ville?**

VOUS: **C'est le restaurant qui s'appelle *Chez Tony*.**

VOTRE PARTENAIRE: **Mais non! C'est le plus mauvais restaurant.**

VOUS: **Tu n'es jamais d'accord avec moi!**

1. le meilleur bistro de la ville
2. le cours le plus intéressant de cette université
3. le bâtiment le plus laid de cette université   *building*   *ugly*
4. la plus belle ville du pays
5. le meilleur supermarché de la ville
6. le professeur le plus charmant de cette université

ENTRE AMIS   Comparaison des membres d'une famille

Use the guidelines below to discuss your family with a partner.

1. Find out how many people there are in your partner's family.
2. Find out who is the oldest, the tallest, the shortest, the youngest.
3. Find out who drives the best.
4. Find out who is the most generous, the most stingy.
5. Describe your own family.

Intégration

RÉVISION

A Quelles différences!

1. Nommez trois choses que vous faisiez quand vous étiez à l'école secondaire et que vous ne faites plus maintenant.
2. Nommez trois différences entre vous et un autre membre de votre famille.
3. Quelles différences y a-t-il entre un chien et un chat?
4. Quelles différences y a-t-il entre un avion et un train?

B Un sondage (A poll). Demandez aux autres étudiants d'identifier ...

1. le plus bel homme du monde.
2. la plus belle femme du monde.
3. le meilleur groupe de rock.
4. le jeu le plus difficile.
5. le jeu électronique que vous aimez le mieux.
6. la meilleure émission de télévision.
7. l'émission la moins intéressante.
8. le meilleur film.
9. le livre le plus intéressant.
10. le sport que vous aimez le mieux.
11. la personne que vous admirez le plus.
12. le moment le plus ennuyeux de votre journée.

C À l'écoute. Alice montre une photo à sa petite fille Karine. Écoutez ce qu'Alice dit et répondez aux questions.

Track 3-15

1. Qui est sur la photo?
2. Quand la photo a-t-elle été prise?
3. Qu'est-ce qu'Alice pensait de son mari?
4. Qu'est-ce que les gens sur la photo portaient? Pourquoi?
5. Quel âge avaient-ils?
6. Où va Karine demain? Pourquoi?

D À vous. Répondez aux questions.

1. Quel âge aviez-vous quand vous avez commencé le lycée? *j'avais 14 ans.*
2. Où habitiez-vous à cette époque? *J'habitais à N.J.*
3. *passé* Avez-vous changé d'adresse depuis?
4. Combien de personnes y avait-il dans votre famille?
5. Quelle était votre émission de télévision préférée?
6. Comment s'appelait votre meilleur(e) ami(e)?
7. Quelle était la chanson la plus populaire quand vous étiez au lycée?
8. Quel cours aimiez-vous le moins quand vous étiez au lycée? Pourquoi?
9. Écoutiez-vous la radio aussi souvent que maintenant?

Communication and Communities. To learn more about the culture presented in this chapter, go to the *Premium Website* and click on the Web Search Activities.

Also see the *Entre amis* Video Program and Video Worksheet in the *Cahier.*

 **NÉGOCIATIONS**

Hier et quand j'avais 10 ans. Interviewez autant d'étudiants que possible pour trouver des gens qui répondent *oui* aux questions.

MODÈLE: **Est-ce que tu as beaucoup étudié hier?**
Est-ce que tu étudiais beaucoup quand tu avais 10 ans?

> Be careful to choose between the **passé composé** and the imperfect. No one student's initials should be written more than twice.

regarder des dessins animés	téléphoner à des amis	lire des bandes dessinées
_____ hier	_____ hier	_____ hier
_____ à 10 ans	_____ à 10 ans	_____ à 10 ans
parler une autre langue	sortir avec des amis	nettoyer ta chambre
_____ hier	_____ hier	_____ hier
_____ à 10 ans	_____ à 10 ans	_____ à 10 ans
te lever tôt	étudier beaucoup	aller au cinéma
_____ hier	_____ hier	_____ hier
_____ à 10 ans	_____ à 10 ans	_____ à 10 ans
porter un jean	t'amuser beaucoup	perdre patience
_____ hier	_____ hier	_____ hier
_____ à 10 ans	_____ à 10 ans	_____ à 10 ans
te coucher tôt	boire du lait	faire du sport
_____ hier	_____ hier	_____ hier
_____ à 10 ans	_____ à 10 ans	_____ à 10 ans

LECTURE 1

A Étude du vocabulaire. Étudiez les phrases suivantes et choisissez les mots anglais qui correspondent aux mots français en caractères gras: *especially, earth, when, rather, beyond, around, full, happiness.*

1. Quel **bonheur lorsque** les étudiants sont en vacances!
2. Elle était fatiguée **au-delà** des limites de ses forces.
3. Les tasses étaient **remplies** de café.
4. Il faisait froid? Non, il faisait **plutôt** chaud.
5. La **terre** de l'Iowa est fertile, **surtout** quand elle est noire.
6. Marc a regardé **autour** de lui pour voir s'il connaissait des gens.

B Lisez la sélection. Pendant que vous lisez le texte suivant, soulignez les idées importantes et notez vos réactions au texte. Commentez-les avec un partenaire. Êtes-vous d'accord sur les points les plus importants du texte?

La grand-mère Aïda

Marie-Célie Agnant est née à Port-au-Prince, en Haïti, mais habite actuellement à Montréal. Dans **La Dot de Sara** *(Sara's Dowry) elle raconte l'histoire de quatre générations de femmes haïtiennes.*

David Turnley/Turnley/Corbis

Grand-mère Aïda c'était comme la bonne terre. Amoureuse de la vie, généreuse et intelligente. Elle donnait, donnait, la femme Aïda, pour le plaisir de donner, pour l'amour de l'amour, l'amour de la tendresse, pour l'amour sans raison d'aimer, au-delà[1] de la raison et de l'amour, cet amour de la vie pour ce qu'elle est véritablement: trésor, mystère, beauté, bonheur simple dans le tourbillon[2] de l'existence, au milieu des siens[3]: enfants, petits-enfants, nièces et neveux. Aïda, les jupes toujours remplies d'enfants. Et lorsque j'y pense, au fait, qu'avait-elle d'autre, qu'avions-nous d'autre? ...

Grand-mère Aïda m'avait élevée au doigt et à la baguette[4], comme cela se faisait dans ce temps-là. Ma mère à moi, Man Clarisse, n'avait pas survécu à ma naissance[5]. Elle avait été emportée par une septicémie[6], dit-on, quelque temps après que je sois née et n'avait jamais voulu révéler le nom de celui qui l'avait mise en mal d'enfant[7]. Elle avait alors vingt ans. Comme tant d'autres, elle avait dû se dire que les enfants, c'est plutôt l'affaire des femmes. Il y avait autour de nous et avec nous cette communauté de commères, matantes et marraines[8], qui étaient pour moi comme autant de mamans. Elle avait tenu[9], grand-mère, à m'envoyer à l'école. À l'époque, c'était un grand pas[10], comme on dit, car les petites filles—et croyez-moi, cela n'a pas

beaucoup changé—on les gardait surtout pour aider à la maison, ou à faire marcher le commerce. L'école, lorsqu'on le pouvait, on y envoyait plutôt les futurs messieurs. S'il y avait quelque argent à investir, mieux valait l'employer à garnir la caboche[11] des petits hommes, ceux qui, pensait-on, devaient par la suite sauver la famille de la faim en devenant agronomes[12], avocats, ingénieurs, et peut-être même médecins.

Envoyer les enfants à l'école, c'était, disait-on, comme mettre de l'argent en banque. J'y suis allée, moi, jusqu'à la deuxième année du secondaire, puis à l'école d'économie domestique du bourg, chez madame Souffrant. C'était énorme.

Marie-Célie Agnant, *La Dot de Sara*, 1995,
Éditions du remue-ménage. Reprinted with permission.

1. *beyond* / 2. *whirlwind* / 3. *surrounded by her family* / 4. *had raised me strictly* / 5. *hadn't survived my birth* / 6. *blood poisoning* / 7. *the one who had made her pregnant* / 8. *neighbors, aunts and godmothers* / 9. *had insisted on* / 10. *step* / 11. *head* / 12. *by becoming agricultural specialists*

C Vrai ou faux? Décidez si les phrases suivantes sont vraies ou fausses. Si une phrase est fausse, corrigez-la.

1. La narratrice est la fille d'Aïda.
2. On sait le nom du père de la narratrice.
3. Elle a sans doute appris à faire la cuisine dans une école spécialisée.
4. Sa mère était assez âgée quand elle est morte.
5. Les garçons devaient, plus tard, gagner de l'argent pour la famille.
6. Il était normal que les filles fassent des études.
7. Aïda s'occupait de beaucoup d'enfants.

D Discussion. Relisez la lecture et cherchez des exemples ...

1. de l'amour et du courage d'Aïda.
2. pour comparer Aïda et les grands-mères que vous avez connues.
3. de généralisations/stéréotypes en ce qui concerne les hommes et les femmes.
4. de ressemblances ou de différences entre la culture haïtienne et la culture de votre pays.

E Familles de mots. Essayez de deviner le sens des mots suivants.

1. aimer, l'amour, aimable, amoureux (amoureuse)
2. naître, la naissance, né(e)
3. raisonner, la raison, raisonnable
4. la vérité, véritable, véritablement, vrai(e)

Réalités culturelles
Haïti

Cultural Activities 🌐

Iakov Filimonov/Shutterstock.com

L'ESCLAVAGE et la colonisation française continuent à marquer la structure sociale d'Haïti. Ce pays, qui était la plus riche des colonies françaises, est devenu un des pays les plus pauvres. Un héros, Toussaint Louverture, a inspiré son peuple et Haïti est devenu, en 1803, la première république des Amériques à pouvoir se libérer de son colonisateur. Mais l'instabilité politique, des rébellions, massacres et dictatures successives déchirent ce pays depuis longtemps. En 1990, une série d'élections démocratiques et l'arrivée au pouvoir d'un prêtre catholique, le père Jean-Bertrand Aristide, ont donné un nouvel espoir aux Haïtiens. Cependant, l'invasion de la drogue, des maladies infectieuses comme le SIDA et la tuberculose, des querelles politiques, la corruption, l'absence d'investisseurs étrangers et un embargo de l'aide financière promise font souffrir gravement ce pays. En 2004, Aristide est chassé du pouvoir au cours d'une rébellion armée. Ce n'est qu'en 2006 que le pays a réussi à élire un gouvernement démocratique. Puis en 2010 Haïti a été dévasté par un tremblement de terre de niveau 7, le pire qui a frappé la région depuis deux cents ans. Le peuple haïtien, accueillant et croyant, mérite notre soutien moral, médical et économique.

Repères: Haïti

Statut politique:	république
Superficie:	27.750 km² (équivalente à celle du Maryland)
Population:	environ 9.800.000 (2011)
Langue officielle:	français et créole
Religion:	catholique, protestant, vaudou
Capitale:	Port-au-Prince
Ressources:	agriculture (bananes, canne à sucre, café, mangues), minéraux (bauxite, magnésium)

Vocabulaire: accueillant *hospitable,* cependant *however,* chassé du pouvoir *chased out of power,* croyant *faith-filled,* déchirer *to tear apart,* esclavage *slavery,* espoir *hope,* a frappé *hit,* mangues *mangoes,* pire *worst,* prêtre *priest,* SIDA *AIDS,* soutien *help,* un tremblement de terre *earthquake*

LECTURE II

A Étude du vocabulaire. Étudiez les phrases suivantes et choisissez les mots anglais qui correspondent aux mots français en caractères gras: *relaxed, to be born, in the majority, meaning, in the bosom of, widespread, essential, average, family name, life expectancy, birthrate.*

1. Martin est le **patronyme** le plus **répandu** en France.
2. Des milliers de bébés vont **voir le jour** cette année.
3. Il y a plus de femmes que d'hommes en France; les femmes sont **majoritaires**.
4. **L'espérance de vie moyenne** pour une Française est d'environ 82 ans.
5. On est bien **au sein de** la famille.
6. Le rôle que la famille joue dans la vie des enfants est **primordial**.
7. Le **taux de natalité** est inférieur aujourd'hui au taux de natalité il y a un siècle.
8. Je ne comprends pas la vie; elle n'a pas de **sens**.
9. Je ne suis pas stressé. Au contraire, je suis assez **détendu**.

B Lisez la sélection. Pendant que vous lisez les articles suivants, soulignez les idées importantes et notez vos réactions au texte. Quelle sorte d'informations est-ce que l'article *"Portrait d'un Français"* présente? Quelle est l'idée principale de l'article *"Les Français et la vie familiale"*?

PORTRAIT D'UN FRANÇAIS

"Le Français moyen est une Française. Elle s'appelle Nathalie Martin et a 40 ans."

État civil, Nathalie Martin, née en 1970. Elle porte le patronyme le plus répandu en France. Son prénom est celui qui a été le plus donné lors de[1] son année de naissance, suivi de Christophe et Stéphane. Elles étaient 25 947 Nathalie à voir le jour cette année-là, alors qu'il n'y avait que 3 Suzette...

Sexe féminin. 52% des Français sont des Françaises. Il naît 100 filles pour 105 garçons, mais ces derniers ont un risque de mortalité plus élevé tout au long de la vie. Les femmes deviennent majoritaires après 25 ans.

Âge 40,3 ans. C'est l'âge moyen de tous les Français. 5,5 ans de plus qu'en 1970.

Décès. À sa naissance, l'espérance de vie moyenne était de 72,15 ans. La science ayant fait des progrès, les statistiques aussi : aujourd'hui, à 40 ans, son espérance de vie est de 42,4 ans. L'année hypothétique du décès de notre Française moyenne se situe donc entre 2042 et 2053.

Démographie

Elle s'est mariée à l'âge de **28,6 ans,** soit l'âge moyen du mariage en 1998. La probabilité que son mariage se termine par un divorce est de **40%** un an et demi après son mariage, elle a eu son premier enfant, à l'âge moyen où l'on devient parent dans sa génération: **29,7 ans.** Elle s'en tiendra[2] à **2,02** enfants. L'État dépensera[3] **7 994 euros** par an pour l'éducation de chacun de ses enfants, qui, arrivés au bac[4], auront passé[5] **13 824 heures** assis sur les bancs de l'école.

Excerpts from Clément Pétreault, "Dessine-moi un Français" *Le Point,* jeudi 13 janvier 2011 n°2000, pp. 66, 67; copyright Le Point 2010. Published by Société d'exploitation de l'hebdomadaire Le Point. Used with Permission.

---

[1]*at the time of,* [2]*limit herself,* [3]*will spend,* [4]**baccalauréat**, [5]*will have spent*

LES FRANÇAIS ET LA VIE FAMILIALE

La vie familiale reste prioritaire, mais elle est de plus en plus "accidentée[1]", avec là encore une multiplication des "ruptures" au sein des couples: séparations, divorces, recompositions… Le foyer joue un rôle primordial: lorsque[2] c'est "dur dehors[3]", il faut que ce soit[4] "doux dedans[5]". Si l'on ne peut attribuer le fort taux de natalité de la France à un optimisme concernant l'avenir[6] du monde, on peut l'expliquer par la volonté de chacun de créer une "bulle[7]" à l'abri[8] des autres, qui donne un sens à sa vie. Faire des enfants, les élever, partager avec eux, c'est un moyen d'oublier l'extérieur, de s'en éloigner[9] et de s'en protéger. C'est surtout créer son propre monde, que l'on peut comprendre, façonner[10], maîtriser[11]. 61 % des Français estiment ainsi que "la famille est le seul endroit où l'on se sent bien et détendu" (Crédoc, janvier 2009).

Francoscopie 2010, Gérard Mermet, © Larousse 2009.
Used with permission.

---

[1]damaged, [2]when, [3]hard outside, [4]be, [5]easy inside, [6]future, [7]bubble, [8]sheltered, [9]distance oneself, [10]to shape, [11]to master

C **Questions.** Répondez aux questions sur l'article "Portrait d'un Français".

1. Est-ce qu'il y a plus d'hommes ou de femmes en France?
2. Quel âge le Français moyen a-t-il?
3. Quels sont les trois prénoms les plus communs d'après l'article?
4. Qui vit plus longtemps en France, les hommes ou les femmes?
5. Jusqu'à environ quel âge est-ce que les Françaises vivent?
6. Combien de mariages se terminent en divorce?
7. Combien d'enfants est-ce qu'une Française moyenne a?

D **Discussion.** Relisez l'article "Les Français et la vie familiale" et discutez les questions suivantes.

1. Comment est la famille française de nos jours?
2. Pourquoi le foyer joue un rôle si important dans la société française?
3. D'après le texte, pourquoi est-ce qu'il y a un baby-boom en France?

RÉDACTION

LA MÉTHODO Using a double cell diagram is perhaps the best way to organize ideas when the purpose of your writing is to compare and contrast. This graphic organizer can help you see the differences and similarities between two objects or ideas as well as help you pick key points on which to focus your text.

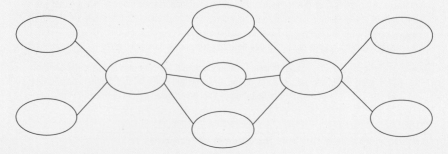

LAQUELLE EST MEILLEURE : LA VIE D'ADO OU LA VIE DE JEUNE ADULTE?

[handwritten: which is better]
[handwritten: adolescent]
[handwritten: young adult]

Écrivez un essai dans lequel vous comparez et contrastez votre vie quand vous aviez 16 ans et votre vie de maintenant. Dans votre essai:

- écrivez votre thèse (c'est la réponse à la question posée dans le titre de cette activité)
- décrivez comment vous étiez quand vous aviez 16 ans et comment vous êtes maintenant
- décrivez ce que vous faisiez à cette époque et ce que vous faites maintenant
- décrivez vos sentiments à cette époque et vos sentiments maintenant
- utilisez le comparatif et le superlatif pour comparer et contraster les trois points mentionnés ci-dessus (*above*)
- assurez-vous que vos comparaisons soutiennent (*support*) votre thèse

A Avant d'écrire. Lisez les instructions et faites du brainstorming à propos du sujet. Ensuite, utilisez un organigrame comme celui ci-dessus pour organiser vos idées. Élaborez votre thèse et vos points principaux pour le soutenir. Enfin, déterminez le ton de votre essai. Va-t-il être humoristique? Sérieux?

B Écrire. Écrivez une première ébauche en suivant cette organisation:

1. Premier paragraphe: déclaration de la thèse et comparaisons (des similitudes et des différences) entre vous à 16 ans et vous maintenant
2. Deuxième paragraphe: comparaisons (des similitudes et des différences) entre ce que vous faisiez quand vous aviez 16 ans et ce que vous faites maintenant
3. Troisième paragraphe: comparaisons (des similitudes et des différences) entre vos sentiments quand vous aviez 16 ans et vos sentiments maintenant
4. Quatrième paragraphe: conclusion qui répète votre thèse et vos points prinicpaux qui le soutiennent

C Correction. Lisez votre travail. Est-ce que vous avez suivi l'organisation demandée et tous les éléments sont présents? Avez-vous décrit des différences et des similitudes? Vos comparaisons soutiennent-elles votre thèse? Maintenant, relisez votre travail en faisant attention à la grammaire, à l'orthographe et au vocabulaire. Corrigez les erreurs éventuelles. Enfin, écrivez votre rédaction finale.

Vocabulaire Actif

Practice some of this vocabulary with the flashcards on **iLrn**.

Noms

un chanteur/une chanteuse *singer*
un dessin animé *cartoon*
une émission (de télé) *(TV) program*
une équipe *team*
une hôtesse de l'air *(female) flight attendant*
un lycée *senior high school*
le maire *mayor*
la mairie *town hall*
le mariage *marriage; wedding*
un pilote *pilot*
une responsabilité *responsibility*
une robe de mariée *wedding dress*
un smoking *tuxedo*
un souci *worry; care*
une statue *statue*
un tour *turn; tour*
une tour *tower*
un voisin/une voisine *neighbor*

Pour faire une comparaison

aussi ... *as ...*
autant *as much*
mieux *better*
moins *less*
plus *more*

Adjectifs

âgé(e) *old*
amusant(e) *amusing, funny; fun*
dangereux (dangereuse) *dangerous*
meilleur(e) *better*
pauvre *poor*
populaire *popular*
préféré(e) *favorite*
sincère *sincere*
stressé(e) *stressed*

Verbes

avoir lieu *to take place*
en avoir assez *to be fed up*
épouser (quelqu'un) *to marry (someone)*
être en train de *to be in the process of*
fréquenter (quelqu'un) *to date (someone)*
neiger *to snow*
pleuvoir *to rain*
valoir mieux *to be better*

Expressions utiles

à cette époque *at that time; back then*
à mon (ton, etc.) avis *in my (your, etc.) opinion*
c'est ton tour *it's your turn*
Comme il (elle) était ... ! *How ... he (she) was!*
huit jours *one week*
il neigeait *it was snowing*
il pleuvait *it was raining*
j'aime le mieux (le plus) *I like best*
j'aime le moins *I like least*
ne ... que *only*
Occupe-toi de tes oignons! *Mind your own business!*
quinze jours *two weeks*
toute la famille *the whole family*
tu vois *you see*

Les réservations

BUTS COMMUNICATIFS

- Making a request
- Making a restaurant or hotel reservation
- Making a transportation reservation

STRUCTURES UTILES

- Le verbe **savoir**
- Les verbes réguliers en **-ir (-iss-)**
- L'adjectif **tout**
- Le futur
- Le futur avec **si** et **quand**

CULTURE

Zoom sur l'hôtellerie

- **Vidéo buzz:** L'hôtellerie
- **Vu sur le web:** À l'hôtel
- **Repères:** Les centrales de réservation en ligne
- **Article:** La politesse *(suite)*
- **Insolite:** Les gîtes

Il y a un geste

- Qu'est-ce que je vais faire?

Lectures

- L'horaire des trains (Paris-Nantes)
- Séjours organisés au Sénégal

RESOURCES

 Audio

(i**Lrn** iLrn Heinle Learning Center

 Premium Website

Pair Work

Group Work

 Entre amis Video Program

Bob Krist/Corbis

Coup d'envoi

🔊 PRISE DE CONTACT: AU RESTAURANT OU À L'HÔTEL

Puis-je° réserver une table?   *May I*
    Pour combien de personnes?
    Pour quel jour?
    Et pour quelle heure?
    À quel nom°, s'il vous plaît?   *In what name*

© Cengage Learning

Puis-je réserver une chambre?
    Pour combien de personnes?
    Combien de nuits? *nights*
    À quelles dates?
    À quel nom, s'il vous plaît?

🔊 CONVERSATION: UNE RÉSERVATION PAR TÉLÉPHONE

Grayson Smith téléphone pour réserver une table pour demain soir dans un restaurant à Angers. Mais le restaurant sera° fermé demain.   *will be*

Mme Dupont: Allô! Ici le restaurant La Pyramide. J'écoute.

M. Smith: Bonjour, Madame. Je voudrais réserver une table pour demain soir.

Mme Dupont: Je regrette, Monsieur. Nous serons° fermés demain.   *will be*

M. Smith: Mince!° Je n'ai pas de chance°! Je ne savais pas° que vous fermiez le mardi. Qu'est-ce que je vais faire? Vous serez ouverts après-demain?°   *Darn it! / luck* *I didn't know* *You will be open the day after tomorrow?*

Mme Dupont:	Mais oui, Monsieur.
M. Smith:	Bien, alors puis-je réserver une table pour après-demain?
Mme Dupont:	Oui, c'est pour combien de personnes?
M. Smith:	Cinq. Une table pour cinq personnes.
Mme Dupont:	À quel nom, s'il vous plaît?
M. Smith:	Au nom de Smith.
Mme Dupont:	Pouvez-vous épeler° le nom, s'il vous plaît?
M. Smith:	S-M-I-T-H.
Mme Dupont:	Et pour quelle heure?
M. Smith:	Pour huit heures, si possible.
Mme Dupont:	Très bien, Monsieur. C'est entendu°. Une table pour cinq pour vingt heures.
M. Smith:	Je vous remercie° beaucoup. Au revoir, Madame.
Mme Dupont:	Au revoir, Monsieur. À mercredi soir.

spell

agreed

thank

Review the French alphabet on p. 4.

Jouez ces rôles. Répétez la conversation avec votre partenaire. Utilisez vos propres *(own)* noms et demandez une réservation pour neuf heures. Faites tous les changements nécessaires.

© Cengage Learning

Il y a un geste

Qu'est-ce que je vais faire? The mouth is open, with a look of exasperation. An alternate gesture is to expel air through slightly pursed lips.

À vous. Vous avez téléphoné à l'hôtel de Champagne pour réserver une chambre. Parlez avec la réceptionniste.

Réceptionniste:	Allô! Ici l'hôtel de Champagne.
Vous:	*Je voudrais réserver une chambre.*
Réceptionniste:	Ce soir?
Vous:	_____
Réceptionniste:	Pour combien de personnes?
Vous:	_____
Réceptionniste:	Et à quel nom?
Vous:	_____
Réceptionniste:	Épelez le nom, s'il vous plaît.
Vous:	*Navrot* _____
Réceptionniste:	Très bien. C'est entendu.
Vous:	_____

Zoom sur l'hôtellerie

Premium Website

PETIT TEST

Comment dit-on «second floor» en français?

   a. le premier étage

   b. le deuxième étage

   c. le troisième étage

For the answer, see *Vu sur le web*.

Pourquoi est-ce que Monsieur Smith dit «Mince!»?

   a. Il n'est pas gros.

   b. Il mange trop et doit maigrir *(lose weight)*.

   c. Il est déçu que le restaurant ferme le mardi.

For the answer, see *La politesse (suite)*.

VIDÉO BUZZ

L'hôtellerie

THE HOSPITALITY INDUSTRY is one of the world's largest employers and brings in around 4 trillion dollars in revenue a year. Those who choose a career in hospitality need to have excellent people skills, knowledge of one or more foreign languages, and a degree in hotel restaurant management. Some of the best schools are found in France and Switzerland. In fact, it was in Lausanne, Switzerland, where the first **école hôtelière** was founded in 1893. Thanks to its beautiful mountains and lakes, Switzerland led the world in this new industry offering luxury hotels and spas catering to a wealthy clientele from all over Europe. The **École hôtelière de Lausanne** and other similar schools fulfilled the need to train properly skilled multilingual staff. To see what it's like to work in one of these hotels and learn more about hotel restaurant management schools in Switzerland and France, consult the links on the *Premium Website*.

VU SUR LE WEB

À l'hôtel

ALL HOTELS are registered and classified by the French government. A system of zero to five stars is used to rank hotels according to the amenities they provide, five stars designating a top luxury hotel. (This system should not be confused with ones used by private organizations which rank hotels according to quality.)

Although most hotels have private bathrooms in the room, in some independent budget hotels the toilet and showers are located down the hall and shared with other lodgers. Every room will generally have a sink, however.

The first floor of any French building is called **le rez-de-chaussée** and the second floor is **le premier étage.** If your hotel room is **au deuxième étage,** you need to climb two flights of stairs. On stairways and in halls, you will find a light switch called a **minuterie.** Lights only stay lit for a short time after pressing it to conserve electricity.

To learn more about hotels in France, explore the links on the *Premium Website.*

Cristina Fumi/PhotoLibrary

Les centrales de réservation en ligne

Many people in France, as elsewhere in the world, look for the best hotel deals and book their rooms online. Read the following excerpt from an Internet site specializing in hotel-bookings to see what it offers and the information required to reserve a room.

Online Hotel Booking   Rechercher 🔍

Bienvenue sur notre site. Nous vous proposons les meilleurs tarifs pour réserver votre hôtel, chambre d'hôte, gîte ou camping en France. Vous pouvez faire votre réservation en ligne ou par téléphone.

Réserver votre hébergement[1]

Ville:

Type d'hébergement: hôtel
- hôtel
- chambre d'hôte[2]
- gîte[3]
- camping

Catégorie: toutes
- toutes
- *
- **
- ***
- ****
- *****

Personnes:

Arrivée:

Durée du séjour:

Annuler ✕

---

[1] *lodging,* [2] *bed and breakfast,* [3] **voir Insolite**

La politesse *(suite)*

REMEMBER TO USE **je voudrais,** and not **je veux,** when making a polite request. Respect and politeness will not fail to make a good impression in France. This also holds true when using the telephone. Use **Allô** to answer the phone and perhaps **Je vous écoute** (*lit. I'm listening*). If making the call, say **Bonjour** or **Bonsoir** and introduce yourself: **C'est** *your name* **à l'appareil.** When ending a call, wish the person a good day or evening **(Bonne journée, Bon(ne) (fin d') après-midi, Bonne soirée)** and say **au revoir.**

Another way the French make an effort to be polite in conversation is to use a euphemism instead of a "four-letter word". One such expression is **mince!** which you saw in *Conversation.* Other inoffensive expressions used to express disappointment are **zut!** and **flûte!** (*darn, shucks*)

INSOLITE

Les gîtes

THE WORD **gîte** means "shelter" in French. However today, the term also refers to a vacation home. Many **gîtes** are converted barns, cottages, or outbuildings on an estate that owners rent out to make

Photononstop/SuperStock

extra income. **Gîtes** come fully furnished and equipped with everything vacationers require to meet their needs. There are also **gîtes équestres,** for those traveling on horseback, and **gîtes d'étape,** for those hiking or bicycling to remote locations.

ENTRE AMIS
Vous êtes hôte/hôtesse au restaurant

You are speaking on the telephone to a customer. Your partner will take the role of the customer.

1. Ask if s/he wants to reserve a table.
2. Find out how many people there are.
3. Find out at what time s/he wishes to dine.
4. Find out his/her name.
5. Find out how to spell the name.
6. Repeat back the information you received.

PRONONCIATION

🔊 LES SONS [l] et [j]

Track 3-18

► You learned in Chapter 11 that the letter **l** in certain situations is pronounced [j], as in the English word *yes*. However, in many cases it is pronounced [l], as in the French word **la.**

► While the [l] sound is somewhat close to the sound of l in the English word *like,* it is far from that in the English word *bull.* Special attention is therefore necessary when pronouncing [l], especially at the end of a word. To produce the [l] sound, the tongue must be in a curved, convex position. Practice saying the following words:

la   pi**l**ote   b**l**eu   que**ll**e   e**ll**e

🔵 Now practice saying the following words after your instructor, paying particular attention to the highlighted sound. As you pronounce the words for one sound, look at how that sound is spelled and in what kinds of letter combinations it appears. What patterns do you notice?

[j]   • déta**il**, somme**il**, œ**il**, sole**il**, trava**ille**, ore**ille**, feu**ille**, me**ill**eur
        • genti**lle**, fi**lle**, pasti**lle**, vani**lle**, fami**lle**, cédi**lle**, jui**llet**, bi**llet**

[l]   • **l**e, **l**a, **l**es, **l**'air, **l**à, **l**ycée, **l**aisser, **l**ent, **l**entement, **l**ongue
        • pi**l**ote, déso**l**é, faci**l**e, popu**l**aire, fidè**l**e, fo**l**ie, vo**l**ant, épau**l**e, pi**l**u**l**e
        • i**l**, ba**l**, posta**l**, que**ll**e
        • p**l**eut, p**l**us, b**l**eu, c**l**ient
        • do**ll**ar, inte**ll**igent, a**ll**emand, appe**ll**e, e**ll**e, fo**ll**e, mademoise**ll**e

► Remember that the [j] sound is required for the letter **l** in the following circumstances:
1. **-il** or **-ill** after a pronounced vowel in the same syllable: trava**il**, conse**ill**er
2. **-ll** after [i]: fi**lle**, jui**llet**

EXCEPTIONS   mi**ll**ion, mi**ll**iard, mi**ll**e, vi**ll**e, tranqui**ll**e, vi**ll**age

► In a few words, the letter **l** is silent: genti**l**, fi**ls**

► In all other cases, the letter **l** or the combination **ll** is pronounced as [l]—that is, at the beginning or end of a word, between two vowels, or following a consonant.

Be sure to distinguish between **gentil** [ʒɑ̃ti] and **gentille** [ʒɑ̃tij].

le   il   pi**l**ule   inuti**l**e   pleut   do**ll**ar

 Listen and repeat:

1. Les lilas sont merveilleux.
2. Il habite dans un village près de Marseille.
3. Le soleil m'a fait mal aux yeux.
4. Aïe! J'ai mal à l'oreille!
5. Ma fille Hélène travaille au lycée.

Buts communicatifs

🔊 I. MAKING A REQUEST

Track 3-19

—Puis-je vous demander quelques renseignements°?   *information*
—Mais certainement. Allez-y.
—Pourriez-vous me dire° où sont les toilettes?   *Could you tell me*
—Elles sont dans le couloir.   hall
—Pouvez-vous m'indiquer où se trouve la gare?
—Oui, elle est tout près°. Quand vous sortirez,   *very near*
   tournez à gauche dans la rue.
—Savez-vous° si le bureau de poste est ouvert toute   *Do you know*
   la journée°?   stays open   *all day long*
—Oui, il reste ouvert. Il ne ferme pas à midi.
—Je voudrais savoir à quelle heure les banques ferment.
—Elles ferment à 17 heures.
—La pharmacie est ouverte jusqu'à quelle heure?
—Jusqu'à 19 heures.   until
—Merci, vous êtes très aimable.
—De rien.° Je suis là pour ça.   *You're welcome.*

REMARQUE

When asking permission to do something, you may use

Est-ce que je peux … ? or **Puis-je … ?**

Est-ce que je peux conduire?   *May I drive?*

Puis-je avoir un verre d'eau?   *May I have a glass of water?*

The final **-e** in **Puis-je …** is silent: [pɥiʒ]. When inverted, **je** does not change before a vowel.

Vocabulaire

Pour demander un service

faire une demande	*to make a request*	recommander un bon restaurant	*to recommend a good restaurant*
poser une question	*to ask a question*		
demander un renseignement	*to ask for information*	commander un repas	*to order a meal*
réserver une place	*to reserve a seat*	confirmer un départ	*to confirm a departure*
louer une voiture	*to rent a car*	vérifier le numéro d'un vol	*to check a flight number*

❶ Allez-y! Utilisez la liste suivante pour faire une demande. Votre partenaire va vous donner la permission.

MODÈLE: ask you for information

> VOUS: **Est-ce que je peux vous demander un renseignement, s'il vous plaît?**
> VOTRE PARTENAIRE: **Mais certainement.** ou **Allez-y!**

1. speak with you
2. ask a question
3. ask something
4. read your newspaper
5. have a glass of water
6. order something
7. watch television

❷ Il n'y en a plus (There are no more). Utilisez les listes suivantes pour faire des demandes. Ensuite votre partenaire va expliquer qu'il n'y en a plus.

MODÈLE: VOUS: **Puis-je réserver une table?**
VOTRE PARTENAIRE: **Je regrette. Il n'y a plus de tables.**

	réserver	un journal
	louer	un verre d'eau
	commander	une chambre
puis-je	avoir	un vélo
	acheter	une tasse de café
	demander	une voiture
	boire	une place

❸ Microconversation: Pour aller au château de Rigny. Utilisez la carte *(map)* suivante pour expliquer quelles routes il faut prendre pour aller des villes indiquées au château de Rigny.

MODÈLE: la route de Paris au château de Rigny

> TOURISTE: **Puis-je vous demander un renseignement?**
> GUIDE: **Certainement. Allez-y.**
> TOURISTE: **Pouvez-vous m'indiquer la route de Paris au château de Rigny?**
> GUIDE: **Oui, regardez la carte. Prenez l'autoroute A6 et l'autoroute A38 jusqu'à Dijon et ensuite prenez la départementale D70 jusqu'au château de Rigny.**
> TOURISTE: **Je vous remercie. Vous êtes bien aimable.**

1. la route de Besançon au château de Rigny
2. la route de Langres au château de Rigny
3. la route de Vesoul au château de Rigny
4. la route de Troyes au château de Rigny
5. la route de Belfort au château de Rigny
6. la route de Nancy au château de Rigny

The word **carte** has various meanings depending on the context: **carte postale** (postcard), **jouer aux cartes** (cards), **carte** (map) **de France**. In Ch. 13, it will be used in a restaurant setting: **à la carte.**

Note culturelle
Les routes de France sont marquées **A** pour autoroute, **N** pour route nationale et **D** pour route départementale. On dit, par exemple, l'autoroute **A6**, la nationale **N57** ou la départementale **D475.** Il faut payer pour utiliser l'autoroute. (Voir *Zoom sur la route,* Chapitre 10.)

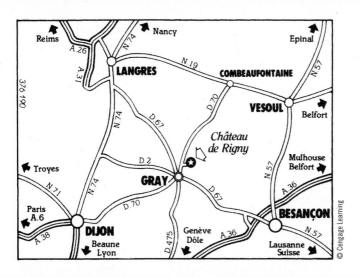

A. *Le verbe savoir*

Grammar
Tutorials

Cette femme **sait** bien **danser.**	*That woman really knows how to dance.*
Savez-vous **comment** elle s'appelle?	*Do you know her name?*
Je **sais que** son prénom est Sophie.	*I know her first name is Sophie.*
Je ne **sais** pas **si** elle est célibataire.	*I don't know if she is single.*

savoir *(to know)*			
je	**sais**	nous	**savons**
tu	**sais**	vous	**savez**
il/elle/on	**sait**	ils/elles	**savent**
passé composé: j'**ai su** *(I found out, I learned)*			

▶ The verb **savoir** *(to know)* is used to express a skill or knowledge of a fact. It is used alone (**Je sais /Je ne sais pas**), or is followed by an infinitive, by the words **que** *(that)* or **si** *(if, whether),* or by question words such as **où, comment, combien, pourquoi, quand, quel.**

Je ne **savais** pas **que** tu venais.	*I didn't know that you were coming.*
Je ne **savais** pas **si** tu venais.	*I didn't know whether you were coming.*
Je ne **savais** pas **quand** tu venais.	*I didn't know when you were coming.*

NOTE

Followed by an infinitive, **savoir** means *to know how (to do something).*

Savez-vous parler espagnol?	*Do you know how to speak Spanish?*

▶ The verbs **connaître** and **savoir** are used in different circumstances. Both are used with direct objects, but **connaître** (which means *to know* in the sense of *to be acquainted with, to be familiar with*) is used in general with people and places, while **savoir** is used with facts.

Review the use of **connaître,** *Ch. 10, p. 288.*

Vous **connaissez** ma sœur?	*Do you know my sister?*
Je ne **sais** pas son nom.	*I don't know her name.*

▶ The **passé composé** of **savoir** means *found out, learned.*

Je l'**ai su** hier.	*I found it out yesterday.*

4 **C'est inutile** *(It's useless)*. On suggère que vous demandiez quelques renseignements. Répondez que c'est inutile. Ensuite utilisez le verbe **savoir** pour expliquer pourquoi c'est inutile.

MODÈLE: Demandons à Jacques comment s'appelle cette jeune fille.

C'est inutile! Jacques ne sait pas comment elle s'appelle.

1. Demandons à Jacques si Jeanne va à la soirée.
2. Demandons à nos amis où habite le professeur. *ne savaitpas*
3. Demandons au professeur le nom de cette voiture. *ne sait pas / ne connaît pa*
4. Demandons à ces personnes quand le film va commencer.
5. Demandons à Jean-Michel où sont les toilettes. *where are the toilets* *say ils sav(ent) pas*
6. Demandons à Françoise la date du concert.
7. Demandons à nos amis pourquoi ils sont déprimés. *depressed.*

5 **Une interview.** Interviewez votre partenaire. Attention aux verbes **savoir** et **connaître**.

MODÈLES: où j'habite

VOUS: **Sais-tu où j'habite?**

VOTRE PARTENAIRE: **Non, je ne sais pas où tu habites.** ou
Oui, je sais où tu habites.

mes parents

VOUS: **Connais-tu mes parents?**

VOTRE PARTENAIRE: **Non, je ne les connais pas.** ou
Oui, je les connais.

1. danser le tango
2. quelle heure il est
3. la famille du professeur
4. parler espagnol
5. la ville de Québec
6. mon adresse
7. pourquoi tu étudies le français
8. la différence entre **savoir** et **connaître**

6 **Un petit sketch: À la soirée.** Lisez ou jouez le sketch suivant et ensuite répondez aux questions.

Antoine parle avec son ami Thomas pendant une soirée. Ils regardent une jeune fille.

Antoine: Est-ce que tu connais cette jeune fille?

Thomas: Oui, je la connais, mais je ne sais pas comment elle s'appelle.

Antoine: Elle est jolie, n'est-ce pas?

Thomas: Oui. Sais-tu si elle danse bien?

Antoine: Je ne sais pas mais je vais l'inviter.

Thomas: Bonne chance!

Ils savent bien danser.

(Répondez à l'imparfait):

1. Qui connaissait la jeune fille?
2. Savait-il comment elle s'appelait?
3. Qu'est-ce qu'Thomas voulait savoir?
4. Qu'est-ce qu'Antoine allait faire?

7 Vous connaissez ce restaurant? Complétez les phrases suivantes avec la forme appropriée de **savoir** ou de **connaître.**

1. _____ -vous s'il y a un bon restaurant près d'ici?
2. Oui, je _____ un restaurant qui est excellent, mais je ne _____ pas s'il est ouvert le mardi.
3. Je vais téléphoner à mon frère. Il _____ bien la ville et il va certainement _____ quel jour le restaurant est fermé. Est-ce que vous _____ mon frère?
4. Je le _____ un peu, mais je ne _____ pas comment il s'appelle.
5. Il s'appelle Paul. Vous _____ où nous habitons, n'est-ce pas?
6. Non, mais je _____ que ce n'est pas loin d'ici.

8 À vous. Répondez aux questions.

1. Connaissez-vous le président (la présidente) de votre université?
2. Savez-vous comment il (elle) s'appelle?
3. Vos parents savent-ils que vous étudiez le français?
4. Savent-ils à quelle heure vous allez au cours de français?
5. Connaissent-ils vos amis?
6. Vos amis savent-ils faire du ski?
7. Savez-vous s'ils étudient le français?
8. Connaissiez-vous ces amis quand vous étiez au lycée?
9. Est-ce qu'ils savent la date de votre anniversaire?
10. Saviez-vous parler français quand vous étiez au lycée?

ENTRE AMIS   Dans un magasin à Paris

You are a tourist, and your partner is Parisian. Role-play the following situation.

1. Politely get permission to ask a question.
2. Tell who you are and where you are from.
3. Ask if there is a hotel nearby. (There is.)
4. Get directions to the hotel.
5. Ask if s/he knows if there's a restaurant nearby. (S/he does.)
6. Find out if s/he knows this restaurant well. (S/he does.)
7. Get directions to the restaurant.
8. Say thanks and tell your partner s/he is very kind.

2. MAKING A RESTAURANT OR HOTEL RESERVATION

Track 3-20

Il vous reste° des chambres, s'il vous plaît?	*Do you still have*
Oui, pour combien de personnes?	
Non, je regrette. Nous sommes complets°.	*full*
Quel est le prix° d'une chambre avec salle de bain?	*price*
... euros par nuit.	
Est-ce que le petit déjeuner est compris dans le prix de la chambre?	
Oui, tout est compris.	
Non, il y a un supplément°.	*extra charge*
Puis-je demander d'autres serviettes°?	*towels*
Mais certainement.	
Je regrette. Il n'y en a plus.°	*There are no more.*

Vocabulaire

À l'hôtel

*Review the distinction between **les toilettes** and **la salle de bain**, p. 164.*

une clé	key		un supplément	extra charge
un couloir	hallway		les toilettes	restroom, toilet
une douche	shower		complet (complète)	full
le premier étage	second floor			
le rez-de-chaussée	first floor		compris(e)	included
une salle de bain	bathroom		fumeur	smoking
une serviette	towel		non fumeur	no smoking

9 Microconversation: Il vous reste des chambres? Créez des conversations en utilisant les détails suivants. N'oubliez pas de mentionner combien de chambres il vous faut. Suivez le modèle.

MODÈLE: trois personnes / une nuit / 90€ (100€) / p.déj. (8€)

TOURISTE: **Il vous reste des chambres?**

HÔTELIER: **Oui, pour combien de personnes?**

TOURISTE: **Pour trois personnes.**

HÔTELIER: **Très bien. Pour combien de nuits?**

TOURISTE: **Pour une seule nuit. Quel est le prix des chambres, s'il vous plaît?**

HÔTELIER: **Quatre-vingt-dix euros pour une chambre simple ou cent euros pour une chambre double.**

TOURISTE: **Est-ce que le petit déjeuner est compris?**

HÔTELIER: **Non, il y a un supplément de huit euros.**

TOURISTE: **Très bien. Je vais prendre une chambre pour une personne et une chambre pour deux personnes.**

1. une personne / deux nuits / 65€ / p.déj. 7€
2. quatre personnes / une semaine / 85€ (95€) / tout compris
3. deux personnes / une nuit / 110€ (125€) / p.déj. 10€
4. vingt-cinq étudiants / un mois / 40€ (50€) / tout compris

ᵢᵢ 🔟 À l'hôtel. Vous venez de trouver un hôtel à Paris. Posez des questions à la réceptionniste, qui va donner une réponse appropriée.

MODÈLE: You want to know if there are any rooms left.

> VOUS: **Est-ce qu'il vous reste des chambres?** ou
> **Avez-vous encore des chambres?**
> LA RÉCEPTIONISTE: **Oui, certainement.**

You want to know . . .

1. where the toilet is.
2. if there is a bathroom in the room.
3. if there is a shower in the bathroom.
4. if you can have extra towels.
5. how much the room costs.
6. if breakfast is included in the price.
7. at what time you can have breakfast.
8. if there is a television set in the room.
9. what museums he or she recommends (see **Réalités culturelles**)

> The title **France, mère des arts** comes from a famous poem by the 16th-century poet Joachim du Bellay.

Réalités culturelles
La France, mère des arts

Cultural Activities 🌐

LA FRANCE est le premier pays touristique du monde. Ce n'est pas seulement dû à la richesse de son passé. C'est aussi grâce au talent de ses écrivains et de ses artistes et au génie de ses hommes et femmes illustres.

Pour certains, la France, c'est les «vieilles pierres», comme on dit. Ce sont des cathédrales comme Chartres, Reims et Notre-Dame de Paris. Il y a ensuite des palais somptueux, comme le château de Versailles, et des châteaux de la Renaissance, comme Chenonceau. Mais il y en a d'autres, plus massifs, qui servaient à la défense et qu'on appelle des châteaux forts, comme à Angers.

La France, c'est aussi un pays de plus de mille musées. Il faut d'abord mentionner, dans ce domaine, le musée du Louvre, un des plus célèbres du monde. Là, on peut admirer des collections d'œuvres qui datent de la naissance des grandes civilisations antiques du bassin méditerranéen jusqu'à la première moitié du dix-neuvième siècle. Viennent ensuite, à Paris, le musée d'Orsay, où on admire l'art de la seconde moitié du dix-neuvième siècle et du début du vingtième, dont les impressionnistes, le Centre Pompidou, qui est un musée d'art moderne, et le musée du quai Branly pour donner aux arts d'Afrique, d'Asie, d'Océanie et des Amériques leur juste place dans les musées français.

Vocabulaire: forts *strong*, génie *genius*, grâce à *thanks to*, moitié *half*, œuvres *works*, pierres *stones*

Alain Choisnet/Stone/Getty Images

Grammar
Tutorials

Qu'est-ce que vous **choisissez?**	*What do you choose?*
J'**ai** déjà **choisi** une pâtisserie.	*I have already chosen a pastry.*
Nous **finissons** à cinq heures.	*We finish at five o'clock.*
Obéis à ta mère!	*Obey your mother!*
Ralentissez, s'il vous plaît.	*Please slow down.*
Avez-vous **réussi** à votre examen?	*Did you pass your test?*

▶ You have already learned several French verbs whose infinitives end in **-ir.**

sortir	je sors	nous sortons	ils sortent
partir	je pars	nous partons	ils partent
dormir	je dors	nous dormons	ils dorment

▶ There is a larger group of French verbs that also have infinitives ending in **-ir** but that are conjugated differently.

choisir (to choose)		
je	chois	is
tu	chois	is
il/elle/on	chois	it
nous	chois	issons
vous	chois	issez
ils/elles	chois	issent
passé composé: j'**ai choisi**		

▶ Because there are a number of verbs formed in this way, these **-ir** verbs are said to be *regular*. The following verbs are conjugated like **choisir.**

Vocabulaire

Quelques verbes réguliers en *-ir (-iss-)*

finir	*to finish*
grossir	*to put on weight*
maigrir	*to take off weight*
obéir (à quelqu'un)	*to obey (someone)*
ralentir	*to slow down*
réussir (à un examen)	*to succeed; to pass (an exam)*

▶ When used with an infinitive, **finir** and **choisir** are followed by **de,** and **réussir** is followed by **à.**

Nous **avons fini de** manger. *We finished eating.*

Karine **a choisi d'**aller au centre commercial. *Karine decided to go to the mall.*

Elle **a réussi à** trouver des desserts délicieux. *She succeeded in finding delicious desserts.*

▶ The past participle of regular **-ir (-iss-)** verbs is formed by adding **-i** to the present tense verb stem.

choisi
fini
obéi

Choisissez une orientation pour votre épargne. Nos spécialistes.

❶❶ Qu'est-ce qu'ils choisissent d'habitude? Posez la question et votre partenaire va répondre.

MODÈLE: tu / pâté ou soupe à l'oignon?

VOUS: **Est-ce que tu choisis du pâté ou de la soupe à l'oignon d'habitude?**

VOTRE PARTENAIRE: **D'habitude, je choisis du pâté.**

Review the partitive article, p. 225.

1. tu / crudités, soupe ou pâté?
2. les végétariens / viande ou poisson?
3. les enfants / épinards ou frites?
4. le professeur de français / camembert ou fromage américain?
5. tes amis / glace, fruits, tarte ou gâteau?
6. tu / café ou thé?

❶❷ À vous. Répondez aux questions.

1. Est-ce que vous choisissez un dessert d'habitude?
2. Qu'est-ce que vous avez choisi comme dessert la dernière fois que vous avez dîné au restaurant?
3. Qu'est-ce que vos amis choisissent comme dessert?
4. Est-ce que vous avez tendance à grossir?
5. Réussissez-vous à maigrir quand vous voulez?
6. Que peut-on choisir au restaurant si on veut grossir?
7. Que peut-on choisir au restaurant si on veut maigrir?
8. Finissez-vous toujours votre repas?
9. Finissiez-vous toujours votre repas quand vous étiez jeune?

Il y a des toilettes dans **toutes** les chambres.	*There are toilets in all the rooms.*
Je parle avec mes amis **tous** les jours.	*I speak with my friends every day.*
Nous regardons la télévision **tous** les soirs.	*We watch television every evening.*
J'ai passé **toute** la journée à la bibliothèque.	*I spent the whole day at the library.*
Tout le monde aime dîner au restaurant.	*Everybody likes to dine out.*

► **Tout** *(all, every, each, the whole)* is often used as an <u>adjective</u>. In those cases it is usually followed by one of the determiners: **le, un, ce,** or **mon, ton, son, notre, votre, leur.** Both **tout** and the determiner agree with the noun they modify.

	MASCULIN	FÉMININ
singulier	**tout**	**toute**
pluriel	**tous**	**toutes**

► In the singular, the meaning of **tout** is usually *the whole* or *all . . . (long).*

toute la journée	*all day (long)*
toute l'année	*all year*
toute la classe	*the whole class*
tout le temps	*all the time*
tout le monde	*everybody* (literally *the whole world*)

► In the plural, the meaning of **tout** is usually *all* or *every.*

tous mes amis	*all my friends*
tous les hommes et **toutes** les femmes	*all (the) men and all (the) women*
tous les deux	*both (masc.)*
toutes les deux	*both (fem.)*
toutes ces personnes	*all these people*
toutes sortes de choses	*all sorts of things*
tous les jours	*every day*
toutes les semaines	*every week*
tous les ans	*every year*

► Only when **tous** is used as a <u>pronoun</u> is the final **-s** pronounced.

Mes amis sont **tous** ici.	[tus]	*My friends are all here.*

tout de même = all the same
toute l'année.

trez

13 Toute la famille Jeantet. Complétez les phrases avec la forme appropriée de l'adjectif **tout.**

1. Monsieur et Madame Jeantet parlent anglais, *toutes* les deux.
2. *Tout* le monde dit qu'ils sont très gentils.
3. *Toutes* leurs filles ont les yeux bleus. *daughters*
4. Elles passent *tout* leur temps à regarder la télévision.
5. La famille va en Angleterre *tous* les ans.
6. Ils achètent *toutes* sortes de choses.
7. Les filles Jeantet écrivent une carte postale à *tout* leurs amis.
8. Elles sont contentes de voyager, *toutes* les trois.
   fem.

14 À votre avis. Ajoutez **tout** et posez une question. Votre partenaire va décider ensuite si la généralisation est vraie ou fausse.

MODÈLE: Les hommes sont beaux.

> **VOUS: Est-ce que tous les hommes sont beaux?**
>
> **VOTRE PARTENAIRE: Oui, à mon avis tous les hommes sont beaux.** ou
>
> **Non, à mon avis tous les hommes ne sont pas beaux.**

1. Les femmes sont belles.
2. Les repas au restaurant universitaire sont délicieux.
3. Les professeurs sont gentils.
4. Le campus est très beau.
5. Tes amis adorent parler français.
6. Ta famille chante bien.
7. Tes cours sont intéressants.

ENTRE AMIS   La Pyramide

Call the restaurant La Pyramide and ask if the restaurant is open every day. Then make a reservation. Your partner will play the role of the restaurant host/hostess.

Restaurant LA PYRAMIDE

Cuisine française traditionnelle
Recommandé par les meilleurs guides

Réservation: 02-41-83-15-15

Restaurant non fumeur
Ouvert tous les jours

3. MAKING A TRANSPORTATION RESERVATION

Bonjour, Madame.

    Bonjour, Monsieur. Puis-je avoir un billet°   *ticket*
    pour Strasbourg, s'il vous plaît?

Un aller simple°?   *one way*

    Oui, un aller simple.

    Non, un aller-retour°.   *round trip*

En quelle classe?

    En première.

    En seconde.

Quand partirez-vous?°   *When will you leave?*

    Tout de suite.°   *Right away.*

    Bientôt.

    Dans quelques jours.

Très bien. N'oubliez pas de composter° votre billet.   *punch, stamp*

REMARQUE

Second(e) is normally used in place of **deuxième** when there are only two in a series. Note that the **c** is pronounced [g].

Un billet en **seconde** classe, s'il vous plaît.

Note culturelle

Les billets de train sont remboursables pendant quelques mois si on ne les utilise pas. Il est donc nécessaire de composter le billet le jour où on prend le train. Si on oublie de le composter, on peut être obligé de payer une amende *(fine)*.

15 **Microconversation: Nous prenons le train.** Réservez des places dans le train. Créez des conversations avec les éléments suivants. Suivez le modèle.

MODÈLE: 1 / Paris 17 h / ven. / 1re

VOUS:	Puis-je réserver une place?
EMPLOYÉ(E):	Dans quel train, s'il vous plaît?
VOUS:	Le train pour Paris qui part à 17 heures.
EMPLOYÉ(E):	Quel jour, s'il vous plaît?
VOUS:	Vendredi.
EMPLOYÉ(E):	Et en quelle classe?
VOUS:	En première.
EMPLOYÉ(E):	Très bien, une place en première classe dans le train pour Paris qui part à 17 heures vendredi.

1. 1 / Marseille 11 h / lun. / 2^e
2. 4 / Dijon 18 h / dim. / 2^e
3. 15 / Biarritz 8 h / sam. / 2^e
4. 2 / Madrid 23 h / merc. / 1re

Bonjour, Madame. Puis-je avoir un billet?

D. Le futur

Grammar
Tutorials

Nous **aurons** notre diplôme en juin.　We will get our diplomas in June.

Nous **irons** en France l'été prochain.　We will go to France next summer.

Nous **prendrons** l'avion pour Paris.　We will take the plane to Paris.

J'espère qu'il ne **pleuvra** pas.　I hope it won't rain.

Nous **passerons** une nuit à l'hôtel Ibis.　We will spend a night at the Ibis Hotel.

▶ You have already learned to express future time by using **aller** plus an infinitive.

　Ils **vont sortir** ensemble.　　*They are going to go out together.*

Review the formation of the near future, Ch. 5.

▶ Another way to express what will take place is by using the future tense.

　Ils **sortiront** ensemble.　　*They will go out together.*

▶ To form the future tense for most verbs, take the infinitive and add the endings **-ai, -as, -a, -ons, -ez, -ont.** For infinitives ending in **-e,** drop the **-e** before adding the endings. Note that the future endings are similar to the present tense of the verb **avoir.**

The future has only three different pronounced endings: [e] -ai, -ez; [a] -as, -a; and [ɔ] -ons, -ont.

finir		
je	**finir**	ai
tu	**finir**	as
il/elle/on	**finir**	a
nous	**finir**	ons
vous	**finir**	ez
ils/elles	**finir**	ont

vendre	*drop "e"*	
je	**vendr**	ai
tu	**vendr**	as
il/elle/on	**vendr**	a
nous	**vendr**	ons
vous	**vendr**	ez
ils/elles	**vendr**	ont

▶ Verbs like **acheter** keep their spelling change in the future, even for the **nous** and **vous** forms.

Review the formation of **acheter**, Ch. 9.

　J'achèterai une voiture l'année prochaine.

　Nous achèterons une Renault.

　Les étudiants **se lèveront** tard pendant les vacances.

▶ All future stems end in **-r** and the future endings are always the same. There are, however, a number of verbs with irregular stems.

infinitive	stem	future
être	**ser-**	je **serai**
avoir	**aur-**	j'**aurai**
faire	**fer-**	je **ferai**
aller	**ir-**	j'**irai**
venir (devenir)	**viendr-** (**deviendr-**)	je **viendrai** (je **deviendrai**)
pouvoir	**pourr-**	je **pourrai**
savoir	**saur-**	je **saurai**
vouloir	**voudr-**	je **voudrai**

Here are the future forms of two impersonal expressions.

infinitive	present	future
pleuvoir	il pleut	**il pleuvra**
falloir	il faut	il faudra

16 **Pendant les vacances.** Qu'est-ce que tout le monde fera? Utilisez le futur au lieu *(in place)* du verbe **aller** plus l'infinitif.

MODÈLE: Nous n'allons pas étudier.   **Nous n'étudierons pas.** *future*

1. Joe va voyager avec ses parents.   *Joe voyagera avec ses parents.*
2. Ils vont faire un voyage en France.   *Ils fairont un voyage*
3. Ils vont visiter le château de Chenonceau.   *Ils visitont visiteront*
4. Je vais les accompagner.   *Je~~vai~~ les accompagnera . I will accompany them.*
5. Nous allons prendre un avion.   *nous ~~aurons predre~~/prendrons un avion.*
6. Nous allons partir bientôt. *soon*   *partirons*
7. Une semaine à l'hôtel à Paris va coûter cher.   *coutera cher*
8. Je vais acheter des souvenirs.   *acheterai des souviners*
9. Il va falloir que j'achète une autre valise.   *il faudra it's necessary for us to buy suitcases for him.*
10. Il ne va pas pleuvoir.   *Il ne pleuvra pas.*

17 **À vous.** Répondez aux questions. *summer*

1. Est-ce que vous resterez sur le campus l'été prochain?
2. Est-ce que vous travaillerez? Si oui, où? Si non, pourquoi pas?
3. Est-ce que vous ferez un voyage? Si oui, où?
4. Qu'est-ce que vous lirez?
5. Qu'est-ce que vous regarderez à la télévision?
6. À qui rendrez-vous visite?
7. Sortirez-vous avec des amis? Si oui, où irez-vous probablement?
8. Serez-vous fatigué(e) à la fin des vacances?

E. Le futur avec si et quand

Grammar Tutorials

When a main clause containing a *future* tense verb is combined with a clause introduced by **si** *(if)*, the verb in the **si**-clause is in the *present* tense. English works the same way.

Nous ferons un pique-nique demain **s'il fait beau.**

We will have a picnic tomorrow if it is nice out.

Si tu veux, nous sortirons vendredi soir.

If you want, we will go out on Friday night.

Si tu travailles cet été, est-ce que tu gagneras beaucoup d'argent?

If you work this summer, will you earn a lot of money?

The **si**-clause may either precede or follow the main clause.

▶ However, when a main clause with a future tense verb is combined with a clause introduced by **quand,** the verb in the **quand** clause is in the *future*. Be careful not to allow English to influence your choice of verb tense. English uses the present in this case.

Quand il fera beau, nous ferons un pique-nique.

When it is nice out, we will have a picnic.

Aurez-vous beaucoup d'enfants **quand vous serez marié(e)?**

Will you have a lot of children when you are married?

Quand j'aurai le temps, j'écrirai.

When I have time, I will write.

Quand je gagnerai au loto, je ferai un long voyage.

When I win the lottery, I will take a long trip.

Note lexicale

Faites attention aux différents sens du mot **gagner.** *Ce verbe veut dire* to earn *et* to win.

Marie a travaillé pour gagner de l'argent. Marie worked to earn money.

Anne a gagné au loto. Anne won the lottery.

© Owen Franken/Corbis

Beaucoup d'étudiants feront les vendanges (*grape harvest*) en automne. Ils veulent gagner de l'argent.

18 **Si nous gagnons beaucoup d'argent.** Utilisez **si** avec l'expression **gagner beaucoup d'argent** et complétez les phrases suivantes.

MODÈLE: moi / acheter des vêtements
Si je gagne beaucoup d'argent, j'achèterai des vêtements.

1. mes amis / être très contents
2. le professeur de français / habiter dans un château
3. les étudiants du cours de français / aller en France
4. nous / dîner dans les meilleurs restaurants
5. moi / arrêter de travailler
6. ma meilleure amie / faire un long voyage

19 **Quand ferons-nous tout cela?** Combien de phrases logiques pouvez-vous faire? Chaque phrase doit (*should*) commencer par **quand.**

MODÈLE: **Quand j'aurai faim, j'irai au restaurant.**

| quand | mes amis
je
mon ami(e)
nous
les étudiants | réussir aux examens
avoir faim
avoir un diplôme
être riche(s)
parler bien français
avoir soif
finir d'étudier
gagner de l'argent | avoir … ans
boire …
acheter …
(ne … pas) travailler
aller …
chanter
être fatigué(e)(s)
manger …
faire un voyage … |

vingt **20 Qu'est-ce que tu feras?** Utilisez les expressions suivantes pour interviewer votre partenaire.

> MODÈLE: quand / avoir le temps / écrire à tes parents
>
> VOUS: **Quand tu auras le temps, écriras-tu à tes parents?**
> VOTRE PARTENAIRE: **Oui, quand j'aurai le temps, j'écrirai à mes parents.**

1. si / être libre / écrire à tes parents
2. quand / finir tes études / avoir quel âge
3. quand / travailler / gagner beaucoup d'argent
4. si / être marié(e) / faire la cuisine
5. quand / faire la cuisine / préparer des spécialités françaises
6. si / avoir des enfants / être très content(e)
7. quand / parler français / penser à cette classe

21 Un petit sketch: On confirme un départ. Lisez ou jouez le sketch et ensuite répondez aux questions (au passé).

Un touriste téléphone à la compagnie Air France.

> L'employé: Allô, Air France. J'écoute.
> Le Touriste: Bonjour, Monsieur. Je voudrais confirmer un départ, s'il vous plaît.
> L'employé: Très bien, Monsieur. Votre nom, s'il vous plaît?
> Le Touriste: Paul Schmitdz.
> L'employé: Comment? Pouvez-vous épeler votre nom, s'il vous plaît?
> Le Touriste: S-C-H-M-I-T-D-Z.
> L'employé: Très bien. Votre jour de départ et le numéro de votre vol?
> Le Touriste: Mardi prochain, et c'est le vol 307.
> L'employé: Très bien, Monsieur Schmitdz. Votre départ est confirmé.
> Le Touriste: Merci beaucoup.
> L'employé: À votre service, Monsieur.

1. Pour quelle compagnie l'employé travaillait-il?
2. Quelle était la première question de l'employé?
3. Quand le vol partait-il?
4. Quel était le numéro du vol?

(iLrn Self Test

ENTRE AMIS **Confirmez votre départ**

Role-play the following situation with a partner.

1. Call Air Canada.
2. State that you wish to confirm your departure.
3. Identify yourself and your flight number.
4. Verify the time of departure.
5. Find out at what time you need to arrive at the airport.
6. End the conversation appropriately.

Intégration

RÉVISION

A Au téléphone. «Téléphonez» à votre partenaire et jouez les rôles dans les situations suivantes.

1. Réservez une table au restaurant.
2. Réservez une place dans un train.
3. Confirmez un départ en avion.
4. Réservez une chambre d'hôtel.

B Le voyant (la voyante) (fortuneteller). Écrivez cinq phrases pour prédire l'avenir (predict the future) d'un(e) de vos camarades de classe.

MODÈLE: **Tu parleras français comme un Français.**

C À l'écoute. Écoutez la conversation entre Claire et le réceptionniste à l'Hôtel Supérieur. Ensuite, répondez aux questions.

Track 3-22

1. Pour quelle date Claire veut-elle réserver une chambre?
2. Pour combien de personnes Claire veut-elle réserver une chambre?
3. Combien de chambres Claire a-t-elle finalement réservées?
4. Combien coûte une chambre à l'Hôtel Supérieur?
5. Est-ce que le petit déjeuner est compris?
6. Qu'est-ce que Claire veut faire un soir pendant son séjour? Pourquoi?
7. À la fin de la conversation, qu'est-ce que le réceptionniste demande à Claire?

D À vous. Répondez aux questions.

1. En quelle année avez-vous fini vos études au lycée?
2. Saviez-vous déjà parler français?
3. Est-ce que vous réussissiez toujours à vos examens quand vous étiez au lycée?
4. Quand finirez-vous vos études universitaires? *dans 5 mois.*
5. Qu'est-ce que vous ferez quand vous aurez votre diplôme?
6. Où irez-vous si vous faites un voyage?
7. Quelles villes visiterez-vous si vous avez le temps?
8. Qui fera le ménage quand vous serez marié(e)?
   cleaning

Communication and Communities. To learn more about the culture presented in this chapter, go to the *Premium Website* and click on the Web Search Activities.

Also see the *Entre amis* Video Program and Video Worksheet in the *Cahier*.

♔♔♔ NÉGOCIATIONS

Savoir ou connaître? Interviewez autant d'étudiants que possible pour trouver des gens qui répondent **oui** aux questions.

MODÈLE: **Est-ce que tu sais conjuguer le verbe *connaître*?**

où se trouve la tour Eiffel	faire du ski	danser la valse
comment s'appelle notre professeur	le prix d'un billet de cinéma	le musée d'Orsay
l'avenue des Champs-Élysées	conduire une moto	tous les étudiants de ce cours
à quelle heure ce cours finit	les films de Charlotte Gainsbourg	jouer à la pétanque
s'il va faire beau demain	mon (ma) meilleur(e) ami(e)	une famille française
le Président de la France	parler espagnol	conjuguer le verbe **connaître**

*Be careful when choosing between **savoir** and **connaître**. No one student's initials should be written more than twice.*

LECTURE 1

LA MÉTHODO When you read a train schedule, trip itinerary, or other travel documents, you usually have a specific purpose: to find out a particular piece of information. You want to know what time the train leaves or arrives, how many days you'll stay in a particular place on your trip, or how much something costs. Having a purpose focuses your reading and helps you understand specific details and discard those you don't need to know.

A **Étude du vocabulaire.** Étudiez les phrases suivantes et choisissez les mots anglais qui correspondent aux mots français en caractères gras: *holiday, because of, until, schedule, except, beginning on, running.*

1. J'ai téléphoné à l'aéroport pour savoir l'**horaire** des vols.
2. Nous serons en France **à partir du** 10 juin.
3. Il n'y a pas de trains qui **circulent** tous les jours.
4. Tout le monde est venu **sauf** Christian. Pourquoi est-ce qu'il n'est pas venu?
5. Le magasin est ouvert **jusqu'à** 18 h.
6. Le quatorze juillet est la **fête** nationale en France.
7. Il ne peut pas travailler **pour raison de** santé.

B Parcourez l'horaire.

Lisez l'horaire pour trouver le nom de la gare d'Angers et le nombre de trains qui vont de Montparnasse à Angers avant 14 h (comptez tous les trains affichés).

L'HORAIRE DES TRAINS (PARIS-NANTES)

Paris Ile-de-France > Nantes

Horaires des trains		TGV 8801	TGV 8001	ter 857311	TGV 8903	TGV 8805	ter 857365 857389	TGV 8807	TGV 8009 8007	ter 857317	TGV 5352	TGV 5486	ter 16803 ⚠	TGV 8909	TGV 8813 8913	ter 857367 858023	TGV 8921 8819 ⚠	TGV 5213	TGV 5350 5361	TGV 5364
		♈🚲	♈🚲	🚲	♈	♈🚲	🚲	♈JVS🚲	♈	🚲	♈	♈	🚲	♈	♈🚲	♈	♈JVS🚲	♈JVS🚲	♈	♈
Aéropt-C-de-Gaulle TGV	Dép.																10.28			
Marne-la-Vallée-Chessy	Dép.											09.00					10.42			
Paris-Montparnasse 1–2	Dép.	06.30	06.35		07.00	07.30		08.00	08.05			08.18	09.00	10.00		11.00				
Massy TGV	Dép.					07.41					09.01	09.32						11.17	11.31	11.31
Le Mans	Arr.	07.24	07.30			07.29			08.59			10.20	10.37	10.54				12.07	12.18	12.18
Le Mans	Dép.	07.27		07.35		08.32	08.40			09.23		10.23		10.57	11.04			12.13		12.25
Sablé	Arr.			08.05		08.50	08.58			09.52					11.23					
Angers-St-Laud	Arr.	08.03		08.48		09.13	09.20	09.30			10.46	10.59		10.30	11.34	11.43		12.50		13.03
Ancenis	Arr.						09.45									12.12				
Nantes	Arr.	08.44			09.01	09.52	10.02	10.10			11.25	11.40		11.08	12.13	12.31	13.02	13.33		13.42
Jours particuliers de circulation		**1**	**2**	**2**	**3**	**4**	**5**	**6**		**7**	**8**	**2**	**9**		**10**	**11**	**12**			**13**

LÉGENDE

Dans votre train' :

♈ Bar OU Vente ambulante

🚲 Vélos acceptés

JVS Jeune Voyageur Service

À SAVOIR ───────

- Les trains circulant tous les jours sont indiqués en gras.
- ⚠ A certaines périodes, ce train verra ses horaires modifiés pour raison de travaux. Merci de vous renseigner.
- Nouveau train.
- Des fiches régionales sont également disponibles dans les gares.

JOURS PARTICULIERS DE CIRCULATION :

1 tous les jours sauf les sam, dim et fêtes et sauf les 27, 28, 29, 30, 31 déc et 3 juin. **2** tous les jours sauf les sam, dim et fêtes. **3** tous les jours sauf les sam, dim et fêtes et sauf les 31 déc, 11, 18 fév, 8, 15 avr et 3 juin. **4** tous les jours sauf les dim et sauf les 25 avr et 13 juin- Ne prend pas de voyageurs pour Massy TGV jusqu'au 2 avr : tous les jours sauf les dim. **5** jusqu'au 4 fév : tous les jours sauf les sam et dim : à partir du 28 fév : tous les jours sauf les sam, dim et fêtes. **6** tous les jours sauf les dim et fêtes ; les 25 déc et 2 juin. **7** le 18 déc : à partir du 8 jan : les sam. **8** du 21 au 31 déc : tous les jours sauf les sam et dim. **9** jusqu'au 10 avr et à partir du 23 avr : tous les jours ; les 16 et 17 avr. **10** jusqu'au 11 juin : tous les jours sauf les dim et sauf le 25 avr : à partir du 12 juin : tous les jours. **11** à partir du 8 jan : les sam. **12** tous les jours sauf les dim et fêtes : le 2 juin. **13** les sam ; le 2 juin- Ne prend pas de voyageurs de Le Mans á Angers-St-Laud du 12 fév au 12 mars : les sam.

C Questions.

Répondez aux questions.

1. Quel train circule tous les jours entre Paris et Angers?
2. Combien de fois ce train s'arrête-t-il entre Paris et Angers?
3. Si vous partez de Paris à 6h35, où changez-vous de train pour aller à Angers?
4. Combien de temps le TGV prend-il entre Le Mans et Angers?
5. Quels sont les trains qui proposent des services pour les jeunes voyageurs?
6. Quels trains ne circulent pas les dimanches et les jours fériés?
7. Si on est au Mans, quels trains peut-on prendre pour aller à Angers?
8. Si on arrive des États-Unis par avion à 8h du matin, quel train est-ce qu'on peut prendre pour aller à Angers?

Réalités culturelles

Le Sénégal

RÉPUBLIQUE INDÉPENDANTE depuis 1960, le Sénégal est situé à l'extrême ouest du continent africain. Ce pays a un climat tropical caractérisé par deux saisons: une saison sèche de novembre à juin et une saison des pluies de juillet à octobre. La grande ville de Dakar, qui compte une population de deux millions, est devenue en 1958 la capitale du Sénégal. Presqu'île située sur la côte atlantique, Dakar est aujourd'hui un véritable carrefour de routes maritimes et aériennes. Tout près de Dakar se trouve l'île de Gorée, de triste mémoire, où on détenait des esclaves avant de les embarquer pour un voyage sans retour.

La population du Sénégal est d'un peu plus de 12 millions d'habitants et représente des ethnies diverses, parmi lesquelles on peut citer les Wolofs, les Peuls et les Sérers. Le français est la langue officielle, mais on entend parler aussi plusieurs langues nationales, dont le wolof. Quatre-vingt-quatorze pour cent de la population pratiquent l'islam, cinq pour cent le christianisme et un pour cent des religions traditionnelles.

Mais on ne peut pas parler du Sénégal sans parler de son premier président, Léopold Sédar Senghor (1906-2001). Poète, professeur, membre de l'Académie française, Senghor a créé, avec d'autres écrivains comme Aimé Césaire, le mouvement de la francophonie et le mouvement de la négritude.

Vocabulaire: carrefour *crossroads,* esclaves *slaves,* parmi lesquelles *among which,* sèche *dry*

LECTURE II

Ⓐ Étude du vocabulaire. Étudiez les phrases suivantes et choisissez les mots anglais qui correspondent aux mots français en caractères gras: *full board, huts, dugout canoe, housing, mattress, bush country, river, water skiing, wind surfing, beach.*

1. Les Sénégalais circulent beaucoup en **pirogue** le long de leurs rivières.
2. Un **fleuve** est une grande rivière qui rejoint la mer.
3. La **brousse** est une région qui se trouve loin des villes.
4. Les habitants des villages africains vivent dans des **cases.**
5. Sur le lac, les plus sportifs peuvent faire du **ski nautique** ou, quand il y a du vent, de la **planche à voile.**
6. L'**hébergement** pendant le séjour peut se faire dans un hôtel ou dans des bungalows près de l'hôtel.
7. À l'hôtel, on peut choisir la **pension complète** ou prendre ses repas dans les restaurants de la ville.
8. En vacances, de nombreux touristes aiment passer leur temps au bord de la mer à la **plage.**
9. Si on ne veut pas avoir mal au dos, il vaut mieux avoir un **matelas** sur son lit.

Parcourez la lecture. Lisez la lecture pour trouver ...

1. la durée des deux séjours.
2. quatre types de transport.
3. cinq endroits à visiter qui se trouvent sur la carte.

SÉJOURS ORGANISÉS AU SÉNÉGAL

Brousse et plage

Une semaine: 3 nuits en brousse en pension complète à l'hôtel Le Pélican/4 nuits à l'hôtel Village Club Les Filaos.

L'hôtel Le Pélican à 2 h 30 de Dakar au bord du fleuve Saloum joint le confort aux charmes de la vie africaine. Un site géographique exceptionnel, la province du Siné Saloum est réputée pour la richesse de sa faune et de sa flore.

L'hôtel Village Club Les Filaos se trouve à 73 kilomètres au sud de Dakar, en bordure de plage. Ses bungalows sont entièrement équipés, notamment avec salle de bain et toilettes privées. Restaurants, piscines. Sports et loisirs gratuits: tennis, planche à voile, volley-ball, pétanque. Sports et loisirs payants: ski nautique, excursions.

Le Circuit Cap Vert

Deux semaines. Ce circuit traverse une très belle région du Sénégal, sauvage et peu fréquentée par les touristes: le pays Bassari. Le déplacement se fait en minibus. Ce type de voyage vous fera côtoyer en permanence les habitants du pays et favorisera les contacts avec une population toujours accueillante.

Il procure un confort limité. Les voyageurs sont hébergés dans des cases, des écoles ou en bivouac. Un sac de couchage et un petit matelas de mousse sont indispensables. Une réunion de préparation avec votre accompagnateur aura lieu deux à trois semaines avant le départ.

Itinéraire type: Visite de Dakar et de l'île de Gorée, descente en taxi-brousse sur Thiès (visite du marché), Saint-Louis (marché), Mlomp (cases à étages), Elin-kine (promenade en pirogue), île de Karabane (baignade), parc de Basse Casamance, Gambie, région du Siné Saloum (promenade en pirogue), Toubakouta, Kaolack, M'Bour-Dakar.

Le prix comprend:
- l'assistance à l'aéroport
- les transports au Sénégal, la nourriture et l'hébergement (petits hôtels, chez l'habitant)
- un accompagnateur
- l'assurance

Le prix ne comprend pas:
- le transport aérien
- les boissons

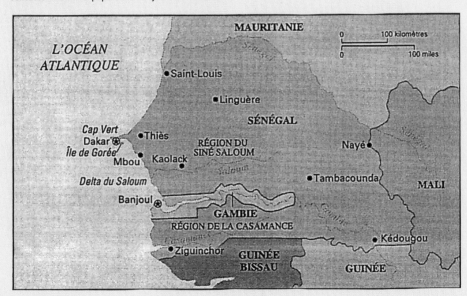

C Vrai ou faux? Décidez si les phrases suivantes sont vraies ou fausses. Si une phrase n'est pas vraie, corrigez-la.

1. L'hôtel Le Pélican se trouve à Dakar.
2. Il y a beaucoup d'animaux et de plantes dans la région du Siné Saloum.
3. Il ne sera pas nécessaire de payer pour faire usage de la planche à voile.
4. Les participants seront hébergés dans des hôtels de luxe pour toute la durée du circuit Cap Vert.
5. Beaucoup de touristes ont déjà fait ce voyage et connaissent le pays Bassari.
6. Il est peu probable qu'on doive passer la nuit dans des cases pendant le circuit.
7. Le voyage en avion est compris dans le prix du circuit.
8. Les repas sont compris dans le prix du circuit, mais pour les boissons il faudra payer un supplément.

D Discussion. Lequel des deux séjours préférez-vous? Expliquez votre réponse.

Irene Alastruey/Jupiter Images

RÉDACTION

MON VOYAGE AU SÉNÉGAL

Choisissez un séjour organisé cité dans la *Lecture II* (vous pouvez toujours modifier les détails du séjour au Sénégal si vous voulez) ou un séjour que vous pourriez inventer. Écrivez un e-mail à un(e) ami(e) pour lui décrire le voyage. Dans votre e-mail, mentionnez:

- qui fera le voyage avec vous et quand vous partirez
- pour combien de jours vous resterez au Sénégal et où vous irez
- quels transports vous prendrez
- les hôtels que vous choisirez
- ce que vous ferez comme activités

A **Avant d'écrire.** Relisez la *Lecture II* et choisissez un séjour. Ensuite, révisez les stratégies que vous avez déjà apprises dans les chapitres précédents. Choisissez une stratégie particulière pour mieux organiser ce que vous allez écrire.

B **Écrire.** Écrivez une ébauche de votre e-mail en suivant le plan et la stratégie que vous avez choisie. Faites un effort de combiner des phrases simples avec des expressions de transition.

C **Correction.** Lisez votre ébauche et soulignez tous les mots passe-partout qui n'ont pas généralement un sens très précis (les formes du verbe « **être** » est un bon exemple). Maintenant, travaillez avec un partenaire pour écrire une liste de mots que vous pouvez utiliser pour les remplacer. Vous pouvez même utiliser un dictionnaire de synonyme en ligne. Après avoir remplacé les mots vagues, présentez votre travail à votre partenaire qui va voir s'il y a des fautes de grammaire ou d'orthographe. Faites les corrections et écrivez la version finale de votre e-mail.

Vocabulaire Actif

Practice some of this vocabulary with the flashcards on **iLrn**.

Les voyages

un aller-retour *round-trip ticket*
un aller simple *one-way ticket*
l'autoroute *(f.) turnpike, throughway, highway*
un billet *ticket*
une carte *map*
composter (un billet) *to punch (a ticket)*
confirmer (un départ) *to confirm (a departure)*
le départ *departure*
en première *in first class*
en seconde *in second class*
une place *a seat*
un renseignement *item of information*
la route *route, way, road*
le vol *flight*

Adjectifs

complet (complète) *full; complete*
inutile *useless*
ouvert(e) *open*
riche *rich*
tout (toute/tous/toutes) *all; every; the whole*

D'autres noms

la chance *luck*
une demande *request*
un diplôme *diploma*
un pique-nique *picnic*

Expressions utiles

Allez-y. *Go ahead.*
Allô! *Hello! (on the phone)*
après-demain *day after tomorrow*
À quel nom … ? *In whose name … ?*
avoir tendance à *to tend to*
Comment je vais faire? *What am I going to do?*
De rien. *You're welcome.*
entendu *agreed; understood; O.K.*
Il n'y en a plus. *There is (are) no more.*
Il vous reste … ? *Do you still have … ?*
Mince! *Darn it!*
Pourriez-vous me dire … ? *Could you tell me … ?*
Puis-je … ? *May I … ?*
tous (toutes) les deux *both*
tout de suite *right away*
tout près *very near*

À l'hôtel

une clé *key*
une douche *shower*
un étage *floor*
fumeur *smoking (room)*
non fumeur *non-smoking (room)*
le prix *price*
le rez-de-chaussée *ground floor*

une serviette *towel*
un supplément *extra charge; supplement*

Verbes

choisir *to choose*
commander *to order*
demander *to ask*
épeler *to spell*
faire une demande *to make a request*
finir *to finish*
gagner (au loto) *to win (the lottery)*
gagner (de l'argent) *to earn (money)*
grossir *to put on weight*
indiquer *to tell; to indicate; to point out*
louer *to rent*
maigrir *to lose weight*
obéir *to obey*
poser une question *to ask a question*
ralentir *to slow down*
recommander *to recommend*
remercier *to thank*
réserver *to reserve*
réussir *to succeed; to pass*
savoir *to know*
vérifier *to check*

CHAPITRE 13

Ma journée

iofoto/Shutterstock.com

BUTS COMMUNICATIFS
- Describing a table setting
- Describing one's day
- Describing past activities
- Expressing one's will

STRUCTURES UTILES
- Le verbe **mettre**
- Les verbes pronominaux (suite)
- Les verbes **se promener, s'inquiéter, s'appeler** et **s'asseoir**
- Le passé des verbes pronominaux
- Le subjonctif

CULTURE

Zoom sur l'art de la table *(suite)*
- **Article:** Les repas français
- **Vu sur le web:** Au menu ou à la carte?
- **Insolite:** Relativité culturelle: L'étiquette à table
- **Repères:** Manger bouger
- **Vidéo buzz:** La table

Il y a un geste
- Il n'y a pas de quoi

Lectures
- «Les feuilles mortes»
- Une lettre du Burkina Faso

RESOURCES

 Audio

 iLrn Heinle Learning Center

 Premium Website

 Pair Work

 Group Work

 Entre amis Video Program

Coup d'envoi

🔊 PRISE DE CONTACT: **BON APPÉTIT!**

Track 3-23

Avant de manger

Mettez° une nappe° sur la table.   *Put / tablecloth*

Mettez des assiettes sur la nappe.

Mettez un verre et une (petite) **cuillère**° devant chaque   *spoon*
    assiette.

Mettez une fourchette° à gauche de l'assiette.   *fork*

Mettez un couteau° à droite de l'assiette.   *knife*

À table

Asseyez-vous.

Mettez une serviette° sur vos genoux°.   *napkin / lap*

Coupez° le pain.   *Cut*

Mettez un morceau de pain sur la nappe à côté de
    l'assiette.

Versez° du vin dans le verre.   *Pour*

Levez° votre verre et admirez la couleur du vin.   *Lift*

Humez° le vin.   *Smell*

Goûtez-le.°   *Taste it.*

Bon appétit!

> You learned in Ch. 9 that **genou** means knee. In the plural, it can refer to either lap or knees.

Monsieur et Madame Smith et Monsieur et Madame Martin sont arrivés au restaurant,
mais Lori n'est pas encore là.

Maître D'hôtel:	Bonsoir, Messieurs, Bonsoir, Mesdames. Vous avez réservé?	
M. Smith:	Oui, Monsieur, au nom de Smith.	
Maître D'hôtel:	Très bien, un instant, s'il vous plaît. *(Il vérifie sa liste.)* C'est pour cinq personnes, n'est-ce pas?	
Mme Smith:	C'est exact.°	*That's right.*
Maître D'hôtel:	Vous voulez vous asseoir°?	*to sit down*
M. Smith:	Volontiers, notre amie ne va pas tarder°.	*won't be long*
Maître D'hôtel:	Par ici, s'il vous plaît. *(ensuite)* Voici votre table. *(Ils s'asseyent.°)*	*They sit down.*
M. Smith:	Merci beaucoup, Monsieur. *(Le maître d'hôtel sourit° mais ne répond pas. Il s'en va°.)*	*smiles* *leaves*
Mme Martin:	C'est très gentil à vous de nous inviter.	
Mme Smith:	Mais c'est un plaisir pour nous.	
M. Martin:	Voilà Lori qui arrive. Bonsoir, Lori.	
Lori Becker:	Excusez-moi d'être en retard.	
Mme Martin:	Ne vous inquiétez pas°, Lori. Nous venons d'arriver.	*Don't worry*

 🄿 **Jouez ces rôles.** Répétez la conversation avec vos partenaires. Ensuite imaginez une excuse pour Lori. Pourquoi est-elle arrivée en retard?

Il y a un geste

Il n'y a pas de quoi. Although the French have numerous spoken formulae that convey the idea of *You're welcome* (**Il n'y a pas de quoi, De rien, Je vous en prie,** etc.), they frequently respond with only a discreet smile.

© Cengage Learning

Zoom sur l'art de la table (*suite*)

 Premium Website

PETIT TEST

Quelle est la différence entre un menu et une carte dans un restaurant?

a. C'est la même chose, mais un menu est plus élégant qu'une carte.

b. C'est la même chose, mais une carte est plus élégante qu'un menu.

c. Un menu propose deux ou trois repas à prix fixe. Une carte donne la liste de tous les plats.

For the answer, see *Vu sur le web*.

Les repas français

THE FRENCH tend to eat four meals a day: **le petit déjeuner, le déjeuner, le goûter,** and **le dîner.** Breakfast is usually eaten right after waking up in the morning, and as you learned in Chapter 8, consists of a **tartine**, **croissant**, or other breakfast bread and coffee, coffee with milk, hot chocolate, or tea, often served in a bowl. Lunch takes place between 12 noon and 2 P.M. and is the main meal of the day. **Le goûter** (*afternoon snack*) occurs around 5 P.M. Adults might have coffee or tea and a **pâtisserie** while children might have a **tartine** with Nutella (see Ch. 8), cookies, or fruit yogurt. **Le goûter** helps tide people over until dinner, which is eaten at 8 P.M. or later. **Le dîner** is the last meal of the day and usually lighter than **le déjeuner.** Sometimes the French drink an herbal tea after **le dîner**, called **une tisane**, to help digestion and to enhance relaxation before bedtime.

Ghislain & Marie David de Lossy Cultura/Newscom

VU SUR LE WEB

Au menu ou à la carte?

SINGLE MEN and women in France spend between 1,000€ and 1,700€ a year dining out. They may eat in company cafeterias, fast-food establishments, cafés, or full-service restaurants. Most restaurants offer two options to diners, **le menu** and **la carte. Le menu** is one or more set lunches or dinners at a set price. A restaurant might offer, for example, **un menu à 15€** and **un menu à 21€. Le menu à 15€** would include either **une entrée** and **un plat principal** or **un plat principal** and **un dessert. Le menu à 21€** would include all three courses: **une entrée, un plat principal, un dessert.** Beverages are usually separate, although sometimes coffee is included at the end of the meal as a part of **le menu. La carte** lists all of the dishes that the restaurant prepares. Customers can choose any combination of items they wish (**à la carte**). Ordering **le menu** is usually less expensive than ordering **à la carte.** To compare **le menu** and **la carte** at some French restaurants, explore the links on the *Premium Website.*

Relativité culturelle: L'étiquette à table

TABLE MANNERS are important everywhere, but what is considered appropriate varies from culture to culture. For example, if soup is served, the soup spoon is not held sideways as it is in the United States but rather placed tip first in the mouth. The French also do not pick up a slice of bread and bite off a piece. Rather, they break off a small bite-sized piece and eat it. In North Africa, people may scoop food with their bread using it as an eating utensil. A few contrasts between table customs in France and North America are shown in the chart below.

In France	In North America
Ice cubes are not readily available at restaurants or cafés.	Ice water is often served automatically with meals. Cold drinks are very common.
Bread is placed on the tablecloth instead of on a plate.	Bread is not always served with a meal. When it is served, it is kept on the plate.
People keep both hands on the table while eating.	People put one hand in their lap while eating.
The knife is held in the right hand, the fork in the left. People use both fork and knife to eat.	The knife is generally held in the right hand, the fork in the left to cut something. Then the knife is put down and the fork is switched to the right hand to eat.
People generally peel and slice fruit before eating it.	People often bite directly into the whole piece of fruit.
Lettuce in salad is not torn into smaller pieces and is folded with the fork and knife to make it bite-size.	Lettuce is generally torn in salads and people often cut lettuce to eat it.

*w
:tivité
:relle:
:pas
:ais, Ch. 8.*

Nick Hanna/Alamy

Manger bouger

Eating and movement habits in France have undergone a great deal of change in recent years. Although the French in general still eat four times a day, the content of those meals is less nutritionally dense and higher in salt, sugar, and fat. The result is a growing population of overweight adults and children. Consequently in 2001, the French government launched **le Programme National Nutrition Santé** *in an effort to improve the overall health of its citizens and prevent rising obesity. The following are nine suggestions for helping people lead a healthier lifestyle.*

Les 9 repères pour vous aider

MANGER BOUGER VOUS DONNE 9 REPÈRES CLÉS[1] QUI VOUS AIDERONT À TROUVER UN BON ÉQUILIBRE ALIMENTAIRE[2].

1. Les fruits et légumes: au moins 5 par jour
2. Les produits laitiers[3]: 3 par jour
3. Les féculents[4] à chaque repas et selon l'appétit
4. Viande, poisson, œuf: 1 à 2 fois par jour
5. Matières grasses[5]: à limiter
6. Produits sucrés: à limiter
7. Sel: à limiter
8. Eau: à volonté[6] pendant et entre les repas
9. Activité physique: en faire une habitude quotidienne[7]

paru sur le site www.mangerbouger.fr

"Les 9 repères pour vous aider", http://www.mangerbouger.fr. Institut national de prévention et d'éducation pour la santé (Inpes). Used with permission.

[1]*key*, [2]*food*, [3]*milk*, [4]*starch*, [5]*fats*, [6]*as much as you want*, [7]*daily*

La table

WHEN THE SMITHS and the Martins arrive at their table in the restaurant, the table is set, as in North America, with the forks to the left and a knife to the right. But there are differences: forks are often turned tines down; glasses are above the plate rather than to one side; teaspoons are placed between the glass and the plate. If someone orders fish or steak, a flat fish knife or a serrated steak knife will be added to the table setting. Two goblets are also usually part of the table setting: a large one for water and a smaller one for wine. Explore the links on the *Premium Website* to see video clips on proper table setting in France.

À vous. Répondez au maître d'hôtel.

1. Bonsoir, Monsieur (Madame / Mademoiselle). Vous avez réservé?
2. Pour deux personnes?
3. Vous voulez vous asseoir?
4. Par ici, s'il vous plaît. Voici votre table.

ENTRE AMIS **Au restaurant**

You are the maître d'hôtel at a restaurant. Your partner is a customer. Role-play the following conversation.

1. Ask if s/he has made a reservation. (S/he has.)
2. Find out for how many people.
3. Ask if the others have already arrived.
4. Ask him/her if s/he wants to sit down.
5. Tell him/her "This way, please."

PRONONCIATION

LES VOYELLES ARRONDIES [ø] et [œ]

Track 3-25

▶ Lip rounding plays a much greater role in the accurate pronunciation of French than it does in English. French has rounded vowels that are produced in the front part of the mouth, a combination that does not exist in English. Use the word **euh** to practice. This word is prevalent and is very characteristic of the normal position for French pronunciation: the lips are rounded and the tongue is behind the lower teeth.

▶ For the [ø] sound in **euh,** round your lips and then try to say **et.** For the [œ] sound in **neuf,** the lips are more open than for **euh.** There is, moreover, always a pronounced consonant after the vowel sound in words like **neuf, sœur,** etc.

[ø] • euh, deux, veut, peut
 • bleu, ennuyeux, pleut   *rain*

[œ] • neuf, sœur
 • beurre, professeur
 • heure, veulent
 • peuvent, pleure   *cry*

Listen and repeat:

1. Est-ce que je peux vous aider?
2. La sœur du professeur arrive à neuf heures.
3. Ils veulent du beurre sur leur pain.
4. Les deux portent un pull bleu.
5. «Il pleure dans mon cœur comme il pleut sur la ville.» *(Verlaine)*

Buts communicatifs

1. DESCRIBING A TABLE SETTING

Track 3-26

Où est-ce qu'on met la nappe?	On la met sur la table.
Où est-ce qu'on met l'assiette?	On la met sur la nappe.
Où est-ce qu'on met le couteau?	On le met à droite de l'assi...
Où est-ce qu'on met la (petite) cuillère?	On la met entre l'assiette et le verre.
Où est-ce qu'on met la serviette?	On la met sur ses genoux.
Où est-ce qu'on met les mains?	On les met sur la table.
Où est-ce qu'on met le pain?	On le met sur la nappe, à côté de l'assiette.

Et vous? Chez vous, qu'est-ce qu'on met à gauche de l'assiette?

Chez vous, où est-ce qu'on met les verres?

A. *Le verbe* mettre

Je vais **mettre** mon pyjama.

I'm going to put on my pajamas.

Nous **mettons** un maillot de bain pour aller à la piscine.

We put on a bathing suit to go to the pool.

J'**ai mis** le sel, le poivre et le sucre sur la table

I put the salt, pepper, and sugar on the table.

mettre *(to put, place, lay; to put on)*			
je	**mets**	nous	**mettons**
tu	**mets**	vous	**mettez**
il/elle/on	**met**	ils/elles	**mettent**
passé composé: j'**ai mis**			

for exam on Fri.

Notice that, like the **-re** verbs, pp. 254–255, the endings for **mettre** are **-s, -s, -, -ons, -ez, -ent.** The plural stem, however, has **-tt-.**

▶ **Mettre** can also mean *to turn on* (*the radio, the heat,* etc.) and is used in the expression **mettre la table** to mean *to set the table.*

Qui **a mis** la table ce soir? — *Who set the table this evening?*

Mets le chauffage; j'ai froid. — *Turn on the heat; I'm cold.*

Mais je viens de **mettre** la climatisation. — *But I just turned on the air conditioning*

Vocabulaire

Des choses à mettre

mettre un maillot de bain / un pyjama	*to put on a swimsuit / pajamas*
mettre le chauffage / la climatisation	*to turn on the heat / the air conditioning*
mettre la table	*to set the table*

new articles
, clothing on
pp. 92 & 102.

1 **Qu'est-ce qu'ils mettent?** Indiquez les vêtements que mettent les personnes suivantes.

MODÈLES: Qu'est-ce que vos amis mettent pour nager?
Ils mettent un maillot de bain.

1. Qu'est-ce que les étudiants mettent pour aller à leurs cours?
2. Qu'est-ce que le professeur de français met pour aller au cours de français?
3. Qu'est-ce que vous mettez s'il neige?
4. Qu'est-ce que vous mettez s'il fait chaud?
5. Qu'est-ce qu'on met pour faire du jogging?
6. Qu'est-ce que vos amis mettent s'ils vont à une soirée?
7. Que mettez-vous si vous allez dîner dans un restaurant très chic?

2 **Un petit test de votre savoir-vivre.** Choisissez une réponse pour chaque question et ensuite lisez l'analyse de vos réponses.

1. Que mettez-vous quand vous allez dîner au restaurant?
   a. des vêtements chic   c. un bikini
   b. un jean et des baskets   d. rien

2. Que buvez-vous pendant le repas?
   a. du vin ou de l'eau   c. du whisky
   b. du lait ou du café   d. de l'eau dans un bol

3. Où mettez-vous le pain pendant le repas?
   a. sur la nappe à côté de   c. dans l'assiette de
      l'assiette   mon (ma) voisin(e)
   b. dans mon assiette   d. sous la table

4. Où est votre main gauche pendant que vous mangez?
   a. sur la table   c. sur le genou de
                                   mon (ma) voisin(e)
   b. sur mes genoux   d. sous la table

5. Combien de temps passez-vous à table?
   a. entre une et deux heures c. Ça dépend du charme de mon
                                   (ma) voisin(e).
   b. entre 25 et 45 minutes   d. cinq minutes

6. Que dites-vous à la fin du repas?
   a. C'était très bon.   c. Veux-tu faire une promenade,
                                   chéri(e)?
   b. Je suis plein(e).   d. Oua! oua! *(bow-wow!)*

Remember that you learned in Ch. 8 not *to say* **Je suis plein(e),** *literally* I am full, *because in French it can mean either* I am drunk *or, referring to an animal,* pregnant.

RÉSULTATS

a. Si vous avez répondu **a** à toutes les questions, vous êtes peut-être français(e) ou vous méritez de l'être.

b. Si vous avez répondu **b,** vous êtes probablement américain(e), comme la personne qui a écrit ce questionnaire.

c. Si votre réponse est **c,** vous êtes trop entreprenant(e) *(forward, bold)* et vous dérangez beaucoup votre voisin(e).

d. Si votre réponse est **d,** vous vous identifiez beaucoup aux chiens.

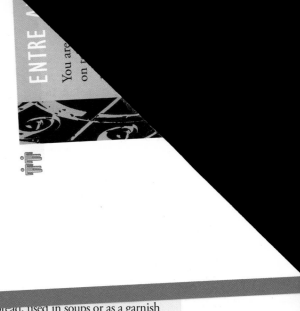

Réalités culturelles

Le vocabulaire de la cuisine

LA LANGUE anglaise a beaucoup d'expression
est surtout vrai dans le domaine de la cuisine
expressions suivantes parce qu'on pourra les
anglophones.

au gratin	topped with cheese and/or b
au jus	with meat juice
bisque	a rich, creamy soup made fr
casserole	a glass or pottery baking dish
fondue au chocolat	a dessert: melted chocolate in
coq au vin	chicken in red wine sauce
crème brûlée	rich custard topped with cara
croûtons	small pieces of fried or toasted bread, used in soups or as a garnish
éclair	long cream puff, filled with custard, topped with icing
flambé	flamed with alcohol
fondue	melted cheese and seasonings, served with pieces of bread for dipping
julienne	a way to cut meat or vegetables into thin strips
mousse	a dessert of flavored custard or fruit purée
parfait	a dessert of layered ice cream, fruit, dessert sauce, and whipped cream
pâté	cooked meat, usually duck or goose liver, made into a spread
purée	cooked and strained food
quiche	a cheese and custard pie, with ham, bacon, or vegetables
roquefort	strongly flavored cheese, veined with mold; aged in a cave in the town of Roquefort in southern France
salade niçoise	salad with tuna, tomatoes, garlic, olive oil, black olives, and, sometimes, anchovies
sauter	to cook quickly in a hot pan, tossing the food so that it "jumps"
tarte	a French pie

Vocabulaire: brûler *to burn,* croûton *crust,* fondre *to melt,* gratter *to scratch,* niçoise *in the style of Nice,* parfait *perfect,* sauter *to jump*

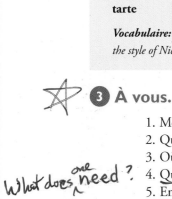

3 À vous. Répondez aux questions.

1. Mettez-vous du sucre ou de la crème dans votre café?
2. Que mettez-vous dans une tasse de thé?
3. Où met-on le pain quand on mange à la française?
4. Que faut-il faire pour mettre la table?
5. En quelle saison met-on un gros manteau?
6. Quels vêtements les étudiants mettent-ils d'habitude sur le campus?
7. Quels vêtements avez-vous mis hier?

[Handwritten annotations: "What does one need?" next to question 4; "to set a table." next to question 4; "(winter) (hiver." next to question 5; "Ils mettent t-shirts & jeans." next to question 6.]

L'éducation d'un(e) enfant

...a French parent instructing your child (your partner)
...able manners. Remember to use **tu.**

1. Tell your child to put the napkin on his/her lap.
2. Tell him/her to put a piece of bread on the table.
3. Tell him/her not to play with the bread.
4. Tell him/her to put water in his/her glass.
5. Find out what s/he did at school today.

2. DESCRIBING ONE'S DAY

Track 3-27

Le matin

7 h	Je me réveille tôt et je me lève.
7 h 10	Je me lave ou je prends une douche.
7 h 25	Je m'habille.
7 h 35	Je me brosse les cheveux.
7 h 50	Après avoir mangé°, je me brosse les dents.

After eating

L'après-midi

3 h	Je me repose.
5 h	Je m'amuse avec mon chien.

Le soir

11 h	Je me couche assez tard et je m'endors.

Et vous? À quelle heure vous réveillez-vous?
Que faites-vous le matin? l'après-midi? le soir?

REMARQUE

Tôt and **tard** mean *early* and *late* in the day. They should not be confused with **en avance** and **en retard,** which mean *early* and *late* for a specific meeting, class, etc.

Il se lève **tard!** (à midi)
Il est **en retard.** (pour son cours de français)

Vocabulaire

Quelques verbes pronominaux

s'amuser	*to have fun*
s'appeler	*to be named*
s'asseoir	*to sit down*
se brosser (les dents, les cheveux)	*to brush (one's teeth, one's hair)*
se dépêcher	*to hurry*
s'endormir	*to fall asleep*
s'habiller	*to get dressed*
s'inquiéter	*to worry*
se laver	*to get washed*
se promener	*to take a walk, ride*
se reposer	*to rest*
se réveiller	*to wake up*
se souvenir (de)	*to remember*

B. Les verbes pronominaux (suite)

Grammar
Tutorials

▶ Remember that the reflexive pronouns are **me, te, se, nous, vous,** and **se.**

Review **Les verbes pronominaux,** *Ch. 6.*

se laver (to get washed, to wash oneself)

je	**me** lave	nous	**nous** lavons
tu	**te** laves	vous	**vous** lavez
il/elle/on	**se** lave	ils/elles	**se** lavent

s'endormir (to fall asleep)

je	**m'**endors	nous	**nous** endormons
tu	**t'**endors	vous	**vous** endormez
il/elle/on	**s'**endort	ils/elles	**s'**endorment

NOTE

The reflexive pronoun always changes form as necessary to agree with the subject of the verb, even when it is part of an infinitive construction.

Je vais **m'**amuser.   **Tu** vas **t'**amuser aussi.   **Nous** allons **nous** amuser!

► Many verbs can be used reflexively or nonreflexively, depending on whether the object of the verb is the same as the subject or not.

>Jean **se lave** avant de manger. (*Jean* is the subject *and* the object.)

Mais: Jean **lave sa voiture.** (*Jean* is the subject but *sa voiture* is the object.)

>Noëlle adore **se promener.** (*Noëlle* is the subject *and* the object.)

Mais: Noëlle refuse de **promener le chien.** (*Noëlle* is the subject but *le chien* is the object.)

► Like all other object pronouns, the reflexive pronoun is always placed immediately before the verb (except in an affirmative command). This rule is true no matter whether the verb is in an affirmative, interrogative, negative, or infinitive form.

Comment **vous** appelez-vous?	*What is your name?*
Tu veux **t'**asseoir?	*Do you want to sit down?*
Ne **s'**amusent-ils pas en classe?	*Don't they have fun in class?*
Je ne **m'**appelle pas Aude.	*My name is not Aude.*
Roman ne **se** réveille jamais très tôt.	*Roman never wakes up very early.*
Nous allons **nous** promener.	*We are going to take a walk.*
J'ai décidé de ne pas **me** lever.	*I decided not to get up.*

Review the imperative with pronouns, Ch. 10. Remember that when **me** *and* **te** *follow the verb they become* **moi** *and* **toi.***

► As you have already seen (see Ch. 10), when the imperative is affirmative, the object pronoun is placed after the verb. This is true even when the object pronoun is a reflexive pronoun.

Dépêche-**toi!**	*Hurry (up)!*
Dépêchons-**nous!**	*Let's hurry!*
Dépêchez-**vous!**	*Hurry (up)!*

► You also know that if the imperative is negative, normal word order is followed and the object pronoun precedes the verb.

Ne **te** dépêche pas.	*Don't hurry.*
Ne **nous** dépêchons pas.	*Let's not hurry*
Ne **vous** dépêchez pas.	*Don't hurry.*

4 Vrai ou faux? Décidez si les phrases suivantes sont vraies. Si elles ne sont pas vraies, corrigez-les.

MODÈLE: Vous vous réveillez toujours tôt le matin.
>**C'est faux. Je ne me réveille pas toujours tôt le matin.**

1. Vous vous brossez les dents avant le petit déjeuner.
2. On se lave avec de l'eau froide normalement.
3. Les étudiants de votre université se douchent une fois par semaine.
4. Ils s'habillent avant de prendre une douche.
5. Vous vous endormez quelquefois en classe. ne – pas/jamais "never"
6. Vous vous reposez toujours après les repas.
7. D'habitude, on se brosse les cheveux avec une brosse à dents.
8. Les professeurs se souviennent toujours des noms de leurs étudiants.

5 **Nos activités de chaque jour.** Faites des phrases logiques.
Vous pouvez utiliser la forme négative.

MODÈLE: **Ma sœur se brosse les cheveux trois fois par jour.**

	se laver	tôt
	s'amuser	tard
	se dépêcher	le matin
nous	se coucher	le soir
les étudiants	prendre une douche	dans un fauteuil
mon père	s'habiller	dans la salle de bain
ma mère	s'endormir	avec de l'eau chaude
je	se réveiller	avec de l'eau froide
ma sœur	se brosser les cheveux	une (deux, etc.) fois par jour
mon frère	se brosser les dents	avec une brosse à cheveux
	se mettre à table	avec une brosse à dents
	se reposer	

6 **Fais ce que tu veux.** Utilisez l'impératif et l'expression **Eh bien, ...**
pour encourager les autres à faire ce qu'ils veulent.

MODÈLES: Je voudrais m'asseoir.
Eh bien, assieds-toi.

Je ne voudrais pas me lever.
Eh bien, ne te lève pas.

1. Je voudrais me coucher.
2. Je ne voudrais pas me dépêcher.
3. Je ne voudrais pas me brosser les dents.
4. Je voudrais m'amuser.
5. Je ne voudrais pas me lever à 7 heures.
6. Je ne voudrais pas étudier.
7. Je voudrais sortir avec mes amis.
8. Je voudrais m'endormir en classe.

ASSURANCE FRANÇAIS
On s'assure les uns les autres.

C. *Les verbes* se promener, s'inquiéter, s'appeler et s'asseoir

▶ Some reflexive verbs contain spelling changes in the verb stem of the present tense.

▶ Like **se lever** and **acheter, se promener** changes -e- to -è- before silent endings.

Review **se lever,** p. 177, **préférer,** p. 240, *and* **acheter,** p. 264.

se promener *(to take a walk, ride)*

je	me prom**è**ne	nous	nous promenons
tu	te prom**è**nes	vous	vous promenez
il/elle/on	se prom**è**ne		
ils/elles	se prom**è**nent		

▶ Like **préférer, s'inquiéter** changes -é- to -è- before silent endings.

s'inquiéter *(to worry)*

je	m'inqui**è**te	nous	nous inquiétons
tu	t'inqui**è**tes	vous	vous inquiétez
il/elle/on	s'inqui**è**te		
ils/elles	s'inqui**è**tent		

▶ **s'appeler** changes -l- to -ll- before silent endings.

s'appeler *(to be named)*

je	m'appe**ll**e	nous	nous appelons
tu	t'appe**ll**es	vous	vous appelez
il/elle/on	s'appe**ll**e		
ils/elles	s'appe**ll**ent		

s'asseoir is irregular and is conjugated as follows:

s'asseoir *(to sit down)*

je	m'**assieds**
tu	t'**assieds**
il/elle/on	s'**assied**
nous	nous **asseyons**
vous	vous **asseyez**
ils/elles	s'**asseyent**

NOTE

7 **La journée des étudiants.** Utilisez les verbes **s'amuser, se coucher, se dépêcher, s'endormir, s'habiller, s**e **lever** et **se réveiller** pour compléter les phrases suivantes.

MODÈLE: Nous _____ à nos places.
> **Nous nous asseyons à nos places.**

1. Le soir, les étudiants ne _s'amusèrent_ pas avant minuit parc[e qu'ils ont] beaucoup de travail.
2. S'ils sont en retard pour un cours, ils _____.
3. Ils _____ s'il y a un examen.
4. Le week-end, les étudiants _____.
5. Le samedi matin, ils restent au lit; ils ne _____ pas a[vant ...] heures.
6. Ils _____ très tard et ils _____ tard aussi.
7. Ils _____ en jean normalement parce que les jeans sont confortables.

8 **Pour avoir du succès à l'université.** Vous êtes très docile et vous répondez systématiquement que vous êtes d'accord. Utilisez le futur.

MODÈLE: Ne vous couchez pas trop tard.
> **D'accord, je ne me coucherai pas trop tard.**

1. Ne vous endormez pas pendant le cours de français.
2. Ne vous lavez pas avec de l'eau froide.
3. Amusez-vous bien pendant le week-end.
4. Dépêchez-vous pour ne pas être en retard.
5. Levez-vous avant 8 heures.
6. Ne vous inquiétez pas quand vous avez un examen.
7. Ne vous promenez pas après 22 heures.

Review the future on p. 349.

9 **Un petit sondage (A small poll).** Vous êtes journaliste. Interviewez une autre personne (votre partenaire). Demandez ...

MODÈLE: s'il (si elle) se lève tôt
> VOUS: **Est-ce que vous vous levez tôt le samedi matin?**
> VOTRE PARTENAIRE: **Non, je me lève assez tard.**

1. s'il (si elle) parle français
2. comment il (elle) s'appelle
3. comment il (elle) va
4. s'il (si elle) est fatigué(e)
5. à quelle heure il (elle) se lève en semaine
6. à quelle heure il (elle) se couche
7. s'il (si elle) se lève tôt ou tard le samedi matin
8. s'il (si elle) s'endort à la bibliothèque
9. avec quel dentifrice il (elle) se brosse les dents
10. s'il (si elle) s'inquiète quand il y a un examen
11. depuis quand il (elle) étudie le français

ENTRE AMIS Et ta journée?

Interview your partner about his/her typical day.

1. Find out at what time your partner wakes up.
2. Find out what s/he does during the day.
3. Find out at what time your partner goes to bed.
4. Double-check the information by repeating what your partner has told you.

3. DESCRIBING PAST ACTIVITIES

Track 3-28

La dernière fois que j'ai dîné au restaurant avec des amis ...

	oui	non
ils y sont arrivés avant moi.	_____	_____
je me suis dépêché(e) pour arriver à l'heure.	_____	_____
mes amis s'inquiétaient parce que j'étais en retard.	_____	_____
nous nous sommes mis à table à 8 heures.	_____	_____
je me suis bien amusé(e).	_____	_____
nous nous sommes promenés après le repas.	_____	_____
je me suis couché(e) assez tôt.	_____	_____

D. Le passé des verbes pronominaux

Grammar Tutorials

► The imperfect tense of reflexive verbs is formed in the same way as that of simple verbs. The reflexive pronoun precedes the verb.

There are no spelling changes in the imperfect for stem-changing verbs; s'appeler: Il s'appelait Pierre; se lever: Je me levais tôt.

s'inquiéter (inquiétons)

je	m'inquiétais	nous	nous inquiétions
tu	t'inquiétais	vous	vous inquiétiez
il/elle/on	s'inquiétait	ils/elles	s'inquiétaient

► All reflexive verbs use the auxiliary **être** to form **the passé composé.** The past participle agrees in gender and number with the preceding direct object (usually the reflexive pronoun).

*Review the **passé composé** of se coucher in Ch. 7.*

*The past participle of stem changing verbs is not affected by spelling changes; it is based on the infinitive: **promené, inquiété, appelé.***

se reposer

je	me	suis	reposé(e)
tu	t'	es	reposé(e)
il/on	s'	est	reposé
elle	s'	est	reposée
nous	nous	sommes	reposé(e)s
vous	vous	êtes	reposé(e)(s)
ils	se	sont	reposés
elles	se	sont	reposées

Delphine **s'est couchée** tôt parce qu'elle était fatiguée.

Nous **nous sommes** bien **amusé(e)s** le week-end dernier.

NOTE

Except for **s'asseoir,** the past participles of reflexive verbs are formed by the normal rules. The past participle of **s'asseoir** is **assis.**

Les deux femmes se sont **assises** à côté de moi.

▶ In the negative, **ne ... pas** (**jamais,** etc.) are placed around the reflexive pronoun and the auxiliary verb.

Les enfants **ne** se sont **pas** couchés.

Je **ne** me suis **jamais** endormi(e) en classe.

▶ In questions with inversion, as in all cases of inversion, the *subject* pronoun is placed after the auxiliary verb. The *reflexive* pronoun always directly precedes the auxiliary verb.

À quelle heure **t'**es-**tu** couchée, Christelle?

Vos amies **se** sont-**elles** reposées?

> *Reflexive pronouns are object pronouns, just like **le, la, les.** They follow the same general placement rules. See Ch. 10.*

For recognition only

The past participle of a reflexive verb agrees with a preceding direct object. In most cases, the direct object is the reflexive pronoun, which precedes the past participle.

Claire **s'**est lavée.	*Claire washed **herself.***
Nous **nous** sommes amusés.	*We had a good time. (We amused **ourselves.**)*

However, with some reflexive verbs (such as **se laver** and **se brosser**), the direct object often follows the verb and the reflexive pronoun is not the direct object. The past participle *does not agree* with a reflexive pronoun that is not a direct object.

Claire s'est lavé **les cheveux.**	*Claire washed **her hair.***
Elle s'est brossé **les dents.**	*She brushed **her teeth.***

David R. Frazier Photolibrary, Inc./Alamy

Les étudiants s'amusent après les cours.

10 Mais oui, Maman. Madame Cousineau pose beaucoup de questions à sa fille. Utilisez l'expression entre parenthèses pour répondre à ces questions.

MODÈLE: Tu t'es réveillée à 7 heures? (mais oui)
Mais oui, je me suis réveillée à 7 heures.

1. Est-ce que tu t'es lavée ce matin? (mais oui)
2. Tu ne t'es pas dépêchée? (mais si!) *hurry*
3. As-tu pris le petit déjeuner? (mais oui)
4. À quelle heure es-tu partie pour l'école? (à 7 heures 45)
5. Est-ce que tu t'es amusée à l'école? (non)
6. Tu ne t'es pas endormie en classe? (mais non)
7. À quelle heure es-tu rentrée de l'école? (à 5 heures)
8. Est-ce que tu as fait tes devoirs? (euh … non)

11 Vous aussi? Décidez si les phrases suivantes sont vraies pour vous. Utilisez **Moi aussi, Moi non plus** ou **Pas moi** pour répondre. Si vous choisissez **Pas moi,** ajoutez une explication. *Not me.*

MODÈLE: Les professeurs se sont bien amusés le week-end dernier.
Pas moi, je ne me suis pas amusé(e). J'ai étudié pendant tout le week-end.

1. Les professeurs se sont couchés avant minuit hier. *midnight* ~~je me suis pas~~
2. Ils se *sont* réveillés à 8 heures ce matin. *je me suis*
3. Ils ont pris le petit déjeuner. *Je n'ai pas pris le petit déjeuner.*
4. Ils ont pris une douche ensuite. *then*
5. Ils sont allés à leur premier cours à 9 heures. *Pas moi, je suis allés à mon premier cours à 10.*
6. Ils ne se sont pas assis pendant leurs cours.
7. Ils se sont bien amusés en classe.
8. Ils ont bu du café après le cours.

12 Votre vie sur le campus. Vous êtes journaliste. Interviewez un(e) étudiant(e). Demandez …

MODÈLES: s'il (si elle) s'est levé(e) tôt ce matin.
Vous êtes-vous levé(e) tôt ce matin?

ce qu'il (elle) a mangé.
Qu'est-ce que vous avez mangé?

1. s'il (si elle) arrive quelquefois en retard en cours.
2. s'il (si elle) s'est dépêché(e) ce matin.
3. où il (elle) va pour s'amuser.
4. ce qu'il (elle) a fait hier soir.
5. s'il (si elle) s'est amusé(e) hier soir.
6. à quelle heure il (elle) s'est couché(e).
7. s'il (si elle) s'est endormi(e) tout de suite.
8. combien d'heures il (elle) a dormi.
9. s'il (si elle) se repose d'habitude l'après-midi.
10. s'il (si elle) s'inquiète avant un examen.

ENTRE AMIS Hier

Interview your partner about what he or she did yesterday.

1. Find out at what time your partner got up yesterday.
2. Find out what clothing s/he put on.
3. Ask if s/he took a walk.
4. Find out what else s/he did.
5. Ask if s/he had fun.
6. Find out at what time s/he went to bed.

Track 3-29

4. EXPRESSING ONE'S WILL

Que voulez-vous que le professeur fasse?°   *What do you want the teacher to do?*
Je voudrais que le professeur ...

	vrai	faux
donne moins de devoirs.	———	———
soit plus patient.	———	———
fasse la cuisine pour la classe.	———	———
s'amuse moins en classe.	———	———
chante avec ses étudiants.	———	———
parle plus lentement.	———	———
me donne une bonne note.	———	———

E. Le subjonctif

Grammar
Tutorials

► You have learned to use the infinitive after a number of verbal expressions. This happens when both verbs have the same subject or when the first verb is an impersonal expression with no specific subject.

Je veux parler français.   *I want to speak French.*
Il faut étudier.   *One (You, We, etc.) must study.*

► Expressions that are used to express one's will, however, are frequently followed by **que** plus the subject and its verb in a form called **le subjonctif** (the subjunctive).

Je veux **que vous parliez** français.   *I want you to speak French.*
Il faut **qu'on étudie.**   *One (You, We, etc.) must study.*

► The stem of the subjunctive is usually the same as the stem of the **ils/elles** form of the present tense. Except for **avoir** and **être,** the endings of the subjunctive are the same for all verbs.

-e	-ions
-es	-iez
-e	-ent

For regular **-er** verbs, the subjunctive forms for **je, tu, il/elle/on,** and **ils/elles** look and sound the same as the present tense.

Je veux que les professeurs **donnent** moins de devoirs.	*I want teachers to give less homework.*
Il faut que je **parle** avec eux.	*I must speak to them.*

The **nous** and **vous** forms of the subjunctive look and sound different from the present tense because of the **-i-** in their endings.

Je veux **que vous donniez** moins de devoirs.	*I want you to give less homework.*
Il faut **que nous parlions.**	*We need to speak.*

chanter *(ils chantént)*		
que je	chant	**e**
que tu	chant	**es**
qu'il/elle/on	chant	**e**
que nous	chant	**ions**
que vous	chant	**iez**
qu'ils/elles	chant	**ent**

vendre *(ils vendént)*		
que je	vend	**e**
que tu	vend	**es**
qu'il/elle/on	vend	**e**
que nous	vend	**ions**
que vous	vend	**iez**
qu'ils/elles	vend	**ent**

choisir *(ils choisissént)*		
que je	choisiss	**e**
que tu	choisiss	**es**
qu'il/elle/on	choisiss	**e**
que nous	choisiss	**ions**
que vous	choisiss	**iez**
qu'ils/elles	choisiss	**ent**

NOTE

Even many irregular verbs follow the two basic rules above.

écrire	(ils écrivént)	que j'**écrive,** que nous **écrivions**
lire	(ils lisént)	que je **lise,** que nous **lisions**
partir	(ils partént)	que je **parte,** que nous **partions**
connaître	(ils connaissént)	que je **connaisse,** que nous **connaissions**
conduire	(ils conduisént)	que je **conduise,** que nous **conduisions**
mettre	(ils mettént)	que je **mette,** que nous **mettions**

Some verbs have one stem for **je, tu, il/elle/on,** and **ils/elles** forms and another stem for **nous** and **vous.** Many of these are the same verbs that have two stems in the present tense. Some verbs of this type that you have already learned are **venir, prendre, boire, devoir, préférer, acheter,** and **se lever.**

venir					
	(ILS	*VIENNént)*		*(NOUS*	*VENÓNS)*
que je	**vienn**	**e**	que nous	**ven**	**ions**
que tu	**vienn**	**es**	que vous	**ven**	**iez**
qu'il/elle/on	**vienn**	**e**			
qu'ils/elles	**vienn**	**ent**			

NOTE

Aller also has two stems (**aill-,** which is irregular, and **all-**).

aller	(AILL-)		(NOUS	ALLÖNS)
que j'	aill	e	que nous	all ions
que tu	aill	es	que vous	all iez
qu'il/elle/on	aill	e		
qu'ils/elles	aill	ent		

Aille, ailles, aille, *and* aillent *are pronounced like* aïe! (ouch!) *and* ail (garlic): *[aj].*

► Some verbs have totally irregular stems. Their endings, however, are regular.

faire *(fass-)*		
que je	fass	e
que tu	fass	es
qu'il/elle/on	fass	e
que nous	fass	ions
que vous	fass	iez
qu'ils/elles	fass	ent

savoir *(sach-)*		
que je	sach	e
que tu	sach	es
qu'il/elle/on	sach	e
que nous	sach	ions
que vous	sach	iez
qu'ils/elles	sach	ent

► Only **être** and **avoir** have irregular stems *and* endings.

Aie, aies, ait, *and* aient *are pronounced* [ɛ], *like* est (is).

être	
que je	sois
que tu	sois
qu'il/elle/on	soit
que nous	soyons
que vous	soyez
qu'ils/elles	soient

avoir	
que j'	aie
que tu	aies
qu'il/elle/on	ait
que nous	ayons
que vous	ayez
qu'ils/elles	aient

La volonté

il est essentiel que	*it is essential that*
il est important que	*it is important that*
il est indispensable que	*it is essential that*
il est nécessaire que	*it is necessary that*
il faut que	*it is necessary that; (someone) must*
il ne faut pas que	*(someone) must not*
il vaut mieux que	*it is preferable that; it is better that*
je désire que	*I want*
j'exige que	*I demand that*
je préfère que	*I prefer that*
je souhaite que	*I wish that; I hope that*
je veux que	*I want*
je voudrais que	*I would like*

▶ With the above expressions, it is important to remember that, if there is no change of subject, the infinitive is used. The preposition **de** is, however, required after **il est essentiel/important/indispensable/ nécessaire.**

Je ne veux pas **perdre** mon temps.   *I don't want to waste my time.*

Il est important d'**étudier** beaucoup.   *It's important to study a lot.*

▶ When the above expressions are followed by **que** and a change of subjects, the subjunctive must be used.

Ma mère ne veut pas **que je perde** mon temps.   *My mother doesn't want me to waste my time.*

Il est important **que j'étudie** beaucoup.   *It's important that I study a lot.*

Il faut qu'elles se dépêchent parce qu'elles vont bientôt se mettre à table.

Chad Ehlers/Stone

13 Ils veulent que je fasse tout ça? Tout le monde vous demande de faire quelque chose. Décidez si vous êtes d'accord.

MODÈLE: Votre père veut que vous étudiiez beaucoup.
Très bien, je vais étudier beaucoup. Ou
Mais je ne veux pas étudier beaucoup.

1. Vos parents veulent que vous restiez à la maison.
2. Votre mère veut que vous rendiez visite à vos grands-parents.
3. Vos parents ne veulent pas que vous vendiez vos livres.
4. Vos parents ne veulent pas que vous sortiez tous les soirs.
5. Votre professeur veut que vous ayez «A» à votre examen de français.
6. Vos parents ne veulent pas que vous fumiez.
7. Vos professeurs ne veulent pas que vous perdiez vos devoirs.
8. Vos parents veulent que vous attachiez votre ceinture de sécurité.

14 Nos professeurs sont si exigeants! *(Our teachers are so demanding!)* Utilisez les expressions suivantes pour faire des phrases.

MODÈLE: les professeurs / vouloir / les étudiants / venir aux cours
Les professeurs veulent que les étudiants viennent aux cours.

1. les professeurs / désirer / les étudiants / faire leurs devoirs
2. les professeurs / vouloir / les étudiants / avoir de bonnes notes
3. les professeurs / exiger / les étudiants / être à l'heure
4. notre professeur / vouloir absolument / nous / parler français en cours
5. notre professeur / désirer / nous / réussir
6. notre professeur / souhaiter / nous / aller en France
7. notre professeur / préférer / nous / habiter chez une famille française
8. notre professeur / souhaiter / nous / savoir parler comme les Français

15 Que veulent-ils que je fasse? Tout le monde veut que vous fassiez quelque chose. Faites des phrases pour expliquer ce qu'ils veulent. Vous pouvez utiliser la forme négative si vous voulez.

MODÈLES: **Mes amis désirent que je sorte tous les soirs.**
Ma mère ne veut pas que je conduise vite.
Mon père préfère que je n'aie pas de voiture.

			étudier beaucoup
			sortir tous les soirs
			aller au bistro
	exiger		tomber malade
mes amis	vouloir		être heureux/heureuse
mon père	désirer	que je	avoir une voiture
ma mère	souhaiter		conduire vite
	préférer		faire la cuisine
			partir en vacances
			m'amuser beaucoup
			m'inquiéter quand il y a un examen
			acheter moins de vêtements

16 **Un petit sketch: Une fille au pair.** Lisez ou jouez le sketch suivant et répondez ensuite aux questions.

Mme Martin: Je serai absente toute la journée.

Lori: Très bien, Madame. Que voulez-vous que je fasse aujourd'hui?

Mme Martin: Je préparerai le dîner, mais je voudrais que vous alliez au marché.

Lori: D'accord.

Mme Martin: Vous pouvez aussi y envoyer les enfants. J'ai laissé ma liste sur la table de la cuisine.

(Elle regarde sa montre.)
Aïe! Il faut que je parte. Au revoir, Lori. Au revoir, les enfants.

(après le départ de Mme Martin)

Lori: David! Agathe! Dépêchez-vous! Votre mère veut que vous achetiez six tomates et un kilo de pommes de terre. Et n'oubliez pas de dire «s'il vous plaît» et «merci» à la dame au marché.

David et Agathe: Mais Lori!

Lori: Dépêchez-vous! Et mettez vos manteaux! Il pleut.

David et Agathe: Où est l'argent?

Lori: Attendez, le voilà. *(Elle donne l'argent aux enfants.)* Allez-y! Il ne faut pas que vous oubliiez la monnaie.

1. Que faut-il que Lori fasse?
2. Est-il nécessaire qu'elle aille au marché elle-même?
3. Pourquoi veut-elle que les enfants mettent leurs manteaux?
4. Pourquoi les enfants ne partent-ils pas tout de suite?

17 **Fais comme il faut.** Madame Martin donne des conseils à sa fille Céline. Utilisez un verbe de volonté avec **que** et le subjonctif. Qu'est-ce qu'elle dit?

MODÈLES: ne pas t'endormir en cours
Je souhaite que tu ne t'endormes pas en cours.

conduire lentement
J'exige que tu conduises lentement.

1. prendre le petit déjeuner
2. ne pas boire de bière
3. mettre un chapeau s'il fait froid
4. aller aux cours tous les jours
5. savoir l'importance d'une bonne éducation
6. ne sortir avec tes amis que le week-end
7. être prudente
8. rentrer tôt
9. ne pas te lever tard

 **À vous.** Répondez aux questions.

1. Que voulez-vous que vos parents fassent pour vous?
2. Qu'est-ce qu'ils veulent que vous fassiez pour eux?
3. Où voulez-vous que vos amis aillent avec vous?
4. Que voulez-vous que vos amis vous donnent pour votre anniversaire?
5. Quels vêtements préférez-vous mettre pour aller à vos cours?
6. Quels vêtements préférez-vous que le professeur mette?
7. Qu'est-ce que le professeur veut que vous fassiez?

Self Test

ENTRE AMIS   Vous êtes au pair

Imagine you are an **au pair** taking care of two children who have just come home from school. Role-play the scene below.

1. Greet the children and ask them what they would like for a snack.
2. The children say what they would like for you to prepare for them.
3. Tell the children three things you would like them to do after they eat.
4. The children refuse.
5. Explain why the children must do as you have requested.

© Ian Dagnall/Alamy

Intégration

RÉVISION

A **Pour mettre la table.** Que faut-il qu'on fasse pour mettre la table à la française? Donnez une description complète.

MODÈLE: **Il faut qu'on mette une nappe sur la table.**

B **Ma journée.** D'abord décrivez votre journée habituelle. Ensuite décrivez votre journée d'hier.

C **Trouvez quelqu'un qui...** Interviewez les autres étudiants pour trouver quelqu'un qui …

MODÈLE: se lève avant 7 heures du matin
Est-ce que tu te lèves avant 7 heures du matin?

1. s'inquiète s'il y a un examen
2. ne s'endort jamais en cours
3. s'est couché après minuit hier soir
4. veut que le professeur donne moins de devoirs
5. se promène le matin
6. promène souvent son chien
7. s'assied toujours à la même place au cours de français

D **À l'écoute.** Alice parle à sa fille. Écoutez chaque phrase et décidez si
Track 3-30 **a)** la maman parle de comment mettre la table, **b)** elle décrit sa journée,
c) elle parle du passé ou **d)** elle exprime une volonté.

E **À vous.** Répondez aux questions.

1. Que font les étudiants de votre université pour s'amuser?
2. Qu'est-ce que les professeurs veulent que leurs étudiants fassent?
3. Qu'est-ce que vos parents ne veulent pas que vous fassiez?
4. Dans quelles circonstances vous dépêchez-vous?
5. À quel(s) moment(s) de la journée vous brossez-vous les dents?
6. Avez-vous quelquefois envie de vous endormir en cours? Pourquoi ou pourquoi pas?

Communication and Communities. To learn more about the culture presented in this chapter, go to the *Premium Website* and click on the Web Search Activities.

Also see the *Entre amis* Video Program and Video Worksheet in the *Cahier.*

Il manque quelque chose. Interviewez les autres étudiants pour trouver les choses qui manquent. Il y a sept cartes différentes en tout. Les autres cartes sont dans l'appendice D.

MODÈLE: Est-ce que tu as un(e) ... sur ta table?
Moi, j'ai un(e) ..., mais je n'ai pas de (d') ...

LECTURE 1

LA MÉTHODO You can improve your comprehension of a text if you stop periodically and paraphrase the main ideas of what you have just read. If you are unable to restate the main ideas in your own words, then you should read the text again, perhaps using other reading strategies you have learned, to increase your understanding.

A Étude du vocabulaire. Étudiez les phrases suivantes et choisissez les mots qui correspondent aux mots français en caractères gras: *sand, those, boiling hot, softly, shovel, lived, erased, pick up, sea.*

1. Le professeur a écrit une phrase au tableau et ensuite il a **effacé** la phrase.
2. Marie, regarde ta chambre! Tu as laissé tes vêtements sur ton lit. **Ramasse**-les tout de suite!
3. **Ceux** qui habitent près de la **mer** peuvent souvent s'amuser dans l'eau.
4. Quand nous étions jeunes, nous **vivions** heureux avec notre famille.
5. En été, les enfants aimaient bien nager dans la **mer** ou jouer avec une **pelle** dans le **sable.**
6. Quand il faisait très chaud, le **sable** était **brûlant.** On ne pouvait pas marcher sans chaussures.
7. Parlez **doucement!** Les enfants dorment.

B Pensez à la saison. À quelle saison pensez-vous quand vous entendez les expressions suivantes?

1. la mer et le sable
2. le soleil brûlant
3. les feuilles mortes
4. le vent du nord

5. la belle vie
6. la nuit froide
7. les jours heureux

C Résumez les vers du poème. À tour de rôle, lisez le poème à haute voix. Prenez une pause tous les deux vers *(lines)* et résumez les idées principales. Attention à l'usage des métaphores! Ce sont les mots et les expressions utilisés au-delà *(beyond)* de leur sens littéral.

LES FEUILLES MORTES

Track 3-31

Oh! Je voudrais tant que tu te souviennes
Des jours heureux où nous étions amis.
En ce temps-là la vie était plus belle
Et le soleil plus brûlant qu'aujourd'hui.
Les feuilles mortes se ramassent à la pelle,
Tu vois, je n'ai pas oublié.
Les feuilles mortes se ramassent à la pelle,
Les souvenirs et les regrets aussi
Et le vent du nord les emporte[1]
Dans la nuit froide de l'oubli.
Tu vois, je n'ai pas oublié
La chanson que tu me chantais.

C'est une chanson qui nous ressemble,
Toi, tu m'aimais, et je t'aimais.
Nous vivions tous les deux ensemble,
Toi, qui m'aimais; moi, qui t'aimais.
Mais la vie sépare ceux qui s'aiment
Tout doucement, sans faire de bruit
Et la mer efface sur le sable
Les pas des amants désunis.[2]

Michael Bussell/Stone

Jacques Prévert

"Les feuilles mortes," lyrics by Jacques Prévert, music by Joseph Kosma. © MCMXLVII by ENOCH & Cie, Paris. Used with permission.

1. *carries away,* 2. *the footprints of separated lovers*

D À votre avis. Relisez le poème et faites deux listes: (1) des expressions qui vous semblent tristes ou nostalgiques et (2) des expressions qui vous semblent plus heureuses.

Réalités culturelles
Le Burkina Faso

SITUÉ AU CŒUR de l'Afrique occidentale, le Burkina Faso est un peu plus grand que l'État du Colorado. Sa capitale est Ouagadougou. Il y a environ 16 200 000 Burkinabè, comme on appelle ses habitants. La langue officielle du pays est le français, mais il y a beaucoup de langues régionales. Les religions principales sont l'islam, le catholicisme, le protestantisme et des croyances traditionnelles. Quatre-vingt-douze pour cent des Burkinabè travaillent dans le domaine de l'agriculture.

Ce pays est devenu une colonie française au dix-neuvième siècle. Il s'appelait la Haute-Volta lorsqu'en 1960 il a gagné son indépendance. Mais en 1984 il a changé de nom pour devenir le Burkina Faso, nom qui signifie la «terre des hommes intègres». La devise du pays, «Unité, Progrès, Justice», semble bien décrire les Burkinabè parce que, pour eux, les qualités humaines les plus importantes sont l'hospitalité, l'humilité, la loyauté, la politesse et le respect du bien commun. Ces traits sont souvent célébrés dans leurs contes, leurs chants, leurs danses, leurs films et leurs représentations théâtrales. C'est d'ailleurs à Ouagadougou qu'a lieu le FESPACO, un grand festival du film africain.

Vocabulaire: contes *tales,* croyances *beliefs,* d'ailleurs *besides,* devise *motto,* intègres *honest,* lorsque *when*

> Use the map on the inside back cover to locate this country.

LECTURE II

A **Étude du vocabulaire.** Étudiez les phrases suivantes et choisissez les mots qui correspondent aux mots français en caractères gras: *corn, dry, dust, maid, rooms, harvest.*

1. C'était une maison avec quatre **pièces:** deux chambres, une cuisine et une salle de séjour.
2. Il y a longtemps que j'ai nettoyé cette chambre. Les meubles sont couverts de **poussière.**
3. Sans pluie, toute la région était **sèche.**
4. L'automne est la saison de la **récolte** du **maïs** dans l'Iowa.
5. Quelquefois les familles ont une **bonne** pour les aider au ménage.

B **Situez ces expressions.** Étudiez les expressions suivantes qui sont utilisées dans la lettre que Madame Nabi a envoyée du Burkina Faso. Ensuite cherchez-les dans sa lettre.

barrage *dam,* bouillie de mil *millet porridge,* dolo a *type of punch,* ignames *yams,* marmite *large pot,* occasions de rencontre *chances to meet others,* oseille *sorrel,* pagne (grass) *skirt,* Pâques *Easter,* prière *prayer,* tamarin *tamarind fruit,* tarissent *dry up,* tuteurs, *legal guardians,* volaille *poultry*

C **Résumez le texte.** Lisez le texte en faisant une pause après chaque paragraphe. Résumez les idées principales du paragraphe et comparez-les aux conclusions d'un(e) camarade de classe. Est-ce que vous êtes d'accord? Faut-il relire le paragraphe pour mieux le comprendre?

UNE LETTRE DU BURKINA FASO

Madame Nabi adresse une lettre à son amie américaine dans laquelle elle lui parle de sa vie au Burkina Faso. Madame Nabi et son mari s'occupent d'un CSPS, Centre de santé et de promotion sociale, qui procure aide et conseils à leurs compatriotes du point de vue de la santé.

Zitenga, le 3 avril

À Madame Baer,

Je suis ravie de vous écrire cette lettre. Vous avez le bonjour de mon mari, M. Nabi, et de mon bébé, Wen Dangas Benajas (puissances de Dieu, en mooré), qui a quatre mois. Mon bonjour également à toute votre famille et à tous ceux et celles qui vous sont chers. Nous vous ferons découvrir le Burkina par notre correspondance.

Nous habitons à Zitenga, qui est à 53 km au nord de la ville d'Ouagadougou, capitale du Burkina Faso. Ce village se trouve dans la province d'Oubritenga, une des 45 provinces du pays. Nous avons un climat sahélien[1]: il pleut de juin à octobre, il fait froid de novembre à janvier et chaud de février à mai. Pendant la saison froide, le vent, qu'on appelle le Harmattan et qui vient du désert, couvre tout de poussière. Les villageois sont des cultivateurs, surtout de mil, d'arachides et de riz, et des éleveurs de moutons, de bœufs et de volailles. À la saison sèche, on fait du jardinage et du commerce.

Le village respecte la hiérarchie traditionnelle. Le chef est généralement le plus vieux de la tribu et c'est lui qui est gardien de la tradition. Parmi les principales religions, l'animisme, la plus ancienne, est en voie de disparaître. Les gens qui la pratiquent adorent des idoles et placent leur confiance dans les ancêtres. Il y a aussi des catholiques, des protestants et des musulmans; ces derniers sont les plus nombreux. Les ethnies existantes sont les Mossis, qui sont en majorité, et les Peuls qui sont nomades. On parle le mooré, le foulfouldé (peul) et le français.

Les occasions de rencontres sont surtout les fêtes traditionnelles mossis, dont le Basga, fête des récoltes où les vieux animistes préparent des boissons commes le dolo fait à base de sorgho rouge. Il y a aussi la fête musulmane du Ramadan et la Tabaski, fête des moutons. Les chrétiens fêtent Noël et Pâques. Après un décès dans le village, on se réunit pour fêter le mort et demander à Dieu de l'accepter dans sa maison. On prépare un repas avec poulet et mouton, on boit le dolo, et on assiste à la danse des masques, exécutée au rythme des tams-tams. Ces masques sont des objets sacrés qui ne sortent que pour les funérailles et certaines fêtes mossis. Les jours de grands marchés, tous les 21 jours, le vendredi, les jeunes organisent des fêtes, les Damandassés, qui sont l'occasion pour eux de montrer leurs beaux habits, leurs belles robes et pagnes. C'est l'occasion aussi pour garçons et filles de se lier d'une amitié qui peut souvent aller jusqu'au mariage. Les Damandassés commencent après les récoltes à quatre heures de l'après-midi et durent jusqu'au petit matin.

Les maisons sont construites en "banco" ou terre séchée au soleil. Notre maison a deux pièces et un salon. J'y habite avec mon mari, mon bébé, ainsi que la femme d'un grand frère de mon mari, trois élèves (ma petite sœur qui fait la sixième, et une fille et un garçon qui font la cinquième, dont nous sommes les tuteurs), deux garçons qui nous aident pour les travaux domestiques et la construction, une bonne et un homme de 45 ans qui est chez nous depuis trois mois. En tout nous sommes onze dans la famille. Nous commençons chaque journée par une prière protestante de 6h à 6h30. Puis, mon mari et moi, nous allons au Centre de santé et de promotion sociale, où nous sommes agents de santé[2]. À 12h30 c'est le déjeuner, et de 15h à 17h nous repartons au CSPS. Vers 19h c'est le dîner. Nous nous couchons chaque soir vers 22h, si nous n'avons pas de malade à surveiller au dispensaire. Quand on a un peu de temps, on lit un bon roman.

Mme Nabi et sa petite sœur dans les champs

Le repas du matin, c'est la bouillie de mil préparée avec le jus de tamarin, cuite avec du sucre. Très rarement, on prend du café, du lait ou du pain. À midi, on prépare du riz avec sauce ou haricots; ou bien des ignames avec sauce tomate ou simplement salées, avec de l'huile d'arachide. Le soir, on mange du tô. Le tô est fait avec de la farine de maïs ou de mil, de l'eau et du jus de tamarin. On y ajoute une sauce faite avec des légumes tels que de l'oseille, des oignons, des tomates ou de la viande ou du poisson fumé. On utilise aussi l'huile ou la pâte d'arachide. On mange assis par terre autour de la marmite et on prend la nourriture avec la main droite. Les femmes et les hommes mangent séparément.

Nous cherchons l'eau de boisson à un forage (une pompe) assez loin de chez nous parce que le forage du dispensaire est en panne et nous n'avons pas les moyens suffisants pour le réparer. En plus des forages, les habitants puisent l'eau des puits, des mares ou des marigots[3]. Malheureusement ces sources d'eau tarissent très vite. Les femmes portent l'eau sur leur tête. Ceux qui ont les moyens vont à l'eau avec des charrettes. Les légumes frais, qu'on achète au marché, viennent des villages environnants où il y a des barrages et donc des terres irriguées. Le problème de l'eau est crucial à Zitenga.

Je remercie Madame Baer des cadeaux qu'elle a offerts à mon bébé. Si vous voulez d'autres détails, vous pouvez nous écrire. Nous vous souhaitons courage dans votre travail et surtout bonne réception de cette lettre.

Madame Nabi, née Ouedraogo Abzèta, Zitenga

1. climate of transition between the desert and damper regions 2. M. Nabi is head of the Center, but not a doctor. His wife has nursing skills. Two midwives do pre-natal and post-natal counseling, including family planning. A second man does vaccination tours, and a third is a fix-it person and also gives shots and does circumcisions. 3. dead branch of a river bed

D **Vrai ou faux?** Décidez si les phrases suivantes sont vraies ou fausses d'après la lecture. Si une phrase est fausse, corrigez-la.

1. Madame Nabi habite une grande maison.
2. Il y a plus de protestants que de membres d'autres religions.
3. On ne parle que le français au Burkina Faso.
4. La famille se met à table pour manger.
5. On utilise une fourchette, un couteau et une cuillère et on mange «à la française».
6. Les légumes frais viennent du jardin des Nabi.
7. Madame Nabi et son mari travaillent dans une sorte de clinique.
8. Ils se lèvent avant six heures du matin.
9. Pour avoir de l'eau, on doit simplement ouvrir le robinet dans la cuisine.

E **Questions.** Répondez aux questions.

1. Combien d'hommes et combien de femmes habitent la maison de Madame Nabi?
2. D'après cette lettre, combien de langues est-ce qu'on parle au Burkina Faso?
3. Quelles sont les quatre religions dont parle Madame Nabi?
4. Quelles sont les différentes sortes de viande mentionnées dans cette lettre?
5. Quels sont les besoins essentiels pour les gens du village?

F **Cherchez des exemples.** Relisez la lettre et cherchez des exemples ...

1. qui indiquent que le Burkina Faso se trouve en Afrique.
2. qui prouvent que le Burkina Faso est un pays pauvre.
3. qui montrent l'influence de l'Islam au Burkina Faso.
4. qui révèlent la foi *(faith)* et la charité des Nabi.

RÉDACTION

UNE JOURNÉE TYPIQUE

Votre ami(e) qui habite au Burkina Faso veut savoir comment est une journée typique pour vous. Écrivez-lui un e-mail dans lequel vous décrivez:

- votre routine du matin avant de partir à l'université
- trois choses qu'il faut faire pendant une journée typique
- trois choses que vous désirez faire pendant la journée
- votre routine du soir

A **Avant d'écrire.** Faites quatre listes, une pour chaque tâche mentionnée ci-dessus. Ensuite, ajoutez des détails à chaque activité, tels que l'heure où vous faites l'activité, avec qui vous la faites, comment vous la faites, etc.

B **Écrire.** Écrivez votre e-mail. Commencez par une salutation appropriée et demandez à votre ami(e) comment il/elle va et comment va sa famille. Donnez-lui aussi de vos nouvelles (*news*). Vous pouvez utiliser le message dans *Lecture II* comme modèle. Ensuite, utilisez vos listes pour décrire votre journée typique. N'oubliez pas d'employer des mots de transition entre les idées et les paragraphes. Terminez votre e-mail par une conclusion appropriée.

C **Correction.** Révisez votre texte pour corriger les fautes d'orthographe et de grammaire. Maintenant, lisez votre e-mail une deuxième fois pour vous assurer que toutes les transitions entre les idées et les paragraphes sont bonnes. Une technique efficace que vous pouvez employer est de lire le texte assez lentement à haute voix. Cela peut vous aider à noter des problèmes de transition. Refaites votre e-mail et incorporez les corrections.

Vocabulaire Actif

Practice some of this vocabulary with the flashcards on **iLrn**.

À table

un bol *bowl*

un couteau *knife*

une (petite) cuillère *spoon*

une fourchette *fork*

une nappe *tablecloth*

le poivre *pepper*

le sel *salt*

une serviette *napkin*

le sucre *sugar*

Au restaurant

une carte *(à la carte) menu*

un menu *(fixed price) menu*

D'autres noms

une brosse à cheveux (à dents) *hairbrush (toothbrush)*

le chauffage *heat*

la climatisation *air conditioning*

une dame *lady*

les genoux *(m. pl.) lap; knees*

un maillot de bain *bathing suit*

un pyjama *(pair of) pajamas*

des skis *(m.) skis*

une soirée *evening party*

un sourire *smile*

La routine quotidienne

se brosser (les dents) *to brush (one's teeth)*

se coucher *to go to bed*

s'endormir *to fall asleep*

s'habiller *to get dressed*

se laver *to get washed; to wash up*

se lever *to get up; to stand up*

se mettre à table *to sit down to eat*

se promener *to take a walk, ride*

se reposer *to rest*

se réveiller *to wake up*

La volonté

il est essentiel que *it is essential that*

il est important que *it is important that*

il est indispensable que *it is essential that*

il est nécessaire que *it is necessary that*

il faut que *it is necessary that; (someone) must*

il ne faut pas que *(someone) must not*

il vaut mieux que *it is preferable that; it is better that*

je désire que *I want*

j'exige que *I demand that*

je préfère que *I prefer that*

je souhaite que *I wish that; I hope that*

je veux que *I want*

je voudrais que *I would like*

Expressions utiles

à la française *in the French style*

Bon appétit! *Have a good meal!*

C'est exact. *That's right.*

de rien *you're welcome; don't mention it; not at all*

Excusez-moi (nous, etc.) d'être en retard. *Excuse me (us, etc.) for being late.*

Il n'y a pas de quoi. *Don't mention it.; Not at all.*

il sourit *he smiles*

Verbes

s'appeler *to be named; to be called*

s'asseoir *to sit down*

couper *to cut*

se dépêcher *to hurry*

goûter *to taste*

s'inquiéter *to worry*

laver *to wash*

lever *to lift; to raise*

mettre *to put (on); to place; to lay*

mettre le chauffage *to turn on the heat*

mettre la table *to set the table*

se souvenir (de) *to remember*

tarder *to be a long time coming*

verser *to pour*

CHAPITRE 14

Quelle histoire!

Photodisc/Getty Images

BUTS COMMUNICATIFS
- Describing interpersonal relationships
- Describing television programs
- Expressing emotions

STRUCTURES UTILES
- Le verbe **dire**
- Les pronoms compléments d'objet indirect
- Les verbes **voir** et **croire**
- Les interrogatifs **quel** et **lequel**
- Les pronoms relatifs (suite)
- Le subjonctif (suite)
- Le pronom **en**

CULTURE

Zoom sur les médias
- **Vidéo buzz:** La télévision française
- **Vu sur le web:** Le Réseau Outre-Mer 1ère et TV5 Monde
- **Repères:** Les réseaux sociaux en France
- **Insolite:** La radio en France
- **Article:** Les faux amis *(False cognates)*

Il y a un geste
- Je te le jure
- Quelle histoire!

Lectures
- À la télévision
- Au cinéma

RESOURCES

Audio	iLrn Heinle Learning Center	Premium Website
Pair Work	Group Work	*Entre amis* Video Program

Coup d'envoi

🔊 PRISE DE CONTACT: **UNE HISTOIRE D'AMOUR**

Track 3-32

David et Marie sortent ensemble.

Ils s'entendent° très bien.	*get along*
Ils s'embrassent°.	*kiss*
Ils s'aiment.	
Il lui° a demandé si elle voulait l'épouser.	*her*
Elle lui° a répondu que oui.	*him*
Il lui a acheté une très belle bague de fiançailles°.	*engagement ring*
Ils vont se marier.	

🎧 **Et vous?**

Connaissez-vous des couples célèbres° qui
sont fiancés?

famous

Connaissez-vous des couples célèbres qui
sont mariés?

Connaissez-vous des couples célèbres qui
sont divorcés?

M. et Mme Jean-Pierre Delataille   M. et Mme Émile Baron

ont l'honneur de vous annoncer le mariage de leurs enfants

Marie et David

et vous prient d'assister ou de vous unir d'intention à la Messe de Mariage

qui sera célébrée le samedi 16 juillet à 17 heures, en l'Église St-Gervais.

27, rue Mahler——75004 Paris   27, rue des Tournelles——75004 Paris

---

400 *quatre cents* **CHAPITRE 14 · Quelle histoire!**

Lori et son amie Denise sont assises à la terrasse d'un café.
Denise lui demande si elle a regardé le feuilleton° d'hier soir.   *soap opera, series*

Denise: Encore à boire, Lori?

Lori: Non, vraiment, sans façon.

Denise: Au fait, tu as regardé le feuilleton hier à la télé?

Lori: Lequel?°   *Which one?*

Denise: *Nos chers enfants.*

Lori: Non. Qu'est-ce qui est arrivé?°   *What happened?*

Denise: David et Marie ne s'aiment plus. Marie a un petit ami maintenant.

Lori: Eh! ça devient sérieux.

Denise: Tu ne sais pas tout. Ils vont divorcer. David lui a dit qu'il allait partir.

Lori: Il est sans doute très malheureux°, n'est-ce pas?   *unhappy*

Denise: Bien sûr. Il dit que le mariage est une loterie. Pour se consoler le plus vite possible, il a mis une annonce° dans le journal local.   *advertisement*

Lori: Ça, c'est original°. Et il y a des candidates?   *a novel idea*

Denise: Oui, trois femmes lui ont répondu et veulent le rencontrer°.   *meet*

Lori: Sans blague?°   *No kidding?*

Denise: Je te le jure.° C'est passionnant!   *I swear.*

Lori: Quelle histoire!

👥 🔊 **Jouez ces rôles.** Répétez la conversation avec votre partenaire. Remplacez ensuite *David* par *Marie* et *Marie* par *David,* par exemple: **Elle lui a dit qu'elle allait partir.** Faites tous les changements nécessaires.

© Cengage Learning

Il y a un geste

Je te le jure. An outstretched hand, palm down, means *I swear,* perhaps originally meaning "I would put my hand in the fire (if it were not true)."

© Cengage Learning

Quelle histoire! To indicate that something is amazing, exaggerated, or far-fetched, the French hold the hand open with fingers pointing down and shake the wrist several times. Other expressions used with this gesture are **Oh là là!** *(Wow!, Oh dear!)* and **Mon Dieu!** *(My goodness!).*

Zoom sur les médias

Premium Website

PETIT TEST

1. **Comment dit-on «passionnant» en anglais?**

    a. passionate   b. amazing   c. exciting

2. **Que veut dire «sans doute»?**

    a. certainement   b. probablement   c. peut-être

3. **D'où viennent les fonds pour payer les chaînes de télévision publique?**

    a. de la publicité

    b. d'un impôt (*tax*) qu'on paie si on a un poste de télévision.

    c. a et b

For the answers, read the articles that follow.

VIDÉO BUZZ

La télévision française

IN 2011, 19 national television channels broadcasted programs free to the public. **France Télévision**, a state-owned company, and **Arte**, a public television channel sponsored jointly by the governments of France and Germany, operated eight of these channels. Private groups owned the remaining free channels. Television viewers in France today have access to hundreds of other channels in multiple languages through paid cable or satellite services. Just as in North America, many households pay a monthly subscription and receive cable television, Internet, and telephone service in one package.

Funding for public television comes from government subsidies, commercials, and a user tax. Everyone who has a TV set pays around 125 euros per year in metropolitan France and about 80 euros in the overseas departments.

Programming from **France 2** (operated by **France Télévision**) is also available throughout the Francophone world, in the United States and other countries, and through live-streaming on the Internet. To learn more about French television and watch clips from different broadcasts, explore the links on the *Premium Website*.

VU SUR LE WEB

Le Réseau Outre-Mer 1ère et TV5 Monde

RÉSEAU OUTRE-MER 1ÈRE is a radio and television network broadcasting in France and its overseas departments. Part of the **France 2** public broadcasting group (see **Vidéo buzz**), it features programming that highlights the cultural richness and diversity of the French Antilles, French Polynesia, and other overseas departments and territories.

TV5 Monde is the leading French-language television channel in the world. It broadcasts 24 hours a day and reaches more than 215 million households in nearly 200 countries, including the United States. Programming comes from France, Belgium, Switzerland, Canada, and Francophone Africa.

To learn more about **Réseau Outre-Mer 1ère** and **TV5 Monde** explore the links on the *Premium Website*.

David Pujadas présente les actualités du *20 heures* de France 2.

La radio en France

THE MAJORITY OF THE FRENCH believe the radio is the most reliable source of information today and some 83% of the population listens to it every day. It is the most frequently accessed form of media on the Internet, with 70% of Internet users listening to live radio or podcasts.

The radio is also the French people's favorite medium for listening to music and the primary means for discovering new songs and artists. Although English-language music has fans everywhere in France, **la chanson française** remains the most popular form of music. One factor that may contribute to this preference is France's laws governing programming content for radio. Forty percent of all music programming on French radio stations during prime time listening hours must be in French.

Les faux amis *(False cognates)*

It is estimated that as much as 50 percent of our English-language vocabulary comes from French and its "mother-language," Latin; and thanks to globalization and the influence of today's media, many English words have also become part of French-language vocabulary. Many of these words are true cognates and facilitate comprehension. There are, however, a number of false cognates, or **faux amis** whose meaning *in a given context* is quite different from what we might expect. Some examples are given below.

Review the concepts of cognate, p. 25, and false cognate, p. 54.

Vocabulaire

Quelques faux amis

actuellement	*now*	une histoire	*story*
une annonce	*advertisement*	un journal	*newspaper*
arriver	*to happen*	original(e)	*novel, odd; different*
assister (à)	*to attend*		
attendre	*to wait for*	par hasard	*by chance*
un avertissement	*warning*	passer un examen	*to take a test*
compréhensif (-ve)	*understanding*	passionnant(e)	*exciting, fascinating*
un(e) conducteur (conductrice)	*driver*	des plaisanteries	*jokes*
confus(e)	*ashamed, embarrassed*	rester	*to stay*
		sans doute	*probably*
demander	*to ask*	sensible	*sensitive*
une émission	*program*	un smoking	*a tuxedo*
formidable	*wonderful*	speed	*fast*

REPÈRES

Les réseaux sociaux en France

According to a survey taken by IFOP, 77% of all Internet users in France belong to at least one social networking site, and 52% belong to two or more. They spend an average of four hours each month using these sites. The top five sites are Facebook, Copains d'avant, MySpace, Skyrock, and Windows Live. Take a look at the graph below to see which sites various social or professional groups prefer.

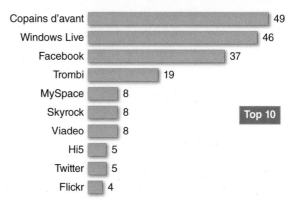

Source: IFOP, "L'appartenance aux réseaux sociaux en ligne" *Observatoiredes réseaux sociaux*, © janvier 2010. Used with permission.

À vous. Répondez aux questions.

1. Avez-vous un feuilleton préféré? Si oui, lequel?
2. Que pensez-vous des feuilletons en général?
3. Quel feuilleton aimez-vous le moins?

ENTRE AMIS **Ton émission préférée**

Follow the guidelines below to find out about your partner's television viewing habits.

1. Find out if your partner watches TV.
2. If so, ask what his/her favorite TV program is.
3. Find out if your partner listens to the radio.
4. If so, ask what his/her favorite radio program is.
5. If your partner has responded affirmatively, find out the date and time of his/her favorite programs.
6. If your partner has responded no, find out why s/he doesn't watch TV or listen to the radio.

PRONONCIATION

🔊 LA TENSION

Track 3-34

▶ There is much more tension in the facial muscles when speaking French than when speaking English. Two important phenomena result from this greater tension.

1. *There are no diphthongs (glides from one vowel sound to another) in French.* French vowels are said to be "pure." The positions of mouth and tongue remain stable during the pronunciation of a vowel, and therefore one vowel sound does not "glide" into another as often happens in English.

 Contrast:

English	French
d**ay**	d**es**
aut**o**	aut**o**

▶ Notice that in the English word *day,* the **a** glides into an **ee** sound at the end, and that in the English word *auto,* the **o** glides to **oo.**

🔊 Now practice "holding steady" the sound of each of the vowels in the following French words.

ét udiant, am éricain
sant é, soir ée
dans **er**, parl **ez**
l **es**, j' **ai**

ch **o**se, styl **o**
tr **o**p, zér **o**
aussi, ch **au**d
b **eau**, mant **eau**

2. *Final consonants are completely released.* The pronunciation of final French consonants is much more "complete" than is the case for those of American English.

▶ Note that in American English, the final consonants are often neither dropped nor firmly enunciated. In similar French words, the final consonants are all clearly pronounced.

Contrast:

English	French
ro**b**	ro**b**e
gran**d**	gran**d**e
ba**g**	ba**gu**e
be**ll**	be**ll**e
ho**m**e	ho**mm**e
America**n**	américai**n**e
gri**p**	gri**pp**e
intelligen**t**	intelligen**t**e

Now **practice** "releasing" the highlighted final consonant sounds below so that you can hear them clearly.

1. u**n**e gran**d**e fi**ll**e
2. E**ll**e s'appe**ll**e Michè**l**e.
3. un pi**qu**e-ni**qu**e
4. une ba**gu**e de fiançai**ll**es
5. un ho**mm**e et une fe**mm**e
6. sa ju**p**e ver**t**e

La femme qu'on interviewe parle au micro.

Réalités culturelles
Les Petites Antilles françaises

Cultural Activities

Find the places mentioned in this section on the map on the endpapers at the back of this book.

Aimé Césaire, un écrivain antillais, a inventé le concept de négritude à travers lequel il donne une nouvelle compréhension de l'origine africaine.

Rose Hartman/Terra/Corbis

SITUÉES EN ZONE tropicale, les Petites Antilles françaises sont un archipel en forme d'arc de cercle où se trouvent la Martinique (mot qui veut dire «île aux fleurs») et la Guadeloupe («île aux belles eaux»). Cette dernière est composée de deux îles principales, qui forment un papillon, Basse-Terre et Grande-Terre. C'est à la Martinique que la future impératrice Joséphine, femme de Napoléon Ier, et Aimé Césaire, le grand poète, philosophe et homme d'État, sont nés.

Les îles antillaises ont donné naissance pendant les années 80 au *zouk,* un genre de musique pop appréciée dans le monde entier. *Zouk,* qui signifie *fête* en créole, est un mélange de traditions musicales provenant de l'Europe, de l'Afrique, de l'Amérique et des Caraïbes. Un des groupes les plus connus du *zouk* s'appelle Kassav'.

Les îles antillaises sont des îles de rêve. Elles ont des paysages contrastés et variés, des campagnes sauvages, de belles plages, des falaises extraordinaires et des cascades magiques. Mais elles ont aussi un côté sombre: des ouragans violents et fréquents, des tremblements de terre qui peuvent faire disparaître des régions entières, et des éruptions volcaniques hasardeuses, comme celle qui a détruit en 1902 Saint-Pierre à la Martinique. Au cours de leur histoire, ces départements d'outre-mer ont connu l'exploitation et la violence. Aujourd'hui c'est le chômage très élevé qui menace la douceur de ces îles: 21 pour cent environ à la Martinique, plus élevé encore en Guadeloupe.

Repères:	La Martinique	La Guadeloupe
Statut politique:	départements français d'outre-mer	
Superficie:	1.106 km²	1.780 km²
Population:	environ 403.000	environ 450.000
Langue officielle:	français	français
Autre langue parlée	créole	créole
Religion:	catholique	catholique
Chef-lieu:	Fort-de-France	Pointe-à-Pitre
Ressources:	subvention de l'État français, tourisme, industrie (rhum, sucre), agriculture (canne à sucre, bananes, ananas)	

Vocabulaire: chômage *unemployment,* mélange *mixture,* ouragan *hurricane,* papillon *butterfly,* provenant de *coming from,* rêve *dream,* tremblement de terre *earthquake*

Buts communicatifs

◄)) **I. DESCRIBING INTERPERSONAL RELATIONSHIPS**
Track 3-35

L'histoire d'un divorce

David et Marie ne s'entendent plus très bien.
Ils se fâchent°.   *get angry*
Ils se disputent°.   *argue; fight*
Il ne lui envoie plus de fleurs.
Elle ne lui parle plus.
Il lui a dit° qu'il ne l'aime plus.   *He told her*
Ils vont se séparer.
Ils ont même° l'intention de divorcer.   *even*

Et vous? Choisissez un couple (de Hollywood, de Washington, d'amis, etc.) que vous connaissez. Comment s'appellent-ils? Est-ce qu'ils s'entendent bien? Est-ce qu'ils se disputent quelquefois? Décrivez ce couple.

A. *Le verbe dire*

Grammar
Tutorials

David **dit** qu'il va partir.   *David says (that) he's going to leave.*
Dites à Marie de faire attention.   *Tell Marie to watch out.*

dire (to say; to tell)			
je	**dis**	nous	**disons**
tu	**dis**	vous	**dites**
il/elle/on	**dit**	ils/elles	**disent**
passé composé: j'**ai dit**			

► The verb **dire** should not be confused with the verb **parler.** Both can mean *to tell,* but they are used differently.

• **Dire** can be followed by a quote or by an item of information (sometimes contained in another clause introduced by **que**).

Bruno **dit bonjour** à Alissa.   *Bruno **says hello** to Alissa.*
Il **lui dit un secret.**   *He **tells her a secret.***
Il **dit qu'il l'aime.**   *He **says that he loves her.***
Il **dit** toujours **la vérité.** *He always **tells the truth.***

• **Parler** can stand alone or can be followed by an adverb, by **à** (or **avec**) and the person spoken to, or by **de** and the topic of conversation.

Bruno **parle** (lentement).   *Bruno **is speaking** (slowly).*
Il **parle à** Alissa.   *He **is talking to** Alissa.*
Il **parle de** lui-même.   *He **is telling about** himself.*

NOTE When the meaning is *to tell (a story),* the verb **raconter** is used.

Raconte-nous une histoire.   *Tell us a story.*

Buts communicatifs *quatre cent sept* **407**

1 **Qu'est-ce qu'ils disent?** Quelles sont les opinions de chaque personne? Utilisez le verbe **dire** et le verbe **être** dans chaque phrase.

MODÈLE: Ma grand-mère / le rap / facile ou difficile à comprendre
Ma grand-mère dit que le rap est difficile à comprendre.

1. je / la publicité à la télé / très bonne ou très mauvaise
2. nos grands-parents / nous / charmants ou désagréables
3. nous / le cours de français / formidable ou ennuyeux
4. le professeur de français / nous / travailleurs ou paresseux
5. mes professeurs / je / intelligent(e) ou stupide
6. mes amis / le football à la télé / passionnant ou affreux

2 **À vous.** Répondez aux questions.

1. Que dites-vous quand vous avez une bonne note à un examen?
2. Que dit votre professeur de français quand vous entrez en classe?
3. Que dites-vous quand vous êtes en retard à un cours?
4. Que dites-vous à un(e) ami(e) qui vous téléphone à 6 heures du matin?
5. De quoi parlez-vous avec vos amis?
6. Vos professeurs racontent-ils quelquefois des histoires en classe? Si oui, quelle sorte d'histoires?
7. Comment dit-on «Oh dear!» en français?
8. Dites-vous toujours la vérité?

3 **Le perroquet et la fourmi (The parrot and the ant). Quelle histoire!** Utilisez les verbes dire, parler et raconter pour compléter le paragraphe suivant.

Mon frère _____ qu'il adore les histoires drôles. Hier soir, par exemple, il m'a _____ l'histoire d'une femme anglaise qui achète un perroquet qui ne _____ que le français. Mais la pauvre dame ne peut rien _____ en français et ne peut pas _____ avec lui. Un jour, la dame va boire un verre de lait mais dans le verre il y a une fourmi. Le perroquet veut _____ à la dame de ne pas boire le lait; il _____ FOURMI!! parce qu'il ne _____ pas anglais. La dame pense que le perroquet a _____ «For me!» et elle part chercher un verre de lait pour son perroquet. J'ai _____ à mon frère que je n'apprécie pas beaucoup les histoires qu'il _____.

B. Les pronoms compléments d'objet indirect

Grammar
Tutorials

David parle *à Marie.*
Il **lui** dit qu'il l'aime.
Il **lui** demande de l'épouser.
Il **lui** achète une bague de fiançailles.
Ils écrivent *à leurs parents.*
Ils **leur** disent qu'ils vont se marier.

David is speaking to Marie.
*He tells **her** that he loves her.*
*He asks **her** to marry him.*
*He buys **her** an engagement ring.*
They write to their parents.
*They tell **them** that they are going to get married.*

Charles Ness

Il lui a demandé si elle voulait se promener.

► Indirect object nouns in French are preceded by the preposition **à**. Many verbs take indirect objects, either in addition to a direct object or with no direct object.

Vocabulaire

Quelques verbes qui prennent un complément d'objet indirect

acheter		*to buy*
demander		*to ask*
dire		*to say; to tell*
donner		*to give*
écrire		*to write*
emprunter	quelque chose **à quelqu'un**	*to borrow*
envoyer		*to send*
montrer		*to show*
prêter		*to lend*
raconter		*to tell*
rendre		*to give back*
vendre		*to sell*
obéir		*to obey*
parler	**à quelqu'un**	*to speak, talk*
répondre		*to respond, answer*
téléphoner		*to telephone*

Two additional expressions that you have already learned take a specific direct object plus an indirect object: **poser une question à quelqu'un; rendre visite à quelqu'un. J'ai posé une question au professeur.** *(I asked the teacher a question.)* **Vas-tu rendre visite à tes parents?** *(Are you going to visit your parents?)*

NOTE

Do not be confused by verbs that take an indirect object in French but a direct object in English.

Paul obéit **à ses parents.**   *Paul obeys his parents.*

Je téléphone **à Brigitte.**   *I call Brigitte.*

Marc rend visite **à ses amis.**   *Marc visits his friends.*

► Indirect object nouns can be replaced in sentences by indirect object pronouns.

Review the direct object pronouns on pp. 236–237 & 289.

me (m')	*(to) me*	**nous**	*(to) us*
te (t')	*(to) you*	**vous**	*(to) you*
lui	*(to) him; (to) her*	**leur**	*(to) them*

NOTE

The indirect object pronouns **me, te, nous,** and **vous** are identical to the direct object pronouns. But unlike direct objects, **lui** is used for both *(to) him* and *(to) her,* and **leur** is used for *(to) them.*

Alain a-t-il téléphoné **à Pierre**?	Oui, il **lui** a téléphoné.
A-t-il téléphoné aussi **à Anne**?	Oui, il **lui** a téléphoné aussi.
A-t-il téléphoné **à Guy et à Ariel**?	Oui, il **leur** a téléphoné après.
Vous a-t-il parlé de tout ça?	Non, il ne **m'**a pas parlé de ça.
	Ariel **m'**a parlé de ça.

NOTE

Often in English, the preposition *to* is omitted. Also, in some contexts indirect object pronouns may *mean **for** someone, **from** someone,* etc.

Est-ce que je **t'**ai donné de l'argent?	*Did I give **you** some money? (= to you)*
Mais non, tu **m'**as emprunté 5 dollars!	*No, you borrowed 5 dollars **from me**!*
Alors, je **t'**achèterai quelque chose.	*Then I'll buy **you** something. (= for you)*

► Like a direct object pronoun, an indirect object pronoun is almost always placed directly *before* the verb.

Nous **lui** répondons tout de suite.	*We answer him (her) right away.*
Ils ne **nous** ont pas téléphoné.	*They didn't telephone us.*
Vous dit-elle la vérité?	*Is she telling you the truth?*
Elle va **leur** rendre visite.	*She is going to visit them.*
Ne **m'**écris pas.	*Don't write to me.*

Review the use of pronouns with the imperative, Ch. 10, p. 293.

NOTE

Also like direct object pronouns, indirect object pronouns follow the verb *only* in affirmative commands, and in that case **me** and **te** become **moi** and **toi.**

Écris-**lui** immédiatement!	*Write to him immediately!*
Donne-**moi** de l'eau, s'il te plaît.	*Give me some water, please.*

Synthèse: object pronouns

direct:	me	te	le/la	nous	vous	les
indirect:	me	te	lui	nous	vous	leur
reflexive:	me	te	se	nous	vous	se

Carrefour
vous rend la vie plus facile!
Tout en faisant vos courses, vous pouvez aussi…

4 **Le professeur et les étudiants.** Utilisez les expressions suivantes pour faire des phrases. Utilisez un pronom objet indirect dans chaque phrase et utilisez la forme négative si vous voulez.

MODÈLES: **Le professeur leur parle toujours en français.**
Les étudiants ne lui rendent jamais visite.

		dire bonjour	
		parler en français	
		écrire des lettres	toujours
		téléphoner	d'habitude
le professeur	leur	rendre visite	souvent
les étudiants	lui	poser des questions	quelquefois
		demander un conseil	rarement
		raconter des histoires	jamais
		obéir	
		donner des interrogations faciles	
		envoyer des messages	

> In this activity **lui** *refers to* **le professeur,** *and* **leur** *refers to* **les étudiants.**

5 **Vrai ou faux?** Décidez si les phrases suivantes sont vraies ou fausses. Ensuite répondez chaque fois avec un pronom objet indirect. Si une phrase est fausse, corrigez-la.

MODÈLES: Le professeur dit toujours bonjour aux étudiants.
C'est vrai. Il leur dit toujours bonjour.

Le président vous a téléphoné.
C'est faux. Il ne m'a pas téléphoné.

1. Le professeur de français ne donne pas beaucoup de devoirs aux étudiants.
2. Le professeur vous pose beaucoup de questions.
3. Les étudiants répondent toujours correctement au professeur.
4. Vous écrivez quelquefois des lettres à vos amis.
5. Vos amis vous répondent chaque fois.
6. Vous téléphonez souvent à votre meilleur(e) ami(e).
7. Vous ne rendez jamais visite à vos cousins.
8. Vous montrez toujours vos notes à vos parents.
9. Vos parents vous prêtent souvent leur voiture.

6 **Faites-le donc!** *(Then do it!)* Encouragez la personne comme dans les modèles. Utilisez des pronoms objets indirects.

MODÈLES: Je vais rendre visite à Jean.
Eh bien, rendez-lui donc visite!

Je voudrais poser une question au professeur.
Eh bien, posez-lui donc une question!

1. Je vais parler à Claire.
2. Je voudrais répondre au professeur.
3. Je vais rendre visite à mes grands-parents.
4. Je vais prêter ma voiture à mon amie.
5. J'ai envie de vous poser une question.
6. Je voudrais dire bonjour à Thierry.
7. J'ai envie de téléphoner à mes parents.

7 **Non, ne le faites pas!** Employez encore les phrases de l'activité 6 pour dire à la personne de *ne pas* faire ce qu'elle veut faire. Utilisez des pronoms objets indirects.

MODÈLES: Je vais rendre visite à Jean.
Mais non, ne lui rendez pas visite!

Je voudrais poser une question au professeur.
Mais non, ne lui posez pas de question!

8 **La voiture de Paul.** Remplacez chaque expression en italique par un des pronoms suivants: **le, la, les, lui** ou **leur.**

MODÈLES: Les parents de Paul ont acheté une voiture *à leur fils.*
Les parents de Paul lui ont acheté une voiture.

Ils aiment beaucoup *leur fils.*
Ils l'aiment beaucoup.

1. Il a dit merci *à ses parents.*
2. Clément a demandé *à Paul* s'il pouvait conduire *la voiture.*
3. Paul a prêté sa voiture *à Clément.*
4. Clément rend visite *à sa petite amie.*
5. Elle aime beaucoup *la voiture.*
6. Elle demande *à Clément* si elle peut conduire *la voiture.*
7. Il prête la voiture *à sa petite amie.* Elle dit merci *à Clément.*
8. Il dit *à son amie* de prendre *le volant.*
9. Elle va rendre la voiture *à Clément* la semaine prochaine.

9 Je vais le faire. Répondez affirmativement à chaque ordre par l'expression **Je vais** + un infinitif. Remplacez les expressions en italique par un pronom objet direct ou indirect.

MODÈLES: Il faut que vous téléphoniez à *Léa!*
D'accord, je vais lui téléphoner.

Il faut que vous écriviez *votre nom.*
D'accord, je vais l'écrire.

1. Il faut que vous obéissiez *à vos parents!*
2. Il faut que vous prêtiez votre livre *à votre voisine!*
3. Il faut que vous regardiez *cette émission!*
4. Il faut que vous écriviez une lettre *à vos grands-parents!*
5. Il faut que vous disiez *la vérité!*
6. Il ne faut pas que vous demandiez *à Agnès* quel âge elle a!
7. Il ne faut pas que vous buviez *ce verre de vin!*
8. Il faut que vous posiez une question *au professeur!*
9. Il faut que vous *me* répondiez!

10 À vous. Répondez aux questions.

1. Téléphonez-vous souvent à vos amis?
2. À qui avez-vous parlé récemment?
3. Qu'est-ce que vous lui avez dit?
4. Qu'est-ce que vous lui avez demandé?
5. Qu'est-ce qu'il ou elle vous a répondu?
6. Allez-vous rendre visite à des amis bientôt?
7. Si oui, quand est-ce que vous leur rendrez visite? Si non, comment les contacterez-vous?
8. Que prêtez-vous à vos amis?
9. Qu'est-ce que vous empruntez à vos parents?

ENTRE AMIS Votre meilleur(e) ami(e)

Talk to your partner about his/her best friend. Use indirect object pronouns where appropriate.

1. Find out the name of your partner's best friend.
2. Ask if your partner wrote to him/her this week.
3. Ask if your partner visited him/her this week.
4. Ask if your partner called him/her this week.
5. If so, try to find out what your partner said to his/her friend.

2. DESCRIBING TELEVISION PROGRAMS

Track 3-36

Quelles émissions y a-t-il à la télévision?

Il y a ...

les émissions de téléréalité, par exemple, *Top Chef.*

les informations, par exemple, *le Journal du soir.*

la météorologie, par exemple, *le Bulletin météo.*

les sports, par exemple, *le Tour de France.*

les films, par exemple, *Les petits mouchoirs.*

les pièces, par exemple, *L'Avare* de Molière.

les feuilletons, par exemple, *La maison des Rocheville.*

les dessins animés, par exemple, *Dora l'exploratrice.*

les jeux, par exemple, *la Roue de la fortune.*

la publicité, par exemple, les spots publicitaires pour Perrier, Coca-Cola.

Et vous? Qu'est-ce que vous regardez à la télévision?

11 À vous. Répondez aux questions.

1. Combien de temps par jour passez-vous à regarder la télévision?
2. Que regardez-vous à la télévision?
3. Quelles sont les émissions que vous ne regardez presque *(almost)* jamais?
4. Quelle émission trouvez-vous la plus drôle?
5. Quelle émission trouvez-vous la plus ennuyeuse?
6. Regardez-vous quelquefois des feuilletons? Si oui, quel feuilleton préférez-vous?
7. Que pensez-vous de la publicité à la télévision?
8. Voudriez-vous qu'il y ait plus, autant ou moins de sports à la télévision? Pourquoi?

C. *Les verbes* voir *et* croire

Grammar
Tutorials

Note the use of **que** in the expression **Je crois que oui.**

Je **crois** qu'il va neiger. Qu'en pensez-vous?	*I think it's going to snow. What do you think?*
On **verra.**	*We'll see.*
Je **crois** que je **vois** nos amis.	*I think (that) I see our friends.*
Avez-vous déjà **vu** ce film?	*Did you already see this film?*
Je **crois** que oui.	*I believe so.*
Non, je ne **crois** pas.	*No, I don't believe so.*

▶ The verbs **voir** and **croire** have similar present tense conjugations.

voir (to see)	
je	**vois**
tu	**vois**
il/elle/on	**voit**
nous	**voyons**
vous	**voyez**
ils/elles	**voient**
passé composé: j'**ai vu**	

croire (to believe, think)	
je	**crois**
tu	**crois**
il/elle/on	**croit**
nous	**croyons**
vous	**croyez**
ils/elles	**croient**
passé composé: j'**ai cru**	

▶ The future tense verb stem for **voir** is irregular: **verr-**. The future of **croire** is regular.

Je vous **verrai** demain.   *I will see you tomorrow.*
Mes amis ne me **croiront** pas.   *My friends won't believe me.*

▶ The subjunctive forms of **voir** and **croire** have two stems just like other verbs that have two present tense stems.

Il faut que je le **voie.**   Il faut que vous le **voyiez** aussi.
Je veux qu'il me **croie.**   Je veux que vous me **croyiez.**

⓬ **Que croient-ils?** Tout le monde a son opinion. Utilisez le verbe **croire** et identifiez ce qui, à votre avis, correspond à la description donnée.

MODÈLE: mon père / la meilleure équipe de football
            Mon père croit que les New York Giants sont la meilleure équipe de football.

1. je / l'émission la plus intéressante le jeudi soir
2. nous / le cours le plus ennuyeux
3. le professeur de français / les étudiants les plus travailleurs
4. mes parents / la chose la plus importante de ma vie
5. mes amis / le feuilleton le plus passionnant
6. je / le plus mauvais film de cette année

⓭ **Que croyez-vous?** Est-ce que la phrase est vraie pour la plupart des étudiants de votre cours de français? Si oui, répondez **Je crois que oui.** Si non, répondez **Je ne crois pas** et corrigez la phrase.

MODÈLE: La plupart des étudiants croient que le professeur de français est méchant.
            Je ne crois pas. Ils croient que le professeur est très gentil.

1. La plupart des étudiants voient leurs parents tous les jours.
2. La plupart des étudiants verront un film le week-end prochain.
3. La plupart des étudiants ont déjà vu un film français.
4. La plupart des étudiants veulent voir un pays où on parle français.
5. La plupart des étudiants verront la tour Eiffel un jour.
6. La plupart des étudiants croient que les femmes conduisent mieux que les hommes.
7. La plupart des étudiants croyaient au Père Noël quand ils étaient petits.
8. La plupart des étudiants croient actuellement au Père Noël.

14 **À vous.** Répondez aux questions.

1. Quel film avez-vous vu la dernière fois que vous êtes allé(e) au cinéma?
2. Qui voyez-vous tous les jours?
3. Qui avez-vous vu hier?
4. Quelle note croyez-vous que vous aurez en français?
5. Quand croyez-vous que vous irez en Europe?
6. Qu'est-ce que vous verrez si vous y allez?
7. Qui croit au Père Noël?

D. Les interrogatifs quel et lequel

Grammar
Tutorials

Review **quel,** p. 117.

► You have already learned to use the adjective **quel** *(which? what?).* **Quel** always occurs with a noun and agrees with that noun.

Quel feuilleton avez-vous vu?
De **quelle** actrice parlez-vous?
Quels acteurs préférez-vous?
Quelles sont vos émissions préférées?

► **Lequel** *(which one)* replaces **quel** and the noun it modifies. Both parts of **lequel** show agreement.

Vous avez vu le feuilleton?	**Lequel?** (Quel feuilleton?)
Que pensez-vous de cette actrice?	**Laquelle?** (Quelle actrice?)
Ces acteurs sont formidables.	**Lesquels?** (Quels acteurs?)
Ce sont vos émissions préférées?	**Lesquelles?** (Quelles émissions?)

	singulier	pluriel
masculin	lequel	lesquels
féminin	laquelle	lesquelles

► Do not use the indefinite article (**un, une, des**) when **quel** is used in an exclamation.

Quelle histoire!	*What a story!*
Quel cours!	*What a course!*
Quels étudiants!	*What students!*

► **Lequel** is often followed by the preposition **de** to name the group from which the choice is to be made.

Laquelle de vos amies s'appelle Mimi?	*Which of your friends is named Mimi?*
Lesquels de vos professeurs parlent français?	*Which of your teachers speak French?*

When **lequel, lesquels,** and **lesquelles** are preceded by the prepositions **à** or **de,** the normal contractions are made. No contraction is made with **laquelle.**

à + lequel	→	**auquel**	de + lequel	→	**duquel**
à + lesquels	→	**auxquels**	de + lesquels	→	**desquels**
à + lesquelles	→	**auxquelles**	de + lesquelles	→	**desquelles**

Alexis parle d'un film, mais **duquel** parle-t-il?
Il parle aussi des émissions de télé, mais **desquelles**?
Auxquelles de ces émissions vous intéressez-vous?

⑮ Dans une salle bruyante *(In a noisy room)*. On fait du bruit et vous n'entendez pas bien les réponses de votre partenaire. Demandez-lui de répéter. Utilisez une forme de **quel** dans la première question et une forme de **lequel** dans la deuxième.

MODÈLE: ville

> VOUS: **Quelle ville préfères-tu?**
> VOTRE PARTENAIRE: **Je préfère Québec.**
> VOUS: **Laquelle?**
> VOTRE PARTENAIRE: **Québec.**

1. émission	7. actrices
2. ville	8. chanson
3. dessin animé	9. feuilleton
4. film	10. cours
5. voiture	11. dessert
6. acteurs	12. sports

⑯ Microconversation: Non, je n'ai pas pu. Interviewez votre partenaire d'après le modèle. Faites tous les changements nécessaires.

MODÈLE: regarder le feuilleton

> VOUS: **As-tu regardé le feuilleton hier?**
> VOTRE PARTENAIRE: **Lequel?**
> VOUS: **«Mes chers enfants».**
> VOTRE PARTENAIRE: **Non, je n'ai pas pu le regarder.**

1. voir le match (de basket-ball, de base-ball, etc.)
2. regarder les informations
3. voir la pièce
4. regarder l'émission
5. regarder les dessins animés
6. voir le film

17 À vous. Répondez aux questions.

1. Y a-t-il des mois de l'année plus agréables que les autres? Lesquels?
2. Quel est le mois le moins agréable, à votre avis?
3. Lequel des membres de votre famille est le plus jeune?
4. Laquelle des actrices célèbres trouvez-vous la plus belle?
5. Lequel des acteurs célèbres trouvez-vous le plus beau?
6. Lesquels de vos amis voyez-vous tous les jours?
7. Auxquels envoyez-vous des messages électroniques?

E. Les pronoms relatifs (suite)

Grammar Tutorials

▶ Relative pronouns like *who, whom,* and *which* relate or tie two clauses together. They refer to a word in the first clause.

(J'ai des amis. Ils habitent en France.)
J'ai des amis **qui** habitent en France.   *I have friends who live in France.*
(J'ai des amis. Vous les connaissez bien.)
J'ai des amis **que** vous connaissez bien.   *I have friends whom you know well.*

Review relative pronouns on p. 269.

▶ The choice of the relative pronoun **qui** or **que** depends on its function as subject or object.

- **Qui** *(who, that, which)* replaces a person or a thing that is the *subject* of a relative clause.

«La Roue de la fortune» est une émission **qui** est très populaire.

- **Que** *(whom, that, which)* replaces a person or a thing that is the *object* of a relative clause.

Le film **que** j'ai vu était très intéressant.

Review agreement on p. 290.

▶ Past participles conjugated with **avoir** agree with a preceding direct object. Therefore, a past participle will agree with **que** in a relative clause.

la pièce **que** j'ai vu**e**   *the play I saw*
la robe qu'elle a mis**e**   *the dress she put on*
les fleurs **que** tu as achet**ées**   *the flowers you bought*

▶ Although the relative pronoun may be omitted in English, it is never omitted in French.

C'est l'émission **que** je préfère.   *It's the program (that) I prefer*

▶ Preceded by a preposition, **qui** is normally used with persons and **lequel, laquelle,** etc., is used with things.

la personne **avec qui** j'ai dansé   *the person with whom I danced*
la question **à laquelle** j'ai déjà répondu   *the question I already answered*

You have just learned to use lequel, laquelle, etc., (above) in questions.

▶ **Dont** *(whose, of which, about which)* is normally used to replace a word or phrase, functioning as **complément d'objet**, and the preposition **de** that precedes it.

nous avons parlé **de l'émission**
l'émission **dont** nous avons parlé   *the program we spoke about*

je me souviens bien **de l'animateur**
l'animateur **dont** je me souviens bien   *the announcer I remember well*

18 Identifiez-les. Quelles sont les personnes ou les choses suivantes?

MODÈLE: une personne que vous avez vue à la télé
Bill Maher est une personne que j'ai vue à la télé.

1. une émission qui est très populaire à la télé
2. une émission que vous refusez de regarder à la télé
3. le dernier film que vous avez vu
4. une personne que vous connaissez qui n'aime pas regarder la télé
5. la publicité qui est la plus ennuyeuse de la télé
6. le dessin animé que vous trouvez le plus drôle
7. l'actrice ou l'acteur que vous préférez
8. une émission de télévision dont vous avez parlé avec vos amis
9. une personne avec qui vous êtes allé(e) au cinéma

ENTRE AMIS   À la télé

Find out what your partner watches on television.

1. Find out if your partner likes soap operas.
2. If so, find out which one(s) and ask your partner to describe one of the soap operas.
3. If not, ask why not and inquire if there are other programs your partner watches on TV.
4. If so, choose one and ask your partner to describe what that program is about.

3. EXPRESSING EMOTIONS

Êtes-vous d'accord avec les sentiments exprimés dans les phrases suivantes?
Qu'en pensez-vous?[1]

	oui	non
Je suis fâché(e) que les professeurs donnent tant de devoirs!	_____	_____
Je regrette que mes notes ne soient pas meilleures.	_____	_____
C'est dommage qu'il y ait tant d'émissions sportives à la télévision.	_____	_____
C'est ridicule qu'il y ait tant de publicités à la télévision.	_____	_____
Je suis désolé(e) que tant de gens n'aient pas assez à manger.	_____	_____
Le professeur est ravi que je fasse des progrès.	_____	_____

1. *What's your opinion (about them)?*

F. Le subjonctif (suite)

Review the forms and uses of the subjunctive in Ch. 13.

► The subjunctive forms for **vouloir** and **pouvoir** are as follows:

vouloir

	(veuill–)			(nous	voul~~ons~~)
que je	veuill	e	que nous	voul	ions
que tu	veuill	es	que vous	voul	iez
qu'il/elle/on	veuill	e			
qu'ils/elles	veuill	ent			

pouvoir (puiss–)

que je	puiss	e	que nous	puiss	ions
que tu	puiss	es	que vous	puiss	iez
qu'il/elle/on	puiss	e	qu'ils/elles	puiss	ent

► In addition to expressing necessity and will, the subjunctive is also used to express emotion.

Je suis content(e) que vous **soyez** ici.   *I am happy (that) you are here.*
Je regrette que Luc ne **puisse** pas venir.   *I am sorry Luc can't come.*

► If there is no change of subjects, the preposition **de** plus the infinitive is used instead of the subjunctive.

Je suis content(e) **d'être** ici.   *I am happy to be here.*
Luc regrette **de ne pas pouvoir** venir.   *Luc is sorry he can't come.*

Vocabulaire

Pour exprimer un sentiment

Je suis ravi(e) que	*I am delighted that*
C'est formidable que	*It's great that*
C'est chouette que	*It's great that*
Je suis content(e) que	*I am happy that*
Ce n'est pas possible que	*It's not possible that*
C'est incroyable que	*It's unbelievable that*
C'est dommage que	*It's too bad that*
C'est ridicule que	*It's ridiculous that*
Je suis triste que	*I am sad that*
Je regrette que	*I am sorry that*
Je suis désolé(e) que	*I am very sorry that*
Je suis fâché(e) que	*I am angry that*

19 **Des réactions différentes.** Dites si votre professeur est content et si vous êtes content(e) aussi. Utilisez le subjonctif ou l'infinitif du verbe selon le cas.

MODÈLE: J'ai beaucoup de devoirs.

Mon professeur est content que j'aie beaucoup de devoirs.
Mais moi, je ne suis pas content(e) d'avoir beaucoup de devoirs.

1. Je vais souvent à la bibliothèque.
2. Je sais parler français.
3. Je lis *Entre amis* tous les soirs.
4. Je suis un(e) bon(ne) étudiant(e).
5. J'ai «A» à mon examen.
6. Je sors tous les soirs.
7. Je fais régulièrement des rédactions.
8. Je peux aller en France cet été.
9. Je veux étudier le français en France.

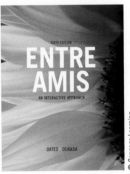

© Cengage Learning

20 **Votre réaction, s'il vous plaît.** Choisissez une expression pour réagir *(react)* aux phrases suivantes.

MODÈLE: Véronique va en Floride. Mais il pleut.

C'est formidable qu'elle aille en Floride. Mais c'est dommage qu'il pleuve.

1. Les vacances commencent bientôt. Mais les examens vont avoir lieu avant les vacances.
2. Tous les professeurs sont généreux et charmants. Mais ils donnent beaucoup de devoirs.
3. Les étudiants de cette classe font toujours leurs devoirs. Mais ils sont fatigués.

21 **Test psychologique.** Terminez les phrases pour expliquer les causes de vos réactions. Faites deux ou trois phrases chaque fois.

MODÈLE: Je suis triste ...

Je suis triste **que mon petit ami (ma petite amie) ne m'aime plus.**

Je suis triste **que tout le monde me déteste.**

Je suis triste **de ne pas avoir de bons amis.**

1. C'est ridicule ... 3. Je suis ravi(e) ... 5. C'est chouette ...
2. Nous regrettons ... 4. C'est dommage ...

22 **En groupes *(3 ou 4 étudiants).*** Une personne dira une phrase au présent ou au futur (par exemple: **J'ai chaud** ou **Je sortirai ce soir**). Une autre personne réagira (par exemple: **C'est dommage que tu aies chaud** ou **Je suis content(e) que tu sortes ce soir**). Combien de phrases pouvez-vous former?

G. Le *pronom* en

On vend des journaux ici?	*Do you sell newspapers here?*
Non, on n'**en** vend pas. Vous **en** trouverez à la gare.	*No, we don't sell any. You will find some at the station.*
Vous avez du brocoli?	*Do you have any broccoli?*
Oui, j'**en** ai.	*Yes, I have some.*
Il y a beaucoup de fruits cette année?	*Is there a lot of fruit this year?*
Oui, il y **en** a beaucoup.	*Yes, there is a lot (of it).*
Vous avez des oranges?	*Do you have any oranges?*
Oui. Combien **en** voulez-vous?	*Yes. How many (of them) do you want?*
J'**en** voudrais six.	*I would like six (of them).*

► The pronoun **en** takes the place of a noun that is preceded by some form of **de** (e.g., **de, du, de la, de l', des**) or by a number (e.g., **un, une, deux, trois**), or by an expression of quantity (e.g., **beaucoup de, trop de**).

Vous avez **du** camembert?	Oui, j'**en** ai.
Noël a **une** voiture?	Oui, il **en** a une.
Nous avons **assez de** livres?	Oui, nous **en** avons assez.

► When a noun is preceded by a number or a quantity word, the number or quantity word must be included in a sentence with **en**.

Vous avez **une** maison?	*Do you have a house?*
Oui, j'**en** ai **une.**	*Yes, I have one.*
Vous avez **deux** valises?	*Do you have two suitcases?*
Non, je n'**en** ai pas **deux.**	*No, I don't have two (of them).*
Je n'**en** ai qu'**une.**	*I have only one.*
Mon père **en** a **beaucoup.**	*My father has a lot (of them).*

NOTE To say *I don't have any,* use **Je n'en ai pas.**

► **En** is also used to replace **de** plus an infinitive or **de** plus a noun with expressions of emotion.

Hervé est triste **de partir?**	Oui, il **en** est triste.
Es-tu contente **de tes notes?**	Oui, j'**en** suis ravie.

23 Sondage (Poll). Utilisez les expressions suivantes pour interviewer votre partenaire. Il (elle) va utiliser **en** dans chaque réponse.

MODÈLE: voitures

> VOUS: **Combien de voitures as-tu?**
> VOTRE PARTENAIRE: **J'en ai une.** ou **Je n'en ai pas.**

1. frères
2. sœurs
3. enfants
4. camarades de chambre
5. professeurs
6. voitures
7. cours
8. cartes de crédit

24 Quelles réactions! Composez deux phrases affirmatives ou négatives. La première peut être au présent, à l'imparfait ou au passé composé. Utilisez en dans la deuxième.

MODÈLE: **Mes amis n'ont pas gagné à la loterie.**
Ils en sont désolés.

	être fiancé(e)(s)	
	se marier	ravi
je	attendre un bébé	content
mes amis	réussir à un examen	triste
un(e) de mes ami(e)s	avoir une mauvaise note	désolé
	divorcer	fâché
	gagner à la loterie	confus
	arriver en retard	

> *Remember that* **confus** *is a false cognate.*

25 À vous. Répondez aux questions. Utilisez **en** dans chaque réponse.

1. Combien de tasses de café buvez-vous par jour?
2. Buvez-vous du thé?
3. Voulez-vous du chewing-gum?
4. Êtes-vous content(e) de vos notes?
5. Combien de personnes y a-t-il dans votre famille?
6. Combien de maillots de bain avez-vous?
7. Quelle est votre réaction quand vous avez «A» à l'examen?

iLrn
Self Test

ENTRE AMIS Les examens finaux

Interview your partner about his or her semester. Use **en** whenever possible.

1. Find out how many courses your partner has this semester.
2. Ask if s/he is pleased (happy) with his/her courses.
3. Ask if s/he is pleased (happy) with his/her grades.
4. Find out how many final exams s/he will have.
5. Ask if s/he is afraid of them.

Intégration

RÉVISION

A **Décrivez-les.** Inventez une description pour les couples suivants:

1. un couple qui va se marier.
2. un couple qui divorce.
3. un couple qui habite chez les parents du mari.

B **Un feuilleton.** Choisissez un feuilleton que vous connaissez. Décrivez-le à votre partenaire.

C **Mes réactions.** Quelles sont vos réactions dans les situations suivantes?

MODÈLE: Le professeur vous annonce qu'il n'y aura pas de cours demain.
J'en suis ravi(e)! Je lui dis «Merci beaucoup!». C'est chouette qu'il n'y ait pas cours.

1. Le professeur vous dit qu'il y aura un examen demain.
2. On vous téléphone pour vous annoncer que vous venez de gagner à la loterie.
3. Vous vous êtes disputé(e) avec votre ami(e) et il (elle) vous envoie un message électronique pour vous demander pardon.
4. Vos parents veulent vous parler de vos études et de ce que vous allez faire dans la vie.
5. Une amie vous annonce que son petit ami ne veut plus la voir.
6. Vous dormez et le téléphone sonne à trois heures du matin. Vous y répondez et une personne que vous ne connaissez pas vous demande si vous voulez acheter une encyclopédie.

D **À l'écoute.** Céline et Anne parlent des émissions à la télé. Écoutez chaque commentaire et décidez s'il est **a) logique** ou **b) illogique**.

Track 3-38

E **À vous.** Utilisez un pronom objet indirect dans chaque réponse.

MODÈLE: Qu'est-ce que vos amis vous envoient pour votre anniversaire?
Ils m'envoient une carte (des fleurs, un cadeau, des bonbons, etc.).
ou
Ils ne m'envoient rien.

1. Qu'est-ce que vous envoyez à vos amis pour leur anniversaire?
2. Qu'est-ce que vous dites à votre professeur de français quand vous arrivez au cours?
3. Qu'est-ce que votre professeur vous répond?
4. Posez-vous beaucoup de questions au professeur de français?
5. Est-ce que vous téléphonez quelquefois à vos amis?
6. Est-ce que vos amis vous écrivent souvent?

♔♔ NÉGOCIATIONS

Qu'est-ce qu'il (elle) en pense? Interviewez votre partenaire pour trouver les renseignements qui manquent. La copie de votre partenaire est dans l'appendice D.

MODÈLE: **Quelle est la réaction de Catherine?**
Pourquoi est-elle triste?

A

	Ce qui arrive	Sa réaction
Catherine	Son mari ne lui envoie pas de fleurs.	
Éric		Il en est content.
Alain		Il croit que c'est ridicule.
Pauline	Ses professeurs ne sont pas compréhensifs.	
Estelle		Elle en est contente.
Jacques	Ses meilleurs amis divorcent.	
Christophe	Ses notes ne sont pas très bonnes.	
Nathalie		Elle en est désolée.
Véronique		Elle en est ravie.
Pierre	Sa petite amie et lui ne s'entendent pas très bien.	

Communication and Communities. To learn more about the culture presented in this chapter, go to the *Premium Website* and click on the Web Search Activities.

Also see the ***Entre amis*** Video Program and Video Worksheet in the ***Cahier.***

LECTURE 1

LA MÉTHODO Making inferences means drawing conclusions about what you read. You have already used this strategy to understand the deeper meaning of a text. But there are other types of inferences you can make about the content you read. For example, when reading a television guide, you can infer who the target audience is for a particular channel—their age, socioeconomic group, ethnicity, etc.—or whether the channel is private or public.

(A) Un coup d'œil sur les émissions de télé. Lisez rapidement la liste des émissions diffusées en France pour vous familiariser avec la variété des programmes.

(B) À vous de juger. Relisez la lecture qui suit. Lesquelles de ces émissions intéresseront probablement une personne qui …

1. aime les feuilletons?
2. aime le sport?
3. aime les émissions et les films policiers?
4. veut gagner de l'argent?
5. veut savoir le temps qu'il fera demain?
6. veut savoir ce qui se passe en France et dans le monde?
7. aime les séries américaines?

À LA TÉLÉVISION

Les deux colonnes suivantes sont tirées de *Télé-Loisirs*.

Mercredi sur les grandes chaînes

TF1

06 h 00	Boule & Bill (dessin animé)
06 h 30	Tfou (dessins animés)
11 h 05	Las Vegas (série américaine)
12 h 00	Les 12 coups de midi! (jeu)
13 h 00	Journal
13 h 45	Météo
13 h 55	Julie Lescaut (TVFilm français)
15 h 35	Alice Never, le juge est une femme (TVFilm français)
17 h 35	Brothers & Sisters (série américaine)
18 h 25	Une famille en or (jeu)
19 h 05	Le juste prix (jeu)
19 h 55	Météo
20 h 00	Journal
20 h 35	Football (sport en direct)
22 h 50	Les experts: Miami (série américaine)

France 2

06 h 00	Les z'amours (jeu)
06 h 25	Point route (prévisions de circulation en temps réel)
06 h 30	Télématin (magazine)
09 h 05	Dans quel éta gère (magazine)
09 h 10	Des jours et des vies (feuilleton américain)
09 h 30	Amour, gloire et beauté (feuilleton américain)
09 h 55	C'est au programme (magazine)
10 h 55	Motus (jeu)
11 h 00	Les z'amours (jeu)
12 h 00	Tout le monde veut prendre sa place (jeu)
12 h 55	Météo
13 h 00	Journal
14 h 00	Toute une histoire (magazine)
15 h 10	Comment ça va bien (magazine)
16 h 20	Le Renard (série allemande)
17 h 20	En toutes lettres (jeu)
18 h 00	On n'demande qu'à en rire
19 h 00	N'oubliez pas les paroles (jeu)
19 h 50	Météo
20 h 00	Journal
20 h 25	Tirage du Loto
20 h 35	Le septième juré (téléfilm franco-belge)
22 h 05	Face aux Français (discussion)

Adapted from Tirés de Télé-Loisirs, progamme du 19 au 25 fevrier, No 1303

Inférences. Relisez la lecture et essayez d'identifier laquelle des deux chaînes est privée et laquelle est publique. Ensuite, essayez de deviner le genre ou la nature du public (*audience*) qui regarde les différentes émissions sur ces chaînes.

LECTURE II

Étude du vocabulaire. Lisez les phrases suivantes et choisissez les mots qui correspondent aux mots français en caractères gras: *lie, discovers, upheavals, swans, borrows, handkerchief, destroy, support.*

1. Quand on a un rhume, on doit se moucher avec un **mouchoir.**
2. C'est un **mensonge**; il n'a pas dit la vérité.
3. Les **cygnes** ont un cou très long et peuvent être blancs ou noirs. Il y en a beaucoup sur le lac au parc de Vincennes.
4. Christophe Colomb "**découvre**" l'Amérique en 1492.
5. Un tsunami peut **détruire** toutes les maisons au bord de la mer.
6. Parfois un chef de gouvernement n'a pas le **soutien** de son peuple.
7. Je suis stressé. Il y a trop de **bouleversements** dans ma vie.
8. On **emprunte** de l'argent de la banque.

Avant de lire. Répondez d'après les films que vous avez vus.

1. À votre avis, quel est le meilleur film de cette année?
2. Quel film trouvez-vous le plus bizarre?
3. Quel film trouvez-vous le plus comique?
4. Quel est le film le plus violent?
5. Combien de fois êtes-vous allé(e) au cinéma le mois dernier?
6. Quel est le dernier film que vous avez vu?

Parcourez la liste des films. Lisez rapidement pour identifier les films et les acteurs que vous connaissez.

AU CINÉMA

«LES PETITS MOUCHOIRS» (comédie dramatique): Tous les ans une bande de copains part ensemble en vacances au Cap Ferrat, mais cette année un membre de la bande est victime d'un accident grave. Les copains décident de partir quand même au lieu de rester près de leur ami. De jour en jour les tensions grandissent et les copains se trouvent obligés de lever "les petits mouchoirs" qu'ils ont posé[1] sur leurs mensonges et secrets. Avec François Cluzet, Marion Cotillard, Benoît Magimel.

«BLACK SWAN» (thriller): Ce film suit la vie de Nina, une danseuse de la troupe du New York City Ballet. Comme la majorité des ballerines, tout son temps est dédié à la danse. Elle habite avec sa mère, une ancienne ballerine qui veut contrôler la destinée de sa fille. Quand le directeur artistique décide de remplacer la danseuse étoile[2] du ballet *Le lac des cygnes*, Nina est le premier choix[3]. Mais une nouvelle et bonne danseuse arrive et complique la situation. Il y a deux rôles à danser dans le ballet: le cygne blanc et le cygne noir. Nina est parfaite dans le premier rôle, mais sa nouvelle rivale est merveilleuse dans le deuxième. Il faut que Nina découvre[4] son côté sombre pour bien danser le cygne noir, une découverte qui peut la détruire. Avec Nathalie Portman, Vincent Cassel, Mila Kunis et Barbara Hershey.

(continued)

---

[1]*placed,* [2]*star,* [3]*choice,* [4]*discovers*

«LE DISCOURS D'UN ROI» (drame historique): Ce film raconte l'histoire vraie du père de la reine Elizabeth II d'Angleterre, qui devient le roi George VI à la suite de l'abdication de son frère Edouard VIII. Incapable de s'exprimer[5] en public et considéré par certains incapable d'assumer ses fonctions de roi, George VI essaie de surmonter[6] son handicap avec le soutien de son épouse et avec l'aide d'un thérapeute du langage. Les méthodes du thérapeute ne sont pas du tout conventionnelles mais peu à peu le problème de langage s'améliore[7] et le roi commence à assumer son autorité jusqu'à faire de son royaume un pays modèle durant la Seconde Guerre mondiale. Avec Colin Firth, Helena Bonham Carter et Geoffrey Rush.

«INCENDIES» (drame): À la lecture du testament de leur mère Nawal, Jeanne et Simon reçoivent deux enveloppes: une destinée à un père qu'ils croyaient mort et l'autre à un frère dont ils ignoraient[8] l'existence. Jeanne décide de partir au Moyen Orient pour chercher cette famille qu'elle ne connaît pas. Simon, pour sa part, ne veut rien avoir affaire[9] à cette enquête[10]. Alors, Jeanne part toute seule et est confrontée à une histoire bouleversante. Finalement, Jeanne demande l'aide de son frère qui la rejoint à contrecœur et ensemble ils découvrent le passé de leur mère. Avec Rémy Girard et Lubna Azabal.

«ARRIETTY LE PETIT MONDE DES CHAPARDEURS» (dessin animé): Arrietty et sa famille habitent en secret sous un plancher[11] dans une vieille maison au milieu d'un grand jardin dans la banlieue[12] de Tokyo. Ce sont des chapardeurs (des personnes qui volent[13]). Arrietty et sa famille "empruntent" ce dont ils ont besoin, toujours en petite quantité pour que les humains ne s'en aperçoivent[14] pas. En plus, il faut se méfier des chats, des rats et surtout des humains. Un jour, un garçon arrive à la maison, un garçon "humain" qui fascine Arrietty. Bientôt les deux sympathisent et une aventure commence qui changera leur vie à jamais.

«LES FEMMES DU 6e ÉTAGE» (comédie): Nous sommes dans les années 60. Jean-Louis Joubert, agent de change[15] rigoureux et père de famille coincé[16], habite Paris. Un jour il découvre qu'un groupe d'Espagnoles vit au 6e étage de son immeuble. María, la jeune femme exubérante du groupe, l'invite dans un univers joyeux et folklorique complètement à l'opposé de son monde conservateur et austère. Touché par ces femmes, Jean-Louis se laisse aller[17] et découvre pour la première fois les plaisirs simples de la vie. Il finit par se demander s'il est toujours possible de changer de vie à son âge. Avec Fabrice Luchini, Sandrine Kiberlain et Natalia Verbeke.

---

[5]*to express himself,* [6]*to overcome,* [7]*improves,* [8]*didn't know about,* [9]*wanted nothing to do with,* [10]*quest,* [11]*board,* [12]*suburbs,* [13]*steal,* [14]*notice,* [15]*stockbroker,* [16]*uptight,* [17]*let's himself go*

D Questions. Relisez la lecture et ensuite répondez aux questions suivantes.

1. Dans quel film est-ce que le personnage principal a du mal à parler?
2. Dans lequel est-ce que les personnages principaux ne savent pas beaucoup de leur origine?
3. Dans lequel est-ce que l'héroïne n'est pas humaine?
4. Lesquels des films peuvent vous faire pleurer? Justifiez votre réponse.
5. Lequel est plus intéressant pour vous? Pourquoi?
6. Lequel a l'air le plus troublant (*disturbing*)? Justifiez votre réponse.

E Inférences. D'après ce que vous venez de lire, quel est le message principal de chaque film? Partagez vos impressions sur ces films avec des camarades de classe.

RÉDACTION

CRITIQUE

Choisissez une série de télévision, un téléfilm ou une émission spéciale qui vous a impressionné(e) (ou au contraire, qui vous a troublé(e)) et écrivez une critique. Dans votre critique:

Refer to **Lecture II** *for examples of a synopsis.*

- écrivez une introduction qui comprend le titre de la série, du téléfilm ou de l'émission, le genre et les noms des acteurs (actrices)
- écrivez un résumé détaillé de l'histoire
- donnez votre avis sur la série, sur le téléfilm ou sur l'émission et justifiez-le par des exemples

A Avant d'écrire. 1) Après avoir choisi votre série, téléfilm ou émission, écrivez une liste des informations nécessaires pour écrire l'introduction. Ensuite, créez une ligne chronologique des événements importants de l'histoire. Enfin, notez vos opinions et donnez au moins deux exemples qui justifient chaque opinion. **2)** Maintenant, considérez le but de votre critique. Voulez-vous informer votre lecteur? Le persuader? Le divertir?

B Écrire. Selon le but principal de la critique, commencez avec un titre et une phrase qui attire l'attention du lecteur. Continuez votre introduction avec les informations requises. Ensuite, écrivez un ou deux paragraphes qui résume(nt) l'histoire. Terminez la critique en exprimant vos opinions.

C Correction. Donnez votre travail à un(e) camarade de classe qui va le lire et va essayer de trouver le but de la critique. Si votre partenaire devine correctement le but, vous avez réussi! Si non, vous pouvez toujours changer de but ou changer le ton et le langage afin d'arriver à votre objectif. Ensuite, révisez votre texte pour corriger les fautes d'orthographe et de grammaire.

Vocabulaire Actif

Practice some of this vocabulary with the flashcards on **iLrn**.

À propos de la télévision

une annonce *advertisement*
une chaîne (de télé) *(TV) channel*
un feuilleton *soap opera; series*
l'émission *(f.)* de téléréalité *reality TV show*
les informations *(f. pl.) news*
la météo(rologie) *weather forecast*
la publicité *publicity; commercial*

D'autres noms

un avertissement *warning*
un revenant *ghost*
la vérité *truth*

Adjectifs

célèbre *famous*
chouette *great (fam.)*
confus(e) *ashamed; embarrassed*
drôle *funny*
fâché(e) *angry*
formidable *terrific*
incroyable *unbelievable, incredible*
malheureux (malheureuse) *unhappy*
original(e) *different, novel; original*
passionnant(e) *exciting*
ravi(e) *delighted*
ridicule *ridiculous*

Relations personnelles

s'aimer *to love each other*
une bague (de fiançailles) *(engagement) ring*
un couple *couple*
se disputer *to argue*
un divorce *divorce*
divorcer *to get a divorce*
s'embrasser *to kiss*
s' entendre (avec) *to get along (with)*
se fâcher *to get angry*
se faire des amis *to make friends*
se marier (avec) *to marry*
rencontrer *to meet*
se séparer *to separate (from each other)*

D'autres verbes

assister (à) *to attend*
se consoler *to console oneself*
croire *to believe, think*
dire *to say; to tell*
emprunter *to borrow*
s'intéresser à *to be interested in*
montrer *to show*
prêter *to lend*
raconter (une histoire) *to tell (a story)*
regretter *to be sorry*
voir *to see*

Adverbes

actuellement *now*
même *even*
presque *almost*

Pronoms objets indirects

me *(to) me*
te *(to) you*
lui *(to) him; (to) her*
nous *(to) us*
vous *(to) you*
leur *(to) them*

D'autres pronoms

en *some; of it (them); about it (them)*
dont *whose, of which*
lequel/laquelle/lesquels/lesquelles *which*

Expressions utiles

C'est dommage. *That's (It's) too bad.*
Je crois que oui. *I think so.*
Je ne crois pas. *I don't think so.*
Je te le jure. *I swear (to you).*
Quelle histoire! *What a story!*
Qu'est-ce qui est arrivé? *What happened?*
Sans blague! *No kidding!*

Qu'est-ce que je devrais faire?

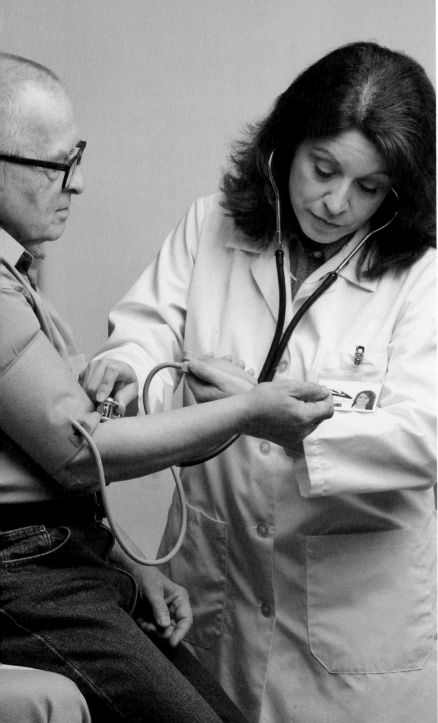

Avava, 2009/Shutterstock.com

BUTS COMMUNICATIFS
- Seeking and providing information
- Making basic hypotheses

STRUCTURES UTILES
- L'imparfait, le passé composé (suite) et le plus-que-parfait
- Le verbe **devoir** (suite)
- Les pronoms interrogatifs
- **Ne ... personne** et **ne ... rien**
- Le conditionnel
- **Si** hypothétique

CULTURE

Zoom sur l'aide humanitaire
- **Article:** Le SAMU
- **Insolite:** La Brigade des Sapeurs-Pompiers de Paris
- **Vu sur le web:** La Croix-Rouge
- **Repères:** UNICEF
- **Vidéo buzz:** Médecins sans Frontières

Il y a un geste
- J'ai eu très peur

Lectures
- Deux catastrophes
- Extrait de *Les Belles Images*

RESOURCES

 Audio

 iLrn Heinle Learning Center

 Premium Website

Pair Work

Group Work

Entre amis Video Program

Coup d'envoi

🔊 PRISE DE CONTACT: **QU'EST-CE QUI S'EST PASSÉ?**

Track 3-39

Qu'est-ce qui est arrivé?

AP Photo/Jim Cole

Glow Images, Inc.

Une tempête a provoqué
des inondations.°

A storm caused flooding.

Il fallait évacuer les
habitants.

Les dégâts° sont estimés
à des millions d'euros.

damage

Il y a eu un accident de voiture
mortel sur la route.

Un conducteur (une conductrice)
roulait° trop vite.

was going

Il (elle) était ivre°.

drunk

Sa voiture a heurté° une autre
au virage°.

hit

turn

Peter Weber

Clint Spencer/iStockphoto.com

Un incendie a ravagé la forêt.

Une tornade a détruit°
plusieurs maisons.

destroyed

Un tremblement de terre a secoué° la ville.

An earthquake shook

Une épidémie° se répartit partout° dans le pays.

epidemic / is spreading everywhere

La famine a tué° plus de 2 000 enfants.

killed

📍 **Et vous?** Avez-vous déjà eu ou vu un accident?

Avez-vous déjà survécu° à une
inondation, à un incendie, à un
tremblement de terre ou autre
désastre° naturel?

survived

disaster

Si oui, qu'est-ce qui est arrivé?

CONVERSATION: IL Y A EU UN ACCIDENT

James Davidson vient d'avoir un accident de voiture. Il en parle avec son voisin Maurice.

Maurice: Mais qu'est-ce que tu as? Tu es tout pâle!

James: C'est que j'ai eu très peur ce matin.

Maurice: Qu'est-ce qui est arrivé?

James: J'ai eu un accident de voiture.

Maurice: Mon Dieu! J'ai vu à la télé qu'il y avait des inondations sur la route. Qu'est-ce qui est arrivé?

James: J'allais au travail quand l'accident a eu lieu. Il pleuvait beaucoup et un conducteur maladroit° a soudainement freiné° sa voiture. Celle-ci dérape° et voilà nous sommes entrés en collision.   *clumsy driver / braked*
It skidded

Maurice: Oh là là! Est-ce que quelqu'un a été blessé°?   *wounded*

James: Oui, le conducteur de voiture qui a dérapé. Heureusement, il y avait deux témoins° qui ont appelé le SAMU. Ils sont arrivés quatre minutes après l'accident et ils ont administré les premiers secours°.   *witnesses*
first aid

Maurice: Et toi? Ça va?

James: Oui, oui. Je n'ai pas eu de blessure°.   *wounds*

Maurice: Quelle chance!

👥 ⓒ **Jouez ces rôles.** Répétez la conversation avec votre partenaire. Ensuite Maurice parle avec deux personnes (James et Karine étaient dans la voiture). Faites tous les changements nécessaires, par exemple **nous** à la place de **je**.

Il y a un geste

J'ai eu très peur. To indicate fear, the open hand is held fingers facing up; the hand is lowered with the fingers "trembling."

© Cengage Learning

Zoom sur l'aide humanitaire

Premium Website

Le SAMU

LE SERVICE D'AIDE MÉDICALE D'URGENCE (SAMU) provides emergency medical service in France. Although the modern SAMU system began in France in the 1960's, its origins date back to 1792, the time of Napoleon's **Grande Armée.** Dominique Larrey, Napoleon's surgeon-in-chief, would go out on the battlefield to treat the wounded in order to prevent further medical complications, such as gangrene. Today when an emergency occurs, people can call one of three numbers in France: 17 for the police, 18 for the fire department, or 15 for the **SAMU**. Hospitals are in charge of the number 15 call centers, although number 18 and 15 call centers work closely together since firemen are often the first responders to medical emergencies.

There are 100 SAMU call centers in France and about 600 emergency hospitals. Centers receive some 10,000,000 calls a year, or 1 call for every 6 inhabitants.

INSOLITE

La Brigade des Sapeurs-Pompiers de Paris

LA BRIGADE DES SAPEURS-POMPIERS DE PARIS *(Paris Fire Brigade)* provides fire and rescue service to Paris, some of the city's surrounding departments, sites of national strategic importance, and to the space center in French Guiana. The Brigade is part of the engineering core of the French Army, and therefore, its members are not only firefighters but also combat engineers or sappers. A sapper's duties traditionally include bridge-building, laying and clearing minefields, demolitions, and building warfare constructions.

TSChaen/SIPA/Newscom

VU SUR LE WEB

La Croix-Rouge

IN 1863, THE INTERNATIONAL COMMITTEE of the Red Cross was founded in Geneva Switzerland based on the ideas of Henri Dunant. The committee held a conference that same year in which 16 different nations adopted various resolutions and appealed to all countries to form voluntary units to help with wartime sick and wounded. These units eventually became the National Red Cross and Red Crescent (in Muslim countries) societies. Red Cross principles became part of international law when the Geneva Convention of 1864 was adopted. The convention guaranteed neutrality for medical personnel and equipment as well as adopted the red cross on a field of white as its emblem. Later conventions expanded on the original protections.

Today the Red Cross/Red Crescent is a politically neutral organization dedicated to humanitarian interests and alleviating human suffering. It consists of 186 societies and has some 100 million members, volunteers, and supporters. Between 2004 and 2010, volunteers engaged in 2,700 disaster response operations. The Red Cross has won the Nobel Peace Prize three times (1917, 1944, 1963). To learn more about the International Red Cross Committee and Red Cross/Red Crescent Societies, explore the links on the *Premium Website*.

REPÈRES

UNICEF

UNICEF (Fonds des Nations unies pour l'enfance), *a United Nations agency, was created in 1946 to advocate for children's rights. With programs in over 150 countries, UNICEF's humanitarian efforts focus on: child survival and development, basic education and gender equality, children protection, HIV/AIDS and children, and policy advocacy and partnerships. One of UNICEF's official languages is French and the agency has national headquarters in Paris. Take a look at the poster below focusing on children's rights.*

J'ai le droit à l'égalité et á la liberté.

Kaveh Kazemi/Hulton Archive/Getty Images

droit right
http://www.unicef.fr - UNICEF France

VIDÉO BUZZ

Médecins sans Frontières (*Doctors without Borders*)

MÉDECINS SANS FRONTIÈRES (MSF) is an international medical humanitarian association with offices in 19 different countries around the world. Founded in 1971 by a group of doctors and journalists in France, MSF provides emergency medical assistance in approximately 60 countries to people affected by natural disasters, armed conflict, malnutrition, epidemics, and exclusion from health care.

Every day some 27,000 MSF doctors, nurses, and other qualified professionals provide essential health care, run hospitals and clinics, perform surgery, respond to epidimecs and endemic diseases (i.e., HIV/AIDS, tuberculosis, malaria), distribute clean drinking water, and feed malnourished children during emergencies and their aftermath. In 1999, **Médecins sans Frontières** was awarded the Nobel Peace Prize for its humanitarian efforts toward populations in danger. To learn more about the current activities of MSF and see them in action, explore the links on the *Premium Website*.

À vous. Répondez aux questions.

1. Quand avez-vous eu peur?
2. Pour quelle raison avez-vous eu peur?
3. Qu'est-ce que vous avez fait?

ENTRE AMIS **Quel désastre!**

You have just survived an accident, storm, flood, fire, or earthquake, and a journalist has come to interview you. Role-play the conversation with a partner.

1. Your partner asks what happened.
2. Tell your partner about the incident.
3. Your partner will ask for more specific details regarding what happened.
4. Answer your partner's questions and tell him/her what the outcome of the disaster or accident was.

PRONONCIATION

 LA VOYELLE [ə]

Track 3-41

► As you have already learned, the letter **-e-** can stand for any one of the sounds [e], [ɛ], [ã], and [ɛ̃], depending on the spelling combinations of which it is a part. You have also seen, however, that the letter **-e-** sometimes represents the sound [ə]. The symbol [ə] stands for a vowel called "unstable **e**" or "mute **e.**" It is called unstable because it is sometimes pronounced and sometimes not.

Look at the following pairs of examples and then read them aloud. A highlighted **-e-** represents a pronounced [ə]. An **-e-** with a slash through it represents a silent [ə]. Compare especially changes you find in the same word from one sentence of the pair to the other.

L**e** voilà!	Mais l¢ voilà!
C**e** film est très bon.	Moi, j¢ n'aim¢ pas c¢ film.
D**e**main, vous l¢ trouv¢rez.	Vous l¢ trouv¢rez d¢main.
Denis¢ est américain¢?	Ell¢ est français¢.
R**e**gardez cett¢ femm¢.	Vous r¢gardez cett¢ femm¢?
Nous pr**e**nons l¢ train vendr**e**di.	Nous arriv¢rons sam¢di.
Votre pèr¢ est charmant.	Votr¢ ami¢ est charmant¢.
Voilà un¢ tass¢ d**e** café.	Nous n¢ voulons pas d¢ café.
C'est un¢ bagu¢ d**e** fiançaill¢s.	Mais il n'y aura pas d¢ mariag¢.
Qu'est-c¢ qu**e** tu veux?	Elle a dit qu¢ tu voulais m¢ voir.
d**e** rien	Il finit d¢ rir¢.
vous s**e**riez	vous s¢rez

► In general, [ə] is *silent* in the following circumstances.

1. at the end of a sentence
2. before or after a pronounced vowel
3. when it is preceded by only one pronounced consonant sound

▶ In general, [ə] is *pronounced* in the following circumstances.

1. when it is in the first syllable of a sentence
2. when it is preceded by two pronounced consonant sounds (even if there is an intervening silent [ə]) and followed by at least one pronounced consonant
3. when it precedes the combination [Rj]

When the letter **-e-** is followed *in the same word* by two consonants or by **-x,** it is normally pronounced [ɛ].

elle	av**e**rtissement	c**e**tte	pr**e**nnent	v**e**rser	m**e**rci
exiger	**e**xcusez-moi	**e**xact	**e**xamen		

🎧 **Listen and repeat:**

1. L'autre conducteur ne faisait pas attention.
2. Qu'est-ce que votre frère a fait?
3. Est-ce que tu regardes des feuilletons le vendredi ou le samedi?
4. De quelle ville venez-vous?
5. Vous venez de Paris, n'est-ce pas?

Buts communicatifs

🔊 I. SEEKING AND PROVIDING INFORMATION

Track 3-42

Avez-vous entendu parler d'un accident?
Avez-vous vu un accident?

Est-ce que quelqu'un a été blessé?
Est-ce que quelqu'un a été tué?
Est-ce qu'il y a eu beaucoup de morts°?   *deaths*
Où est-ce que l'accident a eu lieu?
Quelle heure était-il?
De quelle couleur étaient les voitures?
De quelle marque° étaient les voitures?   *make; brand*
De quelle année étaient les voitures?
Est-ce qu'il avait plu?°   *Had it rained?*
La chaussée° devait être glissante°, n'est-ce pas?   *pavement / slippery*
Y avait-il d'autres témoins?

A. L'imparfait, le passé composé (suite) et le plus-que-parfait

Grammar Tutorials

▶ It is perhaps helpful, when trying to remember whether to use the imperfect or the **passé composé,** to think of the analogy with a stage play.

- In a play, there is often scenery (trees, birds singing, the sun shining, etc.) and background action (minor characters strolling by, people playing, working, etc.). This scenery and background action are represented by the imperfect.

Review the comparison of the passé composé and imperfect, Ch. 11.

Il **était** tôt.	*It was early.*
Il **faisait** froid.	*It was cold out.*
James **allait** au travail.	*James was going to work.*
Un autre conducteur ne **faisait** pas attention.	*Another driver wasn't paying attention.*

- Likewise, in a play, there are main actors upon whom the audience focuses, if even for a moment. They speak, move, become aware, act, and react. The narration of these past events requires the **passé composé.**

Qu'est-ce qui lui **est arrivé**?	*What happened to him?*
Il **a eu** un accident.	*He had an accident.*
Ils **sont entrés** en collision.	*They collided.*
Un témoin **a téléphoné** au SAMU.	*A witness called the Emergency Medical Services.*

▶ The pluperfect (**le plus-que-parfait**) is used to describe a past event that took place prior to some other past event. This tense normally corresponds to the English *had* plus a past participle.

Il **avait plu** (avant l'accident).	*It had rained (before the accident).*
La dame **était arrivée** (avant moi).	*The lady had arrived (before me).*

▶ To form the **plus-que-parfait,** use the **imparfait** of **avoir** or **être** and the past participle.

étudier	arriver	se lever
j'avais étudié	j'étais arrivé(e)	je m'étais levé(e)
tu avais étudié	tu étais arrivé(e)	tu t'étais levé(e)
il/on avait étudié	il/on était arrivé	il/on s'était levé
elle avait étudié	elle était arrivée	elle s'était levée
nous avions étudié	nous étions arrivé(e)s	nous nous étions levé(e)s
vous aviez étudié	vous étiez arrivé(e)(s)	vous vous étiez levé(e)(s)
ils avaient étudié	ils étaient arrivés	ils s'étaient levés
elles avaient étudié	elles étaient arrivées	elles s'étaient levées

Que faisaient les acteurs dans la pièce?

① Voilà pourquoi. Répondez aux questions suivantes. Essayez de trouver des raisons logiques.

MODÈLE: Pourquoi Laurent a-t-il téléphoné à Mireille?

Il lui a téléphoné parce qu'il voulait sortir avec elle. ou

Il lui a téléphoné parce qu'il la trouvait gentille.

1. Pourquoi Laurent et Mireille sont-ils sortis samedi soir?
2. Pourquoi ont-ils mis leur manteau?
3. Pourquoi sont-ils allés au restaurant?
4. Pourquoi n'ont-ils pas pris de dessert?
5. Pourquoi ont-ils fait une promenade après?

② Pourquoi pas, Amélie? Utilisez la forme négative pour expliquer pourquoi Amélie n'a pas fait les choses suivantes.

MODÈLE: prendre le petit déjeuner

Amélie n'a pas pris le petit déjeuner parce qu'elle n'avait pas faim. ou

Amélie n'a pas pris le petit déjeuner parce qu'elle avait oublié.

1. ne pas faire une promenade dans la forêt
2. étudier dans sa chambre
3. regarder son émission préférée
4. danser avec Mehdi
5. nager
6. avoir un accident
7. boire du vin

③ Quel chauffard! Utilisez le plus-que-parfait pour indiquer ce que le conducteur avait fait avant l'accident.

MODÈLE: ne pas être prudent

Il n'avait pas été prudent.

1. aller au bistro
2. boire de la bière
3. oublier de faire attention
4. rouler trop vite
5. ne pas regarder à droite
6. ne pas freiner

Cultural Activities

Réalités culturelles

Les Français et le bénévolat

PRÈS DE 14 millions de Français sont engagés dans des actions de bénévolat, c'est-à-dire un sur quatre. La plupart d'entre eux s'engagent dans le secteur associatif et travaille en moyenne 84 heures par an. Le bénévolat n'est plus considéré comme une activité religieuse comme elle l'était

autrefois. Les bénévoles d'aujourd'hui sont plutôt areligieux et apolitiques. Cependant, il existe toujours des bénévoles militants qui se mobilisent contre le sida et la mondialisation ou pour protéger l'environnement ou les droits de l'homme.

Vocabulaire: bénévolat *volunteerism,* bénévoles *volunteers,* les droits de l'homme *human rights,* s'engagent *become involved,* la mondialisation *globalisation,* le sida *AIDS*

B. Le verbe devoir (suite)

Grammar
Tutorials

Review **devoir**, Ch. 5.

Où est Céline?	*Where is Céline?*
Je ne sais pas. Elle **doit** être malade.	*I don't know. She **must** be sick.*
Mais elle **devait** apporter des sandwichs pour les sans-abri!	*But she **was supposed to** bring sandwiches for the homeless!*
Oui, je sais. Puisqu'elle n'est pas venue, j'**ai dû** aller les acheter.	*Yes, I know. Since she didn't come, I **had to** go buy them.*
Maintenant tout le monde me **doit** trois euros pour les sandwichs.	*Now everybody **owes** me three euros for the sandwiches.*

▶ The past participle of **devoir** is **dû.** When it has a feminine agreement, however, it loses the circumflex: **due.** This often occurs when the past participle is used as an adjective.

l'argent **dû** à mon frère   la pollution **due** à l'industrie

▶ The future tense verb stem for **devoir** is irregular: **devr-.**

Elle **devra** travailler dur.   *She'll **have** to work hard.*

▶ Like other verbs with two stems in the present tense, **devoir** has two stems in the subjunctive.

que je **doive**   que nous **devions**

▶ The **passé composé** and the imperfect can both mean *had to* or *probably (must have).* The choice of tense depends, as usual, on whether the verb is a specific action or a description or habitual condition.

Hier j'**ai dû** aller voir ma tante.

En général, je **devais** faire mes devoirs avant de sortir.

Il **a dû** oublier notre rendez-vous!

Il **devait** être très occupé.

*Yesterday, I **had to** go see my aunt.*

*In general, I **had to** do my homework before going out.*

*He **probably** forgot our date! (He **must have** forgotten our date!)*

*He was **probably** very busy. (He **must have** been very busy.)*

NOTE

When **devoir** means *was supposed to,* the imperfect is always used.

Nous **devions** dîner chez les Gilbert.

*We **were supposed to** have dinner at the Gilberts'.*

---

4 C'est probable. Utilisez **devoir** au passé composé d'après le modèle pour modifier les phrases suivantes.

MODÈLE: Delphine n'a probablement pas fait ses devoirs.
Elle n'a pas dû faire ses devoirs.

1. Elle est sans doute sortie avec ses amis.
2. Elle n'a probablement pas étudié.
3. Elle a probablement eu une mauvaise note.
4. Elle a probablement pleuré.
5. Elle a sans doute parlé avec son professeur.
6. Elle a sans doute réussi la semaine d'après.

> *Remember that **sans doute** and **probablement** are synonyms. See p. 403.*

5 Toutes ces obligations! Complétez chaque phrase avec la forme correcte du verbe **devoir** d'après la traduction anglaise entre parenthèses.

MODÈLE: Florence _____ étudier pendant le week-end. *(was supposed to)*
Florence devait étudier pendant le week-end.

1. Mes parents _____ venir nous chercher il y a trente minutes.
   (were supposed to)
2. Ils _____ oublier. *(must have)*
3. Non, ils _____ être déjà en route. *(must)*
4. Nous _____ leur téléphoner, s'ils n'arrivent pas bientôt.
   (will have to)
5. Il commence à faire froid. Tu _____ mettre ton manteau. *(must)*
6. Il est déjà midi. Je _____ être chez moi avant 11 heures.
   (was supposed to)

Grammar
Tutorials

► Interrogative pronouns are used to ask questions. You have already learned to use several interrogative pronouns.

Qui est-ce?	*Who is that?*
Qu'est-ce que c'est?	*What is that?*

*Review **qui, que,** and **quel,** Ch. 4.*

► As in English, interrogative pronouns in French change form depending on whether they refer to people or to things.

Qui voyez-vous?	*Whom do you see?*
Que voyez-vous?	*What do you see?*

► In addition, French interrogative pronouns change form depending on their function in the sentence. For example, the word *what* in English can take three different forms in French depending on whether it is the subject, the direct object, or the object of a preposition.

Qu'est-ce qui est à droite?	*What is on the right?*
Qu'est-ce que tu vois?	*What do you see?*
À **quoi** penses-tu?	*What are you thinking about?*

People

Subject

Qui	Qui parle?	*Who is speaking?*
Qui est-ce qui	Qui est-ce qui parle?	

Object

Qui (+ inversion)	Qui avez-vous vu?	*Whom did you see?*
Qui est-ce que	Qui est-ce que vous avez vu?	

After a preposition

... qui (+ inversion)	À qui écrivez-vous?	*To whom are you writing?*
... qui est-ce que	À qui est-ce que vous écrivez?	

Things

Subject

Qu'est-ce qui	Qu'est-ce qui fait ce bruit?	*What's making that noise?*

Object

Que (+ inversion)	Qu'avez-vous fait?	*What did you do?*
Qu'est-ce que	Qu'est-ce que vous avez fait?	

After a preposition

... quoi (+ inversion)	De quoi avez-vous besoin?	*What do you need?*
... quoi est-ce que	De quoi est-ce que vous avez besoin?	

► If the question involves a person, the pronoun will always begin with **qui.** If it is a question about a thing, the pronoun will begin with **que** or **quoi.** There is no elision with **qui** or **quoi,** but **que** becomes **qu'** before a vowel.

Qui a parlé?	*Who spoke?*
De **quoi** a-t-il parlé?	*What did he talk about?*
Qu'est-ce **qu'**il a dit?	*What did he say?*

► As shown in the charts above, there are two forms of each of these interrogative pronouns, except the subject pronoun **qu'est-ce qui.**

► When interrogative pronouns are used as subjects, the verb is normally singular.

Mes parents ont téléphoné.   Qui **a** téléphoné?

QUOI DE NEUF?

Donnes-moi de tes nouvelles.

---

6 **Quelqu'un ou quelque chose?** Utilisez un pronom interrogatif pour poser une question.

MODÈLES: Quelqu'un m'a téléphoné.   Quelque chose m'intéresse.
Qui vous a téléphoné?   Qu'est-ce qui vous intéresse?

J'ai téléphoné à quelqu'un.   J'ai acheté quelque chose.
À qui avez-vous téléphoné?   **Qu'est-ce que vous avez acheté?**

1. J'ai fait quelque chose le week-end dernier.
2. Quelque chose m'est arrivé.
3. J'ai vu quelqu'un.
4. Quelqu'un m'a parlé.
5. J'ai dansé avec quelqu'un.
6. Nous avons bu quelque chose.
7. J'ai dû payer pour quelqu'un.
8. J'ai dit au revoir à quelqu'un.

7 Comment? Je n'ai pas compris. Votre partenaire vous a parlé mais vous n'avez pas bien entendu. Demandez qu'il (elle) répète. Remplacez l'expression en italique par un pronom interrogatif.

MODÈLES: *Mon frère* a acheté une voiture.

> VOUS: **Comment? Qui a acheté une voiture?**
> VOTRE PARTENAIRE: **Mon frère.**

J'ai lu *deux livres.*

> VOUS: **Comment? Qu'est-ce que tu as lu?**
> VOTRE PARTENAIRE: **Deux livres.**

1. *Sophie* a écrit un e-mail à ses parents.
2. Elle avait besoin *d'argent.*
3. *Ses parents* ont lu l'e-mail.
4. Ils ont répondu *à Sophie.*
5. Ils lui ont envoyé *l'argent*
6. Sa mère *lui* a téléphoné hier soir.
7. Elle lui a dit *que son frère était malade.*
8. Sophie aime beaucoup *son frère.*
9. *Sa maladie* lui fait peur.

D. Ne … personne et ne … rien

Qui avez-vous rencontré?	Je **n'**ai rencontré **personne.**
Qu'est-ce que vous avez fait?	Je **n'**ai **rien** fait.
Avec qui avez-vous dansé?	Je **n'**ai dansé avec **personne.**
De quoi avez-vous besoin?	Je **n'**ai besoin de **rien.**
Qui est venu?	**Personne n'**est venu.
Qu'est-ce qui est arrivé?	**Rien n'**est arrivé.

▶ You have already learned that the opposite of **quelque chose** is **ne … rien** (*nothing, not anything*). The opposite of **quelqu'un** is **ne … personne** (*no one, nobody, not anyone*).

*Review **ne … rien,** Ch. 6.*

▶ When used as a *direct object,* **ne … personne,** like **ne … rien,** is placed around the conjugated verb.

Entendez-vous quelque chose?	Non, je **n'**entends **rien.**
Voyez-vous quelqu'un?	Non, je **ne** vois **personne.**

 NOTE

> Unlike **ne … rien,** however, **ne … personne** surrounds both the auxiliary verb *and* the past participle in the **passé composé.**
>
> | | | |
> |---|---|---|
> | | Avez-vous entendu quelque chose? | Non, je **n'**ai **rien** entendu. |
> | *But:* | Avez-vous vu quelqu'un? | Non, je **n'**ai vu **personne.** |

▶ Both **rien** and **personne** can be used as the *object of a preposition.*

Avez-vous besoin de quelque chose?	Non, je **n'**ai besoin ***de*** **rien.**
Parlez-vous avec quelqu'un?	Non, je **ne** parle ***avec*** **personne.**

► **Personne** and **rien** can also serve as the *subject* of a verb. In this case, **personne** and **rien** come before **ne. Ne** still comes before the conjugated verb.

Personne n'a téléphoné.   *Nobody telephoned.*

Personne ne va à cet endroit.   *No one goes to that place.*

Rien ne m'intéresse.   *Nothing interests me.*

► Like **jamais** and **rien, personne** can be used alone to answer a question.

Qui est venu?   **Personne.**

Qui avez-vous rencontré?   **Personne.**

⑧ Je n'ai rien fait à personne! Utilisez **rien** ou **personne** pour répondre aux questions suivantes.

MODÈLES: Qui avez-vous vu?   Qu'avez-vous entendu?
         Je n'ai vu personne.   **Je n'ai rien entendu.**

1. Avec qui êtes-vous sorti(e)?
2. Qu'est-ce que vous avez fait?
3. Qu'est-ce que vous avez bu?
4. Qui est-ce que vous avez vu?
5. De quoi aviez-vous besoin?
6. À qui pensiez-vous?
7. À quoi pensiez-vous?
8. À qui est-ce que vous avez téléphoné?
9. Qu'avez-vous dit?

⑨ Personne n'a rien fait. Utilisez **rien** ou **personne** pour répondre aux questions suivantes.

MODÈLES: Qui a vu l'accident?   Qu'est-ce qui vous intéresse?
         Personne n'a vu l'accident.   **Rien ne m'intéresse.**

1. Qui a pris ma voiture?
2. Qu'est-ce qui est arrivé hier soir?
3. Qui a écrit à Sylvie?
4. Qui lui a téléphoné?
5. Qu'est-ce qui lui est arrivé?
6. Qui est-ce qui est sorti avec elle?
7. Qui va faire ses devoirs ce soir?
8. Qu'est-ce qui va mal?
9. Qui a roulé trop vite?

10 Ni rien ni personne. Utilisez **rien** ou **personne** pour répondre aux questions suivantes.

1. Vous avez fait quelque chose le week-end dernier?
2. Quelque chose vous est arrivé?
3. Vous avez rencontré quelqu'un?
4. Quelqu'un vous a invité(e) à danser?
5. Vous avez dansé avec quelqu'un?
6. Après le bal quelqu'un vous a accompagné(e) au café?
7. Vous avez bu quelque chose?
8. Quelqu'un a payé pour vous?
9. Vous avez dit au revoir à quelqu'un?

ENTRE AMIS Ma journée d'hier

Find out what your partner did yesterday by following the guidelines below.

1. Find out from your partner what happened yesterday.
2. Ask what s/he did.
3. Find out where s/he went and who was there.
4. Ask with whom s/he spoke.
5. What else can you find out?

2. MAKING BASIC HYPOTHESES

Track 3-43

Que feriez-vous[1] ...

	oui	non
... si vous n'aviez pas de devoirs?		
Je resterais dans ma chambre.	_____	_____
Je sortirais avec mes amis.	_____	_____
J'irais au cinéma.	_____	_____
Je m'amuserais.	_____	_____
... si, par hasard[2], vous gagniez à la loterie?		
J'achèterais une voiture.	_____	_____
Je paierais mes dettes[3].	_____	_____
Je donnerais de l'argent aux pauvres.	_____	_____
Je mettrais de l'argent à la banque.	_____	_____
... si vous n'étiez pas étudiant(e)?		
Je chercherais du travail.	_____	_____
Je gagnerais de l'argent.	_____	_____
Je voyagerais.	_____	_____
J'irais en France.	_____	_____

---

1. *What would you do* / 2. *by chance* / 3. *debts*

E. Le conditionnel

Grammar
Tutorials

Je pourrais apporter quelque chose?
J'aimerais inviter les Martin.
Ils viendraient si tu leur téléphonais
maintenant.

Could I bring something?
I would like to invite the Martins.
They would come if you called them
now.

► The conditional is used to express hypotheses and also politely stated requests
or wishes.

► The conditional is formed by adding the imperfect endings (**-ais, -ais, -ait,**
-ions, -iez, -aient) to the future stem (see Ch. 12).

aimer		
j'	aimer	ais
tu	aimer	ais
il/elle/on	aimer	ait
nous	aimer	ions
vous	aimer	iez
ils/elles	aimer	aient

vendre		
je	vendr	ais
tu	vendr	ais
il/elle/on	vendr	ait
nous	vendr	ions
vous	vendr	iez
ils/elles	vendr	aient

► Remember that a number of verbs have irregular future stems (see Ch. 12).
These verbs use the same irregular stem in the conditional. The endings,
however, are always regular.

être	**ser-**	je **serais**	*I would be*
avoir	**aur-**	j'**aurais**	*I would have*
faire	**fer-**	je **ferais**	*I would do*
aller	**ir-**	j'**irais**	*I would go*
venir	**viendr-**	je **viendrais**	*I would come*
devenir	**deviendr-**	je **deviendrais**	*I would become*
vouloir	**voudr-**	je **voudrais**	*I would like*
pouvoir	**pourr-**	je **pourrais**	*I could; I would be able*
devoir	**devr-**	je **devrais**	*I should; I ought to*
savoir	**saur-**	je **saurais**	*I would know*

► Impersonal expressions also have conditional forms.

infinitive	present	conditional
pleuvoir	il pleut	**il pleuvrait**
falloir	il faut	**il faudrait**
valoir mieux	il vaut mieux	**il vaudrait mieux**

Review p. 436.

▶ Since -e- is *pronounced* as [ə] before the sound combination [Rj], it is never dropped in the **nous** and **vous** forms of the conditional of -er verbs and of irregular verbs such as **vous feriez** and **nous serions**.

In formal French (literature, speeches, etc.) *savoir* is often used in the conditional with the negative in place of *pouvoir*, with the meaning would not be able; could not. Normally the word *pas* is omitted in the negative in this literary usage: *La princesse ne saurait avoir de meilleur guide* (The princess could not have a better guide).

future	conditional
nous dans*e*rons	nous dans**e**rions
vous chant*e*rez	vous chant**e**riez
nous s*e*rons	nous s**e**rions
vous f*e*rez	vous f**e**riez

▶ The conditional is used to make a polite request or suggestion because the present is often considered rather harsh or brusk. **Devoir** is often the verb used to make a polite suggestion.

Je **veux** une tasse de café.	*I **want** a cup of coffee.*
Je **voudrais** une tasse de café.	*I **would like** a cup of coffee.*
Vous **devez** faire attention.	*You **must** pay attention.*
Vous **devriez** faire attention.	*You **should (ought to)** pay attention.*

⓫ Quelle audace! (What nerve!) Mettez le verbe au conditionnel pour être plus poli(e).

MODÈLE: Vous devez parler plus fort *(loudly).*
Vous devriez parler plus fort.

1. Je peux vous poser une question?
2. Avez-vous l'heure?
3. Pouvez-vous me dire votre nom?
4. Faites-vous la cuisine ce soir, par hasard?
5. C'est très gentil de m'inviter.
6. Je veux un steak-frites.

⓬ Quel conseil donneriez-vous? Utilisez le verbe **devoir** au conditionnel pour suggérer ce qu'il faudrait faire. Pourriez-vous donner deux suggestions pour chaque phrase?

MODÈLE: Nous n'avons pas de bonnes notes.
Vous devriez étudier.
Vous ne devriez pas sortir tous les soirs.

1. Marc a très faim.
2. Nos amis ont soif.
3. Nous sommes en retard.
4. Robert et Anne sont malades.
5. Pauline est fatiguée.
6. Je n'ai pas envie de sortir ce soir.
7. Notre professeur donne beaucoup de devoirs.

F. Si hypothétique

Si je gagne au loto, **j'irai** en Europe et en Asie.
Si je ne gagne pas au loto, **je resterai** ici.

REVIEW

REVIEW

Hypothetical statements about the future can be made by using **si** plus the present tense in conjunction with a clause in the future. Such a hypothesis will become a virtual certainty *if* the event described in the **si** clause actually occurs.

Si ma mère me **téléphone** ce soir, je lui **raconterai** cette histoire. Je n'**irai** pas avec toi **si** tu **continues** à me parler comme ça.

> The word **loto** is the shortened version of **loterie**.

> Review **si** + present, Ch. 12.

▶ To *suggest* what someone *might* do, **si** can be used with the imperfect as a question.

Si vous veniez à 8 heures?	*How about coming at 8 o'clock?*
Si j'allais au supermarché?	*What if I went to the supermarket?*
Si nous jouions aux cartes?	*How about a game of cards?*

▶ Hypothetical statements referring to what would happen if something else were also to take place can be made by using **si** + imperfect with a clause in the conditional. Such hypotheses are not as certain actually to occur as those expressed by **si** + present with a clause in the future.

Si j'étais libre, **je sortirais** avec mes amis.	***If I were** free, **I would go out** with my friends.*
Que **feriez-vous si vous étiez** riche?	*What **would you do, if you were** rich?*

Synthèse: si clauses used with the future or the conditional

Si + le présent,	→	le futur	S'il pleut, nous ne sortirons pas.
Si + l'imparfait,	→	le conditionnel	S'il pleuvait, nous ne sortirions pas.

13 **Deux solutions.** Pour chaque situation vous devez suggérer deux solutions.

MODÈLE: Beaucoup d'enfants sont malades.
Si nous donnions de l'argent à Médecins sans Frontières?
Si les gens travaillaient pour éliminer les épidémies?

1. Il y a des inondations sur la route.
2. Les gens ont faim.
3. Un incendie a détruit la maison de Paul.
4. Je dois contacter des organisations d'aide humanitaire.
5. J'ai besoin d'argent.
6. Nous devons aider les autres.
7. Nos amis sont tristes.

14 **Que ferais-tu?** Lisez ce questionnaire et répondez à chaque question. Interviewez ensuite votre partenaire en mettant les phrases à la forme interrogative avec **tu.** Comparez vos réponses.

MODÈLE: VOUS: **Si tu avais besoin d'argent, est-ce que tu écrirais à tes parents?**

VOTRE PARTENAIRE: **Non, je n'écrirais pas à mes parents. Et toi?**

1. Si j'avais besoin d'argent, ...

	oui	non
j'écrirais à mes parents.	_____	_____
je chercherais du travail.	_____	_____
je vendrais mon livre de français.	_____	_____
j'irais voir mes amis.	_____	_____
je pleurerais.	_____	_____

2. Si j'avais un «F» à l'examen, ...

je pleurerais.	_____	_____
je serais fâché(e).	_____	_____
je serais très triste.	_____	_____
je téléphonerais à mes parents.	_____	_____
je resterais dans ma chambre.	_____	_____
j'arrêterais mes études.	_____	_____

3. Si on m'offrait une Mercédès, ...

je l'accepterais.	_____	_____
je la garderais.	_____	_____
je la vendrais.	_____	_____
je la donnerais à mes parents.	_____	_____

15 **À vous.** Répondez aux questions.

1. Si vous étiez professeur, qu'est-ce que vous enseigneriez?
2. Donneriez-vous beaucoup de devoirs à vos étudiants? Pourquoi ou pourquoi pas?
3. Quels vêtements est-ce que vous porteriez en classe?
4. Que feriez-vous pendant les vacances?
5. Quelle marque de voiture auriez-vous?
6. Où iriez-vous dans cette voiture?

Self Test

 **ENTRE AMIS** **Des châteaux en Espagne** *(Daydreams)*

Find out what your partner wants more than anything else in the world.

1. Find out what your partner would do if s/he had a lot of money.
2. Ask where s/he would live.
3. Find out what s/he would buy.
4. Suggest two things your partner could do with the money.

Intégration

RÉVISION

A Le témoin. Un ami francophone a vu un accident. Faites une liste de questions que vous pourriez lui poser.

B Un remue-méninges *(Brainstorming)*. Faites une liste de choses que vous pourriez faire avec cinquante dollars.

C Quelques suggestions.

1. Citez trois choses qu'on pourrait donner à un(e) ami(e) pour son anniversaire.
2. De quoi les étudiants ont-ils besoin pour être heureux sur votre campus? (trois choses)
3. Faites trois suggestions pour les prochaines vacances.
4. Quelles sont trois choses que vous feriez si vous étiez en France?

Track 3-44

D À l'écoute. Jean a passé un week-end assez difficile. Écoutez ce qui lui est arrivé et répondez aux questions qui suivent.

1. Quand est-ce que Jean a eu peur?
2. Qu'est-ce qu'il faisait quand il a entendu quelque chose?
3. Quel temps faisait-il?
4. Qu'est-ce qu'il a vu?
5. Qu'est-ce qu'il a fait?
6. Qu'est-ce qui est arrivé à la maison?
7. Qu'est-ce qui a été détruit?
8. Qui a été blessé?

E À vous. Répondez aux questions.

1. Quelle serait votre réaction si vous gagniez à la loterie au loto?
2. À qui est-ce que vous téléphoneriez?
3. Qu'est-ce que vous lui diriez?
4. Que feriez-vous de cet argent?
5. Qu'est-ce que vous ne feriez pas de cet argent?
6. Où iriez-vous?

Communication and Communities. To learn more about the culture presented in this chapter, go to the *Premium Website* and click on the Web Search Activities.

Also see the *Entre amis* Video Program and Video Worksheet in the *Cahier.*

NÉGOCIATIONS

Vous êtes témoin d'un accident. Vous jouerez le rôle de témoin. Complétez le formulaire suivant avant de répondre aux questions posées par le «gendarme». Votre partenaire jouera ce rôle et utilisera le formulaire dans l'appendice D.

A (témoin)

Date: _____   Lieu: _____

Heure: _____   Nombre de véhicules: _____

Conditions météorologiques: _____ beau temps _____ neige _____ pluie brouillard *(fog)*

Chaussée: _____ glissante _____ sèche *(dry)*

Description des conducteurs ou des conductrices:

Type(s) de véhicule(s):

_____ voiture(s) _____ camion(s) _____ vélo(s) _____ moto(s) _____ monospace(s) *(minivans)*
_____ mobylette(s) _____ autre (expliquez)

Numéro(s) de plaque d'immatriculation *(license plate):* _____

Marque(s): _____ Renault _____ Peugeot _____ Citroën _____ autre (expliquez)

Qu'est-ce que vous avez vu?

À votre avis, pourquoi cet accident a-t-il eu lieu?

LECTURE 1

LA MÉTHODO It is important to focus on ideas instead of individual words when you read in French. When you come across a word you don't know, skip over it and focus on the overall gist of the sentence or passage. If you understand the general meaning, then keep reading. If you don't, read the sentence or passage again. If you still don't understand, only then use a dictionary to look up the word.

A **Étude du vocabulaire.** Étudiez les phrases suivantes et choisissez les mots anglais qui correspondent aux mots français en caractères gras:
numerous, gusts, reached, broke, food, blew, land, many, tides, cut

1. **Bien des** personnes ont un téléphone portable et n'ont plus de téléphone fixe, c'est-à-dire de ligne **terrestre**.
2. Il y a eu de **nombreuses** victimes: quelques millions.
3. La tempête **a coupé** les lignes téléphoniques; il n'y a plus de service.
4. Les **rafales** de vent **ont soufflé** jusqu'à 160 kilomètres à l'heure.
5. Mon ami **a atteint** le sommet de la montagne à sept heures du soir.
6. Parfois, la mer a des **marées** très élevées ou très basses.
7. Elle **a rompu** le silence sur cette affaire.
8. On mange une **nourriture** saine et équilibrée.

B **Les idées principales.** Lisez les deux articles et notez les idées principales de chacun. Pouvez-vous résumer les deux articles en quelques phrases ou avez-vous besoin de chercher quelques mots dans un dictionnaire?

DEUX CATASTROPHES

Catastrophe en Haïti

Port au Prince, Haïti. Un tremblement de terre de magnitude 7 a ravagé Port-au-Prince le 13 janvier vers 5 heures de l'après-midi. L'épicentre était situé à quelques 15 kilomètres à l'ouest de la capitale où résidaient près de deux millions de personnes. Ce désastre a provoqué la panique. Il a détruit des édifices gouvernementaux, des hôtels, des centres commerciaux, des boutiques et des maisons. Les lignes téléphoniques mobiles et fixes ont été coupées ainsi que l'Internet et l'électricité. Les victimes—des morts et des blessés—étaient trop nombreuses à compter. Ce pays, assez pauvre financièrement, ressentira les conséquences de cette catastrophe pendant bien des années à venir.

Une tempête meutrière

Paris, France Une tempête violente a ravagé la France le week-end du 27 et 28 février. Elle a causé de gros dégâts en France et a fait 52 morts. Les rafales de vent ont atteint 175 kilomètres à l'heure au sommet de la tour Eiffel. Air France a été obligé d'annuler une centaine de vols à l'arrivée et au départ de l'aéroport Charles de Gaulle. Il y a eu aussi une forte marée qui a rompu des digues et a inondé des maisons sur la côte. Des milliers de personnes se sont retrouvées sans abri et les industries locales ont été gravement touchées. Mais la solidarité des habitants de la région, qui ont tout de suite offert de la nourriture, des vêtements et de l'abri, a redonné espoir aux victimes.

C Une analyse des faits. Relisez les deux articles et comparez-les. Ensuite choisissez le désastre naturel qui correspond le mieux à chacune des descriptions suivantes. Pour certaines descriptions les deux peuvent correspondre.

1. Des inondations ont causé beaucoup de dégâts.
2. Une ville entière a été détruite.
3. Les avions ne pouvaient pas partir à cause du vent.
4. Le désastre a touché des millions d'habitants.
5. Les effets du désastre vont persister pendant des années.
6. Beaucoup de personnes maintenant n'ont pas de maison.
7. Des personnes sont mortes.
8. Les habitants ont aidé les victimes.

Use pp. 437–438 to help you prepare these questions.

D Interrogation. Imaginez que vous êtes journaliste et que vous allez interviewer des témoins et victimes des deux désastres. Composez huit questions qui commencent par des mots interrogatifs (**Qui?, Qu'est-ce qui?,** etc.), quatre pour chaque événement, pour votre interview.

E Que feriez-vous? Relisez les deux articles. Ensuite décidez ce que vous feriez si vous pouviez aider les victimes des deux désastres.

LECTURE II

A Étude du vocabulaire. Étudiez les phrases suivantes et choisissez les mots anglais qui correspondent aux mots français en caractères gras: *light, crumbs, lost consciousness, suddenly, turn off the engine, threw myself, headlights, was recalling, path, wet, relief.*

1. Je **me rappelais** la soirée, tout ce que j'ai fait. C'était super.
2. Il faisait beau, mais **soudain** il a commencé à pleuvoir.
3. On a fait une promenade sur un beau **sentier** dans la forêt.
4. Quand il fait nuit, les deux **phares** d'une voiture donnent de la **lumière** sur la route.
5. Avant de sortir de la voiture, il faut **couper le contact.**
6. Laurence n'a pas tué le cycliste. Quel **soulagement**!
7. Je **me suis jeté** dans l'eau et j'ai commencé à nager.
8. Quand on mange du pain, il y a souvent des **miettes** sur la table.
9. Il a plu et maintenant la route est **mouillée.**
10. Il est tombé de la montagne et il **a perdu connaissance.**

B Les idées principales. Lisez l'extrait suivant une première fois sans regarder les traductions des mots qui se trouvent à la fin du passage. Ensuite, discutez ces questions avec un partenaire: Qu'est-ce qui est arrivé? Quels sont les détails principaux? À qui est-ce que l'incident est arrivé? Où est-ce que l'incident a lieu? Comment la narratrice réagit-elle *(react)*? Si vous ne pouvez pas répondre à quelques questions, consultez les traductions et lisez le texte une deuxième fois.

Un accident de voiture

L'héroïne de *Belles Images* s'appelle Laurence et le titre du livre évoque sa profession (la publicité) et sa vie. Laurence est une femme aisée[1] et mère de famille qui s'ennuie[2] de sa vie idyllique et commence à perdre ses illusions. Dans cet extrait, elle rentre à Paris avec son mari Jean-Charles quand un accident lui arrive.

Badminton, télévision: la nuit était tombée quand nous sommes partis; je ne roulais pas vite. Je sentais la présence de Jean-Charles à côté de moi, je me rappelais notre nuit, tout en fouillant[3] la route du regard. Soudain, d'un sentier sur ma droite, un cycliste roux a jailli[4] dans la lumière des phares. J'ai donné un brusque coup de volant, la voiture a tangué[5], elle s'est renversée dans le fossé[6].

—Tu n'as rien?
—Rien a dit Jean-Charles. Et toi?
—Rien.
—Il a coupé le contact. La portière s'est ouverte.
—Vous êtes blessés?
—Non.

Une bande de cyclistes —des garçons et des filles— entouraient la voiture qui s'était immobilisée, la tête en bas, et dont les roues continuaient à tourner; j'ai crié au rouquin: «Espèce d'imbécile!» mais quel soulagement! J'avais cru que je lui passais sur le corps. Je me suis jetée dans les bras de Jean-Charles: «Mon chéri! On a eu drôlement de la chance. Pas une égratignure[7]!»

Il ne souriait pas:

—La voiture est en miettes.
—Pour ça oui. Mais ça vaut mieux que si c'était toi ou moi.

Des automobilistes se sont arrêtés; un des garçons a expliqué:

—Cet idiot, il ne regardait rien, il s'est jeté sous l'auto; alors la petite dame a braqué[8] à gauche.

Le rouquin balbutiait[9] des excuses, les autres me remerciaient…

—Il vous doit une fière chandelle[10]!

Sur ce bord de route mouillée, à côté de la voiture massacrée, une gaieté montait en moi, grisante[11] comme du champagne. J'aimais ce cycliste imbécile parce que je ne l'avais pas tué, et ses camarades qui me souriaient, et ces inconnus qui proposaient de nous ramener[12] à Paris. Et soudain la tête m'a tourné et j'ai perdu connaissance […]

—extrait: *Les Belles Images, Simone de Beauvoir, Folio, 1972*

---

[1]*well-off,* [2]*becomes bored,* [3]*scouring,* [4]*burst forth,* [5]*pitched,* [6]*turned over in the ditch,* [7]*scratch,* [8]*steered,* [9]*stammered,* [10]*He owes you his life,* [11]*intoxicating,* [12]*take back*

C Questions. Répondez aux questions.

1. À quoi pensait Laurence pendant qu'elle conduisait?
2. Qu'est-ce qui a causé l'accident?
3. Y a-t-il des blessés?
4. Quelle était la réaction de Laurence juste après l'accident?
5. Quelle était la réaction de son mari?
6. À qui est-ce la faute?
7. Qu'est-ce que les témoins ont proposé à Laurence et son mari?
8. Qu'est-ce qui explique la réaction de Laurence à la fin du texte? Justifiez votre réponse.

RÉDACTION

LA MÉTHODO When the purpose of your writing is persuading the reader, it is important to use strong examples and details to support your opinions. Begin by clearly stating your objective or stance, and then explain your point of view, using concrete examples. Try to predict your reader's reactions, and choose facts and examples to address each one. Then conclude with your strongest argument. It will have the greatest impact on your reader if it comes last.

QU'EST-CE QUE VOUS DEVRIEZ FAIRE?

Chaque jour dans le monde il y a des incidents tragiques. Parfois ils sont provoqués par des humains et parfois par des phénomènes naturels. Choisissez un de ces événements (*events*) et écrivez une rédaction de quelques paragraphes où vous allez persuader le lecteur de faire quelque chose pour améliorer (*improve*) la situation. Dans votre rédaction:

- décrivez la situation ou l'événement
- expliquez pourquoi cette situation ou cet événement mérite l'engagement du lecteur
- faites une liste détaillée des actions souhaitées
- expliquez les conséquences de l'engagement
- invitez le lecteur à s'engager (c'est-à-dire, dites-lui ce qu'il devrait faire)

A Avant d'écrire. (1) Décidez de quelle situation ou de quel événement vous allez parler. Faites un peu de recherche en français sur Internet. Notez les faits et les détails dont vous aurez besoin. Réfléchissez sur les expressions et les mots qui pourraient être utiles pour décrire les détails que vous avez notés. (2) Déterminez votre public et faites une liste des arguments qui pourraient encourager le lecteur à s'engager. (3) Faites un plan pour votre rédaction.

B **Écrire.** Écrivez votre rédaction. Commencez avec une description de la situation ou événement qui fait appel aux sentiments du lecteur. Expliquez pourquoi il faut réagir et ce qu'on peut faire. Donnez des exemples concrets qui justifient votre position. Terminez par votre argument le plus fort et invitez votre lecteur à s'engager. Essayez de montrer votre passion pour le sujet tout au long de votre texte.

C **Correction.** Assurez-vous que tous les éléments de la rédaction sont présents. Ensuite, demandez à un(e) camarade de classe de lire votre texte. Après l'avoir lu, est-ce qu'il/elle a eu envie de s'engager? Est-ce qu'il/elle a trouvé tous les arguments persuasifs? Ou y avait-il des arguments beaucoup moins forts que les autres? Refaites votre rédaction et incorporez les remarques de votre camarade de classe. Révisez votre texte une dernière fois pour corriger les fautes d'orthographe et les fautes de grammaire.

Vocabulaire Actif

*Practice some of this vocabulary with the flashcards on **iLrn**.*

Les désastres naturels

des dégâts (*m.*) *damage*
un désastre naturel *natural disaster*
détruire *to destroy*
déveloper *to develop*
une épidémie *epidemic*
un événement *event*
estimer *to estimate*
évacuer *to evacuate*
une forêt *a forest*
un incendie *fire*
une inondation *flood*
provoquer *to cause*
ravager *to devastate*
secouer *to shake*
une tempête *storm*
une tornade *tornado*
un tremblement de terre *earthquake*

À propos d'un accident

un accident *accident*
un(e) automobiliste *driver*
blessé(e) *wounded*
brûler un stop *to run a stop sign*
un chauffard *bad driver*
la chaussée *pavement*
un conducteur *driver (male)*
une conductrice *driver (female)*
déraper *to skid*
entrer en collision *to hit; to collide*
freiner *to brake*
un gendarme *policeman*
glissant(e) *slippery*
heurter *to hit; to run into (something)*
ivre *drunk*
la mort *death*
rouler *to go; to roll*
un témoin *witness*
tuer *to kill*

Expressions utiles

juste derrière *right behind*
par hasard *by chance*
parler plus fort *to speak more loudly*
puisque *since*

Noms

une dette *debt*
les études *(f. pl.) studies*
une faute *fault; mistake*
un(e) idiot(e) *idiot*
un(e) imbécile *imbecile*
une marque *make, brand*
un(e) sans-abri *homeless person*

Adjectifs

pâle *pale*
physique *physical*

Verbes

accepter *to accept*
assurer *to assure; to insure*
entendre parler de *to hear about*

Pronom

personne (ne … personne) *no
one; nobody; not anyone*

Préposition

contre *against; (in exchange) for*

Références

Verbes

VERBES RÉGULIERS

Infinitif	Présent		Passé composé		Imparfait	
1. parler	je	parle	j'	ai parlé	je	parlais
	tu	parles	tu	as parlé	tu	parlais
	il/elle/on	parle	il/elle/on	a parlé	il/elle/on	parlait
	nous	parlons	nous	avons parlé	nous	parlions
	vous	parlez	vous	avez parlé	vous	parliez
	ils/elles	parlent	ils/elles	ont parlé	ils/elles	parlaient
2. finir	je	finis	j'	ai fini	je	finissais
	tu	finis	tu	as fini	tu	finissais
	il/elle/on	finit	il/elle/on	a fini	il/elle/on	finissait
	nous	finissons	nous	avons fini	nous	finissions
	vous	finissez	vous	avez fini	vous	finissiez
	ils/elles	finissent	ils/elles	ont fini	ils/elles	finissaient
3. attendre	j'	attends	j'	ai attendu	j'	attendais
	tu	attends	tu	as attendu	tu	attendais
	il/elle/on	attend	il/elle/on	a attendu	il/elle/on	attendait
	nous	attendons	nous	avons attendu	nous	attendions
	vous	attendez	vous	avez attendu	vous	attendiez
	ils/elles	attendent	ils/elles	ont attendu	ils/elles	attendaient
4. se laver	je	me lave	je	me suis lavé(e)	je	me lavais
	tu	te laves	tu	t'es lavé(e)	tu	te lavais
	il/on	se lave	il/on	s'est lavé	il/on	se lavait
	elle	se lave	elle	s'est lavée	elle	se lavait
	nous	nous lavons	nous	nous sommes lavé(e)s	nous	nous lavions
	vous	vous lavez	vous	vous êtes lavé(e)(s)	vous	vous laviez
	ils	se lavent	ils	se sont lavés	ils	se lavaient
	elles	se lavent	elles	se sont lavées	elles	se lavaient

Impératif	Futur		Conditionnel		Subjonctif	
parle	je	parlerai	je	parlerais	que je	parle
parlons	tu	parleras	tu	parlerais	que tu	parles
parlez	il/elle/on	parlera	il/elle/on	parlerait	qu'il/elle/on	parle
	nous	parlerons	nous	parlerions	que nous	parlions
	vous	parlerez	vous	parleriez	que vous	parliez
	ils/elles	parleront	ils/elles	parleraient	qu'ils/elles	parlent
finis	je	finirai	je	finirais	que je	finisse
finissons	tu	finiras	tu	finirais	que tu	finisses
finissez	il/elle/on	finira	il/elle/on	finirait	qu'il/elle/on	finisse
	nous	finirons	nous	finirions	que nous	finissions
	vous	finirez	vous	finiriez	que vous	finissiez
	ils/elles	finiront	ils/elles	finiraient	qu'ils/elles	finissent
attends	j'	attendrai	j'	attendrais	que j'	attende
attendons	tu	attendras	tu	attendrais	que tu	attendes
attendez	il/elle/on	attendra	il/elle/on	attendrait	qu'il/elle/on	attende
	nous	attendrons	nous	attendrions	que nous	attendions
	vous	attendrez	vous	attendriez	que vous	attendiez
	ils/elles	attendront	ils/elles	attendraient	qu'ils/elles	attendent
lave-toi	je	me laverai	je	me laverais	que je	me lave
lavons-nous	tu	te laveras	tu	te laverais	que tu	te laves
lavez-vous	il/on	se lavera	il/on	se laverait	qu'il/on	se lave
	elle	se lavera	elle	se laverait	qu'elle	se lave
	nous	nous laverons	nous	nous laverions	que nous	nous lavions
	vous	vous laverez	vous	vous laveriez	que vous	vous laviez
	ils	se laveront	ils	se laveraient	qu'ils	se lavent
	elles	se laveront	elles	se laveraient	qu'elles	se lavent

VERBES RÉGULIERS AVEC CHANGEMENTS ORTHOGRAPHIQUES

Infinitif	Présent		Passé composé	Imparfait
1. manger	je mange	nous mangeons	j'ai mangé	je mangeais
	tu manges	vous mangez		
	il/elle/on mange	ils/elles mangent		
2. avancer	j' avance	nous avançons	j'ai avancé	j'avançais
	tu avances	vous avancez		
	il/elle/on avance	ils/elles avancent		
3. payer	je paie	nous payons	j'ai payé	je payais
	tu paies	vous payez		
	il/elle/on paie	ils/elles paient		
4. préférer	je préfère	nous préférons	j'ai préféré	je préférais
	tu préfères	vous préférez		
	il/elle/on préfère	ils/elles préfèrent		
5. acheter	j' achète	nous achetons	j'ai acheté	j'achetais
	tu achètes	vous achetez		
	il/elle/on achète	ils/elles achètent		
6. appeler	j' appelle	nous appelons	j'ai appelé	j'appelais
	tu appelles	vous appelez		
	il/elle/on appelle	ils/elles appellent		

Impératif	Futur	Conditionnel	Subjonctif	*Autres verbes*
mange mangeons mangez	je mangerai	je mangerais	que je mange que nous mangions	exiger nager neiger voyager
avance avançons avancez	j'avancerai	j'avancerais	que j'avance que nous avancions	commencer divorcer
paie payons payez	je paierai	je paierais	que je paie que nous payions	essayer
préfère préférons préférez	je préférerai	je préférerais	que je préfère que nous préférions	espérer exagérer s'inquiéter répéter
achète achetons achetez	j'achèterai	j'achèterais	que j'achète que nous achetions	lever se lever se promener
appelle appelons appelez	j'appellerai	j'appellerais	que j'appelle que nous appelions	s'appeler épeler jeter

VERBES IRRÉGULIERS

To conjugate the irregular verbs on the top of the opposite page, consult the verbs conjugated in the same manner, using the number next to the verbs. The verbs preceded by a bullet are conjugated with the auxiliary verb **être**. Of course, when the verbs in this chart are used with a reflexive pronoun (as reflexive verbs), the auxiliary verb **être** must be used in compound tenses.

Infinitif	Présent				Passé composé	Imparfait
1. aller	je	vais	nous	allons	je suis allé(e)	j'allais
	tu	vas	vous	allez		
	il/elle/on	va	ils/elles	vont		
2. s'asseoir	je	m'assieds	nous	nous asseyons	je me suis assis(e)	je m'asseyais
	tu	t'assieds	vous	vous asseyez		
	il/elle/on	s'assied	ils/elles	s'asseyent		
3. avoir	j'	ai	nous	avons	j'ai eu	j'avais
	tu	as	vous	avez		
	il/elle/on	a	ils/elles	ont		
4. battre	je	bats	nous	battons	j'ai battu	je battais
	tu	bats	vous	battez		
	il/elle/on	bat	ils/elles	battent		
5. boire	je	bois	nous	buvons	j'ai bu	je buvais
	tu	bois	vous	buvez		
	il/elle/on	boit	ils/elles	boivent		
6. conduire	je	conduis	nous	conduisons	j'ai conduit	je conduisais
	tu	conduis	vous	conduisez		
	il/elle/on	conduit	ils/elles	conduisent		
7. connaître	je	connais	nous	connaissons	j'ai connu	je connaissais
familiar	tu	connais	vous	connaissez		
	il/elle/on	connaît	ils/elles	connaissent		
8. croire	je	crois	nous	croyons	j'ai cru	je croyais
	tu	crois	vous	croyez		
	il/elle/on	croit	ils/elles	croient		
9. devoir	je	dois	nous	devons	j'ai dû	je devais
must	tu	dois	vous	devez		
	il/elle/on	doit	ils/elles	doivent		

apprendre 25
comprendre 25
couvrir 21
découvrir 21
décrier 11

détruire 6
devenir 28
dormir 22
élire 16
s'endormir 22

offrir 21
permettre 17
promettre 17
réduire 6

repartir 22
revenir 28
revoir 29
sentir 22

sortir 22
sourire 26
traduire 6
valoir mieux 15

Impératif	Futur	Conditionnel	Subjonctif
va allons allez	j'irai	j'irais	que j'aille que nous allions
assieds-toi asseyons-nous asseyez-vous	je m'assiérai	je m'assiérais	que je m'asseye que nous nous asseyions
aie ayons ayez	j'aurai	j'aurais	que j'aie que nous ayons
bats battons battez	je battrai	je battrais	que je batte que nous battions
bois buvons buvez	je boirai	je boirais	que je boive que nous buvions
conduis conduisons conduisez	je conduirai	je conduirais	que je conduise que nous conduisions
connais connaissons connaissez	je connaîtrai	je connaîtrais	que je connaisse que nous connaissions
crois croyons croyez	je croirai	je croirais	que je croie que nous croyions
dois devons devez	je devrai	je devrais	que je doive que nous devions

Infinitif	Présent				Passé composé	Imparfait
10. dire	je	dis	nous	disons	j'ai dit	je disais
	tu	dis	vous	dites		
	il/elle/on	dit	ils/elles	disent		
11. écrire	j'	écris	nous	écrivons	j'ai écrit	j'écrivais
	tu	écris	vous	écrivez		
	il/elle/on	écrit	ils/elles	écrivent		
12. envoyer	j'	envoie	nous	envoyons	j'ai envoyé	j'envoyais
	tu	envoies	vous	envoyez		
	il/elle/on	envoie	ils/elles	envoient		
13. être	je	suis	nous	sommes	j'ai été	j'étais
	tu	es	vous	êtes		
	il/elle/on	est	ils/elles	sont		
14. faire	je	fais	nous	faisons	j'ai fait	je faisais
	tu	fais	vous	faites		
	il/elle/on	fait	ils/elles	font		
15. falloir		il faut			il a fallu	il fallait
16. lire	je	lis	nous	lisons	j'ai lu	je lisais
	tu	lis	vous	lisez		
	il/elle/on	lit	ils/elles	lisent		
17. mettre	je	mets	nous	mettons	j'ai mis	je mettais
	tu	mets	vous	mettez		
	il/elle/on	met	ils/elles	mettent		
18. mourir	je	meurs	nous	mourons	je suis mort(e)	je mourais
	tu	meurs	vous	mourez		
	il/elle/on	meurt	ils/elles	meurent		
19. naître	je	nais	nous	naissons	je suis né(e)	je naissais
	tu	nais	vous	naissez		
	il/elle/on	naît	ils/elles	naissent		
20. nettoyer	je	nettoie	nous	nettoyons	j'ai nettoyé	je nettoyais
	tu	nettoies	vous	nettoyez		
	il/elle/on	nettoie	ils/elles	nettoient		
21. ouvrir	j'	ouvre	nous	ouvrons	j'ai ouvert	j'ouvrais
	tu	ouvres	vous	ouvrez		
	il/elle/on	ouvre	ils/elles	ouvrent		

Impératif	Futur	Conditionnel	Subjonctif
dis disons dites	je dirai	je dirais	que je dise que nous disions
écris écrivons écrivez	j'écrirai	j'écrirais	que j'écrive que nous écrivions
envoie envoyons envoyez	j'enverrai	j'enverrais	que j'envoie que nous envoyions
sois soyons soyez	je serai	je serais	que je sois que nous soyons
fais faisons faites	je ferai	je ferais	que je fasse que nous fassions
—	il faudra	il faudrait	qu'il faille
lis lisons lisez	je lirai	je lirais	que je lise que nous lisions
mets mettons mettez	je mettrai	je mettrais	que je mette que nous mettions
meurs mourons mourez	je mourrai	je mourrais	que je meure que nous mourions
nais naissons naissez	je naîtrai	je naîtrais	que je naisse que nous naissions
nettoie nettoyons nettoyez	je nettoierai	je nettoierais	que je nettoie que nous nettoyions
ouvre ouvrons ouvrez	j'ouvrirai	j'ouvrirais	que j'ouvre que nous ouvrions

Infinitif	Présent				Passé composé	Imparfait
22. partir*	je	pars	nous	partons	je suis parti(e)*	je partais
	tu	pars	vous	partez		
	il/elle/on	part	ils/elles	partent		
23. pleuvoir		il pleut			il a plu	il pleuvait
24. pouvoir *can, able*	je	peux**	nous	pouvons	j'ai pu	je pouvais
	tu	peux	vous	pouvez		
	il/elle/on	peut	ils/elles	peuvent		
25. prendre *eat, drink, have, take*	je	prends	nous	prenons	j'ai pris	je prenais
	tu	prends	vous	prenez		
	il/elle/on	prend	ils/elles	prennent		
26. rire	je	ris	nous	rions	j'ai ri	je riais
	tu	ris	vous	riez		
	il/elle/on	rit	ils/elles	rient		
27. savoir *know*	je	sais	nous	savons	j'ai su *you know?*	je savais
	tu	sais	vous	savez		
	il/elle/on	sait	ils/elles	savent		
28. venir	je	viens	nous	venons	je suis venu(e)	je venais
	tu	viens	vous	venez		
	il/elle/on	vient	ils/elles	viennent		
29. voir	je	vois	nous	voyons	j'ai vu	je voyais
	tu	vois	vous	voyez		
	il/elle/on	voit	ils/elles	voient		
30. vouloir *want*	je	veux	nous	voulons	j'ai voulu	je voulais *ordering food*
	tu	veux	vous	voulez		
	il/elle/on	veut	ils/elles	veulent		

*__Dormir, sentir,__ and __servir__ are conjugated with __avoir__ in the passé composé. __Partir, sortir,__ and the reflexive __s'endormir__ are conjugated with __être.__

**The inverted form of __je peux__ is __puis-je ... ?__

Impératif	Futur	Conditionnel	Subjonctif
pars partons partez	je partirai	je partirais	que je parte que nous partions
—	il pleuvra	il pleuvrait	qu'il pleuve
— — —	je pourrai	je pourrais	que je puisse que nous puissions
prends prenons prenez	je prendrai	je prendrais	que je prenne que nous prenions
ris rions riez	je rirai	je rirais	que je rie que nous riions
sache sachons sachez	je saurai	je saurais	que je sache que nous sachions
viens venons venez	je viendrai	je viendrais	que je vienne que nous venions
vois voyons voyez	je verrai	je verrais	que je voie que nous voyions
veuille voulons veuillez	je voudrai	je voudrais	que je veuille que nous voulions

Appendices

A list of International Phonetic Alphabet symbols

Voyelles

Son	Exemples	Pages: *Entre amis*
[i]	il, **y**	96, 312
[e]	**et**, parl**é**, **ai**mer, ch**ez**	35, 40, 62, 404
[ɛ]	m**è**re, n**ei**ge, **ai**me, t**ê**te, ch**è**re, b**e**lle	35, 62, 437
[a]	l**a**, f**e**mme	62
[wa]	t**oi**, tr**oi**s, qu**oi**, v**oy**age	62
[ɔ]	f**o**lle, b**o**nne	196
[o]	**eau**, ch**au**d, n**o**s, ch**o**se	196, 404
[u]	v**ou**s, **aoû**t	166
[y]	**u**ne, r**u**e, **eu**	166, 168
[ø]	d**eu**x, v**eu**t, bl**eu**, ennuy**eu**se	370
[œ]	h**eu**re, v**eu**lent, s**œu**r	370
[ə]	l**e**, s**e**rons, fais**o**ns	62, 341, 436
[ɑ̃]	**an**, l**en**t, ch**am**bre, **en**semble	96
[ɔ̃]	m**on**, n**om**, s**on**t	40, 96
[ɛ̃]	m**ain**, f**aim**, ex**am**en, **im**portant, v**in**, ch**ien**, s**ym**phonie, br**un***, parf**um***	96

*Some speakers still pronounce the nasal vowel [œ̃] in words like **un** and **brun**.

Consonnes

Son	Exemples	
[p]	**p**ère, ju**p**e	405
[t]	**t**oute, gran**d** ami, quan**d** est-ce que …	69, 110, 151, 405
[k]	**c**omment, **qu**i	222
[b]	ro**b**e, **b**ien	405
[d]	**d**eux, ren**d**ent	405
[g]	**g**are, lon**gu**e, se**c**ond	352, 405
[f]	**f**ou, **ph**armacie, neu**f**	69
[s]	mer**c**i, profe**ss**eur, fran**ç**ais, tenni**s**, démo**c**ra**t**ie	69, 222
[ʃ]	**ch**at, **sh**ort	222

[v]	vous, neuf ans	69
[z]	zéro, rose	69, 110, 222
[ʒ]	je, âge, nageons	40, 222
[l]	lire, ville	340
[R]	rue, sœur	253
[m]	mes, aime, comment	96
[n]	non, américaine, bonne	96
[ɲ]	montagne	222

Semi-consonnes

Son	**Exemples**	
[j]	fille, travail, chien, voyez, yeux, hier	312, 340
[w]	oui, week-end	
[ɥ]	huit, tuer	341

Professions

The following professions are in addition to those taught in Ch. 4, p. 115.

agent *m.* **d'assurances** insurance agent
agent *m.* **de police** police officer
agent *m.* **de voyages** travel agent
agent *m.* **immobilier** real-estate agent
artisan *m.* craftsperson
assistant(e) social(e) social worker
avocat(e) lawyer
banquier *m.* banker
boucher/bouchère butcher
boulanger/boulangère baker
caissier/caissière cashier
chanteur/chanteuse singer
charcutier/charcutière pork butcher, delicatessen owner
chauffeur *m.* driver
chercheur/chercheuse researcher
chirurgien(ne) surgeon
commerçant(e) shopkeeper
commercial(e) *m./f.* salesperson
conférencier/conférencière lecturer
conseiller/conseillère counsellor; advisor
cuisinier/cuisinière cook
dentiste *m./f.* dentist
douanier/douanière customs officer
électricien(ne) electrician
épicier/épicière grocer
expert-comptable *m.* CPA
facteur/factrice letter carrier
femme de ménage *f.* cleaning lady
fleuriste *m./f.* florist
garagiste *m./f.* garage owner; mechanic

homme/femme politique politician
hôtelier/hôtelière hotelkeeper
hôte/hôtesse de l'air *f.* flight attendant
instituteur/institutrice elementary school teacher
jardinier/jardinière gardener
joueur/joueuse (de golf, etc.) (golf, etc.) player
maire *m.* mayor
mannequin *m.* fashion model
mécanicien(ne) mechanic
militaire *m.* serviceman/servicewoman
moniteur/monitrice (de ski) (ski) instructor
musicien(ne) musician
opticien(ne) optician
PDG *m./f.* CEO (chairperson)
pasteur *m.* (Protestant) minister
peintre *m./f.* painter
photographe *m./f.* photographer
pilote *m.* pilot
plombier *m.* plumber
pompier *m.* firefighter
prêtre *m.* priest
psychologue *m./f.* psychologist
rabbin *m.* rabbi
religieuse *f.* nun
reporter *m.* reporter
restaurateur/restauratrice restaurant owner
savant *m.* scientist; scholar
sculpteur *m.* sculptor
serveur/serveuse waiter/waitress
traducteur/traductrice translator
vétérinaire *m./f.* vet

Glossary of Grammatical Terms

Term	Definition	Example(s)
accord *(agreement)* 16, 22–23, 73	Articles, adjectives, pronouns, etc. are said to agree with the noun they modify when they "adopt" the gender and number of the noun.	*La **voisine** de Patrick est **allemande**. C'est **une** jeune **fille** très genti**lle**. **Elle** est partie en vacances.*
adjectif *(adjective)* 16, 22, 98	A word that describes or modifies a noun or a pronoun, specifying size, color, number, or other qualities. (See **adjectif démonstratif, adjectif interrogatif, adjectif possessif**.)	*Lori Becker n'est pas **mariée**. Nous sommes **américains**. Le professeur a une voiture **noire**. C'est une **belle** voiture.*
adjectif démonstratif *(demonstrative adjective)* 106	A noun determiner (see **déterminant**) that identifies and *demonstrates* a person or a thing.	*Regarde les couleurs de **cette** robe et de **ce** blouson!*
adjectif interrogatif *(interrogative adjective)* 117, 420	An adjective that introduces a question. In French, the word **quel** *(which or what)* is used as an interrogative adjective and agrees in gender and number with the noun it modifies.	***Quelle** heure est-il? **Quels** vêtements portez-vous?*
adjectif possessif *(possessive adjective)* 73, 80	A noun determiner that indicates *possession* or *ownership*. Agreement depends on the gender of the noun and not on the sex of the possessor, as in English *(his/her)*.	*Où est **mon** livre? Comment s'appelle **son** père?*
adverbe *(adverb)* 100, 298	An invariable word that describes a verb, an adjective, or another adverb. It answers the question *when?* (time), *where?* (place), or *how? how much?* (manner).	*Mon père conduit **lentement**. (how?) On va regarder un match de foot **demain**. (when?) J'habite **ici**. (where?)*
adverbe interrogatif *(interrogative adverb)* 151	An adverb that introduces a question about time, location, manner, number, or cause.	***Où** sont mes lunettes? **Comment** est-ce que Lori a trouvé le film? **Pourquoi** est-ce que tu fumes?*
article *(article)* 46, 65, 225	A word used to signal that a noun follows, and to specify the noun as to its *gender* and *number,* as well as whether it is general, particular, or part of a larger whole. (See **article défini, article indéfini,** and **article partitif**.)	

Term	Definition	Example(s)
article défini *(definite article)* 46, 48, 323	The definite articles in French are **le, la, l'**, and **les**. They are used to refer to a specific noun, or to things in general, in an abstract sense.	*Le professeur est dans la salle de classe. Le lait est bon pour la santé. J'aime les concerts de jazz.*
article indéfini *(indefinite article)* 48	The indefinite articles in French are **un, une,** and **des**. They are used to designate unspecified nouns.	*Lori Becker a un frère et une sœur. J'ai des amis qui habitent à Paris.*
article partitif *(partitive article)* 323	The partitive articles in French are **du, de la, de l',** and **des**. They are used to refer to *part* of a larger whole, or to things that cannot be counted.	*Je vais acheter du fromage. Tu veux de la soupe?*
comparatif *(comparison)* 320–322	When comparing people or things, these comparative forms are used: **plus** *(more)*, **moins** *(less)*, **aussi** *(as … as)*, and **autant** *(as much as)*.	*Le métro est plus rapide que le bus. Il neige moins souvent en Espagne qu'en France. Ma sœur parle aussi bien le français que moi. Elle gagne autant d'argent que moi.*
conditionnel *(conditional)* 447	A verbal mood used when stating hypotheses or expressing polite requests.	*Tu devrais faire attention. Je voudrais une tasse de café.*
conjugaison *(conjugation)* 40	An expression used to refer to the various forms of a verb that reflect *person* (1st, 2nd, or 3rd person), *number* (singular or plural), *tense* (present, past, or future), and *mood* (indicative, subjunctive, imperative, conditional). Each conjugated form consists of a *stem* and an *ending*.	Présent: *Nous parlons français en classe.* Passé composé: *Je suis allé à Paris l'année dernière.* Imparfait: *Quand il était jeune, mon frère s'amusait beaucoup.* Futur: *Je ferai le devoir de français ce soir.* Impératif: *Ouvrez vos livres!* Subjonctif: *Il faut qu'on fasse la lessive tout de suite.* Conditionnel: *Je voudrais un verre de coca.*
contraction *(contraction)* 78, 133, 417	The condensing of two words to form one.	*C'est une photo du professeur* [**de + le**]. *Nous allons au café* [**à + le**].
déterminant *(determiner)* (See articles, adjectif démonstratif, adjectif possessif, adjectif intérogatif)	A word that precedes a noun and *determines* its quality *(definite, indefinite, partitive,* etc.). In French, nouns are usually accompanied by one of these determiners.	Article *(le livre);* demonstrative adjective *(cette table);* possessive adjective *(sa voiture);* interrogative adjective *(Quelle voiture?);* number *(trois crayons).*
élision *(elision)* 14, 21, 46, 258	The process by which some words drop their final vowel and replace it with an apostrophe before words beginning with a vowel sound.	*Je m'appelle Martin et j'habite près de l'église.*

Term	Definition	Example(s)
futur *(future)* 38, 136, 353	A tense used to express what *will* happen. The construction **aller** + *infinitive* often replaces the future tense, especially when referring to more immediate plans.	*Un jour, nous **irons** en France. Nous **allons partir** cet après-midi.*
genre *(gender)* 4, 15, 46	The term used to designate whether a noun, article, pronoun, or adjective is masculine or feminine. All nouns in French have a grammatical *gender*.	***la** table, **le** livre, **le** garçon, **la** mère*
imparfait *(imperfect)* 313, 317, 438	A past tense used to describe a setting (background information), a condition (physical or emotional), or a habitual action.	*Il **faisait** beau quand je suis parti. Je **prenais** beaucoup de médicaments quand j'**étais** jeune.*
impératif *(imperative)* 147, 293	This verbal mood is used to give commands or to make suggestions.	***Répétez** après moi! **Allons** faire une promenade.*
indicatif *(indicative)* 14, 168, 313, 353	This verbal mood is used to relate facts or supply information. **Le présent, le passé composé, l'imparfait,** and **le futur** all belong to the indicative mood.	*Je ne **prends** pas le petit déjeuner. Le directeur **partira** en vacances le mois prochain. Il **faisait** beau quand je **suis parti**.*
infinitif *(infinitive)* 36, 40, 254, 348, 353	The plain form of the verb, showing the general meaning of the verb without reflecting *tense, person,* or *number*. French verbs are often classified according to the last two letters of their infinitive forms: **-er** verbs, **-ir** verbs, or **-re** verbs.	*étudi**er**, chois**ir**, vend**re***
inversion *(inversion)* 51, 68, 151, 169	An expression used to refer to the reversal of the subject pronoun-verb order in the formation of questions.	*Parlez-vous français? Chantez-vous bien?*
liaison *(liaison)* 13, 15, 40, 65, 66, 68–69, 74, 80, 132	The term used to describe the spoken linking of the final and usually silent consonant of a word with the beginning vowel sound of the following word.	*Vous [z]êtes américain? Ma sœur a un petit [t]ami.*
mot apparenté *(cognate)* 25, 54, 94, 403	Words from different languages that are related in origin and that are similar are referred to as *cognates*.	***question** [Fr.] = question [Eng.]; **semestre** [Fr.] = semester [Eng.]*
négation *(negation)* 21, 99, 169, 173, 294, 444	The process of transforming a positive sentence into a negative one. In negative sentences the verb is placed between two words, **ne** and another word defining the nature of the negation.	*On **ne** parle **pas** anglais ici. Il **ne** neige **jamais** à Casablanca. Mon grand-père **ne** travaille **plus**. Il **n'**y a **personne** dans la salle de classe. Mon fils **n'**a **rien** dit.*

Term	Definition	Example(s)
nom *(noun)* 15, 46	The name of a person, place, thing, idea, etc. All nouns in French have a grammatical gender and are usually preceded by a determiner.	*le **livre**, la **vie**, les **étudiants**, ses **parents**, cette **photo***
nombre *(number)* 14–15, 17, 46	The form of a noun, article, pronoun, adjective, or verb that indicates whether it is *singular* or *plural*. When an adjective is said to agree with the noun it modifies in *number*, it means that the adjective will be singular if the noun is singular, and plural if the noun is plural.	***La** voiture de James **est** très petite.* ***Les** livres de français ne **sont** pas aussi chers que **les** livres de biologie.*
objet direct *(direct object)* 236, 289, 294, 408	A thing or a person bearing directly the action of a verb. (See **pronom complément d'objet direct.**)	*Thierry écrit **un poème**. Il aime **Céline**.*
objet indirect *(indirect object)* 408	A person (or persons) to or for whom something is done. The indirect object is often preceded by the preposition **à** because it receives the action of the verb *indirectly*. (See **pronom complément d'objet indirect.**)	*Thierry donne une rose **à Céline**. Le professeur raconte des histoires drôles **aux étudiants**.*
participe passé *(past participle)* 168, 197, 380, 438	The form of a verb used with an auxiliary to form two-part (compound) past tenses such as the **passé composé.**	*Vous êtes **allés** au cinéma. Moi, j'ai **lu** un roman policier.*
passé composé 168, 197, 317, 380	A past tense used to narrate an event in the past, to tell what happened, etc. It is used to express actions *completed* in the past. The **passé composé** is composed of two parts: an auxiliary (**avoir** or **être**) conjugated in the present tense, and the past participle form of the verb.	*Le président **a parlé** de l'économie. Nous **sommes arrivés** à 5h.*
personne *(person)* 14	The notion of *person* indicates whether the subject of the verb is speaking *(1st person)*, spoken to *(2nd person)*, or spoken about *(3rd person)*. Verbs and pronouns are designated as being in the singular or plural of one of the three persons.	First person singular: *Je n'ai rien compris.* Second person plural: *Avez-**vous** de l'argent?* Third person plural: ***Elles** sont toutes les deux sénégalaises.*
plus-que-parfait *(pluperfect)* 438	A past tense used to describe an event that took place prior to some other past event. The **plus-que-parfait** is composed of two parts: an auxiliary (**avoir** or **être**) conjugated in the imperfect tense, and the past participle form of the verb.	*Il était ivre parce qu'il **avait** trop **bu**.*

Term	Definition	Example(s)
préposition *(preposition)* 133, 146, 149, 203	A word (or a small group of words) preceding a noun or a pronoun that shows position, direction, time, etc. relative to another word in the sentence.	*Mon oncle qui habite **à** Boston est allé **en** France. L'hôtel est **en face de** la gare.*
présent *(present)* 15, 40	A tense that expresses an action taking place at the moment of speaking, an action that one does habitually, or an action that began earlier and is still going on.	*Il **fait** très beau aujourd'hui. Je me **lève** à 7h tous les jours.*
pronom *(pronoun)* 14, 117, 180, 201, 236, 269, 289, 294, 408, 410, 418, 422	A word used in place of a noun or a noun phrase. Its form depends on the *number* (singular or plural), *gender* (masculine or feminine), *person* (1st, 2nd, 3rd), and *function* (subject, object, etc.) of the noun it replaces.	***Tu** aimes les fraises? Oui, **je les** adore. / Irez-**vous** à Paris cet été? Non, **je n'y** vais pas. / Prenez-**vous** du sucre? Oui, **j'en** prends. / Qui **t'**a dit de partir? **Lui.***
pronom accentué *(stress pronoun)* 180, 320	A pronoun that is separated from the verb and appears in different positions in the sentence.	*Voilà son livre à **elle**. Viens avec **moi**!*
pronom interrogatif *(interrogative pronoun)* 117, 416–417, 442–443	Interrogative pronouns are used to ask questions. They change form depending upon whether they refer to people or things and also whether they function as the subject, the direct object, or the object of a preposition of a sentence.	***Qui** est là? **Que** voulez-vous faire dans la vie? **Qu'est-ce que** vous faites? **Qu'est-ce qui** est arrivé?*
pronom complément d'objet direct *(direct object pronoun)* 236, 289, 410	A pronoun that replaces a direct object noun (a noun object not preceded by a preposition).	*Thierry aime Céline et elle **l'**aime aussi.*
pronom complément d'objet indirect *(indirect object pronoun)* 408	A pronoun that replaces an indirect object noun (a noun object preceded by the preposition **à**).	*Thierry **lui** a donné une rose.*
pronom relatif *(relative pronoun)* 63, 269, 418	A pronoun that refers or "relates" to a preceding noun and connects two clauses into a single sentence.	*Le professeur a des amis **qui** habitent à Paris. J'ai lu le livre **que** tu m'as donné.*
pronom sujet *(subject pronoun)* 14	A pronoun that replaces a noun subject.	***Ils** attendent le train. **On** parle français ici.*
sujet *(subject)* 14	The person or thing that performs the action of the verb. (See **pronom sujet**.)	***Les étudiants** font souvent les devoirs à la bibliothèque. **Vous** venez d'où?*

Term	Definition	Example(s)
subjonctif *(subjunctive)* 383, 420	A class of tenses, used under specific conditions: (1) the verb is in the second (or subordinate) clause of a sentence; (2) the second clause is introduced by **que**; and (3) the verb of the first clause expresses advice, will, necessity, emotion, etc.	Mon père préfère que je n'*aie* pas de voiture. Le professeur veut que nous *parlions* français. Ma mère est contente que vous *soyez* ici.
superlatif *(superlative)* 323	The superlative is used to express the superior or inferior degree or quality of a person or a thing.	Le TGV est le train *le plus* rapide du monde. L'eau minérale est la boisson *la moins* chère.
temps *(tense)* 40, 168, 313, 353	The particular form of a verb that indicates the time frame in which an action occurs: present, past, future, etc.	La tour Eiffel *est* le monument le plus haut de Paris. Nous *sommes arrivés* à 5h à la gare. Je *ferai* de mon mieux.
verbe *(verb)* 15, 40, 254, 348	A word expressing action or condition of the subject. The verb consists of a stem and an ending, the form of which depends on the subject (singular, plural, 1st, 2nd, or 3rd person), the tense (present, past, future), and the mood (indicative, subjunctive, imperative, conditional).	
verbe auxiliaire *(auxiliary verb)* 160, 197, 438	The two auxiliary (or helping) verbs in French are **avoir** and **être.** They are used in combination with a past participle to form the **passé composé** and the **plus-que-parfait.**	Nous *sommes* allés au cinéma hier Nous *avons* vu un très bon film.
verbes pronominaux *(reflexive verbs)* 176, 199, 375, 378, 380	Verbs whose subjects and objects are the same. A reflexive pronoun will precede the verb and act as either the direct or indirect object of the verb. The reflexive pronoun has the same number, gender, and person as the subject.	Lori *se réveille.* Elle et James *se sont* bien *amusés* hier soir

NÉGOCIATIONS

Chapitre 1 (p. 25)

Identifications. Work with your partner to prepare a new identity. First, decide with your partner whether you are describing a man or a woman. Then, complete the second half of the following form. Ask questions of your partner, who will complete the first half of the form. Your partner will ask you other questions about the person you are describing. Answer only **oui** or **non**.

MODÈLE: **Comment vous appelez-vous? Quel est votre nom de famille? Êtes-vous français(e)? Êtes-vous jeune?**

A	**B**
Nom de famille: _____	État civil: _____
Prénom: _____	Description 1: _____
	_____
Nationalité: _____	Description 2: _____
	_____

*The **Révision** part of the **Intégration** section of each chapter ends with an activity called **Négociations.** In this activity you will exchange information with a partner. Partner A uses the version of the activity shown in the chapter. In most cases, Partner B (and occasionally C, D, etc.) uses the version of the activity given in this appendix.*

For the last two blanks you should choose adjectives that describe the person, e.g., tall.

Les activités. Use one of the forms below to interview as many students as possible. Try to find people who answer the questions affirmatively; then write their initials in the appropriate boxes. No student's initials should be used more than twice.

MODÈLE: **Est-ce que tu détestes les hot-dogs?**

B

regarder la télé le soir	aimer étudier le français	chanter une chanson française
détester les hot-dogs	parler espagnol	aimer patiner
pleurer quelquefois	être marié(e)	travailler beaucoup
étudier l'anglais	adorer skier	jouer au golf

C

danser souvent le week-end	adorer skier	parler espagnol
jouer au ping-pong	chanter une chanson française	étudier l'anglais
travailler beaucoup	être célibataire	tomber quelquefois
pleurer quelquefois	détester les hot-dogs	aimer patiner

Chapitre 3 (p. 84)

C'est à qui? Each of the items below belongs to one of David's relatives. Ask your partner questions to match each item with its correct owner. Complete the form with the missing information.

MODÈLE: **C'est la voiture du frère de David?**
Non, ce n'est pas la voiture de David. C'est la voiture de son père.

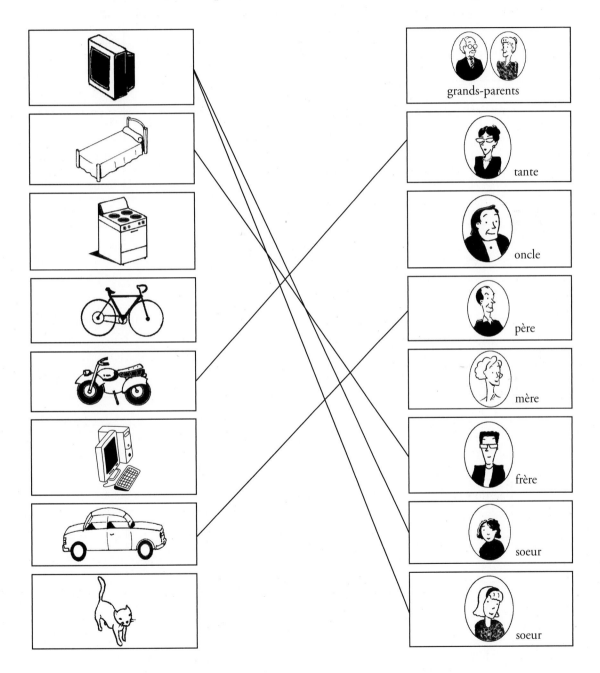

Chapitre 4 (p. 120)

Nos amis. Work with your partner to complete the forms. Ask questions to determine the information that is missing.

MODÈLE: **Est-ce que Marie a les yeux bleus?**

B

nom	yeux	cheveux	description	à la maison	dans la vie	vêtement
Marie		noirs	bavarde			short
Alain	marron			courses		
Chantal		roux		lessive	journaliste	
Éric	bleus		charmant		cuisinier	
Karine	gris		pessimiste	liste	médecin	chapeau
Pierre		bruns				blouson
Sylvie		blonds	patiente	provisions	cadre	
Jean	verts					ceinture

Chapitre 5 (p. 154)

L'emploi du temps de Sahibou. Interviewez votre partenaire pour trouver les renseignements qui manquent *(missing information)*.

MODÈLE: **Est-ce qu'il a un cours le mercredi à onze heures?**
Est-ce que c'est un cours de mathématiques?

B

	lundi	mardi	mercredi	jeudi	vendredi	samedi	dimanche
9h							
10h		gestion		gestion			église
11h	français		français		français		
12h	cafétéria		cafétéria		cafétéria	cafétéria	déjeuner avec ses parents
13h		cafétéria		cafétéria			
14h							
19h		bibliothèque		informatique			bibliothèque
20h	résidence	bibliothèque		informatique	cinéma		bibliothèque

Hier, d'habitude et pendant le week-end. Interviewez votre partenaire pour trouver les renseignements qui manquent *(missing information).*

MODÈLE: **Est-ce que Valérie va au cours de français d'habitude?**
Est-ce qu'Alain a fumé hier?

B

nom	hier	d'habitude	pendant le week-end
Valérie	écrire une dissertation _____	OUI	nettoyer sa chambre _____
Chantal	NON	NON	rester dans sa chambre _____
Sophie	être malade _____	étudier seule _____	OUI
Alain	NON	travailler après les cours _____	OUI
David	NON	OUI	jouer au basket-ball _____
Jean-Luc	passer un examen _____	envoyer des e-mails _____	NON

Chapitre 7 (p. 212)

D'où viennent-ils? Interviewez votre partenaire pour trouver les renseignements qui manquent.

MODÈLE: **D'où vient Sahibou?**
Où est-ce que Fatima est née?
Quand est-ce que Cécile est partie?

B

nom	pays d'origine	ville de naissance	départ	adresse
Sahibou		Dakar		Canada
Fatima	Maroc		en juin dernier	
Cécile	Belgique			États-Unis
Jean-Luc		Nantes	en avril dernier	
Marie	Canada	Québec		

Dînons-nous ensemble? Interviewez les autres étudiants pour trouver votre partenaire. C'est la personne qui a le même menu que vous.

MODÈLE: **Qu'est-ce que tu prends comme entrée?**
Qu'est-ce que tu vas boire?

B

	votre partenaire	vous
entrée	soupe de légumes	pâté
plat principal	saumon	bœuf
légume	épinards	riz
fromage	camembert	brie
dessert	gâteau	pâtisserie
boisson	eau minérale	eau

C

	votre partenaire	vous
entrée	soupe à l'oignon	crudités
plat principal	porc	truite
légume	frites	riz
fromage	brie	chèvre
dessert	tarte	gâteau
boisson	eau	vin blanc

D

	votre partenaire	vous
entrée	salade de tomates	soupe à l'oignon
plat principal	bœuf	poulet
légume	bœuf	frites
fromage	chèvre	emmental
dessert	fruits	gâteau
boisson	vin rouge	eau

E

	votre partenaire	vous
entrée	pâté	salade de tomates
plat principal	saumon	bœuf
légume	épinards	haricots verts
fromage	camembert	brie
dessert	fruits	glace
boisson	eau minérale	eau minérale

F

	votre partenaire	vous
entrée	crudités	soupe de légumes
plat principal	truite	poulet
légume	riz	petits pois
fromage	camembert	emmental
dessert	tarte	pâtisserie
boisson	vin blanc	eau

G	votre partenaire	vous
entrée	soupe de légumes	pâté
plat principal	porc	bœuf
légume	frites	épinards
fromage	emmental	brie
dessert	tarte	glace
boisson	vin rouge	eau minérale

H	votre partenaire	vous
entrée	soupe à l'oignon	crudités
plat principal	saumon	porc
légume	haricots verts	riz
fromage	chèvre	camembert
dessert	pâtisserie	glace
boisson	vin blanc	vin rouge

I	votre partenaire	vous
entrée	salade de tomates	crudités
plat principal	poulet	truite
légume	petits pois	haricots verts
fromage	chèvre	emmental
dessert	fruits	glace
boisson	vin rouge	vin blanc

J	votre partenaire	vous
entrée	pâté	soupe de légumes
plat principal	bœuf	saumon
légume	riz	épinards
fromage	brie	camembert
dessert	pâtisserie	gâteau
boisson	eau	eau minérale

K	votre partenaire	vous
entrée	crudités	soupe à l'oignon
plat principal	truite	porc
légume	riz	frites
fromage	chèvre	brie
dessert	gâteau	tarte
boisson	vin blanc	eau

L	votre partenaire	vous
entrée	soupe à l'oignon	salade de tomates
plat principal	poulet	bœuf
légume	frites	petits pois
fromage	emmental	chèvre
dessert	gâteau	fruits
boisson	eau	vin rouge

M

	votre partenaire	vous
entrée	salade de tomates	pâté
plat principal	bœuf	saumon
légume	haricots verts	épinards
fromage	brie	camembert
dessert	glace	fruits
boisson	eau minérale	eau minérale

N

	votre partenaire	vous
entrée	soupe de légumes	crudités
plat principal	poulet	truite
légume	petits pois	riz
fromage	emmental	camembert
dessert	pâtisserie	tarte
boisson	eau	vin blanc

O

	votre partenaire	vous
entrée	pâté	soupe de légumes
plat principal	bœuf	porc
légume	épinards	frites
fromage	brie	emmental
dessert	glace	tarte
boisson	eau minérale	vin rouge

P

	votre partenaire	vous
entrée	crudités	soupe à l'oignon
plat principal	porc	saumon
légume	riz	haricots verts
fromage	camembert	chèvre
dessert	glace	pâtisserie
boisson	vin rouge	vin blanc

Nos achats. Interviewez votre partenaire pour trouver les renseignements qui manquent. Il y a trois paires de cartes. Le partenaire A1 travaille avec B1, A2 avec B2, etc.

MODÈLE: **Qu'est-ce qu'on achète à la gare?**
Où est-ce qu'on achète des fleurs?

B1

achat	endroit
	gare
	supermarché
légumes	
médicaments	
	supermarché
fromage	
	librairie
chapeau	
magazine	
	épicerie
	boutique
fleurs	
	pharmacie
savon	

B2

achat	endroit
coca	
	fleuriste
	pharmacie
livre	
légumes	
	bureau de tabac
magazine	
pastilles	
	boucherie
	boulangerie
pommes	
	bureau de tabac
cadeau	
	supermarché

achat	endroit
livres	
fruits	
	bureau de tabac
	pharmacie
cadeau	
	marché
saucisses	
	boulangerie
magazine	
	charcuterie
fleurs	
	boucherie
timbres	
	grand magasin

Chapitre 10 (p. 301)

All of the vehicles in this activity are feminine.

La formule 1. Interviewez votre partenaire pour trouver les renseignements qui manquent.

MODÈLE: **Quelle sorte de véhicule est-ce que mamie conduit?**
Comment conduit-elle?

B

nom	conduire	comment?	pourquoi comme ça?
Michael Schumacher	Ferrari	à toute vitesse	
Jacques Villeneuve			C'est un pilote professionnel canadien.
Alain Prost	Renault	très vite	
tonton (*oncle*) Paul		comme un fou	
tatie (*tante*) Agnès	Harley	tranquillement	
papi (*grand-père*)			Il ne peut pas changer de vitesse.
mamie (*grand-mère*)	mobylette		Elle a peur des accidents.
votre partenaire			
vous			

Chapitre 11 (p. 327)

Hier et quand j'avais 10 ans. Since all students use the same form, it has not been reproduced here. Use the form on p. 327.

Chapitre 12 (p. 358)

Savoir ou connaître? Since all students use the same form, it has not been reproduced here. Use the form on p. 358.

Chapitre 13 (p. 391)

Il manque quelque chose. Interviewez les autres étudiants pour trouver les choses qui manquent. Il y a sept cartes différentes en tout.

MODÈLE: **Est-ce que tu as un(e) … sur ta table?**
Moi, j'ai un(e) …, mais je n'ai pas de (d') …

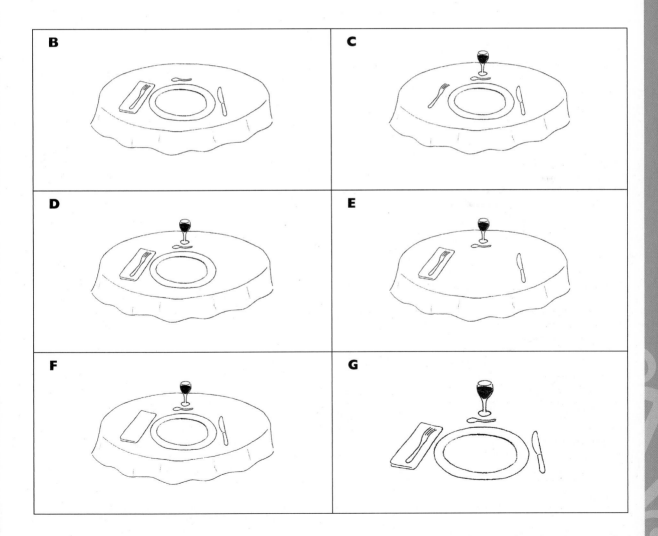

Chapitre 14 (p. 425)

Qu'est-ce qu'il (elle) en pense? Interviewez votre partenaire pour trouver les renseignements qui manquent.

MODÈLE: **Quelle est la réaction de Catherine?**
Pourquoi est-elle triste?

B

	ce qui arrive	sa réaction
Catherine		Elle en est triste.
Éric	Une jolie femme veut le rencontrer.	
Alain	Il y a trop de publicité à la télé.	
Pauline		Elle en est fâchée.
Estelle	Sa sœur va avoir un bébé.	
Jacques		Il le regrette.
Christophe		Il en est confus.
Nathalie	Son amie se dispute avec elle.	
Véronique	Son petit ami lui achète une bague de fiançailles.	
Pierre		Il croit que c'est dommage.

Chapitre 15 (p. 452)

Vous êtes témoin d'un accident. Vous jouerez le rôle du gendarme. Interviewez votre partenaire qui joue le rôle du témoin d'un accident. Ensuite, complétez le formulaire suivant.

B (gendarme)

Nom du témoin: _____

Adresse du témoin: _____

Numéro de téléphone du témoin: _____

Observations (date, heure, lieu, conditions météorologiques, chaussée, véhicules, chauffeur(s), description de l'accident, cause de l'accident, autres ...):

Vocabulaire

This vocabulary list includes all of the words and phrases included in the *Vocabulaire actif* sections of *Entre amis*, as well as the passive vocabulary used in the text. The definitions given are limited to the context in which the words are used in this book. Entries for active vocabulary are followed by the number of the chapter in which they are introduced for the first time. If a word is formally activated in more than one chapter, a reference is given for each chapter. Some entries are followed by specific examples from the text. Expressions are listed according to their key word. In subentries, the symbol ~ indicates the repetition of the key word.

Regular adjectives are given in the masculine form, with the feminine ending in parentheses. For irregular adjectives, the full feminine form is given in parentheses.

The gender of each noun is indicated after the noun. Irregular feminine and plural forms are also noted.

The following abbreviations are used:

CP	Chapitre préliminaire					
adj.	adjective	*f.*	feminine	*n.*	noun
adv.	adverb	*f.pl.*	feminine plural	*pl.*	plural
art.	article	*inv.*	invariable	*prep.*	preposition
conj.	conjunction	*m.*	masculine	*pron.*	pronoun
fam.	familiar	*m.pl.*	masculine plural	*v.*	verb

à at, in, to 1
  ~ bientôt see you soon 5
  ~ côté next door; to the side 5
  ~ côté de next to, beside 5
  ~ demain see you tomorrow 5
  ~ droite (de) to the right (of) 7
  ~ gauche (de) to the left (of) 7
  ~ ... heure (s) at ... o'clock 1
  ~ la prochaine until next time, be seeing you 5
  ~ la vôtre! (here's) to yours! 2
  ~ l'heure on time 7
  ~ l'intérieur de inside 6
  ~ midi at noon 5
  ~ minuit at midnight 5
  ~ tout à l'heure see you in a little while 5
  ~ toute vitesse at top speed 10

  ~ travers throughout
  ~ voix haute aloud
  être ~ to belong to 6
abord: d'~ at first 5
abri: à l'abri sheltered; **sans ~** *m.* homeless person 15
absolument absolutely 10
accepter to accept 15
accident *m.* accident 15
accompagner to accompany 6
accord *m.* agreement
  d'~ okay 5
  être d'~ (avec) to agree (with) 1, 11
accordéon *m.* accordion 6
accueillant(e) friendly
achat *m.* purchase 9
acheter to buy 9

acteur/actrice *m./f.* actor/actress 1
activité *f.* activity 11
actuellement now 14; nowadays
addition *f.* (restaurant) bill, check 8; addition
adieu *m.* (*pl.* **adieux**) farewell
adjoint/adjointe au maire *m./f.* deputy mayor
adorer to adore; to love 2
adresse *f.* address 4
aéroport *m.* airport 5
affaires *f.pl.* business 4
  homme/femme d'~ *m./f.* businessman/woman 4
âge *m.* age 3
  quel ~ avez-vous? how old are you? 3
âgé (e) old 11
agent (de police) *m.* (police) officer
  ~ de change stockbroker

agglomération *f.* urban area
agir: il s'agit de it's (*lit.* it's a matter of)
agriculteur/agricultrice *farmer* 4
agrumes *m.pl.* citrus fruits
aider to help 4
aïe! ouch! 6
ail *m.* garlic 8
aimable kind; nice 9
aimer to like; to love 2
   s' ~ to love each other 14
ainsi thus, for that reason
air: avoir l'~ to seem; to appear, to look 9
aisé(e) well-off
album *m.* album 11
alcool *m.* alcohol
Allemagne *f.* Germany 5
allemand(e) German 1
aller to go 2, 5
   ~ en ville to go into town 5
   ~ -retour *m.* round-trip ticket 12
   ~ simple *m.* one-way (ticket) 12
   allez à la porte! go to the door! CP
   allez-y! go ahead; let's go 12
   je vais très bien I'm fine 2
allô! hello! (*on the phone*) 12
alors then, therefore, so 2
amant *m.* lover
amélioration *f.* improvement
améliorer to improve
amener to bring
américain(e) American 1
ami/amie *m./f.* friend 2
amour *m.* love
amusant(e) amusing, funny; fun 11
s'amuser to have fun; to have a good time 6
   je veux m'amuser I want to have fun 10
an *m.* year 3
   Jour de l'~ *m.* New Year's Day 7
ananas *m.* pineapple
anchois *m.* anchovy 8
ancien (ancienne) former; old 4
anglais (e) English 1
Angleterre *f.* England 5
année *f.* year 6
   ~ scolaire *f.* school year 10
anniversaire *m.* birthday 7
   ~ de mariage wedding anniversary 10
annonce *f.* advertisement 14
   petites annonces want ads
annuler to cancel
août *m.* August 7
apercevoir to notice
apéritif *m.* before-dinner drink 8
appareil *m.* appliance; phone 7
appartement *m.* apartment 3
s'appeler to be named, be called 13
   comment vous appelez-vous? what is your name? 1
   je m'appelle ... my name is ... 1

appétit *m.* appetite
   Bon ~! Have a good meal! 13
apporter to bring 8
apprendre to learn; to teach 8
après after 5
après-demain day after tomorrow 12
après-midi *m.* afternoon 2
   de l'~ in the afternoon 5
   Bon ~. Have a good afternoon.
arabe *m.* Arabic 5; Arab
arbre *m.* tree
argent *m.* money 9
armée *f.* army
arrêt (d'autobus) *m.* (bus) stop 10
(s')arrêter to stop 10
arrière- great- 3
arriver to arrive 7
   qu'est-ce qui est arrivé? what happened? 14
art *m.* art 5
artiste *m./f.* artist 4
aspirine *f.* aspirin 9
s'asseoir to sit down 13
Asseyez-vous! Sit down! CP
assez sort of, rather, enough 1
   ~ bien fairly well 2
   ~ mal rather poorly 2
   en avoir ~ to be fed up 11
assiette *f.* plate 8
assister (à) to attend 14
assurance *f.* insurance
assurer to assure; to insure 15
atout *m.* asset
attacher to attach; to put on 10
atteindre to attain
attendre to wait (for) 9
attente *f.* expectation
attentif (attentive) attentive 10
attention: faire ~ to pay attention 4
au contraire on the contrary 4
au moins at least 5
au pair au pair
   jeune fille ~ *f.* nanny 4
au: au plaisir (de vous revoir) *(I hope) to see you again* 5
   ~ revoir good-bye 1
   ~ sein de within
aucun(e) no
aujourd'hui today 4
aussi also, too 1; as 11
   ~ ... que as ... as ... 11
autant (de) as much 11
autocar *m.* tour bus 12
automne *m.* fall 7
automobiliste *m./f.* driver 15
autoroute *f.* turnpike; throughway, highway 12
autour de around 5
autre other 3

avance *f.* advance
   en ~ early 7
avancer to advance 10
avant before 5
avare miserly, stingy 4
avec with 2
avenir *m.* future
avertissement *m.* warning 14
avion *m.* airplane 7
avis *m.* opinion, advice
   à mon (à ton, etc.) ~ in my (your, etc.) opinion 11
avoir to have 3
   ~ besoin de to need 9
   ~ chaud to be hot 8
   ~ envie de to want to; to feel like 5
   ~ faim to be hungry 8
   ~ froid to be cold 8
   ~ l'air to seem, to appear, to look 9
   ~ lieu to take place 11
   ~ l'intention de to plan to 5
   ~ mal (à) to be sore, to have a pain (in) 9
   ~ peur to be afraid 8
   ~ pitié (de) to have pity (on), to feel sorry (for) 10
   ~ raison to be right 8
   ~ rendez-vous to have an appointment, meeting 4
   ~ soif to be thirsty 8
   ~ sommeil to be sleepy 8
   ~ tendance à to tend to 12
   ~ tort to be wrong; to be unwise 8
   en ~ assez to be fed up 11
   qu'est-ce que tu as? what's the matter with you? 9
avril *m.* April 7

bagages *m.pl.* luggage 7
bague *f.* ring 14
bain: salle de ~ bathroom 3
balayer to sweep
balbutier to stammer
bancaire: carte bancaire *f.* credit / debit card 9
bande dessinée *f.* comic strip 6
banlieue *f.* suburbs
banque *f.* bank 5
barquette *f.* small box; mini crate 9
bas *m.pl.* pantyhose 4
basket-ball (basket) *m.* basketball 6
baskets *f.pl.* high-top sneakers 4
bâtiment *m.* building 5
batterie *f.* drums 6
bavard(e) talkative 4
beau/bel/belle/beaux/belles handsome, beautiful 1
   il fait ~ it's nice out CP, 7
beau-frère *m.* brother-in-law 3

beau-père *m.* (*pl.* **beaux-pères**) stepfather (or father-in-law) 3

beaucoup a lot 2; much, many

beaujolais *m.* Beaujolais (*wine*) 8

beaux-parents *m.pl.* stepparents (or in-laws) 3

bébé *m.* baby 7

beige beige 4

belge Belgian 1

Belgique *f.* Belgium 5

belle-mère *f.* (*pl.* **belles-mères**) stepmother (or mother-in-law) 3

belle-sœur *f.* sister-in-law 3

bénévolat *m.* volunteerism

bénévole *m./f.* volunteer

berk! yuck! awful! 8

besoin *m.* need

   avoir ~ de to need 9

beurre *m.* butter 8

   ~ de cacahuète *m.* peanut butter 8

bibliothèque *f.* library 5

bien *m.* good 6

bien *adv.* well; fine 2

   ~ de many

   ~ que although

   ~ sûr of course 8

bientôt soon

   À bientôt. See you soon. 5

Bienvenue! Welcome! 3

bière *f.* beer 2

billet *m.* bill (*paper money*) 9; ticket 12

bise *f.* kiss 5

bistro *m.* bar and café; bistro 5

bizarre weird; funny looking 4

blague *f.* joke

   sans ~! no kidding! 14

blanc (blanche) white 4

blessé(e) wounded 15

bleu(e) blue 4

bleuet *m.* blueberry (*French-Canadian*)

blond(e) blond 4

blouson *m.* windbreaker, jacket 4

bœuf *m.* beef 8

boire to drink 8

   voulez-vous ~ quelque chose? do you want to drink something? 2

boisson *f.* drink, beverage 2

boîte *f.* box, can 8; nightclub

bol *m.* bowl 13

bon (bonne) good 2

   bon après-midi good afternoon 5

   bon marché *adj. inv.* inexpensive 4

   bonne journée have a good day 1

   bonne nuit pleasant dreams 5

bonbon *m.* candy 8

bonjour hello 1

bonnet de nuit *m.* party pooper

bonsoir good evening 1

bordeaux *m.* Bordeaux (*wine*) 8

bottes *f.pl.* boots 4

boubou *m.* traditional dress for women in Senegal

bouche *f.* mouth 9

bouchée *f.* mouthful

boucherie *f.* butcher shop 9

boulangerie *f.* bakery 5

bouquet *m.* bouquet 9

bout *m.* end, goal

bouteille *f.* bottle 8

boutique *f.* (gift, clothing) shop 9

braquer to steer

bras *m.* arm 9

bridge *m.* bridge (*game*) 6

brie *m.* Brie (*cheese*) 8

brocoli *m.* broccoli 8

brosse *f.* brush

   ~ à cheveux *f.* hairbrush 13

   ~ à dents *f.* toothbrush 13

se brosser (les dents) to brush (one's teeth) 13

bruit *m.* noise 9

brûler to burn; to run through (light) 15

brun(e) brown(-haired) 4

bulle *f.* bubble

bureau *m.* (*pl.* **bureaux**) desk; office 3

   ~ de poste *m.* post office 5

   ~ de tabac *m.* tobacco shop 5

but *m.* goal

ça (cela) that 4

   ~ dépend It depends 9

   ~ m'est égal It's all the same to me

   ~ ne vous concerne pas That's no concern of yours

   ~ va? How's it going? 2

   ~ va bien (I'm) fine 2

   ~ veut dire ... it means ... CP

cachet (d'aspirine) *m.* (aspirin) tablet 9

cadeau *m.* gift 9

cadre *m.* executive 4

café *m.* coffee 2; café 5

   ~ crème *m.* coffee with cream 2

cafétéria *f.* cafeteria 5

calculatrice *f.* calculator 3

calme calm 4

camarade de chambre *m./f.* roommate 3

camembert *m.* Camembert (*cheese*) 8

campagne *f.* country(side); campaign

campus *m.* campus 5

Canada *m.* Canada 5

canadien(ne) Canadian 1

canicule *f.* heat wave

car because

carte *f.* map 12; menu 13

   ~ bancaire *f.* credit / debit card 9

   ~ de crédit *f. credit card*

   ~ postale *f.* postcard

cartes *f.pl.* cards (*game*) 6

cas: en tout ~ in any case

cassis *m.* blackcurrant

ce/cet/cette/ces this, that, these, those 4

ce sont they are, there are 3

ceinture *f.* belt 4

   ~ de sécurité *f.* safety belt, seat belt 10

cela (ça) that 9

célèbre famous 14

célibataire single, unmarried 1

celle *f.* this (that) one

celles *f.pl.* these; those

celui *m.* this (that) one

cendre *f.* ash 8

cent one hundred 3

centime *m.* centime (*1/100 of a euro*) 3

centre commercial *m.* shopping center, mall 5

cependant however

céréales *f.pl.* cereal; grains 8

certainement surely, of course 1

c'est it is, this is 1

   c'est-à-dire that is to say

   ~ gentil à vous that's nice of you 2

   ~ pour vous it's for you 1

ceux *m.pl.* these; those

CFA (=Communauté financière africaine) African Financial Community

chacun(e) each

chagrin *m.* sorrow

chaîne (de télé) *f.* (TV) channel 14

chaise *f.* chair 3

chaleur *f.* heat

chaleureusement warmly 4

chambre *f.* bedroom 3; room

   camarade de ~ *m./f.* roommate 3

champignons *m.pl.* mushrooms 8

chance *f.* luck 12

   Bonne ~! Good luck! 12

changer (de) to change 10

chanson *f.* song 2

chanter to sing 2

chanteur/chanteuse *m./f.* singer 11

chapeau *m.* (*pl.* **chapeaux**) hat 4

chaque each, every 6

charcuterie *f.* pork butcher's; delicatessen 9

charmant(e) charming 3

chat *m.* cat 3

château *m.* castle 5

chaud(e) hot 2

   avoir ~ to be hot 8

   il fait ~ it's hot (warm) CP, 4, 7

chauffage *m.* heat 13

chauffard *m.* bad driver 15

chauffeur *m.* driver 10

chaussée *f.* pavement 15

chaussette *f.* sock 4

chaussure *f.* shoe 4

chauve bald 4

chef *m.* head (*person in charge*); boss; chef

chemise *f.* shirt 4

chemisier *m.* blouse 4

chèque *m.* check 9

~ de voyage *m.* traveler's check 9

cher (chère) dear 2; expensive 4

chercher to look for 2

chéri(e) *m./f.* dear, honey 10

cheveux *m.pl.* hair 4

chèvre *m.* goat cheese 8

chewing-gum *m.* chewing gum 9

chez at the home of 3

~ moi at my house 3

~ nous at our house; back home 3

~ vous at your house 3

chic *adj. inv.* chic; stylish 4

chien *m.* dog 3

chiffre *m.* number

chimie *f.* chemistry 5

Chine *f.* China 5

chinois(e) Chinese 1

chocolat chaud *m.* hot chocolate 2

choisir to choose 12

choix *m.* choice 8

chose *f.* thing 4

pas grand-~ not much 5

quelque ~ *m.* something 2

chouette great *(fam.)* 14

chut! shh! 10

chute *f.* fall

cigare *m.* cigar 6

cimetière *m.* cemetery

cinéma *m.* movie theater 5

cinq five CP

cinquante fifty 3

circulation *f.* traffic 15

citron pressé *m.* lemonade 2

classe *f.* class

en ~ in class; to class 4

clé *f.* key 12

client/cliente *m./f.* customer 8

climatisation *f.* air conditioning 13

cliquer (sur) click on

coca *m.* Coca-Cola 2

code postal *m.* zip code 9

coin *m.* corner

coincé uptight

collant *m.pl.* tights 4

collège *m.* Jr. high school

combien (de) how many, how much 3

commander to order 8

comme like, as 2; how; since

~ ci, ~ ça so-so 2

~ il (elle) était ...! how ... he (she) was! 11

~ si ... as if ...

commencer to begin 7

commencez! begin! CP

comment how; what 3

~? what (did you say?) CP, 2

~ allez-vous? how are you? 2

~ ça va? how is it going? 2

~ dit-on ...? how do you say ...? CP

~ est (sont) ...? what is (are) ... like? 4

~ est-ce qu'on écrit ...? how do you spell ...? 2

~ je vais faire? what am I going to do? 12

~ trouvez-vous ...? what do you think of ...? 2

~ vous appelez-vous? what is your name? 1

commentaire *m.* commentary 10

commerce *m.* business 5

communication *f.* communication

complet (complète) full; complete 12

comportant consisting of

composter (un billet) to punch (a ticket) 12

compréhensif/compréhensive understanding 4

comprendre to understand; to include 8

je ne comprends pas I don't understand CP

compris(e) included; understood 8

je n'ai pas compris I didn't understand 3

comptabiliser to count

comptabilité *f.* accounting 5

compter to count

condamner: être condamné(e) to be sentenced

conducteur/conductrice driver 15

conduire to drive 10

conduite *f.* driving 10

confirmer to confirm 12

confiture *f.* jam 8

confortable comfortable 4

confus(e) ashamed; embarrassed 14

congé *m.* leave, holiday

connaissance *f.* consciousness

connaître to know; to be acquainted with, to be familiar with 10

conseil *m.* (piece of) advice 10

se consoler to console oneself 14

constamment constantly 10

constant(e) constant 10

content(e) happy 4

continuer to continue

continuez continue CP

contraire *m.* contrary, opposite

au ~ on the contrary 4, 8

contravention *f.* traffic ticket

contre against; in exchange for 15

par ~ on the other hand

corps *m.* body 9

costume *m.* suit

côté *m.* side

à ~ next door; to the side 5

à ~ de next to, beside 5

se coucher to go to bed 6

couci-couça so-so

coude *m.* elbow

couleur *f.* color 4

de quelle ~ est (sont) ...? what color is (are) ...? 4

couloir *m.* hall; corridor 5

coup *m.* :~ d'envoi kick-off

couper to cut 13

couple *m.* couple 14

cour *f.* court

couramment fluently

coureur/coureuse runner; cyclist

courir to run

courriel *m.* email (*Can.*)

cours *m.* course; class 5

course *f.* race

courses *f.pl.* errands, shopping 4

court-métrage *m.* film short

cousin/cousine *m./f.* cousin 3

couteau *m.* (*pl.* couteaux) knife 13

coûter to cost 9

coutume *f.* custom

couvrir to cover

craie *f.* chalk CP

cravate *f.* tie 4

crèche *f.* daycare center

crème *f.* cream 2

crêpe *f.* crepe; French pancake 8

croire to believe, to think 14

je crois que oui I think so 14

je ne crois pas I don't think so 14

croissance *f.* increase, growth

croissant *m.* croissant 8

croque-monsieur *m.* grilled ham and cheese sandwich 8

croûte *f.* crust

crudités *f.pl.* raw vegetables 8

cuiller *f.* spoon 13

cuisine *f.* cooking; food 4; kitchen 3

cuisinière *f.* stove 3

d'abord at first 5

d'accord okay 5

être ~ (avec) to agree (with) 5

dame *f.* lady 13

dames *f.pl.* checkers 6

dangereux (dangereuse) dangerous 11

dans in 2

~ une heure one hour from now 5

danser to dance 2

d'après according to

davantage additional, more

de (d') from, of 1

de même you too 1

de rien you're welcome 12

décalage horaire *m.* time difference 5

décembre *m.* December 7

décider to decide

décombres *m.pl.* ruins

découvrir to discover

décrire to describe 6

déçu(e) disappointed 9

dégâts *m.pl.* damage(s) 15

dégustation *f.* tasting

dehors outside

déjà already 6

déjeuner *m.* lunch 8
   petit ~ breakfast 8
déjeuner *v.* to have lunch 5
délicieux (délicieuse) delicious 8
demain tomorrow 5
   à ~ see you tomorrow 5
   après-~ day after tomorrow 12
demande *f.* request 12
   faire une ~ to make a request 12
demander to ask 6
démarrer to start 10
demi(e) half
   et ~ half past (the hour) 5
demi- (frère, sœur) step (brother, sister) 3
demi-heure *f.* half hour 7
démontrer to demonstrate
dent *f.* tooth 9
dentifrice *m.* toothpaste 9
départ *m.* departure 12
départementale *f.* departmental (local) highway 12
dépasser to pass
se dépêcher to hurry 13
dépendre to depend 9
   ça dépend (de ...) it (that) depends (on ...) 9
déprimé(e) depressed 9
depuis for 6; since 9
déranger to bother 1
   Excusez-moi de vous ~ Excuse me for bothering you 1
déraper to skid 15
dernier (dernière) last 6
   la dernière fois the last time 6
derrière behind 5
   juste ~ right behind 15
détruire to destroy 15
des some; any 3; of the
désagréable disagreeable 4
désastre naturel *m.* natural disaster 15
descendre to go down, get out of 7
désirer to want 2
désolé(e) sorry 9
dessert *m.* dessert 8
dessin animé *m.* cartoon 11
se détendre to relax 9
détester to hate, to detest 2
détruire to destroy 15
dette *f.* debt 15
deux two CP, 1
   tous (toutes) les ~ both 12
devant in front of 5
développer to develop 15
devenir to become 7
deviner to guess
devoir *m.* obligation
   devoirs *m.pl.* homework 4
devoir *v.* must, to have to, to probably be, to be supposed to; to owe 5
d'habitude usually 4

Dieu *m.* God
   Mon Dieu! My goodness! 2
dimanche *m.* Sunday 5
dîner *m.* dinner 4
dîner *v.* to eat dinner 4
diplôme *m.* diploma 12
dire to say; to tell 14
   ... veut ~ ... ... means ... 6
   vous dites you say 3
discret (discrète) discreet, reserved 4
se disputer to argue 14
dissertation *f.* (term) paper 6
divorce *m.* divorce 14
divorcé(e) divorced 1
divorcer to get a divorce 14
dix ten CP
dix-huit eighteen CP
dix-neuf nineteen CP
dix-sept seventeen CP
doigt *m.* finger
dollar *m.* dollar 9
DOM (=Département d'outre-mer) overseas department *(equivalent of a state)*
dommage *m.* pity, shame
   c'est ~ that's (it's) too bad 14
donc then; therefore
donner to give 4
   donnez-moi ... give me ... CP
dont about/of which (whom); whose 14
dormir to sleep 6
dos *m.* back 9
d'où: vous êtes ~? where are you from? 2
douche *f.* shower 12
   prendre une douche to shower
doute *m.* doubt
   sans ~ probably 3
doux (douce) mild
douzaine *f.* dozen
douze twelve CP
droit *m.* right *(entitlement)* **droit(e)** *adj.* right
   à droite (de) to the right (of) 5
   droits de l'homme human rights
   tout droit straight ahead 5
drôle funny 14
durcir to harden
durée *f.* duration; length

eau *f.* (*pl.* **eaux**) water 2
   ~ minérale mineral water 2
échanger (contre) to trade (for) 15
échapper to escape
échecs *m.pl.* chess 6
éclater to burst
école *f.* school 5
écouter to listen (to) 2
   écoutez! listen! CP
écrire to write 6

comment est-ce qu'on écrit...? how do you spell ... ? 2
   écrivez votre nom! write your name! CP
   ... s'écrit ... ... is spelled ... 2
écrivain *m.* writer 4
efficacité *f.* efficiency
égal(e) (*m.pl.* **égaux**) equal
   cela (ça) m'est ~ I don't care 5
église *f.* church 5
égratignure *f. scratch*
Eh bien ... Well then ...
élève *m./f.* pupil 4
élire to elect
elle she, it 1; her 6
elles they 1; them 6
s'éloigner to move away
e-mail *m.* email 4
s'embrasser to kiss 4, 14
émission (de télé) *f.* (TV) show 14
   ~ de téléréalité reality TV show 14
emmental *m.* Swiss cheese 8
emploi du temps *m.* schedule 5
employé/employée *m./f.* employee 4
emprunter to borrow 14
en *prep.* in 1; by, through
   ~ avance early 7
   ~ effet in fact
   ~ fouillant scouring
   ~ première (seconde) in first (second) class 12
   ~ provenance de coming from
   ~ retard late 7
   ~ tout cas in any case
   ~ voiture by car 7
en *pron.* some, of it (them); about it (them) 14
   je vous ~ prie don't mention it; you're welcome; please do 7
   vous n'~ avez pas? don't you have any? 9
enchanté(e) delighted (to meet you) 1
encore again CP; still, more 3
   ~ à boire (manger)? more to drink (eat)? 8
   ~ de ...? more ...? 8
   pas ~ not yet 2
s'endormir to fall asleep 13
endroit *m.* place 5
enfant *m./f.* child 3
enfin finally 5
s'engager to become involved
ennuyeux (ennuyeuse) boring 4
enquête *f.* quest
enseigne *f.* sign
enseigner to teach 2
ensemble together CP, 2
ensoleillé(e) sunny
ensuite next, then 5
entendre to hear 9
   s'~ (avec) to get along (with) 14
   ~ parler de to hear about 15
entendu agreed; understood 12

entourer to surround
entraîner to lead to
entre between, among 5
~ amis between (among) friends 1
entrée f. first course, starter 8
entreprise f. business
entrer to enter 7
   ~ en collision to hit, collide 15
   entrez! come in! CP
envie: avoir ~ de to want to; to feel like 5
environ approximately 9
envoyer to send 6
épaule f. shoulder 9
épeler to spell 12
épicerie f. grocery store 5
épidémie f. epidemic 15
épinards m.pl. spinach 8
époque f. time, period 11
   à cette ~ at that time; back then 11
épouser to marry 11
équilibré(e) stable
équipe f. team 11
escale f. stop(over)
escargot m. snail 10
esclave m./f. slave
Espagne f. Spain 5
espagnol(e) Spanish 1
espérance de vie f. life expectancy
espérer to hope 8
essayer to try
essentiel: il est ~ que it is essential that 13
est m. east
est-ce que (question marker) 2
estimer to estimate 15
estomac m. stomach 9
et and 1
étage m. floor 12
étape f. stage
état m. state 5
   ~ civil marital status 1
États-Unis m.pl. United States 5
été m. summer 7
éternuer to sneeze
étoile f. star
étranger/étrangère m./f. foreigner
étranger (étrangère) foreign 12
étroit(e) narrow; close
études f.pl. studies 15
étudiant(e) m./f. student 3
étudier to study 2
être to be 1
   ~ à to belong to 6
   ~ d'accord (avec) to agree (with) 5
   ~ en train de to be in the process of 11
   ~ originaire de to be a native of 7
   vous êtes d'où? where are you from? 2
étroit(e) close
Europe f. Europe
eux m.pl. pron. they, them 6

évacuer to evacuate 15
exact(e) exact, correct
   c'est ~ that's right 13
exagérer to exaggerate 2
examen m. test, exam 6
   à un ~ on an exam 6
excellent(e) excellent 2
excuser to excuse
   excusez-moi excuse me 1
   excusez-moi (-nous, etc.) d'être en
   retard excuse me (us, etc.) for being
   late 13
exemple m. example
   par ~ for example 6
exercice m. exercise 6
exiger (que) to demand (that) 13
expédier to send
exprimer to express
extraverti(e) outgoing 4

fâché(e) angry 14
se fâcher to get angry 14
facile easy 9
façon f. way, manner 8
   sans ~ honestly, no kidding 8
façonner to shape
faculté f. : ~ des lettres College of
   Liberal Arts
faim f. hunger
   avoir ~ to be hungry 8
faire to do, to make 4
   ~ attention to pay attention 4
   ~ du pouce to hitchhike (French-Canadian)
   ~ du sport to play sports 6
   ~ la cuisine to cook 4
   ~ la lessive to do laundry
   ~ la sieste to take a nap 4
   ~ des provisions to do the grocery
   shopping 4
   ~ un voyage to take a trip 5
   ~ une demande to make a request 12
   ~ une promenade to take a walk; to take
   a ride 4
   il fait chaud it's hot out CP, 4, 7
   se ~ des amis to make friends 14
fait m. fact
   au ~ ... by the way ... 2
falloir (il faut) to be necessary 4, 10
famille f. family 3
fatigué(e) tired 2
faut: il ~ ... it is necessary ... 4
   il ~ que it is necessary that, (someone)
   must 13
   il ne ~ pas que (someone) must not 13
faute f. fault; mistake 15
fauteuil m. armchair 3
faux (fausse) false; wrong 2
femme f. woman 1; wife 3
   ~ au foyer housewife 4

   ~ d'affaires businesswoman 4
   ~ politique (female) politician 4
fermé(e) closed 6
fermer to close 6
   fermez le livre! close the book! CP
   fermez la porte! close the door! CP
fermier/fermière m./f. farmer 4
fête f. holiday; party 7
feu m. (pl. feux) traffic light 10; fire
feuille f. leaf/sheet (of paper) 9
feuilleton m. soap opera; series 14
février m. February 7
fiançailles f.pl. engagement 14
fiancé(e) engaged 1
fier (fière) proud
fièvre f. fever 9
filière f. field of study
fille f. girl 3; daughter 3
film m. film, movie 5
fils m. son 3
fin f. end
finir to finish 12
flamand m. Flemish 5
fleur f. flower 9
fleuriste m./f. florist 9
fleuve m. river
flûte f. flute 6
   ~! darn!; shucks! 12
fois f. one time 4, 6; times, multiplied by
   à la ~ at the same time
   deux ~ twice
   la dernière ~ the last time 6
follement in a crazy manner 10
fonctionnaire m./f. civil servant 4
football (foot) m. soccer 6
   ~ américain m. football 6
forêt f. forest 15
formation f. training
formidable great, fantastic 14
fort adv. loudly, with strength 15
fossé m. ditch
fou/folle m./f. fool; crazy person 10
fou (folle) (m.pl. fous) crazy 10
foulard m. scarf 9
fourchette f. fork 13
foyer: femme au foyer f. housewife 4
frais: il fait ~ it's cool 7
fraise f. strawberry 8
franc m. franc 9
français(e) French 1
   à la française in the French style 13
   en français in French CP
France f. France 5
francophone French-speaking
frapper to knock
   Frappez à la porte! Knock on the door! CP
freiner to brake 15
fréquenter (quelqu'un) to date (someone) 11
frère m. brother 3

frire to fry
frites *f.pl.* French fries 8
  steak-~ *m.* steak with French fries 15
froid(e) cold 2
  avoir ~ to be cold 8
  il fait ~ it's cold CP, 7
fromage *m.* cheese 5
frontière *f.* border
fruit *m.* a piece of fruit 8
fumer to smoke 6
fumeur/fumeuse *m./f.* smoker
  non-~ nonsmoker
fumeur *m.* smoking 12
  non ~ nonsmoking 12
fumeur/fumeuse *adj.* smoking 12

gagner to win; to earn
  ~ (au loto) to win (the lottery) 12
gant *m.* glove 4
garage *m.* garage 3
garçon *m.* boy 3
garder to keep; to look after 4
gare *f.* (train) station 3
gâteau *m.* (*pl.* **gâteaux**) cake 8
  petit ~ cookie
gauche *adj.* left
  à ~ (de) to the left (of) 5
gendarme *m.* (state) policeman 15
général: en ~ in general 2
généralement generally 4
généreux (généreuse) generous
genou *m.* knee 9
  genoux *m.pl.* lap, knees 13
gens *m.pl.* people 4
gentil (gentille) nice 3
  c'est ~ à vous that's nice of you 2
gestion *f.* management 5
glace *f.* ice cream 8
glissant(e) slippery 15
golf *m.* golf 6
gorge *f.* throat 9
goudron *m.* tar
goût *m.* taste
goûter to taste 13; *m.* afternoon snack
grand(e) big, tall 1
  ~ magasin *m.* department store 9
  pas grand-chose not much 5
grand-mère *f.* (*pl.* **grands-mères**) grandmother 3
grand-père *m.* (*pl.* **grands-pères**) grandfather 3
grands-parents *m.pl.* grandparents 3
grapiller (les pages) to turn down (the pages)
gras (grasse) fat
  faire la grasse matinée to sleep in, to sleep late
gratuit(e) free
grippe *f.* flu 6
gris(e) grey 4

grisant(e) intoxicating
gros (grosse) fat; large 1
grossir to put on weight 12
guerre *f.* war 7
  en temps de ~ in wartime
guitare *f.* guitar 6
gymnase *m.* gymnasium 5
gymnastique *f.* gymnastics 5

An asterisk indicates that no liaison or élision is made at the beginning of the word.
habile skilful
s'habiller to get dressed 13
habiter to live; to reside 2
  où habitez-vous? where do you live? 1
habitude *f.* habit
  avoir l'~ de to be used to 5
  d'~ usually 4
*****hammam** *m.* steamroom
*****haricots verts** *m.pl.* green beans 8
*****hasard** *m.* chance, luck
  par ~ by chance 15
heurter to hit 15
heure *f.* hour CP, 1; (clock) time 5
  à l'~ on time 7
  dans une ~ one hour from now 5
  il est ... heure(s) it is ... o'clock CP, 5
  tout à l'~ in a little while 5; a little while ago 6
heureusement fortunately 6
heureux (heureuse) happy 4
*****heurter** to hit, run into 15
hier yesterday 6
histoire *f.* history 4; story 14
  quelle ~! what a story! 14
hiver *m.* winter 7
*****hockey** *m.* hockey 6
homme *m.* man 1
  ~ d'affaires businessman 4
  ~ politique politician 4
horaire *m.* timetable 12
*****hors** except; out of
*****hors-d'œuvre** *m. inv.* appetizer 8
hôtel *m.* hotel 1
hôtesse de l'air *f.* (female) flight attendant 11
huile (d'olive) *f.* (olive) oil
*****huit** eight CP
hypermarché *m.* giant supermarket 9

ici here 4
  par ~ this way, follow me 13
idiot/idiote *m./f.* idiot 15
ignorer to not know
il he, it 1
il y a there is (are) 3
  il n'y a pas de quoi you're welcome 13
  il n'y en a plus there is (are) no more 12

  ~ ... jours ... days ago 6
  qu'est-ce qu'~ ? what's the matter? 3
île *f.* island
ils they 1
imbécile *m./f.* imbecile 15
immeuble *m.* building
impair: nombre ~ *m.* odd number
impatience *f.* impatience 9
impatient(e) impatient 4
imperméable *m.* raincoat 4
important(e) important
  il est ~ que it is important that 13
imprescriptible inalienable
incendie *m.* fire 15
incroyable *adj.* unbelievable, incredible 14
indications *f.pl.* directions 10
indiquer to tell; to indicate; to point out 12
indispensable indispensable, essential
  il est ~ que it is essential that 13
infirmier/infirmière *m./f.* nurse 4
informations *f.pl.* news 14
informatique *f.* computer science 5
informaticien/informaticienne *m./f.* programmer 4
ingénieur *m.* engineer 4
inondation *f.* flood 15
s'inquiéter to worry 13
insister to insist
  je n'insiste pas I won't insist 8
  si vous insistez if you insist 8
s'installer to move (into)
instrument *m.* instrument 6
intelligent(e) intelligent 4
intellectuel (intellectuelle) intellectual 4
intention: avoir l' ~ de to plan to 5
interdiction *f.* ban
interdit(e) forbidden
  sens ~ *m.* one-way street 10
intéressant(e) interesting 4
s'intéresser à to be interested in 14
intérêt *m.* interest 9
intérieur *m.* inside
  à l'~ de inside of 6
internaute *m./f.* net surfer
interprète *m./f.* interpreter 4
intolérant(e) intolerant 4
inutile useless 12
inviter to invite 10
Irak *m.* Iraq 5
Irlande *f.* Ireland 5
Israël *m.* Israel 5
Italie *f.* Italy 5
italien(ne) Italian 1
ivre drunk 15

jaillir to burst forth
jamais ever, never
  ne ... ~ never 4

jambe *f.* leg 9
jambon *m.* ham 8
janvier *m.* January 7
Japon *m.* Japan 5
japonais(e) *adj.* Japanese 1
jardin *m.* garden
jaune yellow 4
je I 1
jean *m.* jeans 4
se jeter to throw oneself
jeu *m.* (*pl.* **jeux**) game 6
jeudi *m.* Thursday 5
jeune young 1
jogging *m.* jogging 2
joli(e) pretty 1
jouer to play 2
   à quoi jouez-vous? what (game) do you play? 6
   de quoi jouez-vous? what (instrument) do you play? 6
jour *m.* day 2
   ~ de l'An New Year's Day 7
   quinze jours two weeks 11
journal *m.* newspaper 6
journée *f.* day
   bonne ~! have a nice day! 1
juillet *m.* July 7
juin *m.* June 7
jupe *f.* skirt 4
jurer to swear
   je te le jure I swear (to you) 14
jus *m.* juice
   ~ d'orange orange juice 2
jusqu'à *prep.* until 10
   jusqu'au bout right up till the end
juste *adv.* just; right
   ~ derrière moi right behind me 15

kilo *m.* kilogram 8
kiosque (à journaux) *m.* newsstand 9
kir *m.* kir 2

la (*see* **le**)
là there 4
laïcité *f.* separation of church and state
laid(e) ugly 1
laisser to leave; to let 10
   laisse-moi (laissez-moi) tranquille! leave me alone! 10
lait *m.* milk 2
lamelle *f.* strip
lancer to launch
langue *f.* language 5
laquelle (*see* **lequel**)
las (lasse) tired
lave-linge *m.* washing machine 3
lave-vaisselle *m.* dishwasher 3

laver to wash 13
   se ~ to get washed; to wash up 13
le/la/l'/les *art.* the 2; *pron.* him, her, it, them 8
leçon *f.* lesson 10
léger (légère) *adj.* light
légume *m.* vegetable 8
lent(e) slow 10
lentement slowly 10
lequel/laquelle/lesquels/lesquelles which? which one(s)? 14
les (*see* **le**)
lesquel(le)s (*see* **lequel**)
lessive *f.* wash; laundry 4
lettre *f.* letter 6
leur *pron.* (to) them 14
leur(s) *adj.* their 3
lever to lift; to raise 13
   se ~ to get up; to stand up 6
   Levez-vous! Get up! CP
librairie *f.* bookstore 5
libre free 5; vacant
lien *m.* tie; bond
lieu *m.* (*pl.* **lieux**) place 5
   avoir ~ to take place 11
limonade *f.* lemon-lime soda 2
lire to read 6
   lisez! read! CP
lit *m.* bed 3
litre *m.* liter 9
littérature *f.* literature 5
livre *f.* pound 9
livre *m.* book CP, 3
logement *m.* housing
   logement social low-income housing
loi *f.* law
loin (de) far (from) 5
loisir *m.* leisure activity
long (longue) long 9
longtemps a long time 6
louer to rent 12
lui he, him 6; (to) him; (to) her 14
lumière *f.* light
lundi *m.* Monday 5
lunettes *f.pl.* eyeglasses 4
lycée *m.* high school

ma (*see* **mon**)
machine à laver *f.* washing machine
Madame (Mme) Mrs., ma'am 1
Mademoiselle (Mlle) Miss 1
magasin *m.* store 4
   grand ~ department store 9
magazine *m.* magazine 6
Maghreb *m.* the three North African countries of Algeria, Morocco, and Tunisia
mai *m.* May 7
maigrir to lose weight 12
maillot de bain *m.* bathing suit 13

main *f.* hand 9
maintenant now 5
maire *m.* mayor 11
   adjoint/adjointe au ~ deputy mayor
mairie *f.* town (city) hall 11
mais but 2
maison *f.* house 3
maîtriser to master
majoritaire of age
mal *m.* harm; pain; evil
   avoir ~ (à) to be sore, to have a pain (in) 9
   pas ~ not bad 2
mal *adv.* poorly 2; badly
malade sick 2
maladie *f.* illness, disease
maladroit(e) clumsy 15
malgré in spite of
manger to eat 2
manque *m.* lack
manquer to miss
manteau *m.* (*pl.* **manteaux**) coat 4
marchand/marchande *m./f.* merchant 9
marché *m.* (open-air) market 9
   ~ aux puces flea market 9
mardi *m.* Tuesday 5
mari *m.* husband 3
mariage *m.* marriage; wedding 11
marié(e) married 1
se marier (avec) to marry 14
marine *f.* navy
Maroc *m.* Morocco 5
marocain(e) *adj.* Moroccan 1
marque *f.* make, brand 15
marée *f.* tide
marron *adj. inv.* brown 4
mars *m.* March 7
mas *m.* traditional house from Provence
match *m.* game 10
matin *m.* morning 2
matinée: faire la grasse ~ to sleep in late
mauvais(e) bad 4; horrible 8
   il fait ~ the weather is bad 7
mayonnaise *f.* mayonnaise 8
me me 10; (to) me 14
méchant(e) nasty; mean 4
méchoui *m.* roast lamb *(North-African specialty)*
médecin *m.* doctor 4
médiatisation *f.* media coverage
médicament *m.* medicine 9
se méfier de to watch out for
meilleur(e) better 11
   Avec mon ~ souvenir With my best regards 4
   le/la ~ the best 11
   ~ ami(e) *m./f.* best friend 1
membre *m.* member 3
même even 14; same
   de ~ you too 1
   -~(s) -self (-selves) 2
ménage *m.* housework 4

ménagère *f.* housewife 4
menu *m.* (fixed price) menu 13
merci thank you 1; (no) thanks 2
   non, ~ no, thank you 2
mercredi *m.* Wednesday 5
mère *f.* mother 2, 3
mes (*see* **mon**)
mesdames *f.pl.* ladies 13
message *m.* message
   ~ instantané instant message 6
messieurs *m.pl.* gentlemen 13
mesure *f.* (unit of) measure
météo(rologie) *f.* weather 14
météorologique *adj.* weather
mettre to put; to place; to lay 13
   Mettez ...! Put ...! CP
   ~ la table to set the table 13
   ~ le chauffage to turn on the heat 13
   se ~ à table to sit down to eat 13
mexicain(e) *adj.* Mexican 1
Mexico Mexico City
Mexique *m.* Mexico 5
miam! yum! 8
midi noon 5
le mien/la mienne mine 5
miette *f.* crumb
mieux better 11
   il vaut ~ que it is preferable that, it is better that 10
   j'aime le ~ I like best 11
militaire *m.* serviceman/ servicewoman 4
mille *inv.* one thousand 3
milliard *m.* billion 3
millier *m.* thousand
million *m.* million 3
mince thin 1
   ~! darn it! 12
minuit *m* idnight 5
minute *f.* minute 5
moi me 1; I, me 6
   ~ aussi me too 2
   ~ non plus me neither 2
moins less 11
   au ~ at least 6
   j'aime le ~ I like least 11
   ~ le quart quarter to (the hour) 5
mois *m.* month 6
moment *m.* moment; time 2
   à quel ~ (de la journée)? at what time (of day)?
   mon, ma, mes my 3
monde *m.* world 7
   tout le ~ everybody 4
mondial(e) *adj.* world
mondialisation *f.* globalization
monnaie *f.* change, coins 9
Monsieur (M.) *m.* Mr., Sir; man 1
monter to go up; to get into 7
montre *f.* watch 4

montrer to show 14
morceau *m.* (*pl.* **morceaux**) piece 8
mort *f.* death 15
mort(e) dead
mot *m.* word 6
   ~ de passe password
   plus un ~ not one more word 10
moto *f.* motorcycle 3
mouchoir *m.* handkerchief
mouillé(e) wet
mourir to die 7
moutarde *f.* mustard 8
moyen *m.* means
moyenne *f.* average
musée *m.* museum 5
musique *f.* music 6
myrtille *f.* blueberry

nager to swim 2
naïf (naïve) naive 4
naissance *f.* birth
naître to be born 7
   je suis né(e) I was born 3
   né(e) born
nappe *f.* tablecloth 13
natalité *f.* birth
nationalité *f.* nationality 1
naturel: désastre naturel *m.* natural disaster 15
naturellement naturally 8
naviguer sur l'Internet *to surf the internet*
navire *m.* ship
ne (n') not 1
   n'importe quoi whatever
   ~ ... jamais never 4
   ~ ... pas not 1
   ~ ... personne no one, nobody, not anyone 15
   ~ ... plus no more, no longer 8
   ~ ... que only 11
   ~ ... rien nothing, not anything 6
   n'est-ce pas? right?; are you?; don't they?; etc. 2
nécessaire: il est ~ que it is necessary that 13
négritude *f.* negritude *(system of black cultural and spiritual values)*
neiger to snow 7
   il neige it's snowing CP, 7
nerveux (nerveuse) nervous 4
nettoyer to clean 6
neuf nine CP
neuf (neuve) brand-new 10
   quoi de ~? what's new? 5
neveu *m.* (*pl.* **neveux**) nephew 3
nez *m.* nose 9
   le ~ qui coule runny nose 9
ni ... ni neither ... nor
nièce *f.* niece 3
Noël *m.* Christmas 7

   le père ~ Santa Claus 1
noir(e) black 4
nom *m.* name CP, 1
   à quel ~ ...? in whose name ...? 12
   ~ de famille last name 1
nombre *m.* number 1
nommer to name
non no 1
   ~ plus neither 6
nord *m.* north
note *f.* note; grade, mark 4
notre, nos our 3
nourrir to feed, to nourish
nourriture *f.* food
nous we 1; us 10; (to) us 14
nouveau/nouvel (nouvelle) (*m.pl.* **nouveaux**) new 4
novembre *m.* November 7
nuit *f.* night 2
   Bonne ~ Pleasant dreams. 5
numéro (de téléphone) *m.* (telephone) number 4

obéir to obey 12
occidental(e) western
occupé (e) busy 6
s'occuper de to be busy with, to take care of 7
   occupe-toi de tes oignons! mind your own business! 7
octobre *m.* October 7
octroyer to grant
œil *m.* (*pl.* **yeux**) eye 9
   mon ~! my eye!, I don't believe it! 10
œuf *m.* egg 8
œuvre *f.* work
offrir to offer
oh là là! oh dear!, wow! 9
oignon *m.* onion 8
   occupe-toi de tes oignons! mind your own business! 11
oiseau *m.* bird 5
omelette *f.* omelet 8
on one, people, we, they, you 1
oncle *m.* uncle 3
onze eleven CP
optimiste optimistic 4
or *m.* gold
orange *f.* orange *(fruit)* 4
   jus d'~ *m.* orange juice 2
orange *adj. inv.* orange 4
orangina *m.* orange soda 2
ordinaire ordinary, everyday 4
ordinateur *m.* computer 3
ordre *m.* order
oreille *f.* ear 9
oriental(e) eastern
original(e) (*m.pl.* **originaux**) different; novel; original 14

ou or 1
où where 1
oublier to forget 6
ouest *m.* west
oui yes 1
ouvert(e) open 12
ouverture *f.* opening
   heures d'~ hours of business
ouvrier/ouvrière *m./f.* laborer 4
ouvrir to open
   ouvrez la porte! open the door! CP

pagne *m.* traditional cloth, skirt from Senegal
pain *m.* bread 8
   ~ de mie *m.* sandwich bread
   ~ grillé *m.* toast 8
pâle pale 15
panneau *m.* sign
pantalon *m.* (pair of) pants 4
papier *m.* paper 9
paquet *m.* package 9
par by; through 5
   ~ contre on the other hand
   ~ exemple for example 6
   ~ ici (come) this way, follow me
   ~ jour per day 5
paraître to appear
parce que because 6
pardon: ~? pardon?, what did you say? CP
   je vous demande ~ please excuse me; I beg your pardon 9
parents *m.pl.* parents; relatives 3
paresseux (paresseuse) lazy 4
parfait(e) perfect 5
parking *m.* parking lot 5
parler to speak 2
   ~ de to tell about 7
   ~ fort to speak loudly 15
part *f.* behalf, portion
   de ma ~ for me; on my behalf
partie *f.* part
partir (de) to leave (from) 6
   à ~ de from that time on
partout everywhere 15
pas no, not
   ne ... ~ not 1
   ~ du tout! not at all! 1
   ~ encore not yet 2
   ~ grand-chose not much 5
   ~ mal not bad 2
   ~ trop bien not too well 2
passé *m.* past
passer to pass
   ~ un an to spend a year 3
   ~ un test to take a test 5
se passer to happen; to take place
passionnant(e) exciting 14
pastille *f.* lozenge 9

pâte dentifrice *f.* toothpaste 9
pâté *m.* pâté *(meat spread)* 8
patiemment patiently 10
patient(e) patient 4
patiner to skate 2
patinoire *f.* skating rink 10
pâtisserie *f.* pastry shop; pastry 9
patrie *f.* homeland
patrimoine *m.* heritage
patron/patronne *m./f.* boss 4
pauvre poor 4, 11
payer to pay (for) 9
pays *m.* country 5
Pays-Bas *m.pl.* Netherlands 5
pêche *f.* fishing
pédagogie *f.* education, teacher preparation 5
peinture *f.* painting
pelouse *f.* lawn
pendant for; during 6
   ~ combien de temps ...? how long ...? 6
   ~ que while 6
penser to think 8
   qu'en penses-tu? what do you think of it (of them)? 8
perdre to lose 9
   ~ patience to lose (one's) patience 9
père *m.* father 2
père Noël *m.* Santa Claus 1
permettre to allow
   permettez-moi de me présenter allow me to introduce myself 1
   vous permettez? may I? 1
permis de conduire *m.* driver's license 10
personnage *m.* character; individual
personne *f.* person *(male or female)* 1
   ne ... ~ no one, nobody, not anyone 15
personnellement personally 10
pessimiste pessimistic 4
pétanque *f.* lawn bowling 6
petit(e) small, short 1
   ~ ami(e) *m./f.* boyfriend/girlfriend 3
   ~ déjeuner *m.* breakfast 8
   ~-fils *m.* (*pl.* **petits-fils**) grandson 3
   petite-fille *f.* (*pl.* **petites-filles**) granddaughter 3
   petits-enfants *m.pl.* grandchildren 3
   petits pois *m.pl.* peas 8
peu (de) little, few 8
   un ~ a little bit 2
peuple *m.* people
peur *f.* fear
   avoir ~ to be afraid 8
peut-être maybe; perhaps 2
phare *m.* headlight
pharmacie *f.* pharmacy 5
pharmacien/pharmacienne *m./f.* pharmacist
photo *f.* photograph 3
   sur la ~ in the picture 3
physique physical 15

piano *m.* piano 6
pièce *f.* room 3; play 6
   ~ (de monnaie) coin 9
pied *m.* foot 9
pilote *m.* pilot 11
pilule *f.* pill 9
pique-nique *m.* picnic 12
piscine *f.* swimming pool 5
pitié *f.* pity
   avoir ~ (de) to have pity, to feel sorry (for) 10
pizza *f.* pizza 2
place *f.* seat 12; room; place 7
plaire to please
   s'il vous plaît please 2
plaisanterie *f.* joke 14
plaisir *m.* pleasure
   au ~ see you again 5
   avec ~ with pleasure 2
plan *m.* map (city; house)
plancher *m.* floor 13; board
plat *m.* course, dish 8
plein(e) full
pleurer to cry 2
pleuvoir to rain 7
   il pleut it's raining CP, 7
   il pleuvait it was raining 11
   il pleuvra it will rain 12
plupart *f.* majority
   la ~ (de) most (of) 6
plus more 11
   il n'y en a ~ there is (are) no more 12
   le/la/les ~ ... the most ... 11
   moi non ~ nor I, me neither 6
   ne ... ~ no more, no longer 8
plusieurs several
poêle *f.* frying pan
poème *m.* poem 6
pois *m.pl.* : **petits ~** peas 8
poisson *m.* fish 2
poivre *m.* pepper 13
police *f.* police (force)
   agent de ~ *m.* police officer 15
politique *f.* politics 2; policy
politique: homme/femme ~ *m./f.* politician 4
pomme *f.* apple 8
pomme de terre *f.* potato 8
populaire popular 11
porc *m.* pork 8
portable *m.* cell phone 7; laptop
porte *f.* door 1
porter to wear; to carry 4
portugais(e) Portuguese 5
poser to place
   ~ une question to ask a question 12
possession *f.* possession 3
postale: carte ~ *f.* postcard 4
poste *f.* post office; mail
   bureau de ~ *m.* post office 5
poster to mail 7

pouce *m.* thumb
    faire du ~ to hitchhike *(French-Canadian)*
poulet *m.* chicken 8
pour for, in order to 2
    ~ ce qui est de with respect to
pourquoi why 2
    ~ pas? why not? 6
pourvoir to provide
pouvoir *m.* power
pouvoir *v.* to be able; to be allowed 10; can
    je peux I can 9
    on peut one can 9
    pourriez-vous ...? could you ...? 12
    pouvez-vous me dire ...? can you tell me ...? 9
    puis-je ...? may I ...? 12
préciser to specify
préféré(e) favorite 5
préférence *f.* :**de ~** preferably
préférer to prefer 8
    je préfère que I prefer that 13
premier (première) first 5
    en première in first class 12
prendre to take; to eat, to drink 8
    prenez ...! take ...! CP
prénom *m.* first name 1
préparer (un cours) to prepare (a lesson) 6
près (de) near 1
    tout ~ very near 12
présenter to introduce
    je vous présente ... let me introduce you to ... 3
presque almost 14
prétendre to claim
prêter to lend 14
prie: je vous en ~ you're welcome 7
primordial(e) essential
printemps *m.* spring 7
prise de conscience *f.* awareness
privilégier to favor
prix *m.* price 12
problème *m.* problem
    Pas de problème! No problem! 1
prochain(e) next 5
    À la prochaine. Until next time. 5
proche near; close
produit *m.* product; article
professeur (prof) *m.* (secondary or college) teacher 1
profession *f.* profession, occupation
progrès *m.* progress 14
promenade *f.* walk; ride 4
    faire une ~ to take a walk; to take a ride 4
se promener to take a walk, ride 13
promettre to promise
    c'est promis it's a promise 10
propos: à ~ de regarding, on the subject of 8
propre clean 4; specific; own
propriétaire *m./f.* owner 10
provisions *f.pl.* groceries 4
    faire des ~ to do the grocery shopping 4

provoquer to cause 15
prudemment carefully 10
prudent(e) cautious 10
publicité *f.* publicity; commercial 14
puis then; next 4
puis-je ...? may I ...? 12
puisque since
pull-over (pull) *m.* sweater 4
pyjama *m.* (pair of) pajamas 13

quand when 4
quantité *f.* quantity
quarante forty 3
quart quarter
    et ~ quarter past, quarter after 5
    moins le ~ quarter to, quarter till 5
quatorze fourteen CP
quatre four CP, 1
quatre-vingt-dix ninety 3
quatre-vingt-onze ninety-one 3
quatre-vingt-un eighty-one 3
quatre-vingts eighty 3
que that
    ne ... ~ only 11
    ~ ...? what ...? 4
quel(le) ...? which ...? 4
    quel âge avez-vous? how old are you? 3
    quel jour est-ce? what day is it? 5
    quel(le) ...! what a ...! 2
    quelle est votre nationalité? what is your nationality? 1
    quelle heure est-il? what time is it? 5
quelque chose *m.* something 2
quelquefois sometimes 4
quelques a few; some 8
quelqu'un someone 2
    qu'est-ce que/qui what? 4
    qu'est-ce que c'est? what is this? what is it? 4
    qu'est-ce que tu aimes? what do you like? 2
    qu'est-ce que vous avez comme ...? what do you have for (in the way of) ...? 8
    qu'est-ce que vous voulez? what do you want? 2
    qu'est-ce qu'il y a ...? what is there ...? what's the matter? 3
qui who 1
qu'est-ce ~ ...? what ...? 4
quinze fifteen CP
    ~ jours two weeks 11
quoi what
    il n'y a pas de ~ don't mention it, you're welcome 13
    ~ de neuf? what's new? 5
quoique although

raconter to tell 14
radio *f.* radio 2
rafale *f.* gust (of wind)

raison *f.* reason
    avoir ~ to be right 8
raisonnable reasonable 10
ralentir to slow down 12
ramener to bring back
rapide rapid, fast 10
rapidement rapidly 10
se rappeler to remember
rapproché(e) *adj.* close
rarement rarely 4
ravager to devastate
ravi(e) delighted 14
réalité: émission de téléréalité *f.* reality tv show 14
récemment recently 6
recette *f.* recipe
recherche *f.* research
recommander to recommend 12
reculer to back up 10
récuser to exclude; to challenge
réduire to reduce
réfrigérateur *m.* refrigerator 3
refuser to refuse
regarder to watch; to look at 2
regretter to be sorry 14
    je regrette I'm sorry 8; I miss
relief *m.* relief, hilly area
remarquer to notice 6
remercier to thank 12
remplacer to replace
rencontre *f.* meeting
rencontrer to meet 5, 14
rendez-vous *m.* meeting; date 5
    avoir ~ to have an appointment, meeting
rendre to give back 9
    ~ visite à qqn to visit someone 9
renforcer to reinforce
renseignement *m.* item of information 12
(se) renseigner to inform (oneself); to find out about
rentrer to go (come) back; to go (come) home 7
renverser to turn upside-down
répandu(e) widespread
repas *m.* meal 8
repère *m.* point of reference
répéter to repeat; to practice 8
    répétez, s'il vous plaît please repeat CP
répondre (à) to answer 9
    répondez answer CP
réponse *f.* answer
se reposer to rest 13
RER *m. train to Paris suburbs* 2
réseau *m.* network
réserver to reserve 9
résidence (universitaire) *f.* dormitory 5
responsabilité *f.* responsibility 11
restaurant *m.* restaurant 5
rester to stay 5; to remain
    il vous reste ...? do you still have ...? 12

restes *m.pl.* leftovers 8
résultat *m.* result; outcome
retard *m.* delay
  en ~ late 7
retour *m.* return
  aller-~ round-trip ticket 12
retourner to go back, to return 7
rétroviseur *m.* rearview mirror 10
réunion *f.* meeting 13
réussir (à) to succeed; to pass (a test) 12
se réveiller to wake up 13
revenant *m.* ghost 14
revenir to come back 7
revoir to see again
  au ~ good-bye 1
rez-de-chaussée *m.* ground floor 12
rhume *m.* cold *(illness)* 9
riad *m.* traditional house in North Africa
riche rich 12
ridicule ridiculous 14
rien nothing
  de ~ you're welcome; don't mention it, not at all 12
  ne ... ~ nothing, not anything 6
  ~ à voir nothing to do with
rimer to go with
riz *m.* rice 8
robe *f.* dress 4; color of wine
  ~ de mariée wedding dress 11
robinet *m.* faucet 6
roi *m.* king
roman *m.* novel 6
  ~ policier detective story 6
rose *adj.* pink 4
rôti (de bœuf) *m.* (beef) roast 9
rouge red 4
rouler to roll; to move *(vehicle)*; to go 15
route *f.* route, way, road 10, 12
roux (rousse) red(-haired) 4
rue *f.* street 9
rugby *m.* rugby 6
russe Russian 1
Russie *f.* Russia 5

sa (*see* **son**)
s'agir to be about
  il s'agit de it's a matter of
saison *f.* season 7
salade *f.* salad 8
  ~ verte green salad 8
sale dirty 4
salle *f.* room
  ~ à manger dining room 3
  ~ de bain bathroom 3
  ~ de classe classroom P, 5
  ~ de séjour living room; den 3
salon *m.* living room 3
salut! hi! 1, 2; bye (-bye) 1, 5

salutation *f.* greeting
samedi *m.* Saturday 5
sandwich *m.* sandwich 8
sans without 6
  ~ abri *m./f.* homeless person 15
  ~ blague! no kidding 14
  ~ doute probably 3
  ~ façon honestly, no kidding 8
santé *f.* health
  à votre ~! (here's) to your health!; cheers! 2
sapeur-pompier *m.* fireman
saucisse *f.* sausage 9
saumon *m.* salmon 8
sauter to skip
savoir to know 12
  je ne sais pas I don't know 2
saxophone *m.* saxophone 6
sciences *f.pl.* science 5
  ~ économiques economics 5
scolaire *adj.* school
  année ~ *f.* school year 10
scooter *m.* scooter 3
se oneself 6
sec (sèche) dry
sécheresse *f.* drought
second(e) second
  en seconde in (by) second class 12
secouer to shake 15
seize sixteen CP
séjour *m.* stay
sel *m.* salt 13
semaine *f.* week 5
semestre *m.* semester 6
Sénégal *m.* Senegal 5
Sénégalais(e) Senegalese 1
sens interdit *m.* one-way street 10
sentier *m.* path
se séparer to separate (from each other) 14
sept seven CP
septembre *m.* September 7
sérieusement seriously 10
sérieux (sérieuse) serious 10
serveur/serveuse *m./f.* waiter/waitress 8
service *m.* service
  à votre ~ at your service
serviette *f.* towel 12; napkin 13
ses (*see* **son**)
seul(e) alone; only 5
  un ~ a single
seulement only 2
short *m.* (pair of) shorts 4
si *conj.* if 3
  s'il vous plaît please 2
si *adv.* so 10
  ~! yes! 3
sida *m.* AIDS
siècle *m.* century 10
sieste *f.* nap 4
  faire la ~ to take a nap 4

simple simple, plain 4
  aller ~ *m.* one-way ticket 12
  c'est bien ~ it's quite easy
sincère sincere 11
se situer to be situated
six six CP
skier to ski 2
skis *m.pl.* skis 13
smoking *m.* tuxedo 11
SNCF *f. French railroad system* 2
sœur *f.* sister 3
sofa *m.* sofa 3
soi oneself 6
soif: avoir ~ to be thirsty 8
soir *m.* evening 2
  ce ~ tonight 5
  tous les soirs every night 6
soirée *f.* party 13; evening
soixante sixty 3
soixante-dix seventy 3
soixante-douze seventy-two 3
soixante et onze seventy-one 3
soleil *m.* sun 7
  Il fait (du) ~ It's sunny. CP
son, sa, ses his, her, its 3
sorte *f.* kind 8
  quelle(s) ~(s) de ...? what kind(s) of ...? 8
  toutes sortes de choses all kinds of things 9
sortir to go out 6
  je vais ~ I'm going to go out 5
  sortez! leave! CP
souci *m.* worry; care 11
soucieux (soucieuse) *worried, eager*
soudain suddenly
souffler to blow
souhaiter (que) to wish; to hope (that) 13
soulagement *m.* relief
soupe *f.* soup 8
sourire *m.* smile 13
sourire *v.* to smile 13
souris *f.* mouse 5
sous under 5
  ~-sol *m.* basement 3
souvenir *m.* memory; recollection 4
se souvenir (de) to remember 13
souvent often 2
sportif (sportive) athletic 4
stagiaire *m./f.* intern
statue *f.* statue 11
steak *m.* steak
  ~-frites steak with French fries 15
stéréo *f.* stereo 3
stop *m.* stop sign 10
stressé(e) stressed 11
stupide stupid 4
sucre *m.* sugar 13
sud *m.* south
Suède *f.* Sweden 5

suédois(e) Swedish 1
Suisse *f.* Switzerland 5
suisse *adj.* Swiss 1
suite: tout de ~ right away 1
suivant(e) following, next 5
superficie *f.* area
supermarché *m.* supermarket 9
supplément *m.* extra charge; supplement 12
sur on 3
sûr(e) sure
  bien ~ of course 8
sûrement surely, definitely 14
surmonter to overcome
surveiller to watch
survivre to survive
survécu(e) survived 15
sweat-shirt *m.* sweatshirt 4

TGV *m. very fast train* 7
tabac *m.* tobacco; tobacco shop 9
  bureau de ~ tobacco shop 5
table *f.* table CP, 1
  à ~ at dinner, at the table 6
tableau *m.* chalkboard CP
taille *f.* size, height
se taire to be quiet
  tais-toi! (taisez-vous!) keep quiet! 10
tanguer to pitch (forward)
tant so much; so many 6
tante *f.* aunt 3
tapisserie *f.* tapestry
tard late 6
tarder to be a long time coming 13
tarte *f.* pie 8
tasse *f.* cup 2
taux *m.* rate
tchao bye 5
te you 10; (to) you 14
technologie de pointe *f.* high technology
tee-shirt *m.* tee-shirt 4
télécharger to download
téléphone *m.* telephone 1
  au ~ on the telephone 6
  ~ portable *m.* cell phone 7
téléphoner (à) to telephone 6
télévision (télé) *f.* television 2
  ~ numérique terrestre (TNT) digital television
témoin *m.* witness 15
tempête *f.* storm 15
temps *m.* time 6; weather 4
  emploi du ~ *m.* schedule 4
  quel ~ fait-il? what is the weather like? 4
tendance *f.* tendency, trend
  avoir ~ à to tend to 12
se tenir au courant to keep oneself up to date
tennis *m.* tennis 2
  jouer au ~ to play tennis 2
  ~ *f.pl.* tennis shoes 4

tentation *f.* temptation
terre *f.* earth, land 9
terrestre *adj.* land
tête *f.* head 9
texto *m.* text message (SMS) 6
thé *m.* tea 2
théâtre *m.* theater
Tiens! Well! Gee! 3
timbre *m.* stamp 9
toi you 4
toilettes *f.pl.* restroom 3
toit *m.* roof 5
tomate *f.* tomato 8
tomber to fall 2
ton, ta, tes your 3
tornade *f.* tornado 15
tort *m.* wrong
  avoir ~ to be wrong; to be unwise 8
tôt early 6
toujours always 4; still 6
toupet *m.* nerve
tour *f.* tower 11
tour *m.* turn, tour 11
tourner to turn 7
tous *pron. m.pl.* all 4
Toussaint *f.* All Saints' Day
tousser to cough 9
tout/toute/tous/toutes *adj.* all; every; the whole 12
  tous les deux (toutes les deux) both 12
  tous les soirs every night
  tout le monde everybody CP, 12
  tout le week-end all weekend (long) 5
  toute la famille the whole family 11
tout *adv.* completely; very 12
  à ~ de suite see you very soon
  ~ à l'heure a little while ago, in a little while 5
  ~ de suite right away 12
  ~ près very near 7
tout *pron. inv.* all, everything
  pas du ~ ! not at all! 1
toutefois however
train *m.* train 3
  être en ~ de to be in the process of 11
tranche *f.* slice 8
tranquille calm 10
travail (manuel) *m.* (manual) work 4
travailler to work 2
travailleur (travailleuse) hardworking 4
travers: à ~ throughout
treize thirteen CP
tremblement de terre *m.* earthquake 15
trente thirty 3
très very 1
tricot *m.* knitting; sweater
triste sad 4
trois three CP, 1
trompette *f.* trumpet 6

trop (de) too much, too many 3
trouver to find, to be of the opinion 2
  se ~ to be located
  où se trouve (se trouvent) ...? where is (are) ...? 5
  vous trouvez? do you think so? 2
truite *f.* trout 8
tu you *(familiar)* 1
tuer to kill 15

un(e) one CP, 1; one, a, an 3
union *f.* :~ douanière customs union
unique unique
  enfant ~ *m./f.* only child
université *f.* university 1
universitaire *(adj.)* university 5

vacances *f.pl.* vacation 6
  bonnes ~! have a good vacation! 6
  en ~ on vacation 6
vague *f.* wave
vaisselle *f.* dishes 4
valeur *f.* value
valise *f.* suitcase
valoir mieux (il vaut mieux) to be better 10
vanille *f.* :glace à la ~ *f.* vanilla ice cream 8
vaut: il ~ mieux que it is preferable that, it is better that 13
véhicule *m.* vehicle 10
vélo *m.* bicycle 3
  faire du ~ to go bike riding 6
vendeur/vendeuse *m./f.* salesman/saleswoman 4
vendre to sell 9
vendredi *m.* Friday 5
venir to come 7
  d'où venez-vous? where do you come from? 7
  je viens de ... I come from ... 2
  ~ de ... to have just ... 7
  ~ en tête to come first, in the first place
vent *m.* wind
  il fait du ~ it's windy CP, 7
véranda *f.* porch 3
vérifier to verify; to check 12
vérité *f.* truth 14
verre *m.* glass 2
vers toward 5
  ~ (8 heures) approximately, around (8 o'clock) 5
verser to pour 13
vert(e) green 4
veste *f.* sportcoat 4
vêtement *m.* article of clothing 4
veuf/veuve *m./f.* widower/ widow 1
veux (*see* **vouloir**)

viande *f.* meat 8
victime *f.* victim 7
vie *f.* life 4
  c'est la ~ that's life 6
  gagner sa ~ to earn one's living
vieux/vieil (vieille) old 1
vigne *f.* vine; vineyard
ville *f.* city 4; town
vin *m.* wine 2
vingt twenty CP
vingt-deux twenty-two CP
vingt et un twenty-one CP
violet(te) purple 4
violon *m.* violin 6
virage *m.* curve, turn (in the road) 15
visite: rendre ~ à to visit (a person) 9
visiter to visit (a place)
vite quickly 10
vitesse *f.* speed 10
  à toute ~ at top speed 10
vivement eagerly
vivre to live

voici here is; here are 3
voilà there is; there are 1
voir to see 14
  tu vas ~ you're going to see 5
  tu vois you see 11
voisin/voisine *m./f.* neighbor 11
voiture *f.* automobile 3
  en ~ by car 7
voix *f.* voice 7
  à ~ haute aloud
vol *m.* flight 12
volant *m.* steering wheel 10
volontiers gladly 2
votre, vos your 1
vôtre: à la ~! (here's) to yours!, to your health! 2
vouloir to want, to wish 10
  je veux bien gladly; yes, thanks 2
  je veux que I want 13
  je voudrais I would like 2, 13
  ... veut dire ... ... means ... CP, 6
voler to steal

vous you *(formal; familiar pl.)* 1; (to) you 14
voyage *m.* trip, voyage 5
  chèque de ~ *m.* traveler's check 9
  faire un ~ to take a trip 5
voyager to travel 2
vrai(e) true 2
vraiment really 2

week-end *m.* weekend 5
  tout le ~ all weekend (long) 5
wolof *m.* Wolof *(language)* 5

y there 7
  allez- ~ go ahead 12
  il ~ a there is (are) 3
yeux *m.pl.* eyes 4

zéro *m.* zero CP, 3
Zut! Darn! 12, 15

Vocabulaire

This vocabulary list includes only the active words and phrases listed in the **Vocabulaire actif** sections. Only those French equivalents that occur in the text are given. Expressions are listed according to the key word. The symbol ~ indicates repetition of the key word.

The following abbreviations are used:			
adj.	adjective	*m.*	masculine
adv.	adverb	*m.pl.*	masculine plural
conj.	conjunction	*n.*	noun
fam.	familiar	*pl.*	plural
f.	feminine	*prep.*	preposition
f.pl.	feminine plural	*pron.*	pronoun
inv.	invariable	*v.*	verb

a, an un(e)
able: be ~ pouvoir
about de; environ
  ~ 8 o'clock vers 8 heures
  ~ it (them) en
  hear ~ entendre parler de
absolutely absolument
accept accepter
accident accident *m.*
accompany accompagner
according to d'après
accordion accordéon *m.*
accounting comptabilité *f.*
acquainted: be ~ with connaître
activity activité *f.*
actor/actress acteur/actrice *m./f.*
address *n.* adresse *f.*
adore adorer
advance *v.* avancer
advertisement annonce *f.*
advice (piece of) conseil *m.*
afraid: be ~ avoir peur
after après
afternoon après-midi *m.*
  have a good ~ bon après-midi
  in the ~ de l'après-midi
again encore
against contre
age âge *m.*

ago il y a …
agree (with) être d'accord (avec)
  agreed entendu
ahead: go ~ allez-y
  straight ~ tout droit
air conditioning climatisation *f.*
airplane avion *m.*
airport aéroport *m.*
all *pron./adj.* tout (toute/tous/toutes)
  ~ weekend (long) tout le week-end
  not at ~! pas du tout!
allow permettre
  ~ me to introduce myself permettez-moi de me présenter
almost presque
alone seul(e)
  leave me ~! laisse-moi (laissez-moi) tranquille!
already déjà
also aussi
always toujours
  not ~ pas toujours
American *adj.* américain(e)
amusing *adj.* amusant(e)
anchovy anchois *m.*
and et
angry fâché(e)
  get ~ se fâcher
answer *n.* réponse *f.*

answer *v.* répondre (à)
anyone quelqu'un
  not ~ ne … personne
anything quelque chose *m.*
  not ~ ne … rien
apartment appartement *m.*
appear avoir l'air
appetizer hors-d'œuvre *m.inv.*
apple pomme *f.*
appointment rendez-vous *m.*
  have an ~ avoir rendez-vous
approximately environ; vers *(time)*
April avril *m.*
Arabic arabe *m.*
argue se disputer
arm bras *m.*
armchair fauteuil *m.*
around environ; vers *(time)*; autour de *(place)*
  ~ (8 o'clock) vers (8 heures)
arrive arriver
art art *m.*
artist artiste *m./f.*
as aussi, comme
  ~ … ~ aussi … que
  ~ much autant (de)
ashamed confus(e)
ask demander
  ~ a question poser une question
asleep: fall ~ s'endormir

aspirin tablet cachet d'aspirine *m.*
assure assurer
at à
  ~ first d'abord
  ~ least au moins
  ~ midnight à minuit
  ~ noon à midi
  ~ ... o'clock à ... heure(s)
  ~ the home of chez
  ~ what time (of day)? à quel moment (de la journée)?
athletic sportif (sportive)
attach attacher
attend assister (à)
attention: pay ~ faire attention à
attentive attentif (attentive)
August août *m.*
aunt tante *f.*
automobile voiture *f.*
autumn automne *m.*
away: right ~ tout de suite
awful! berk!

baby bébé *m.*
back *n.* dos *m.*
back *adv.:* go ~ retourner; rentrer
  ~ then à cette époque
  come ~ revenir, rentrer
  give ~ rendre
back up *v.* reculer
bad mauvais(e)
  ~ driver chauffard *m.*
  not ~ pas mal
  that's (it's) too ~ c'est dommage
  the weather is ~ il fait mauvais
badly mal
bakery boulangerie *f.*
bald chauve
ball (dance) bal *m.*
bank banque *f.*
bar and café bistro *m.*
basement sous-sol *m.*
basketball basket-ball (basket) *m.*
bathing suit maillot de bain *m.*
bathroom salle de bain *f.*
be être
  ~ a long time coming tarder
  ~ able pouvoir
  ~ acquainted with, familiar with connaître
  ~ afraid avoir peur
  ~ born naître
  ~ cold avoir froid
  ~ fed up en avoir assez
  ~ hot avoir chaud
  ~ hungry avoir faim
  ~ in the process of être en train de
  ~ interested in s'intéresser à
  ~ located se trouver

~ necessary falloir (il faut)
~ of the opinion trouver
~ probably, supposed devoir
~ right avoir raison
~ sleepy avoir sommeil
~ sore avoir mal (à)
~ sorry regretter
~ thirsty avoir soif
~ wrong, unwise avoir tort
beans haricots *m.pl.*
Beaujolais *(wine)* beaujolais *m.*
beautiful beau/bel/belle/beaux/belles
because parce que
become devenir
bed lit *m.*
  go to ~ se coucher
bedroom chambre *f.*
beef bœuf *m.*
beer bière *f.*
before avant
begin commencer
behind derrière; en retard
  right ~ juste derrière
beige beige
Belgian belge
Belgium Belgique *f.*
believe (in) croire (à)
  I don't ~ it! mon œil!
belong to être à
belt ceinture *f.*
  safety ~, seat ~ ceinture de sécurité *f.*
beside à côté (de)
best *adv.* mieux; *adj.* le/la meilleur(e)
  ~ friend meilleur(e) ami(e) .
  ~ regards meilleures salutations
  I like ~ j'aime le mieux (le plus); je préfère
better *adv.* mieux; *adj.* meilleur(e)
  it is ~ that il vaut mieux que
between entre
  ~ friends entre amis
beverage boisson *f.*
bicycle vélo *m.*
big grand(e), gros(se)
bill *n. (paper money)* billet *m.; (restaurant check)* addition *f.*
billion milliard *m.*
bird oiseau *m.*
birthday anniversaire *m.*
bistro bistro *m.*
black noir(e)
  ~ currant liqueur crème de cassis *f.*
blond blond(e)
blouse chemisier *m.*
blue bleu(e)
body corps *m.*
book livre *m.*
bookstore librairie *f.*
boots bottes *f. pl.*
Bordeaux *(wine)* bordeaux *m.*

boring ennuyeux (ennuyeuse)
born né(e)
  be ~ naître
borrow emprunter
boss patron (patronne) *m./f.*
both tous (toutes) les deux
bother déranger
bottle bouteille *f.*
bowl *n.* bol *m.*
bowling: lawn ~ pétanque *f.*
box boîte *f.*
boy garçon *m.*
boyfriend petit ami *m.*
brake *v.* freiner
brand *n.* marque *f.*
brand-new neuf (neuve)
bread pain *m.*
breakfast petit déjeuner *m.*
bridge *(game)* bridge *m.*
Brie *(cheese)* brie *m.*
bring apporter
broccoli brocoli *m.*
brother frère *m.*
brother-in-law beau-frère *m. (pl.* beaux-frères)
brown brun(e); marron *inv.*
brush *n.* brosse *f.*
  tooth ~ brosse à dents *f.*
brush *v.* se brosser
building bâtiment *m.*
burn brûler
business affaires *f.pl.,* commerce *m.*
  mind your own ~! occupe-toi de tes oignons!
businessman/woman homme/femme d'affaires *m./f.*
busy occupé(e)
  be ~ with s'occuper de
but mais
butcher shop boucherie *f.*
  pork butcher's charcuterie *f.*
butter beurre *m.*
  peanut ~ beurre d'arachide *m.*
buy acheter
by par
  ~ car en voiture
  ~ chance par hasard
  ~ the way ... au fait ...
bye salut; tchao

café café *m.,* bistro *m.*
cafeteria cafétéria *f.*
cake gâteau *m. (pl.* gâteaux)
calculator calculatrice *f.*
call appeler, téléphoner
called: be ~ s'appeler
calm calme, tranquille
camembert *(cheese)* camembert *m.*
campus campus *m.*

can *n.* boîte *f.*
can (be able to) *v.* pouvoir
Canada Canada *m.*
Canadian canadien(ne)
candy bonbon *m.*
car voiture *f.*
  by ~ en voiture
card carte *f.*
  credit ~ carte de crédit
  debit ~ carte bancaire
  post ~ carte postale
cards *(game)* cartes *f. pl.*
care *n.* souci *m.*
  take ~ of s'occuper de
care *v.:* I don't ~ cela (ça) m'est égal
carefully prudemment
carry porter
cartoon dessin animé *m.*
cat chat *m.*
cause *v.* provoquer
cautious prudent(e)
cell phone portable *m.*
centime centime *m.*
century siècle *m.*
cereal céréales *f.pl.*
certain sûr(e)
certainly tout à fait; certainement
chair chaise *f.*
chalk craie *f.*
chalkboard tableau *m.*
chance hasard *m.*
  by ~ par hasard
change *n.* monnaie *f.*
change *v.* changer (de)
channel: TV ~ chaîne (de télé) *f.*
charge: extra ~ supplément *m.*
charming charmant(e)
cheap bon marché *adj. inv.*
check chèque *m.*
  ~ (restaurant bill) addition *f.*
  traveler's ~ chèque de voyage *m.*
check *v.* vérifier
checkers dames *f.pl.*
cheese fromage *m.*
chemistry chimie *f.*
chess échecs *m.pl.*
chewing gum chewing-gum *m.*
chic chic *adj. inv.*
chicken poulet *m.*
child enfant *m./f.*
China Chine *f.*
Chinese chinois(e)
chocolate: hot ~ chocolat chaud *m.*
choice choix *m.*
choose choisir
Christmas Noël *m.*
church église *f.*
cigar cigare *m.*
cigarette cigarette *f.*

city ville *f.*
civil servant fonctionnaire *m./f.*
class cours *m.*, classe *f.*
  in ~ en cours
  in first ~ en première classe
classroom salle de classe *f.*
clean *adj.* propre
clean *v.* nettoyer
close *adj.* près (de)
close *v.* fermer
closed fermé(e)
clothing (article of) vêtement *m.*
clumsy maladroit(e)
coat manteau *m. (pl.* manteaux)
Coca-Cola coca *m.*
coffee café *m.*
coin pièce (de monnaie) *f.*
cold *(illness) n.* rhume *m.*
cold *adj.* froid(e)
  be ~ avoir froid
  it's ~ il fait froid
collide entrer en collision; heurter
color couleur *f.*
  what ~ is (are) …? de quelle couleur
    est (sont) …?
come venir
  ~ back revenir, rentrer
  ~ in! entrez!
  where do you ~ from? d'où venez-vous?
comfortable confortable
comic strip bande dessinée *f.*
commentary commentaire *m.*
commercial *n.* publicité *f.*
complete complet (complète)
completely tout *inv. adv.*; complètement
computer ordinateur *m.*
  ~ science informatique *f.*
confirm confirmer
console oneself se consoler
constant constant(e)
constantly constamment
contrary contraire *m.*
  on the ~ au contraire
cooking cuisine *f.*
cool: it's ~ il fait frais
corner coin *m.*
corridor couloir *m.*
cost *v.* coûter
cough *v.* tousser
could you …? pourriez-vous …?
country pays *m.*
course *(classroom)* cours *m.*; *(meal)* plat *m.*
  first ~ entrée *f.*
  of ~ certainement, bien sûr
cousin cousin/cousine *m./f.*
crazy fou (folle)
  ~ person fou/folle *m./f.*
  in a ~ manner follement
cream crème *f.*

credit card carte de crédit *f.*
croissant croissant *m.*
cry *v.* pleurer
cup tasse *f.*
curve virage *m.*
custom coutume *f.*
customer client/cliente *m./f.*
cut *v.* couper
cyclist coureur (cycliste) *m.*

damage dégâts *m. pl.*
dance *n.* bal *m.*
dance *v.* danser
dangerous dangereux (dangereuse)
darn it! mince!; zut!
date *n.* date *f.*; rendez-vous *m.*
date (someone) *v.* fréquenter (quelqu'un)
daughter fille *f.*
day jour *m.*
  ~ after tomorrow après-demain
  have a good ~ bonne journée
  New Year's ~ Jour de l'An *m.*
  what ~ is it? quel jour est-ce?
dead mort(e)
dear *n.* chéri/chérie *m./f.*
dear *adj.* cher (chère)
death mort *f.*
debit card carte bancaire *f.*
debt dette *f.*
December décembre *m.*
definitely sûrement, certainement
delicatessen charcuterie *f.*
delicious délicieux (délicieuse)
delighted ravi(e)
  ~ to meet you enchanté(e)
demand (that) exiger (que)
department store grand magasin *m.*
departmental (local) highway départementale *f.*
departure départ *m.*
depend dépendre
  it (that) depends ça dépend
depressed déprimé(e)
describe décrire
desk bureau *m. (pl.* bureaux)
dessert dessert *m.*
destroy détruire
detective story roman policier *m.*
detest détester
détruire to destroy
devastate ravager
develop développer
die mourir
different original(e) *(m.pl.* originaux);
  différent(e)
dining room salle à manger *f.*
dinner dîner *m.*
  at ~ à table
  have ~ dîner *v.*

diploma diplôme *m.*
directions indications *f.pl.*
dirty sale
disagreeable désagréable
disappointed déçu(e)
disaster: natural disaster désastre naturel *m.*
discreet discret (discrète)
dish plat *m.*
dishes vaisselle *f.*
   do the ~ faire la vaisselle
dishwasher lave-vaisselle *m.*
divorce *n.* divorce *m.*
divorce *v.* divorcer
divorced divorcé(e)
do faire
   ~ the grocery shopping faire les
     provisions
   what am I going to ~? comment je vais
     faire?
doctor médecin *m.*, docteur *m.*
dog chien *m.*
dollar dollar *m.*
door porte *f.*
dormitory résidence (universitaire) *f.*
dozen douzaine *f.*
dream: pleasant dreams bonne nuit
dress *n.* robe *f.*
   wedding ~ robe de mariée *f.*
dressed: get ~ s'habiller
drink *n.* boisson *f.*
   before-dinner ~ apéritif *m.*
drink *v.* boire, prendre
   do you want to ~ something? voulez-vous
     boire quelque chose?; quelque chose à
     boire?
drive *n.:* **to take a ~** faire une promenade en
   voiture
drive conduire
driver automobiliste *m./f.*, conducteur/
   conductrice *m./f.*, chauffeur *m.*
   ~ 's license permis de conduire *m.*
driving *n.* conduite *f.*
drums batterie *f.*
drunk *adj.* ivre
during pendant

each *adj.* chaque
   ~ (one) chacun(e)
ear oreille *f.*
early tôt; en avance
earn one's living gagner sa vie
earth terre *f.*
earthquake tremblement de terre *m.*
easy facile; simple
eat manger; prendre
   ~ dinner dîner
   ~ lunch déjeuner
economics sciences économiques *f.pl.*
education pédagogie *f.*

egg œuf *m.*
eight huit
eighteen dix-huit
eighty quatre-vingts
eighty-one quatre-vingt-un
eleven onze
email e-mail *m.*
embarrassed confus(e)
employee employé/employée *m./f.*
end *n.* fin *f.*
engaged fiancé(e)
engagement fiançailles *f.pl.*
engineer ingénieur *m.*
England Angleterre *f.*
English anglais(e)
enough assez
enter entrer
epidemic épidémie *f.*
errands courses *f.pl.*
essential essentiel(le)
   it is ~ that il est essentiel que
estimate *v.* estimer
evacuate évacuer
even même
evening soir *m.*
   good ~ bonsoir
   have a good ~ bonne soirée
ever jamais
every chaque; tout (toute/tous/toutes)
   ~ night tous les soirs
everybody tout le monde
everything tout *pron. inv.*
everywhere partout
exaggerate exagérer
exam examen *m.*
   on an ~ à un examen
example exemple *m.*
   for ~ par exemple
excellent excellent(e)
exciting passionnant(e)
excuse: ~ me je vous demande pardon;
   excusez-moi
executive cadre *m.*
exercise exercice *m.*
expensive cher (chère)
eye œil *m. (pl.* yeux)
   my ~! mon œil!
eyeglasses lunettes *f.pl.*

fall *n.* automne *m.*
fall *v.* tomber
   ~ asleep s'endormir
false faux (fausse)
familiar: be ~ with connaître
family famille *f.*
famous célèbre
fantastic formidable
far (from) loin (de)
farmer agriculteur/agricultrice *m./f.*

fast rapide
fat gros(se), gras(se)
father père *m.*
father-in-law beau-père *m. (pl.* beaux-pères)
faucet robinet *m.*
fault faute *f.*
favorite préféré(e)
fear peur
February février *m.*
fed up: be ~ en avoir assez
feel sentir, se sentir
   ~ like avoir envie de
   ~ sorry (for someone) avoir pitié (de)
fever fièvre *f.*
few peu (de)
   a ~ quelques
fifteen quinze
fifty cinquante
film film *m.*
finally enfin
find *v.* trouver
fine bien
   I'm ~ je vais très bien; ça va bien
finish *v.* finir
fire incendie *f.*
first premier (première)
   at ~ d'abord
   ~ name prénom *m.*
   in ~ class en première classe
fish *n.* poisson *m.*
five cinq
flea market marché aux puces *m.*
Flemish flamand *m.*
flight vol *m.*
flight attendant *(female)* hôtesse de l'air *f.*
flood *n.* inondation *f.*
floor *(of a building)* étage *m.;* (of a room)
   plancher *m.*
   ground ~ rez-de-chaussée *m.*
florist fleuriste *m./f*
flower fleur *f.*
flu grippe *f.*
fluently couramment
flute flûte *f.*
follow: ~ me par ici
following suivant(e)
food cuisine *f.*
fool fou/folle *m./f.*
foot pied *m.*
football football américain *m.*
for depuis; pendant; pour
foreign étranger (étrangère)
forest forêt *f.*
forget oublier
fork fourchette *f.*
former *adj.* ancien(ne)
fortunately heureusement
forty quarante
four quatre
fourteen quatorze

franc franc *m.*
France France *f.*
free libre
French français(e)
   ~ fries frites *f.pl.*
   in ~ en français
   in the ~ style à la française
   steak with ~ fries steak frites *m.*
Friday vendredi *m.*
friend ami/amie *m./f.*
   make friends se faire des amis
from de
front: in ~ of devant
fruit fruit *m.*
fun *adj.* amusant(e)
   have ~ s'amuser
funny amusant(e), drôle

game jeu *m. (pl.* jeux); match *m.*
garage garage *m.*
garlic ail *m.*
Gee! Tiens!
general: in ~ en général
generally généralement
generous généreux (généreuse)
German allemand(e)
Germany Allemagne *f.*
get obtenir, recevoir
   ~ along (with) s'entendre (avec)
   ~ angry se fâcher
   ~ dressed s'habiller
   ~ into monter
   ~ out of descendre
   ~ up, stand up se lever
   ~ washed, wash up se laver
ghost revenant *m.*
gift cadeau *m.*
girl fille *f.*
girlfriend petite amie *f.*
give donner
   ~ back rendre
gladly volontiers; je veux bien
glass (drinking) verre *m.*
glasses (eye) lunettes *f.pl.*
glove gant *m.*
go (in a vehicle) aller, rouler
   ~ across traverser
   ~ ahead allez-y
   ~ back retourner, rentrer
   ~ down descendre
   ~ into town aller en ville
   ~ out sortir
   ~ to bed se coucher
   ~ up monter
goat cheese chèvre *m.*
golf golf *m.*
good bon (bonne)
   ~ evening bonsoir
   ~ morning bonjour

   have a ~ afternoon bon après-midi
   have a ~ day bonne journée
   have a ~ time s'amuser
good-bye au revoir
grade note *f.*
grains céréales *f.pl.*
grandchildren petits-enfants *m.pl.*
granddaughter petite-fille *f. (pl.* petites-filles)
grandfather grand-père *m. (pl.* grands-pères)
grandmother grand-mère *f. (pl.* grands-mères)
grandparents grands-parents *m.pl.*
grandson petit-fils *m. (pl.* petits-fils)
great formidable; chouette *(fam.)*
great-grandfather arrière-grand-père *m.*
green vert(e)
   ~ beans haricots verts *m.pl.*
grey gris(e)
groceries provisions *f.pl.*
   do the grocery shopping faire les provisions
grocery store épicerie *f.*
guess *v.* deviner
guitar guitare *f.*
gymnasium gymnase *m.*
gymnastics gymnastique *f.*

hair cheveux *m.pl.*
   hairbrush brosse à cheveux *f.*
half *adj.* demi(e)
   ~ past ... il est ... heure(s) et demie
hall couloir *m.*
ham jambon *m.*
hand main *f.*
handsome beau/bel/belle/beaux/belles
happen arriver, se passer
happy heureux (heureuse); content(e)
hardworking travailleur (travailleuse)
hat chapeau *m.*
hate *v.* détester
have avoir
   do you still ~ ...? il vous reste ...?
   ~ a pain (in) avoir mal (à)
   ~ an appointment, date avoir rendez-vous
   ~ dinner dîner
   ~ fun s'amuser
   ~ just venir de
   ~ lunch déjeuner
   ~ pity avoir pitié (de)
   ~ to devoir
   what do you ~ for (in the way) of
     ...? qu'est-ce que vous avez comme ...?
he *pron.* il; lui
head tête *f.*
health: (here's) to your ~! à votre santé!
hear entendre
   ~ about entendre parler de
heat chauffage *m.*
hello bonjour; bonsoir; salut
   ~ ! *(on the phone)* allô!
help *v.* aider

her *pron.* elle; la; (to ~ lui)
her *adj.* son, sa, ses
here ici
   ~ is, ~ are voici
hi! salut!
high-top sneakers baskets *f.pl.*
highway autoroute *f.*
   departmental (local) ~ départementale *f.*
him *pron.* le; (to ~) lui
his *adj.* son, sa, ses
history histoire *f.*
hockey hockey *m.*
holiday fête *f.*
home maison *f.*
   at the ~ of chez
   go (come) ~ rentrer
homeless person sans abri *m./f.*
homework devoirs *m.pl.*
honestly sans façon
hope *v.* espérer; souhaiter (que)
horrible mauvais(e)
hose bas *m.pl.*
hot chaud(e)
   be ~ avoir chaud
   ~ chocolate chocolat chaud *m.*
   it is ~ il fait chaud
hotel hôtel *m.*
hour heure *f.*
   one ~ ago il y a une heure
   one ~ from now dans une heure
house maison *f.*
   at your ~ chez toi
housewife femme *f.* au foyer
housework ménage *m.*
   do ~ faire le ménage
how comment
   ~ are you? comment allez-vous?;
     (comment) ça va?
   ~ do you say ...? comment
     dit-on ...?
   ~ do you spell ...? comment
     est-ce qu'on écrit ...?
   ~ ... he (she) was! comme il
     (elle) était ...!
   ~ long? pendant combien de
     temps ...?
   ~ many, much combien (de)
   ~ old are you? quel âge avez-vous?
hundred cent
hungry: be ~ avoir faim
hurry se dépêcher
husband mari *m.*

I *pron.* je; moi
ice cream glace *f.*
   vanilla ~ glace à la vanille *f.*
idiot idiot/idiote *m./f.*
if si
imbecile imbécile *m./f.*

impatience impatience *f.*
impatient impatient(e)
important important(e)
  it is ~ that il est important que
in à; dans; en
  ~ **a crazy manner** follement
  ~ **a little while** tout à l'heure
  ~ **exchange for** contre
  ~ **general** en général
  ~ **order to** pour
  ~ **the afternoon** de l'après-midi
included compris(e)
incredible incroyable
indeed tout à fait
indicate indiquer
indispensable indispensable
inexpensive bon marché *inv.*
inform (se) renseigner
information renseignement *m.*
inside intérieur *m.*
  ~ **of** à l'intérieur de
insist insister
instrument instrument *m.*
insure assurer
intellectual *adj.* intellectuel(le)
intelligent intelligent(e)
interest intérêt *m.*
interested: be ~ in s'intéresser à
interesting intéressant(e)
interpreter interprète *m./f.*
introduce présenter
  allow me to ~ myself permettez-moi de me présenter
invite inviter
Ireland Irlande *f.*
Israel Israël *m.*
it *pron.* cela, ça; il, elle
it is il est, c'est
  is it …? est-ce (que) …?
  ~ **better that** il vaut mieux que
  ~ **cold** il fait froid
  ~ **cool** il fait frais
  ~ **essential** il est essentiel
  ~ **nice out** il fait beau
  ~ **preferable** il vaut mieux
  ~ **raining** il pleut
  ~ **snowing** il neige
  ~ **windy** il fait du vent
Italian italien(ne)
Italy Italie *f.*
its *adj.* son, sa, ses

jacket blouson *m.*
jam confiture *f.*
January janvier *m.*
Japan Japon *m.*
Japanese japonais(e)
jeans jean *m.*

jogging jogging *m.*
juice jus *m.*
  orange ~ jus d'orange *m.*
July juillet *m.*
June juin *m.*
just: to have ~ … venir de …
just *adv.* juste

keep garder
key clé *f*
  kidding: no ~ sans façon; sans blague!
kilogram kilo *m.*
kind *n.* sorte *f.*
  all ~s of things toutes sortes de choses
  what ~(s) of … quelle(s) sorte(s) de …
kind *adj.* aimable; gentil(le)
kir kir *m.*
kiss *v.* s'embrasser
kitchen cuisine *f.*
knee genou *m.* (*pl.* genoux)
knife couteau *m.* (*pl.* couteaux)
knock frapper
know connaître, savoir
  I don't ~ je ne sais pas

laborer ouvrier/ouvrière *m./f.*
lady dame *f.*
language langue *f.*
lap *n.* genoux *m.pl.*
last dernier (dernière)
  ~ **name** nom de famille *m.*
  the ~ time la dernière fois
late tard, en retard
  be ~ être en retard
  it is ~ il est tard
lawn bowling pétanque *f.*
lay mettre
lazy paresseux (paresseuse)
leaf (*of paper*) feuille *f.*
learn apprendre (à)
least le/la/les moins
  at ~ au moins
  I like ~ j'aime le moins
leave laisser, partir
  ~ **from** partir (de)
  ~ **me alone!** laisse-moi (laissez-moi) tranquille!
  there's one left il en reste un(e)
left: to the ~ (of) à gauche (de)
leftovers des restes *m. pl.*
leg jambe *f.*
leisure activity loisir *m.*
lemon-lime soda limonade *f.*
lemonade citron pressé *m.*
lend prêter
length (*of time*) durée *f.*
less moins

lesson leçon *f.*
let laisser
  let's go allez-y, allons-y
letter lettre *f.*
library bibliothèque *f.*
license: driver's ~ permis de conduire *m.*
life vie *f.*
  that's ~ c'est la vie
lift *v.* lever
like *v.* aimer
  I would ~ je voudrais
like *conj.* comme
listen (to) écouter
liter litre *m.*
literature littérature *f.*
little *adj.* petit(e)
  ~ **girl** petite fille *f.*
little *adv.* peu (de)
  a ~ un peu (de)
live *v.* habiter
living room salon *m.*
long long (longue)
  a ~ time longtemps
  be a ~ time coming tarder
  how ~ …? pendant combien de temps …?
  no longer ne … plus
look regarder; (*seem*) avoir l'air
  ~ **after** garder
  ~ **for** chercher
lose perdre
  ~ **(one's) patience** perdre patience
  ~ **weight** maigrir
lot: a ~ (of) beaucoup (de)
love *v.* adorer; aimer
  ~ **each other** s'aimer
lozenge pastille *f.*
luck chance *f.*
  good ~! bonne chance!
  what ~! quelle chance!
lunch déjeuner *m.*
  have ~ déjeuner

magazine magazine *m.*
mail *v.* poster
make *n.* marque *f.*
make *v.* faire
  ~ **a request** faire une demande
  ~ **friends** se faire des amis
mall centre commercial *m.*
man homme *m.*; monsieur *m.*
management gestion *f.*
manner façon *f.*
manners étiquette *f.*
many beaucoup
  how ~ combien
  so ~ tant
  too ~ trop (de)
map carte *f.*; (*city*) plan *m.*

March mars *m.*
market marché *m.*
   flea ~ marché aux puces *m.*
   super ~ supermarché *m.*
marriage mariage *m.*
married marié(e)
marry se marier (avec); épouser
matter: what's the ~ with you? qu'est-ce que tu as?
May mai *m.*
may (be able to) pouvoir
   ~ I? vous permettez?; puis-je?
maybe peut-être
mayonnaise mayonnaise *f.*
mayor maire *m.*
me *pron.* me, moi
   ~ neither, nor I moi non plus
meal repas *m.*
   have a good ~! bon appétit!
mean *v.* vouloir dire
mean *adj.* méchant(e)
meat viande *f.*
medicine médicament *m.*
meet rencontrer
   to have met avoir connu
meeting réunion *f.*; rendez-vous *m.*
   have a ~ avoir rendez-vous
member membre *m.*
mention: don't ~ it il n'y a pas de quoi; de rien
menu *(à la carte)* carte *f.*; *(fixed price)* menu *m.*
merchant marchand/marchande *m./f*
message: text message texto (SMS) *m.*
Mexican mexicain(e)
Mexico Mexique *m.*
midnight minuit *m.*
milk lait *m.*
million million *m.*
mind your own business! occupe-toi de tes oignons!
mine *pron.* le mien/la mienne
minute minute *f.*
mirror: rearview ~ rétroviseur *m.*
miserly avare
Miss Mademoiselle (Mlle)
mistake faute *f.*
Monday lundi *m.*
money argent *m.*
month mois *m.*
more encore, plus
   ~ ...? encore de ...?
   ~ to drink (eat)? encore à boire (manger)?
   there is no ~ il n'y en a plus
morning matin *m.*
Moroccan marocain(e)
Morocco Maroc *m.*
most (of) la plupart (de);
   the ~ le/la/les plus
mother mère *f.*
mother-in-law belle-mère *f.* *(pl.* belles-mères)

motorcycle moto *f.*
motorized bicycle mobylette *f.*
mouse souris *f.*
mouth bouche *f.*
movie film *m.*
   ~ theater cinéma *m.*
Mr. Monsieur (M.)
Mrs. Madame (Mme)
much beaucoup
   as ~ autant (de)
   how ~ combien
   not ~ pas grand-chose
   so ~ tant (de)
   too ~ trop (de)
museum musée *m.*
mushrooms champignons *m.pl.*
music musique *f.*
must devoir; il faut
   (someone) ~ not il ne faut pas
mustard moutarde *f.*
my *adj.* mon, ma, mes

naive naïf (naïve)
name *n.* nom *m.*
   family (last) ~ nom de famille
   in whose ~ ...? à quel nom ...?
   my ~ is ... je m'appelle ...
   what is your ~? comment vous appelez-vous?
named: be ~ s'appeler
nap sieste *f.*
   take a ~ faire la sieste
napkin serviette *f.*
nasty méchant(e)
nationality nationalité *f.*
   what is your ~? quelle est votre nationalité?
natural disaster désastre naturel *m.*
naturally naturellement
near près (de)
   very ~ tout près
necessary nécessaire
   it is ~ il faut, il est nécessaire (que)
need *v.* avoir besoin de
neighbor voisin/voisine *m./f.*
neither: me ~ moi non plus
   ~ ... nor ni ... ni
nephew neveu *m.* *(pl.* neveux)
nervous nerveux (nerveuse)
never jamais (ne ... jamais)
new nouveau/nouvel (nouvelle) (nouveaux); neuf (neuve)
   ~ Year's Day Jour de l'An *m.*
   what's ~? quoi de neuf?
news informations *f.pl.*
newspaper journal *m.*
newsstand kiosque à journaux *m.*
next *adv.* ensuite, puis; *adj.* prochain(e); suivant(e)

   ~ door à côté
   ~ to à côté de
nice aimable; gentil(le)
   have a ~ day bonne journée
   it's ~ out il fait beau
   that's ~ of you c'est gentil à vous
niece nièce *f.*
night nuit *f.*
nine neuf
nineteen dix-neuf
ninety quatre-vingt-dix
ninety-one quatre-vingt-onze
no non
   ~ kidding! sans blague!; sans façon
   ~ longer ne ... plus
   ~ more ne ... plus
   ~ one ne ... personne
nobody ne ... personne
noise bruit *m.*
noon midi *m.*
nor: ~ I moi non plus
   neither ... ~ ni ... ni
nose nez *m.*
   runny ~ le nez qui coule
not ne (n') ... pas
   ~ anyone ne ... personne
   ~ anything ne ... rien
   ~ at all il n'y a pas de quoi, de rien; pas du tout
   ~ much pas grand-chose
   ~ yet pas encore
note note *f.*
nothing ne ... rien
notice *v.* remarquer
novel *n.* roman *m.*
novel *adj.* original(e) (originaux)
November novembre *m.*
now maintenant, actuellement
number nombre *m.*, numéro *m.*; chiffre *m.*
   telephone ~ numéro de téléphone *m.*
nurse infirmier/infirmière *m./f.*

obey obéir (à)
o'clock heure(s)
   at ... ~ à ... heure(s)
   it is ... ~ il est ... heure(s)
October octobre *m.*
of de
   ~ course bien sûr
office bureau *m.* *(pl.* bureaux)
   post ~ bureau de poste *m.*
officer: police ~ agent de police *m.*
often souvent
oh dear! oh là là!
okay d'accord
   if that's ~ si ça va
old âgé(e), vieux/vieil (vieille)
   how ~ are you? quel âge avez-vous?

omelet omelette *f.*

on sur

one *pron.* on

  no ~ ne ... personne

one *(number)* un (une)

one-way: ~ street sens interdit *m.*

  ~ ticket aller simple *m.*

onion oignon *m.*

only *adj.* seul(e); *adv.* seulement; ne ... que

open *v.* ouvrir

open *adj.* ouvert(e)

opening ouverture *f.*

opinion avis *m.*

  be of the ~ trouver; penser

  in my (your, etc.) ~ à mon (à ton, etc.) avis

opposite contraire *m.*

optimistic optimiste

or ou

orange *n.* orange *m.*

  ~ juice jus d'orange *m.*

  ~ soda orangina *m.*

orange *adj.* orange *inv*

order *v.* commander

order: in ~ to pour

ordinary *adj.* ordinaire

original original(e) *(m.pl.*originaux)

other autre

ouch! aïe!

our notre, nos

outgoing extraverti(e)

outside dehors

owe devoir

owner propriétaire *m./f.*

package paquet *m.*

pain: have a ~ (in) avoir mal (à)

pajamas (pair of) pyjama *m.*

pale pâle

pants (pair of) pantalon *m.*

paper papier *m.*

  (news)paper journal *m.*

  term ~ dissertation *f.*

pardon: I beg your ~ je vous demande pardon; excusez-moi

parents parents *m.pl.*

parents-in-law beaux-parents *m.pl.*

party soirée *f.*; fête *f.*

pass *(an exam)* réussir

pass *(a car)* dépasser

pastry pâtisserie *f.*

  ~ shop pâtisserie *f.*

patience: lose (one's) ~ perdre patience

patient *adj.* patient(e)

patiently patiemment

pavement chaussée *f.*

pay (for) payer

  ~ attention faire attention (à)

peanut cacahuète *f.*

  ~ butter beurre de cacahuète *m.*

peas petits pois *m.pl.*

people gens *m.pl.*; on

pepper poivre *m.*

per par

perfect parfait(e)

perhaps peut-être

period *(time)* époque *f.*

person *(male or female)* personne *f.*

personally *adv.* personnellement

pessimistic pessimiste

pharmacy pharmacie *f.*

philosophy philosophie *f.*

photograph photo *f.*

physical physique

piano piano *m.*

picnic pique-nique *m.*

pie tarte *f.*

piece morceau *m. (pl.* morceaux)

pill pilule *f.*; cachet *m.*

pilot pilote *m.*

pink rose

pity pitié *f.*

pizza pizza *f.*

place *n.* endroit *m.*; lieu *m.*

  take ~ avoir lieu

place *v.* mettre

plain simple

plan to avoir l'intention de

plate assiette *f.*

play *n.* pièce *f.*

play *v.* jouer

  ~ a game jouer à

  ~ an instrument jouer de

  ~ sports faire du sport

  ~ tennis jouer au tennis

pleasant dreams bonne nuit

please s'il vous (te) plaît

  ~ do je vous (t')en prie

pleasure plaisir *m.*

  with ~ avec plaisir

poem poème *m.*

point out indiquer

police officer agent de police *m.*; gendarme *m.*

politician homme/femme politique *m./f.*

politics politique *f.*

poor *adj.* pauvre

poorly mal

popular populaire

porch véranda *f.*

pork porc *m.*

  ~ butcher's charcuterie *f.*

post office bureau de poste *m.*

postcard carte postale *f.*

potato pomme de terre *f.*

pound *n.* livre *f.*

pour verser

practice répéter

prefer préférer

  I ~ that je préfère que

preferable: it is ~ that il vaut mieux que

prepare (a lesson) préparer (un cours)

pretty joli(e)

price prix *m.*

probably sans doute

process: be in the ~ of être en train de

program programme *m.*

  TV ~ émission (de télé) *f.*

programmer informaticien/informaticienne *m./f.*

promise *v.* promettre

  it's a ~ c'est promis

psychology psychologie *f.*

publicity publicité *f.*

punch (a ticket) composter (un billet)

pupil élève *m./f.*

purchase achat *m.*

purple violet(te)

put mettre

  ~ on attacher; mettre *(clothes)*

  ~ on weight grossir

quarter *m.* quart

  ~ past, ~ after et quart

  ~ to, ~ till moins le quart

question question *f.*

  ask a ~ poser une question

quickly vite; rapidement

quiet: keep ~! tais-toi! (taisez-vous!)

race course *f.*

radio radio *f.*

rain pleuvoir

  it's raining il pleut

raincoat imperméable *m.*

raise *v.* lever

rapid rapide

rapidly rapidement

rare *(undercooked)* saignant(e)

rarely rarement

rather assez

  ~ poorly assez mal

read lire

reality TV show émission de téléréalité *f.*

really vraiment; sans façon

reasonable raisonnable

recently récemment

recommend recommander

red rouge

  ~ -haired roux (rousse)

refrigerator réfrigérateur *m.*

regarding à propos de

relatives parents *m.pl.*

remain rester

remember se souvenir (de)

rent *v.* louer

repeat répéter
request n. demande f.
   make a ~ faire une demande
reserve v. réserver
reside habiter
responsibility responsabilité f.
rest v. se reposer
restaurant restaurant m.
restroom toilettes f.pl.
return v. retourner, revenir, rentrer
rice riz m.
rich riche
ride: take a ~ se promener; faire une promenade en voiture
   ~ a bike faire du vélo
ridiculous ridicule
right n. droit m.
right adj. droit(e); exact(e)
   be ~ avoir raison
   ~ ? n'est-ce pas?
   ~ away tout de suite
   ~ behind juste derrière
   that's ~ c'est exact
   to the ~ (of) à droite (de)
ring n. bague f.
road route f.
roast (of beef) rôti (de bœuf) m.
roll v. rouler
roof toit m.
room chambre f.; salle f.; pièce f.
   bath~ salle de bain f.
   bed~ chambre f.
   class~ salle de classe f.
   dining~ salle à manger f.
roommate camarade de chambre m./f.
round-trip ticket aller-retour m.
rugby rugby m.
run courir
   ~ a stop sign brûler un stop
   ~ into heurter
runner coureur/coureuse
Russia Russie f.
Russian russe

sad triste
salad salade f
   (green) ~ salade (verte) f
salesman/saleswoman
   vendeur/vendeuse m./f.
salmon saumon m.
salt sel m.
sandwich sandwich m.
Santa Claus m. père Noël
Saturday samedi m.
sausage saucisse f
saxophone saxophone m.
say dire
scarf foulard m.

schedule emploi du temps m.
school école f
   high ~ lycée m.
science sciences f.pl.
   computer ~ informatique f
scooter scooter m.
season saison f
seat place f.
seatbelt ceinture de sécurité f.
second second(e), deuxième
   in ~ class en seconde
see voir
   (I hope to) ~ you again au plaisir (de vous revoir)
   ~you in a little while à tout à l'heure
   ~ you soon à bientôt
   ~ you tomorrow à demain
seem avoir l'air
-self(-selves) -même(s)
sell vendre
semester semestre m.
send envoyer
Senegal Sénégal m.
Senegalese sénégalais(e)
separate v. séparer
   ~ from each other se séparer
September septembre m.
series (TV) feuilleton m.
serious sérieux (sérieuse)
seriously sérieusement
service: at your ~ à votre service
serviceman/woman militaire m.
set: ~ the table mettre la table
seven sept
seventeen dix-sept
seventy soixante-dix
seventy-one soixante et onze
seventy-two soixante-douze
shake v. secouer
she pron. elle
sheet (of paper) feuille f.
shh! chut!
shirt chemise f.
shoe chaussure f.
shop (clothing) boutique f.
   tobacco ~ (bureau de) tabac m.
shopping courses f.pl.
   ~ center centre commercial m.
short petit(e)
shorts (pair of) short m.
shoulder épaule f
show v. montrer; émission f.
   reality TV ~ émission de téléréalité
shower n. douche f
shower v. se doucher
sick malade
since depuis
sincere sincère
sing chanter

singer chanteur/chanteuse m./f.
single célibataire
Sir Monsieur (M.)
sister sœur f. sister-in-law belle-sœur f. (pl. belles-sœurs)
sit down s'asseoir
   ~ to eat se mettre a table
six six
sixteen seize
sixty soixante
skate patiner
skating rink patinoire f
ski skier
skid déraper
skirt jupe f
skis skis m.pl.
sleep dormir
sleepy: be ~ avoir sommeil
slice tranche f
slippery glissant(e)
slow adj. lent(e)
slow down ralentir
slowly lentement
small petit(e)
smile n. sourire m.
smile v. sourire
smoke fumer
smoking fumeur
   non- ~ non-fumeur
snail escargot m.
snow v. neiger
   it's snowing il neige
so alors, si
   ~ many tant
   ~ much tant
so-so comme ci, comme ça
soap opera feuilleton m.
soccer football (foot) m.
sock chaussette f.
soda: lemon-lime ~ limonade f.
   orange ~ orangina m.
sofa sofa m.
some adj. des, quelques; pron. en
someone quelqu'un
something quelque chose m.
sometimes quelquefois
son fils m.
song chanson f.
soon bientôt
sore: be ~ avoir mal (à)
sorry désolé(e)
   be ~ regretter
   feel ~ (for) avoir pitié (de)
sort of assez
soup soupe f
Spain Espagne f.
Spanish espagnol(e)
speak parler
specify préciser

speed vitesse *f.*
  at top ~ à toute vitesse
spell épeler
  how do you ~ ...? comment est-ce qu'on écrit ...?
  ... is spelled s'écrit ...
spend (a year) passer (un an)
spinach épinards *m.pl.*
spoon cuiller *f.*
sportcoat veste *f.*
spring *n.* printemps *m.*
stamp timbre *m.*
stand up se lever
start commencer; démarrer
  it's starting to get cold il commence à faire froid
starter *n.* entrée *f.*
state État *m.*
statue statue *f.*
stay rester
steak steak *m.*
  ~ **with French fries** steak-frites *m.*
steering wheel volant *m.*
stepbrother demi-frère *m.*
stepfather beau-père *m. (pl.* beaux-pères)
stepmother belle-mère *f (pl.* belles-mères)
stepparents beaux-parents *m.pl.*
stepsister demi-sœur *f.*
stereo stéréo *f.*
still encore; toujours
stomach estomac *m.*
stop *n.* arrêt *m.*
  bus ~ arrêt d'autobus *m.*
  ~ **sign** stop *m.*
stop *v.* (s')arrêter
store magasin *m.*
  department ~ grand magasin *m.*
  grocery ~ épicerie *f.*
storm *n.* tempête *f.*
story histoire *f.*
  detective ~ roman policier *m.*
stove cuisinière *f.*
straight ahead tout droit
strawberry fraise *f.*
street rue *f.*
  one-way ~ sens interdit *m.*
stressed stressé(e)
student étudiant/étudiante *m./f.*
studies études *f.pl.*
study *v.* étudier
stupid stupide
stylish chic *adj. inv.*
succeed réussir
sugar sucre *m.*
suit *n.* costume *m.*
  bathing ~ maillot de bain *m.*
suitcase valise *f.*
summer été *m.*
sun soleil *m.*

Sunday dimanche *m.*
supermarket supermarché *m.*
  giant ~ hypermarché *m.*
supplement supplément *m.*
supposed: be ~ **to** devoir
surely certainement, sûrement
surprise surprise *f.*
  what a good ~! quelle bonne surprise!
survive survivre
swear jurer
  I ~ **(to you)** je te le jure
sweater pull-over (pull) *m.*
sweatshirt sweat-shirt *m.*
Sweden Suède *f.*
Swedish suédois(e)
swim nager
swimming pool piscine *f.*
swimsuit maillot de bain *m.*
Swiss suisse
  ~ **cheese** emmental *m.*
Switzerland Suisse *f.*

table table *f.*
  at the ~ à table
  set the ~ mettre la table
tablecloth nappe *f.*
tablet cachet *m.*
  aspirin ~ cachet d'aspirine *m.*
take prendre
  ~ **a nap** faire la sieste
  ~ **a test** passer (un examen)
  ~ **a trip** faire un voyage
  ~ **a walk, a ride** faire une promenade
  ~ **place** avoir lieu
talkative bavard(e)
tall grand(e)
taste *v.* goûter
tea thé *m.*
teach enseigner
teacher professeur *m.*
  ~ **preparation** pédagogie *f.*
team équipe *f.*
tee-shirt tee-shirt *m.*
telephone *n.* téléphone *m.*
  on the ~ au téléphone
  ~ **number** numéro de téléphone *m.*
telephone *v.* téléphoner (à)
television télévision (télé) *f.*
tell indiquer, raconter, dire, parler
  can you ~ **me** ...? pouvez-vous me dire ...?
  ~ **a story** raconter une histoire
ten dix
tend to avoir tendance à
tennis tennis *m.*
  ~ **shoes** tennis *f.pl.*
  play ~ jouer au tennis
term paper dissertation *f.*

test examen *m.*
text message texto (SMS) *m.*
thank *v.* remercier
thanks merci
  yes, ~ je veux bien
that *adj.* ce/cet, cette, ces; *conj.* que; *pron.* ce, cela, ça; *relative pron.* qui, que
the le/la/les
theater théâtre *m.*
their leur(s)
them elles, eux; les, leur
then alors, ensuite, puis
there là, y
  over ~ là-bas
  ~ **is (are)** il y a; voilà
therefore alors; donc
they *pron.* ils, elles, on, eux
  ~ **(these) are** ce sont
thin mince
thing chose *f.*
think croire, penser, trouver
  do you ~ **so?** vous trouvez?
  I don't ~ **so** je ne crois pas
  what do you ~ **of** ...? Comment trouvez-vous ...?
  what do you ~ **of it (of them)?** qu'en penses-tu?
thirsty: be ~ avoir soif
thirteen treize
thirty trente
this *adj.* ce/cet, cette, ces
  ~ **way** par ici
those *adj.* ces
thousand mille *inv.*
three trois
throat gorge *f.*
throughway autoroute *f.*
Thursday jeudi *m.*
ticket billet *m.*
  one-way ~ aller simple *m.*
  round-trip ~ aller-retour *m.*
tie *n.* cravate *f.*
tights collant *m.pl.*
time temps *m.;* heure *f.;* fois *f.*
  a long ~ longtemps
  at that ~ à cette époque
  on ~ à l'heure
  the last ~ la dernière fois
  ~ **difference** décalage horaire *m.*
  what ~ **is it?** quelle heure est-il?
tired fatigué(e)
to à
  ~ **the side** à côté
toast pain grillé *m.*
tobacco tabac *m.*
  ~ **shop** (bureau de) tabac *m.*
today aujourd'hui
together ensemble
tomato tomate *f.*

tomorrow demain
   day after ~ après-demain
tonight ce soir
too aussi
   ~ many trop (de)
   ~ much trop (de)
   you ~ vous (toi) aussi
tooth dent f.
toothbrush brosse à dents f.
toothpaste dentifrice m.
tornado tornade f.
tour tour m.
   ~ bus autocar m.
towel serviette f.
tower tour f.
town ville f.
   ~ hall mairie f.
trade ... for échanger ... contre
traffic circulation f.
traffic light feu m. (pl. feux)
train train m.
   ~ station gare f.
travel voyager
traveler's check chèque de voyage m.
trip voyage m.
trout truite f.
true vrai(e)
truly vraiment
   yours ~ amicalement
trumpet trompette f.
truth vérité f.
try essayer
   may I ~ ...? puis-je ...?
Tuesday mardi m.
turn n. tour m.
turn v. tourner
   ~ on (the TV) mettre
   ~ on the heat mettre le chauffage
turnpike autoroute f.
tuxedo smoking m.
twelve douze
twenty vingt
twenty-one vingt et un
twenty-two vingt-deux
two deux

ugly laid(e)
unbelievable incroyable
uncle oncle m.
under sous
understand comprendre
understanding compréhensif/compréhensive
United States États-Unis m.pl.
university université f.
unmarried célibataire
until prep. jusqu'à
   until next time à la prochaine
unwise: be ~ avoir tort

up: get ~ se lever
us nous
useless inutile
usually d'habitude

vacation vacances f.pl.
   have a good ~! bonnes vacances!
   on ~ en vacances
vanilla vanille f.
   ~ ice cream glace à la vanille f.
vegetable légume m.
   raw vegetables crudités f.pl.
very très; tout
violin violon m.
visit v. visiter
   ~ someone rendre visite à qqn
voyage voyage m.

wait (for) attendre
waiter serveur m.
waitress serveuse f.
wake up se réveiller
walk n. promenade f.
   take a ~ se promener; faire une promenade
walk v. se promener
want vouloir, désirer, avoir envie de
war guerre f.
warmly chaleureusement
warning avertissement m.
wash v. laver; se laver
washing machine lave-linge m.; machine à laver f.
watch n. montre f.
watch v. regarder
water eau f. (pl. eaux)
   mineral ~ eau minérale
way route f.; façon f.
   by the ~ au fait
we nous
wear porter
weather météo(rologie) f.; temps m.
   the ~ is bad il fait mauvais
   what is the ~ like? quel temps fait-il?
wedding mariage m.
   ~ anniversary anniversaire de mariage m.
   ~ dress robe de mariée f.
Wednesday mercredi m.
week semaine f.
   per ~ par semaine
   two weeks quinze jours
weekend week-end m.
weight: put on ~ grossir
   lose ~ maigrir
welcome: you're ~ de rien; je vous en prie; il n'y a pas de quoi
Welcome! Bienvenue!
well adv. bien
   are you ~? vous allez bien?

fairly ~ assez bien
not very ~ pas très bien
Well! Tiens!
Well then ... Eh bien ...
what pron. qu'est-ce que/qu'est-ce qui, que; adj. quel(le)
   ~? comment?; ~...! quel(le)...!
   ~ am I going to do? Comment je vais faire?
   ~ day is it? quel jour est-ce?
   ~ (did you say)? comment?
   ~ is (are) ... like? comment est (sont) ...?
   ~ is there ...? qu'est-ce qu'il y a ...?
   ~ is this? qu'est-ce que c'est?
   ~ is your name? comment vous appelez-vous?
   ~ time is it? quelle heure est-il?
   ~'s new? quoi de neuf?
   ~'s the matter? qu'est-ce qu'il y a?
wheel: steering ~ volant m.
weird bizarre
when quand
where où
   ~ are you from? vous êtes (tu es) d'où?; d'où venez-vous (viens-tu)?
   ~ is (are) ...? où se trouve (se trouvent) ...?
which adj. quel(le); pron. lequel
while pendant que
   in a little ~ tout à l'heure
white blanc (blanche)
who qui
why pourquoi
   ~ not? pourquoi pas?
widower/widow veuf/veuve m./f.
wife femme f.
win gagner
   ~ the lottery gagner au loto
wind vent m.
   it's windy il fait du vent
windbreaker blouson m.
wine vin m.
winter hiver m.
wish v. vouloir; souhaiter
with avec
without sans
witness témoin m.
Wolof (language) wolof m.
which adj. quel(le); pron. le(s)quel(s), laquelle (lesquelles)
word mot m.
work n. travail m.
   manual ~ travail manuel m.
work v. travailler
world monde m.
worry n. souci m.
worry v. s'inquiéter
wounded adj. blessé(e)
wow! oh là là!

write écrire
wrong faux (fausse)
  be ~ avoir tort

year an *m.*; année *f.*
  school ~ année scolaire
yellow jaune
yes oui; si!

yesterday hier
yet encore
  not ~ pas encore
you *pron.* tu, vous; te, vous; toi, vous; ~too de même
young jeune
your *adj.* ton, ta, tes; votre, vos
  (here's) to yours! à la vôtre!

yuck! berk!
yum! miam!

zero zéro
zip code code postal *m.*

Index

In the following index, the symbol (v) refers to lists of vocabulary within the lessons. The symbol (g) refers to the sections titled *Il y a un geste* that explain gestures used with the indicated phrase.